여행문학의 표현과 창작배경

정한기

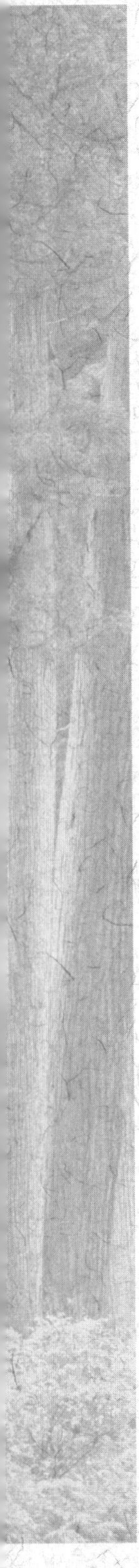

도서출판 월인

서문

필자는 경상북도 김천의 골짜기에서 태어나 산수자연 속에서 어린 시절을 보냈다. 그 후 오랜 시간 도시에서 생활하였지만 산수자연 속에서의 평온함을 아직도 기억한다. 필자의 여행문학에 대한 관심은 그 때에 대한 향수였을지도 모른다.

산수자연을 찾는 것은 필자만이 아니다. 다양한 사람들이 다양한 이유에서 산수자연을 찾는다. 어찌 보면 산수자연은 현대를 사는 우리에게 삶을 영위하는 필수 조건일지도 모른다. 옛 사람도 마찬가지였을 것이다. 그렇다면 옛 사람들은 왜 산수자연을 찾고 즐겼을까? 이 물음은 우리의 삶에서 중요하다. 뿐만 아니라 고전시가 연구에서도 중요하다. 산수자연을 찾는 옛 사람들의 생각이 잘 드러난 고전시가는 기행가사(紀行歌辭)라고 생각한다. 기행가사를 중심으로 연구를 진행하여 학위논문과 몇 편의 글들이 이루어졌다. 세상에 내 놓기에는 부족한 점이 많지만, 지금까지의 생각을 정리하고 이후 연구에 바탕을 마련해 보고 싶어 용기를 내었다. 글 속에 담긴 지금까지의 생각은 여행문학의 표현과 창작배경이다.

제1부는 여행문학의 표현에 대한 것이다. 제1장 「기행가사의 진술방식」은 15세기부터 19세기까지 시기 별로 기행가사의 표현을 정리한 것이다. 제2장 「19세기 금강산 기행가사에 나타난 사경(寫景)의 문학교육적 의의」는 기행가사 가운데 사경(寫景)이 특히 확장된 19세기 금강산 기행가사를 중심으로 표현의 특징과 의미를 살펴본 것이다.

제2부는 여행문학의 창작배경에 대한 것이다. 17세기 여행문학에서는 작자의 정치적인 삶이, 18세기 여행문학에서는 작자의 향촌에서의 삶이, 19세기 여행문학에서는 작자의 생활주변에서 생긴 갈등이 주요한 창작배경이라고 생각한다. 제1장 「<금강록(金剛錄)>의 창작배경과 의론(議論)의 양상」은 17세기

작자의 정치적인 삶에서 창작배경을 살펴본 것이고, 제2장 「<금강별곡(金剛別曲)>의 창작배경과 사경(寫景)의 의미」는 18세기 작자의 향촌의 삶에서 창작배경을 살펴본 것이며, 제3장 「<일동장유가(日東壯遊歌)>의 창작배경과 일본에 대한 인식」과 제4장 「<연행가(燕行歌)>에 나타난 객수(客愁)의 특징과 그 의미」는 19세기 작자의 생활주변에서 생긴 갈등에서 창작배경을 살펴본 것이다.

여행문학의 창작배경에 대한 연구는 완료형이 아니라 진행형이다. 산수유기(山水遊記)를 포함한 여행문학에 대한 전면적인 조사가 이루어진다면 여행문학의 창작배경이 명확해 질 것이다. 이 책에서는 대략적인 윤곽을 그려보려 하였다. 원고를 정리하며 다시 부끄러움이 앞선다.

이 책이 나오기까지 불민한 제자임에도 끊임없이 학문적인 자극과 따뜻한 용기를 주신 권두환 선생님께 감사의 말씀을 올린다. 학부시절의 은사이신 김인환, 김흥규 선생님께 감사의 말씀을 올린다. 부족한 논문이지만 심사하시면서 자상한 가르침을 주신 김병국, 민병수, 김학성, 성기옥 선생님과 대학원에서 학문하는 자세와 그 방법을 깨우쳐 주신 이상택, 조동일, 서대석 선생님께 감사의 말씀을 올린다. 형처럼 편안하게 학문적인 가르침을 주신 최재남, 이승복 선생님께 감사드린다. 도서출판 월인의 박성복 사장님과 출판사 관계자분들에게도 감사드린다. 끝으로 한결같은 마음으로 옆을 지켜준 아내에게 감사와 미안함을, 소이와 민식에게 사랑의 마음을 전한다.

인천 도두리마을에서

저자 씀

차례

제1부 여행문학의 표현

제1장 기행가사의 진술방식

1. 머리말

1-1. 연구 목적

이 글은 조선시대 기행가사의 변모 양상과 변모 이유를 살펴보는 것을 목적으로 한다. 기행가사가 여타 가사와 다른 점은 대상에 대한 표현이 확장된 것이다. 대상에는 내용이 있을 수 있고, 표현이 있을 수 있다. 내용은 조선전기 기행가사나 조선후기 기행가사에 공통적이라 변모 양상을 살펴보기가 어렵다. 사행가사(使行歌辭)와 관유가사(觀遊歌辭)에 따라 그 내용이 달라 일관되게 설명하기도 어렵다. 변모 양상은 '어떻게 표현되었는가'하는 점으로 살펴볼 필요가 있다. 이 글에서는 그것을 '진술방식'이라 한다.

진술방식은 단어와 문장의 차원일 수도 있고, 담화차원일 수도 있다. 단어와 문장은 작자의 개성을 나타내는 기법의 차원이지만, 담화는 동시대를 사는 작자와 독자 간의 의사소통으로 작자 · 시대 · 독자를 고려한 역사적인 차원이다. 이 글에서의 진술방식도 작자 · 시대 · 독자를 고려한 것이다. 이러한 점을 염두에 두고 기행가사에 대한 선행연구를 살펴보기로 하자.

기행가사에 대한 본격적인 연구는 최강현 교수에 의하여 진행되었다. 최강현 교수는 기행가사는 "출발-노정-목적지-회정"이라는 내용적 전개를 공통으로 하고, 여행 동기에 따라 관유가사(觀遊歌辭) · 유배가사(流配歌辭) · 사행가사(使行歌辭)로 나눌 수 있고, 각 유형에 따라 풍류와 탐진 · 회한과 소망 · 해외견문과 자기인식이라는 주제가 있다고 하였다.1) 최강현 교수의 연구는 기행가사의 형식적 기준과 유형분류의 틀을 제공하여 이후 기행가사 연구의 기틀을 마련하였다.2) 뿐만 아니라 기행가사에 대한 다양한 연구가 진행되었다. 가사의 진술방식에서 기행가사를 다룬 연구,3) 개별 작품의 작자 · 창작시기 · 이본에 대한 실증적인 연구4) 등이 그 예이다. 최강현 교수를 이은 기행가사에 대한 본격적인 연구는 유정선 선생과 염은열 교수에 의하여 이루어졌다.

유정선 선생은 기행가사의 역사적 전개에 초점을 두었다. 기행가사의 유형을 작자의 관직 여부와 기행한 지역을 기준으로 환유가사(宦遊歌辭) · 유람가사(遊覽歌辭) · 사행가사(使行歌辭)로 나누고, 환유가사는 18세기 관풍의식(觀風意識)에서 19세기 관풍의식의 지속으로, 유람가사는 18세기 산수유람의 취미와 처사의식에서 19세기 금강산 유람의 집중과 탈규범성으로, 사행가사는 18세기 명분의식에서 19세기 기록물지향성과 흥미지향성의 공존으로 변모한다고 하였다.5)

염은열 교수는 기행가사의 대상표현에 초점을 두었다. 그 대상표현에는 대상에 대한 즉물적(卽物的) 인식에 의한 것, 대상에 대한 관념적(觀念的) 인식에 의한 것, 대상에 대한 주정적(主情的) 인식에 의한 것이 있다고 하였다.6) 이 연구로 기행가사의 특징이 대상표현에 있음을 재확인할 수 있다.

이상의 선행연구로 기행가사의 유형, 그 유형에 따른 내용을 확인할 수 있

---

1) 최강현, 『한국기행문학연구』, 일지사, 1982.
2) 최강현 교수가 기행가사의 유형을 분류하고 그 유형에 따라 주제를 제시한 것은 이후 기행가사 연구에 계승되었다. 대표적인 연구는 정기철, 「기행가사연구」, 한남대학교 박사학위논문, 1996과 김기형, 『금강산 기행가사 연구』, 아세아문화사, 1999 등이다.
3) 가사의 진술방식에서 기행가사를 하위 유형으로 논의한 연구는 다음과 같다. 김학성, 「가사의 실현화 과정과 근대적 지향」, 『근대문학의 형성과정』, 문학과지성사, 1983; 조세형, 「가사 장르의 담론 특성 연구」, 서울대학교 박사학위논문, 1998.
4) 개별작품에 대한 연구는 <참고문헌> 참조.
5) 유정선, 「18 · 19세기 기행가사의 작품세계와 시대적 변모양상」, 이화여자대학교 박사학위논문, 1999.
6) 염은열, 『고전문학과 표현교육론』, 역락, 1999.

다. 기행가사가 시대에 따라 변모하고, 기행가사에서 대상표현이 중요하다는 것을 확인할 수 있다. 이 글에서는 이상의 선행연구를 모두 수용한다. 수용에서 보더라도 여전히 남은 의문은 왜 변모하는가, 변모는 작품 내적 특징과는 어떤 관련이 있는가, 기행가사의 대상표현들은 상호 어떤 관련이 있는가, 그 표현들은 역사적으로 어떻게 전개되는가 하는 점 등이다. 이 의문은 진술방식에서 본 기행가사의 역사적 전개로 요약할 수 있다. 이 글은 이러한 의문을 살펴보기 위하여 다음과 같은 순서로 진행한다. 1에서는 연구 대상 자료를, 2에서는 기행가사에 나타난 진술방식의 특징과 분석기준을, 3에서는 기준에 따른 작품분석을, 4에서는 기행가사의 역사적 전개를, 5에서는 지금까지의 논의를 요약하고 남는 문제를 제시한다.

1-2. 연구 자료

연구 자료를 선정하기 위해서는 기행가사의 범위를 정하여야 한다. 기행가사는 내용상 '출발→노정→목적지→회정'으로 전개된다고 한다. 그런데 실제 기행가사 작품 가운데에 4단계의 전개에 완벽하게 일치하는 작품은 드물다. 강호가사도 연구자의 시각에 따라 4단계의 전개로 구분할 수도 있다. 다른 시각이 필요하다. 4단계의 전개란 작자의 공간적 이동에 따른 전개를 말한다. 작자의 공간적 이동이란 작자의 여행 체험이 있고, 이 여행 체험이 작품에 나타난 표현과 관련됨을 말한다. 기행가사에 나타난 표현상 특징은 대상에 대한 표현이 확장된 것이다. 그런데 기행가사가 대상표현만으로 이루어진 작품은 드물며, 작자의 내면표출과 대상표현이 복합되어 있다. 이것을 종합하면 기행가사는 가사 작품 가운데 작자의 여행 체험에 따른 내면표출과 대상표현이 있으며 특히 대상표현이 확장된 작품들이다. 강호가사는 여정은 있으나, 그 여정이 부분적이라 여행에 따른 체험이 적고, 대상에 대한 표현이 확장된 것도 아니다. 조선후기 유배가사는 유배 체험에 초점을 두어 여행 체험이 부분적이고, 대상에 대한 표현이 확장된 것도 아니다.

이러한 기준에 따라 기행가사 작품들을 관유가사·사행가사·여성기행가사로 나누어 제시하면 다음 표와 같다.

	관유가사	사행가사	여성기행가사
작자와 창작연대 추정 가능한 작품(29편)	<關西別曲>, <關東別曲>, <關東續別曲>, <出塞曲>, <天風歌> <寧三別曲>, <金塘別曲>, <避疫歌>, <明村 金剛別曲>, <耽羅別曲>, <丹山別曲>, <北征歌>, <峿堂 金剛別曲>, <北塞曲>, <交州別曲·叢石歌·金剛曲>, <樊泉 蓬萊曲>, <蓬萊別曲>, <渡海歌>, <止軒 金剛山遊山錄>, <關東新曲> 20편	<西征別曲>, <漂海歌>, <日東壯遊歌>, <西行錄>, <燕行歌>, <北行歌> <대일본유람가> 7편	<扶餘路程記>, <錦行日記> 2편
작자미상 창작연대 추정 가능한 작품(6편)	<東遊金剛錄>, <東遊歌>, <金剛山歌(1816)>, <關東壯遊歌> 4편	<燕行別曲> 1편	<이부인기행가사> 1편
작자미상 창작연대 미상인 작품 (17편)	<箕成別曲>, <香山別曲>,[7] <蓬萊淸奇>, <陟州歌>, <금강산완경록(정병욱 소장본)>, <금강산완경록(궁중잡록본)> <금강산유산록(연세대 소장본)>, <金剛山遊山錄(임기중 소장본)>[8] <金剛山歌(안춘근 소장본)> 9편		<청양산수가>, <화류가>, <유산가> <백운산구곡지로가>, <적벽가>, <선유가>, <산양가>, <청양산유람가> 8편

이 가운데 본고의 주 자료는 창작연대를 알 수 있고 작자의 여행 체험이

7) 이본(異本)에 <금강산완샹록(김동욱 소장본)>이 있다.

8) 이본으로 <금강산유산록(고대본 『악부』)>, <금강산유산녹(조종업 소장본)>, 장씨부인 <금강산유람가>, <금강산유산녹(강전섭 소장본)> <금강산완경녹(임기중 소장본)> <금강산뉴산록(김동욱 소장본)> 등이 있다. <금강산유산록(조종업 소장본)>의 경우 작품이 수록된 『금강산유산록(金剛山遊山錄)』이란 책의 마지막에 "긔히즁츈슌일 일야 필셔ᄒᆞᄃᆞ"라는 기록이 있어 필사연대가 기해(己亥, 1839·1899·1959)년이라는 것을 알 수 있다. 그런데 작품 내에 창작연대를 확인할 수 있는 기록은 없다.

있고 대상에 대한 표현이 확장된 작품이다. 이러한 기준에서 작자미상과 창작연대가 미상인 작품 17여 편은 주 자료에서 제외한다.[9] 작자미상과 창작연대 미상의 작품 가운데에는 작자와 창작연대에 논란이 있는 작품이 있다. 이것에 대한 필자의 생각을 정리하면 다음과 같다.

<기성별곡(箕成別曲)>에는 "희셕 심샹공 소작"이라는 기록이 있다. 강전섭 선생은 "희석은 海石"이고 "심상공"은 "김상공"의 오기(誤記)로 작자는 해석(海石) 김재찬(金載瓚, 1746-1827)이고, 창작연대는 김재찬이 평안도 관찰사로 부임한 1795년경이라고 하였다.[10] 당시 사회에서 사대부 계층이 자신의 이름을 바꾸어 기록하는 것이 가능하였을까 하는 점이 의문이고, 김재찬의 일기인 『해석일록(海石日錄)』에서도 작품에 대한 기록을 확인할 수 없다. 이러한 사실로 보아 "희셕 심샹공"을 해석 김재찬으로 보는 것은 무리가 있다고 보여 주 자료에서 제외한다.

<향산별곡(香山別曲)>에 대하여 강전섭 선생은 황익재(黃翼再, 1682-1747)의 『화재집(華齋集)』에 있는 "선재(善哉) 정시숙……이에 죽은 벗(정시숙)이 지은 것이 향산유록이다"[11]라는 구절이 있고, 선재(善哉) 정시숙(鄭時淑, 1680-1714)은 충청좌도의 어천찰방을 역임하였으며, <향산별곡>의 서두에 "石倉

---

9) 그 외에 이 글에서 제외한 자료는 기행가사로 작품 명은 있으나 작품이 전하지 않는 것, 1910년대 이후 창작된 것이다. 각각의 작품은 다음과 같다. 작품 명만 전하는 작품 : 조우인(曺友仁, 1561-1625)의 <출관사(出關詞)>, 이수광(李睟光, 1563-1628)의 <조천곡(朝天曲)>, 남도진(南道振, 1674-1735)의 <봉래가(蓬萊歌)>, 김성달(金盛達, 1642-1696)의 <봉래곡(蓬萊曲)> 등 총 4편. 1910년 이후 창작된 작품 : 의성김씨(1863-1929)의 <유산일록>, 최송설당(1855-1939)의 <발환경제>, 조애영(1911-?)의 <금강산기행가>, 장일상(1897-1962) 의 <금강산유람가>, 택정댁의 <가야산해인가>, 안재근의 <안의용추사탐방기> · <가야산해인사유람기> · <수승당기>, 황재인의 <경주유람가>, 이차웅의 <설악산관동팔경기행가>, 이중석의 <제주행기>, 정조선의 <남해기행문> · <관동유람기> · <영주오록기행문>, 이씨부인의 <유람노정기>, 고단(1922-?)의 <제주도기행가> · <대만기행가> · <산외별곡>, 이필희(1921-?)의 <친척동반유람가> · <사형제관유기>, 작자미상의 <여행기> · <유람가> · <금오산채미정유람가> · <슈곡가> · <송반송별> · <계묘년여행기> · <유람기록가> 등 총 30편.

10) 강전섭, 「해석 김재찬의 기성별곡에 대하여」, 『동양학』 19집, 단국대학교 동양학연구소, 1989.

11) "鄭時淑善哉……乃亡友所著 香山遊錄也"

말을 슈여 魚川驛 차자가니"라는 구절이 있는 것을 보아 <향산별곡>의 작자는 정시숙이고 그가 1712년과 1713년 사이에 지은 것이라고 하였다.[12] 그런데 황익재의 『화재집』에 따르면 정시숙이 지은 작품은 <향산별곡>이 아니라 <향산유록(香山遊錄)>이다. <향산별곡>에는 "三淵先生 四韻시 좌상에 써잇시니/ 녜사람 디온 그리 오난날 경이로다"라는 구절이 있다. <향산별곡>이 1713년경에 지은 것이라면 김창흡(金昌翕, 1653-1722)이 생존해 있으므로 "옛 사람 지은 글"이라는 표현이 적절하지 않다. 이 두 가지 점으로 미루어 보았을 때 작자를 정시숙으로 단정하기에는 무리가 있어 주 자료에서 제외한다.

<봉래청기(蓬萊淸奇)>는 고려대 소장본 『악부(樂府)』에 수록된 작품으로 4음보 383행의 장형이다. 작자는 미상이나 창작연대는 작품 중간에 "尹尙書筆跡의 妙吉祥"이란 구절로 추정할 수 있다. 창작연대의 하한선은 윤사국(尹師國, 1728-1809)이 회양군수로 있던 시기인 순조 재위연간(1801-1834)으로 보이나,[13] 정확한 창작연대는 미상으로 주 자료에서 제외한다.

<척주가(陟州歌)>의 작자는 작품의 내용을 보아 삼척부사로 있던 인물로 짐작되나 작자와 창작연대에 대한 것은 상세하지 않다. 단지 작품에서 삼척에 있는 12개 면(面)의 명칭으로 그 하한선은 19세기경으로 추정할 수 있으나[14] 정확한 창작연대는 미상으로 주 자료에서 제외한다.

창작연대를 알 수 있는 작품 가운데 주 자료에서 제외된 작품은 2편이다. <연행별곡(燕行別曲)>은 작자미상으로 1693년 사행(使行) 때에 사행의 일원이 지은 것으로 추정된다.[15] <봉래별곡(蓬萊別曲)>은 정현덕(鄭顯德, 1810-

12) 강전섭, 앞의 논문.

13) 최강현, 「봉닉청긔 蓬萊淸奇」, 『시문학』 4월호, 시문학사, 1978.

14) 김일기, 「척주가고」, 『논문집』 11집, 삼척공업전문학교, 1978.

15) 작품에 "至月 初三日에 北闕을 下直"하고 라는 구절, "甲戌 上元日에 皇極殿에 朝參한다"라는 구절이 있다. 북경에 도착한 시기가 갑술년(1694)이다. 계유년(1693)에 사행이 있은 점을 미루어 보아 1693년 사행 때에 지은 것이다. 계유년 사행의 일원은 정사 유명천(柳命天, 1633-1705), 부사 이인징(李麟徵, 1643-?), 서장관 심방(沈枋, 1649-?)이다. 심재완 선생은 연행가사인 <서정별곡(西征別曲)>과 <연행가(燕行歌)> 모두 작자의 신분이 서장관이므로 <연행별곡>의 작자도 서장관일 것이므로 작자는 서장관 심방이라고 하였다. 그

1883)이 동래부사로 부임하여 임기를 마치고 떠나기 전인 1869년 동래를 둘러보고 지은 것이다. 두 작품 모두 창작연대가 확실한 작품이다. 하지만 대상표현의 서술 분량이 적다. "심양을 드러가니 빅두산 ᄂᆞ린 즐기/ 이거시 쥬봉일다"(<燕行別曲>), "소하정 드러가니 처사난 간곳 없고/ 유선대 올나가니 도사난 어대간고"(<蓬萊別曲>) 등이 그 예이다. 지명과 작자의 단평으로만 되어 있어 대상표현의 특징을 찾기 어려워 주 자료에서 제외한다.

이러한 기준으로 선정된 주 자료는 33편이고 이것을 표로 제시하면 다음과 같다.

순번	작품명	창작 연대	작 자	수록 문헌	작품 분량
1	<關西別曲>	1556	白光弘(1522-1556)	『岐峰集』	86행
2	<關東別曲>	1580	鄭澈(1536-1593)	『松江歌辭』	147행
3	<出塞曲>	1617	曺友仁(1561-1625)	『頤齋詠言』	83행
4	<關東續別曲>	1623	曺友仁(1561-1625)	『頤齋詠言』	105행
5	<西征別曲>	1694	朴權(1658-1715)	筆寫本	162행
6	<天風歌>	18세기 초	盧明善(1647-1715)	『魏門歌帖』	166행
7	<寧三別曲>	1704	權燮(1671-1759)	『玉所稿』	112행
8	<金塘別曲>	1707 이전	魏世稷(1655-1721)	『魏門歌帖』	100행
9	<避疫歌>	1727	黃纏(1704-1771)	『晩隱集』	47행
10	<明村 金剛別曲>	1739	朴淳愚(1686-1759)	『明村遺稿』	200행
11	<耽羅別曲>	1750	鄭彦儒(1687-1764)	『迂軒集』	120행
12	<日東壯遊歌>	1764	金仁謙(1707-1772)	校合本	4121행
13	<丹山別曲>	1772	申光洙(1712-1775)	筆寫本	99행
14	<北征歌>	1776	李溶(영조대)	『適宜』	130행
15	<漂海歌>	1797	李邦翼(1757-?)	『雅樂府歌集』	302행

근거가 약하다. 임기중 선생은 유명천(柳命天, 1633-1705)의 『연행일기(燕行日記)』와 <연행별곡>은 사행의 일정별로 나타난 지명의 연결이 유사하고 감흥의 삽입이 제한된 유사성이 있으므로 작자는 유명천이라고 하였다. 일정별로 지명의 연결이 유사한 것은 동일한 시기에 사행하였기 때문이다. 이 점은 1866년 사행한 경험을 담은 <연행가>와 <북행가>에서 확인할 수 있다. 감흥의 삽입이 제한된 것은 작품의 특징이지 작자가 같기 때문으로 보기는 어렵다. 따라서 새로운 자료가 없는 한 작자미상으로 보는 것이 타당하다.

16	<扶餘路程記>	1802	延安李氏(1737-1815)	校合本	117행
17	<北塞曲>	1813	具康(1757-1832)	『北塞曲』	1000행
18	<金剛山歌>	1816	작자 미상	『長篇歌集』	359행
19	<交州別曲> <金剛曲> <叢石歌>	1820	具康(1757-1832)	『北塞曲』	88행, 51행, 57행
20	<樊泉 蓬萊曲>	1824	金在華(1768-1841)	筆寫本	482행
21	<西行錄>	1828	金芝叟(순조대)	筆寫本	1488행
22	<錦行日記>	1845	恩津宋氏(1803-1860)	筆寫本	758행
23	<止軒 金剛山遊山錄>	1855	朴熺鉉(1814-1880)	筆寫本	675행
24	<峿堂 金剛別曲>	1856	李象秀(1820-1882)	筆寫本	562행
25	<關東壯遊歌>	1859	작자 미상	『關東壯遊歌』	800행
26	<東遊歌>	1802, 1862	작자 미상	筆寫本	1092행
27	<燕行歌>	1866	洪淳學(1842-1892)	校合本	1891행
28	<北行歌>	1866	柳寅睦(1839-1900)	筆寫本	896행
29	<東遊金剛錄>	1868 경	작자 미상	『東遊金剛錄』	742행
30	<渡海歌>	1875	趙熙百(1825-1900)	『關東壯遊歌』	121행
31	<關東新曲>	1894	趙胤熙(1854-1931)	筆寫本	619행
32	<이부인기행가사>	19세기 말	작자 미상	筆寫本	200행
33	<대일본유람가>	1902	李台植(1859-1903)	筆寫本	1628행

위 표에서 주 자료를 작품명・창작연대・작가・수록 문헌・작품 분량의 순서로 제시하였다. 작품 분량은 4음보 1행을 기준으로 한 것이다. 수록 문헌에서 필사본(筆寫本)은 기행가사 작품이 단 권의 필사본으로 있는 경우이다.

제목이 동일한 작품에 <금강별곡(金剛別曲)>, <금강산가(金剛山歌)>, <봉래곡(蓬萊曲)>, <금강산유산록(金剛山遊山錄)> 등이 있다. 작품을 서로 구별하기 위하여 작자를 알 수 있는 작품은 <명촌 금강별곡>・<어당 금강별곡>[16]・<번천 봉래곡>[17]・<지헌 금강산유산록>[18] 등으로 작자의 호를 부기

16) <금강별곡>에는 어당(峿堂) 이상수(李象秀)가 지은 것과 명촌(明村) 박순우(朴淳愚)가 지은 것이 있다. 이상수가 지은 것은 <어당 금강별곡>으로 박순우가 지은 것은 <명촌 금강별곡>으로 구별한다.

17) <봉래곡>에는 번천(樊泉) 김재화(金在華)가 지은 것과 작품의 이름만 전하는 김성달이 지

하였고, 창작연대를 알 수 있는 작품은 <금강산가(1816)>[19]와 같이 창작연대를 부기하였다.

<교주별곡>·<금강곡>·<총석가> 등은 구강(具康)이 회양군수로 있던 1820년경에 지은 것이다. <교주별곡>은 유람은 생략되고 관리의 애민이 주된 내용이고, <금강곡>은 금강산의 정양사 헐성루에서 본 경치가 주된 내용이며, <총석가>는 총석정의 경치가 주된 내용이다. 기행가사에서 작자가 관리일 경우 작품 전개가 주로 애민에서 유람으로 전개된다. 앞의 세 작품을 하나로 하였을 때 이러한 전개에 맞다. 또한 세 작품은 동일한 시기에 동일한 작자가 지은 것이다. 이 점에서 <교주별곡>·<금강곡>·<총석가> 등을 하나의 작품으로 다룬다.[20]

33편의 기행가사 작품 중에서 창작연대와 작자에 논란이 있는 작품과 최강현 교수와 유정선 선생과 염은열 교수의 연구에서 다루지 않은 작품[21]이 있다. 창작연대와 작자에 대한 논란을 정리하고 이 글에서 다룰 자료를 소개한다.

노명선(盧明善, 1647-1715)의 <천풍가>에 대하여 선행연구에서는 그 창작연대와 작자의 생몰연대에 대하여 다른 견해를 보인다. 작자는 1647년에 태어나 1715년에 죽었고 창작연대는 1691년경으로 보는 견해[22]와 작자는 1707에 태어나 1775년에 죽었고 창작연대는 1775년경으로 보는 견해이다.[23] 이러한 차이는 족보에 실린 생몰연대의 혼란 때문이다.[24] 노명선의 생몰연대를

은 <봉래곡(蓬萊曲)>이 있다. 김재화가 지은 것을 <번천 봉래곡>이라 한다.

18) <금강산유산록>에는 지헌(止軒) 박희현(朴熺鉉)이 지은 것과 작자와 창작연대가 미상인 것이 있다. 박희현이 지은 것을 <지헌 금강산유산록>이라 한다.

19) <금강산가>에는 작자와 창작연대가 미상인 안춘근 소장본 <금강산가>와 작자미상으로 병진년(1816)에 창작된 <금강산가>가 있다. 이것을 구별하기 위하여 병진년(1816)에 지은 것을 <금강별곡(1816)>이라 한다.

20) 유정선 선생도 <교주별곡>·<금강곡>·<총석가> 등을 하나의 작품으로 다루었다. 유정선, 앞의 논문, 1999, 65면.

21) <이부인기행가사>, <번천 봉래곡>, <동유금강록> 등이다.

22) 최강현, 앞의 책, 1982, 234-244면.

23) 이상보, 『18세기 가사전집』, 민속원, 1996, 37면.

'1707-1775'으로 보았을 경우 노명선의 부친 노상충(1624-1688)과 모친 광산 김씨(1625-1682)의 생애와 맞지 않는다. 또한 "노봉(老峰) 민정중(閔鼎重, 1628-1692)을 좇아 놀았다"는 족보의 기록과도 맞지 않는다. 따라서 노명선의 생몰연대를 '1647-1715'로 보는 것이 타당하다. 이것을 기준으로 한다면 창작연대는 작품의 끝에 있는 "긔유 십일월 삼구일 용하다"라는 기록을 보아 기유년(己酉年, 1669)이다. 그런데 작품 중간에 "빈발이 호백하고 기력이 쇠진하니"라는 기록이 있다. 작자가 23세의 나이에 '빈발 호백'이라고 칭하였을 리는 없다. 적어도 1700년대 초에 창작한 것으로 추정된다.

<금당별곡>은 작품에 창작연대가 밝혀져 있지 않다. 위세보(魏世寶, 1669-1707)의 『석병집(石屛集)』에 "三從兄作 金塘別曲"이란 기록이 있다. 작자는 위세보의 삼종형인 위세직(魏世稷, 1655-1721)이다. 위세보는 7언 절구 <차삼종형세직금당운(次三從兄世稷金塘韻)>이란 시를 위세직에게 준다. 시제로 보아 위세보는 살아 있을 때 <금당별곡>을 보았다. 따라서 <금당별곡>은 위세보가 죽기 전인 1707년 이전에 지어진 것이다.[25)]

작자미상의 <동유가>에서 창작연대를 추정할 수 있는 구절은 "이 ᄢᅴᄂᆞᆫ 어ᄂᆞ ᄢᅵᆫ고 임술년 츈 염팔일라"와 "어와 이 ᄂᆡ 년긔 이모의 ᄯᅩ 두ᄒᆡ라/ 삼팔의 쇼과 칭명 거연이 십ᄌᆡ로다"이다. 임술(壬戌)은 1802년 · 1862년 · 1922년 등이다. 이상택 교수는 임술(壬戌)을 1802년으로 추정하였고[26)] 조세형 교수는 "표기법과 표현 면"으로 보아 1862년으로 추정하였다.[27)] <동유가>에 화자가 여행 도중 친척인 회양부사를 찾아가는 대목이 있다. 관제법 상 회양부사라는 명칭은 일제강점기 이전에 사용된 것이다. 임술이 1922년 이전인 1862년이나 1802년이 될 것이다. 그런데 <동유가>의 표기법에 대한 기준이 모호하므로

24) 『광산노씨족보』의 가계(家系)에는 노명선의 생몰연대가 '肅宗 丁亥(1707)-乙未年(1775)'으로 되어 있고, 부록(附錄)에는 '仁祖 丁亥(1647)-孝宗 乙未年(1715)'으로 되어 있다.

25) 최강현, 앞의 책, 1982, 246면; 김석회, 『존재 위백규 문학 연구』, 이회문화사, 1995, 312면.

26) 이상택, 「금강산 기행가사 동유가」, 『한국기행문학작품연구』, 국학자료원, 1996, 680면.

27) 조세형, 「후기기행가사 동유가의 작자의식과 문체」, 『선청어문』 21호, 서울대학교 국어교육학과, 1993, 5면.

<동유가>의 창작시기를 1802년이나 1862년 중 어느 하나로 단정하기에는 이른 것으로 파악된다.

<번천 봉래곡>은 단국대학교 율곡기념도서관에서 편한 『한국가사자료집성』에 영인된 필사본이다. 작품의 마지막에 기록된 구절은 "우리 왕고 번천공겨오셔 슌됴 갑신년의 금강산 일긔 번역흔 거신듸"이다. 이 기록을 보아 작자는 번천공이고 필사자는 번천공을 왕고로 하는 인물이다. <번천 봉래곡>에는 노랫말의 본문 위에 작은 글씨로 설명이 부기 되어 있다. 작자와 관련된 기록은 "퇴어공 끼친글을(퇴어공은 죵고조 침챤공 별호라)"·"석당공이 삭이셧데(석당공은 직죵조 승지공 별호라)"·"이 날이 싱신이라(ᄉ월 이십칠일이 싱신이라)"이다. 괄호는 노랫말의 본문 위에 부기된 기록이다. 작자의 생일은 4월 27일이고 작자의 종고조가 퇴어공이고 재종조가 석당공이다. 『광주김씨허주공파보』에 의하면 퇴어공은 퇴어자 김진상(金鎭商, 1684-1755)이고 석당공은 김상정(金相定, 1722-1788)이다. 이 둘을 종고조, 재종조로 둔 인물은 번천(樊泉) 김재화(金在華, 1768-1841)이다. 따라서 작자는 김재화이고 창작연대는 작자의 생몰연대로 보아 1824년 갑신(甲申)이다.

<동유금강록>은 대전 문충사(文忠祠)에 소장된 필사본이다. 작자와 창작연대를 추정할 수 있는 기록은 "계히년 유월의 근힝ᄒ여 조부게셔 벗기여 쥬시니"·"김직한 외조부게오셔 금강유람ᄒ옵신 칙 벗겨노라" 등이다. 필사연대는 계해(癸亥)인 1863년 또는 1923년이고, 작자는 김재한의 외조부이다. 『안동김씨세보』에 의하면 김재한은 1903년에서 1951년까지 살았던 인물이다. 따라서 필사연대는 1923년이다. 김재한은 김홍진(1878-?)의 여식으로 모친은 안동권씨이다. 안동권씨에 대한 것과 작자인 김재한의 외조부에 대한 것은 미상이다.[28] 작품에는 고종의 수원능행, 경복궁의 천한전, 양요 때문에 낙향하

28) 김기형 선생은 <동유금강록>의 작자에 대하여 권숙의 족보에 등재된 여식은 없으나, 최근까지 권숙의 자손들과 김재한의 자손들의 왕래가 있는 것을 보아 권숙이 김재한의 외조부이며 안동권씨의 부친이라고 하였다. 자손의 왕래만으로 권숙을 작자로 보는 것은 무리이다. 김기형, 『금강산 기행가사 연구』, 아세아문화사, 1999, 171-175면.

는 친구를 만나는 내용 등이 있다. 경복궁 천한전은 1866년 설치된 것이고 양요는 1866년과 1871년이다. 이것을 기준으로 한다면 창작연대는 1866년과 1871년 사이이다. 작품의 계절적 배경은 춘삼월 호시절로 "이때는 윤월이라 수단화 그져있"는 때이다. 1866년과 1871년 사이에 윤월이 있는 해는 1868년과 1870년이다. 따라서 창작연대는 1868년경이다.

<관동장유가>는 서울대학교 규장각에 소장된 가집『관동장유가(關東壯遊歌)』에 <도해가(渡海歌)>·<함라별곡(咸羅別曲)> 등과 함께 수록된 작품이다. <도해가>는 조희백(趙熙百, 1825-1900)의 작이고 <함라별곡>은 조희일(趙熙逸, 1838-1904)의 작이다. 이것을 보면 <관동장유가>의 작자는 조희백·조희일과 관련된 인물일 것이다. <관동장유가>의 서두에는 "긔미년 하ᄉᆞ월"에 여행한다는 기록이 있다. 기미(己未)는 1799년·1859년·1919년 등이다. <관동장유가>의 말미에는 "셰신히 초동 월일 일감정 필셔. 안혼부실ᄒᆞ여 쥰즁낙ᄌᆞ 만하 슈괴ᄒᆞ나 우리 형뎨 좌셕의셔 팔경 묵견하소셔. 초하노라"란 기록이 있다. 말미의 기록에 대하여 최강현 교수는 "작품의 지은이와 무관하고 필사자와 관련 있으나 필사자가 누구인지 알 수 없다"고 하였다.[29] 이 구절에서 '우리 형제'라는 언급을 보아 <관동장유가>의 필사자는 '형제'라는 사실을 알 수 있다.『관동장유가』권말에는 "도히가와 함라별곡은 고젹이 아니로ᄃᆡ 관동팔경 곳곳마ᄃᆡ 경치롭고 부형의 천구 어룬의 글이기의 심심 소견으로 초ᄒᆞ엿거니 소일ᄒᆞ시고 동ᄉᆡᆼ의 셩벽 남앗던 쥴 우스소셔"란 기록이 있다. <도해가>와 <함라별곡>은 고적이 아니지만 관동팔경 곳곳마다 고적이 있고 경치로운 글은 <관동장유가>으로 그 글은 부친의 친구인 어른께서 지었다는 뜻으로 이해된다. 이 글의 필사에서 동생의 성벽이 남아 있다고 하였으므로 필사자는 조희백 형제이다. 부친인 조규년(趙奎年, 1799-1867)의 친구는 미상이다. 다만 조희백과 조희일 형제의 생몰연대와 조규년의 생몰연대를 보아 창작연대인 기미년은 1859년이다.

---

29) 최강현, 앞의 책, 1982, 184면.

<이부인기행가사>는 필사본으로 임기중 교수가 편한 『역대가사문학전집』에 영인된 자료이다. 이 자료에 대하여 임기중 교수는 작품 일람표에서 작자는 광주이씨(廣州李氏)이고 창작연대는 1821년이라고 하였다.[30] 필자는 <이부인기행가사>의 내용으로 작자를 추정할 근거를 찾지 못하였다. 작품의 말미에 "신ᄉᆞ 구월 초구일 긔 고이 필서ᄒᆞ나 본젼 ᄌᆞ 굿고 낙식ᄒᆞ기 뜻 하디 못ᄒᆞ무로"라는 구절이 있다. 이 기록은 필사에 대한 것이다. 신사(辛巳)는 1761년·1821년·1881년·1941년이 될 수 있다. 이 신사를 추정할 수 있는 구절은 "금셩산상 십팔면 녈ᄋᆞ 고을 졔 합ᄒᆞ야"[31]이다. 금성산(錦城山)은 나주(羅州)의 주산(主山)이다. 18면(面)은 나주에 속한 지역이 18개임을 말한다. 나주는 1018년(현종 8)에 나주목으로 4군(郡) 11현(縣)으로 15개 지역이고, 조선시대의 행정구역은 고려시대를 계승한 것이며 이후 구역이 바뀐 것은 1912년 이후이다. 1912년 나주군은 28면이고, 1914년에 12면이고, 1920년에 18면이며, 1931년 2면이 읍으로 승격되었으나 관할 지역은 18개이고, 1945년 나주군은 2읍 13면으로 15개 지역이다.[32] 이러한 사실로 미루어 보면 18개 지역은 1920년 이후 1945년 이전이 되므로 신사(辛巳)는 1920년 이후인 1941년이다. 그러나 필사연대가 1941년이라고 하여 창작시기를 1900년대로 보는 것은 타당하지 않다. 선행연구에서도 <이부인기행가사>와 유사한 작품을 보존자의 증언을 토대로 그 창작시기가 18세기경이라고 하였다.[33] 단지 필사연대인 1941년

---

30) 임기중 교수는 작자와 창작연대에 대한 근거를 들고 있지는 않다. 임기중 편, 『역대가사문학전집』 11-20권 총목록, 여강출판사, 1988, 17면.

31) 임기중 편, 『역대가사문학전집 16』, 여강출판사, 1988, 56면.

32) 『나주군지』, 나주군지편찬위원회, 1980, 241-272면.

33) <이부인기행가사>와 유사한 작품은 <호남기행가>이다. <호남기행가>는 박요순 교수가 소개하였다. 박요순 교수가 소개한 <호남기행가>와 <이부인기행가사>를 제시하면 다음과 같다. 작품 말미에 있는 구절: <호남기행가> "신사 구월 초 구일 긔 고이 필셔ᄒᆞᆫ 본래 자 굿고 무식하기 뜻 아디 못ᄒᆞ무로 말이 되지 ᄋᆞ니 ᄒᆞ나 두고 심심홀적 파적이나 ᄒᆞ오리" <이부인기행가사> "신ᄉᆞ 구월초 구일 긔 고이 필셔ᄒᆞ나 본젼 ᄌᆞ 굿고 무식ᄒᆞ기 뜻 아디 못ᄒᆞ무로 말이 되지 아니ᄒᆞ나 두고 심심홀젹 파젹이나 ᄒᆞ오리라"(62면). 은진 미륵불을 표현한 구절: <호남기행가> "저거시 미륵이라 어와 네여이고/ 네 근본 내 몰래라 따으로셔 소사나냐/ 안잘 줄 모라거든 행보를 어이 하는고/ 냥수의 공역인가 화용의 슈단인가/

에서 창작연대가 멀지 않을 것이라는 점에서 1761년은 거리가 있고, 여성가사의 향유시기가 19세기에 집중된다는 점에서 <이부인기행가사>의 창작시기는 1761년보다는 19세기 후반 이후로 추정하는 것이 무리가 없을 듯하다.

이 글에서 이용한 자료집은 기왕에 이루어진 교주본[34]이다.

신장을 의논하면 천척이나 될 거시오/ 몸 퓌랄 헤아리면 열 아람이나 될리라" <이부인기행가사> "저거시 미록이나 어와 네 어인고/ 네 근본 내 모ᄅᆞ니 ᄶᅡ으로셔 소사ᄂᆞ냐/ 안잘 줄 모ᄅᆞ거든 힝보을 어이 하ᄂᆞᆫ고/ 냥슈의 공역인가 화옹의 슈단인가/ 신쟝을 의논ᄒᆞ면 쳔쳑이 나물 거시요/ 몸퓌를 헤아리면 열 아ᄅᆞᆷ이 나물너라"(37면). 여산(礪山)에서 절을 찾는 구절: <호남기행가> "석탑 십이층의 불전도 광활할사/ 한가한 경자소래 향연을 인도하고/ 불상 우해 바친 개난 청풍의 나붓기네/ 약병을 손의 들고 감듕넌 하여시니/ 슈도다려 뭇난 말이 약사불도 아니런가/ 여자 절 귀경이 승관이라 하리로다" <이부인기행가사> "셕탑 십이층의 불젼도 광활ᄒᆞᆯ샤/ 한가 한가 경ᄌᆞ소릐 향연을 인도ᄒᆞ고/ 불샹 우희 바친 개ᄂᆞᆫ 청풍의 나붓기ᄂᆡ/ 약병을 손의 들고 감듕넌 ᄒᆞ여사니/ 슈도ᄃᆞ려 뭇ᄅᆞᆫ 말이 약ᄉᆞ불도 아니런가/ 녀ᄌᆞ 졀 귀경이 승관이라 ᄒᆞ리로다"(40면). 장성(長城)으로 이동하며 산수자연을 표현한 구절: <호남기행가> "대회산 옥녀봉이 이 못과 엇더하며/ 이월아 높흔 두던 이 언덕과 엇더턴고/ 휴용담 맑은 물이 이 냇과 엇더턴고/ 두잠의 기린 글이 만고의 유전하나/ 내 뜨새 생각기난 이 묏 밧기 더할손가/ 문인의 너란 뜨새 헛 말이 무슈하다" <이부인기행가사> "대회산 옥녀봉이 이 ᄆᆡᆺ과 엇더ᄒᆞ며/ 이월아 놉흔 두던 이 언덕과 엇더턴고/ 휴용담 ᄆᆞᆰ근 물이 이 냇과 엇더턴고/ 두ᄌᆞᆷ의 길인 글이 만고의 유젼ᄒᆞ나/ 내 ᄯᅳ지 ᄉᆡᆼ각기ᄂᆞᆫ 이 ᄆᆡᆺ밧긔 더 ᄒᆞᆯ손가/ 문인의 너ᄅᆞᆫ ᄯᅳ지 헛말이 무슈ᄒᆞ니/ 문쟝이 유여ᄒᆞ면". <이부인기행가사>의 면수(面數)는 임기중 편, 『역대가사문학전집 16』의 면수를 제시한 것이고 <호남기행가>는 박요순, 「호남지방의 여류가사 연구」, 『가사문학연구』, 백문사, 1979, 160면을 제시한 것이다. <호남기행가>와 <이부인기행가사>가 이본 관계에 있을 것으로 보인다. 박요순 교수는 <호남기행가>의 말미에 있는 구절인 신사(辛巳)와 작품 보존자인 이씨부인의 증언을 토대로 필사시기를 1761년으로, 창작시기를 1761년 이전으로 추정하였다. 노랫말의 빗금은 필자가 한 것으로 이하 같다.

34) 이 글에서 이용한 교주본은 다음과 같다. 최강현, 『기행가사자료선집』, 국학자료원, 1996; 이상보 편, 『한국가사선집』, 민속원, 1997; 김성배 외 4인 공편, 『주해 가사문학전집』, 집문당, 1981; 이상보 편, 『17세기 가사전집』, 민속원, 1991; 홍재휴, 『북행가연구』, 대구가톨릭대학교 출판부, 1991; 심재완 교주, 『日東壯遊歌・燕行歌』, 교문사, 1984; 이민수 교주, 『日東壯遊歌』, 탐구당, 1981; 이석래 교주, 『기행가사집-연행가』, 신구문화사, 1976; 『閨房歌辭』, 한국학중앙연구원, 1979 등이다. <이부인기행가사>(임기중 편, 『역대가사문학전집 16』, 여강출판사, 1988)와 <西行錄>(임기중 편, 『역대가사문학전집 40』, 아세아문화사, 1988), <대일본유람가>(국회도서관 소장 필사본), <東遊歌>(하버드대 소장 필사본)는 필사본을 자료로 한다.

2. 기행가사의 특징과 분석기준

가사의 특징에 비추어 기행가사 진술방식의 특징을 정리하고, 그 특징을 토대로 분석기준을 제시한다.

2-1. 기행가사의 특징

가사는 4음보 연속체로 율격적 제약이 비교적 약하며 서정적 문체, 서사적 문체, 교술적 문체가 복합되어 있다. 이러한 가사의 복합성은 한편의 가사에서 진술의 양상이 어떤 사실이나 사건을 알려주거나 어떤 대상을 내면화하거나 어떤 지식을 가르치는 양상이 복합되어 있음을 말한다. 이러한 다양성 속에서 어느 하나가 극대화되더라도 가사의 구심적 속성이 있을 것이다. 그 구심적 속성을 조선전기 가사에서 찾을 수 있다. 조선전기 가사에서 1인칭 화자는 체험의 직접성을 표현하고, 시제는 현재이다. 이러한 특징은 가사가 1인칭 화자의 자기표현이란 뜻이다. 가사에서 1인칭 자기표현은 작자가 은밀한 사적 시점으로 말하거나 집약적 어투를 지향하는 순수서정과는 차이가 있다. 작자가 직접 독자에게 말하는 방식이며 집약적 언어가 아니라 확장적 언어이다. 이 점은 시조가 3장의 단형으로 종장의 형식으로 화자의 정서를 집약하는 것과는 차이가 있다. 결국 가사의 구심력은 1인칭 자기표현이다. 한편의 가사 작품은 자기표현이라는 구심적 특징을 지니면서 어느 한 부분이 확장될 수 있다. 기행가사는 1인칭 자기표현이라는 구심적 특징을 지니면서 대상에 대한 표현이 확장된 것이다. 이러한 기행가사의 진술방식을 언급한 대표적인 논문은 김학성 교수의 글[35]과 조세형 교수의 글이다.[36]

김학성 교수는 가사는 "서정과 서사 교술적 성격의 전부 혹은 일부를 동시

35) 김학성, 「가사의 실현화 과정과 근대적 지향」, 『근대문학의 형성과정』, 문학과지성사, 1983.

36) 조세형, 「가사 장르의 담론 특성연구」, 서울대학교 박사학위논문, 1998.

에 드러내는 장르적 복합성"을 보이는 장르이고 기행가사는 "보고"가 드러나며 "조선전기에는 작자가 직접 독자에게 공개적인 목소리로 말하는 것으로 객관적 사물에 대한 관찰을 바탕으로 한 보고의 한 양식을 취하고" 있지만, 후기 기행가사는 "전기가사의 맥을 이어 받으면서도 서사성을 극대화"한다고 하였다. 조선전기 기행가사의 진술방식은 "공개적인 목소리"와 "사물에 대한 관찰을 바탕으로 한 보고"로 보았다. 조세형 교수는 가사를 화자의 성격, 청자의 성격, 화자의 시적대상과의 관계, 텍스트의 상호연관성이라는 네 가지 층위를 기준으로 다섯 가지 유형으로 나누고 각 유형에 나타난 담당층의 의식을 제시하였다. 다섯 가지 유형 가운데 기행가사는 "단일한 화자의 전언적 독백"으로 "서정적 어법과 주제적 어법의 혼효 양상"을 보이는 것으로 "기존 이념을 재확인하는 의도를 보인 것"이라고 하였다.

여기서 "서정 · 서사 · 교술"이라는 용어, "서정적 문체 · 주제적 문체"라는 용어, "독백 · 대화 · 전언"이라는 용어, "독백과 보고"라는 용어 등이 보인다. 서정 · 서사 · 교술이란 용어는 진술방식이라기보다는 서정적 장르 · 서사적 장르 · 교술적 장르라는 장르의 개념이다. 서정적 문체 · 주제적 문체란 용어에서 주제는 "작자의 주제적 정시(呈示)가 우세한 주제적 양식"[37]이란 뜻과 구별되지 않는다. 이때 주제적 양식이란 말은 극적 양식 · 서사적 양식 · 서정적 양식 등과 함께 장르를 지칭하는 것이다. 또한 주제는 "주자학적 이념이나 세계관"[38]을 나타내는 말로 쓰이기도 한다. 진술방식의 용어로는 적합하지 않다.

기행가사의 진술방식에서 쓸 수 있는 용어는 독백 · 대화 · 전언 · 보고 등이다. 이 중에서 기행가사 한편이 <속미인곡(續美人曲)>과 같이 상이한 두 인물의 대화로 진행되는 작품은 찾기 어렵다. 기행가사와 관련된 용어는 독백,

37) P. Hernadi, 김준오 역, 『장르론』, 문장, 1990, 186-203면과 김병국, 「가사의 장르적 성격과 문학성」, 『한국고전문학의 비평적이해』, 서울대학교 출판부, 1996, 167면 참조.

38) 김학성 교수는 가사는 본질적으로 "주제적 양식에 장르적 기반을 두되 그 효과를 보다 절실하게 하기 위하여 의사(擬似) 서정적 진술양식"이라고 한 바 있다. 이때 "주제"는 "주자학적 이념"이라고 하였다. 김학성, 앞의 논문, 1983, 235-239면.

전언, 보고이다. 독백은 화자가 "행한 발언의 수신자인 청자를 작품 표면에 현상적으로 설정하지 않으며 자신의 정서적 기능을 지향하는"[39]는 말하기이다. 이 때 청자가 드러나지 않는 것은 화자의 진술이 문면이나 의미상으로 청자를 지향하지 않고 내면을 지향한다는 뜻이다. 그리고 독백에서는 시제(時制)가 현재이며 화자가 대상과 동일화하려는 태도를 보인다. 화자가 대상과 동일화하려는 것은 화자와 대상간의 심리적 거리가 결핍된 상태이다. 심리적 거리가 결핍된 상태라는 것은 화자의 실제적 욕구나 실제적 관심이 대상에 투사되어 있다는 것이다. 결국 독백은 화자의 내면표출이다. 전언은 "화자가 기존의 이념에 바탕을 둔 당위적 명제를 영향력 있게 전달하려는 의도를 지닐 때 자신의 말을 현상적 청자에게"[40] 하는 말하기이다. 보고(report)는 "주체의 객체(대상)에 대한 진술"[41]로 "객관적 사물에 대한 관찰을 바탕으로 한"[42] 것이다. 기행가사는 "서정적 어법과 주제적 어법의 혼효"[43] 또는 "공개적 목소리와 보고"[44]가 복합된 것이다. 화자가 내면을 향하여 말하는 독백과 대상을 관찰하여 말하는 보고가 복합된 것이다.

그런데 독백과 보고는 독백이 우세하게 나타날 수도 있고 보고가 우세하게 나타날 수도 있다. 독백이 우세할 경우에는 화자가 대상을 동일화하려고 하여 대상에 대한 표현은 축소될 것이고, 보고가 우세할 경우에는 대상에 대한 표현은 확대될 것이다. 즉 기행가사에는 독백과 보고가 복합되어 있으나, 이 둘의 관계에 따라 유형으로써 독백형과 보고형이 있을 수 있다.[45] 이 점을 구별하기 위하여 유형일 때는 독백이라는 용어를 사용하고 기행가사의 진술방

39) 김광조, 「조선전기 가사의 장르적 성격연구」, 서울대학교 석사학위논문, 1987, 14면.
40) 조세형, 앞의 논문, 1998, 41면.
41) P. Hernadi, 김준오 역, 앞의 책, 1990, 25면.
42) 김학성, 앞의 논문, 1983, 24면.
43) 조세형, 앞의 논문, 1998, 139면.
44) 김학성, 앞의 논문, 1983, 243면.
45) 기행가사에서 대상의 표현만으로 이루어진 보고의 극단을 보이는 작품을 찾기 어려우며 독백 속에서 대상표현인 보고가 우세하게 나타나는 경향과 내면표출인 독백이 우세하게 나타나는 경향이 보인다.

식의 공통적인 성격인 '독백과 보고'의 결합이라는 의미일 때는 '내면표출과 대상표현'이란 용어를 사용한다.

기행가사가 내면표출과 대상표현의 복합이고, 내면표출이 우세하거나 대상표현이 우세하다는 것은 화자와 청자의 관계가 기본 층위가 아니라, 화자와 대상과의 관계가 기본 층위임을 말한다. 화자의 대상에 대한 태도는 크게 두 가지이다. 화자가 대상과 동일화하려는 태도와 화자가 대상과 객관적 거리를 유지하려는 태도이다. 하지만 이러한 전제에서 출발하더라도 대상표현의 양상은 장르에 따라 다를 수 있다. 화자가 대상과 동일화하려는 태도가 시조·한시와 같은 단형의 시가와 기행가사에 다르게 나타날 수 있다.

기행가사는 확장된 문체임에 비하여 시조는 3장의 짧은 형식과 종장의 결사형식이 있다. 시조의 3장 형식은 화자의 내면을 단정적 어투로 압축하고 종장에서 화자의 정서로 응축할 수 있다. 즉 시조는 화자가 정을 가진 상태에서 대상을 접할 수도 있으며 대상이 제시된 상태에서 정을 표출할 수도 있다. 이에 비하여 기행가사에서는 압축된 언어보다는 대상의 모습이 객관적으로 제시된 경우가 많다. 그 모습 속에서 화자의 정감이나 화자의 정신을 찾아야 한다. 따라서 시조나 한시와는 다른 방식으로 접근할 수밖에 없다.

그 접근 방식의 토대가 되는 것이 기행가사가 국문(國文)으로 표현된 점이다. 국문은 화자와 대상과의 관계가 한문과는 다를 것이다. 다음의 예문은 바다를 표현한 <관동별곡>의 구절과 송강의 한시 <망양정(望洋亭)>이다.

자료1. 정철(鄭澈), <관동별곡(關東別曲)>

天텬根근을 못내 보와 望망洋양亭뎡의 올은말이/ 바다 밧근 하늘이니 하늘 밧근 므어신고/ 굿득 怒노ᄒᆞᆫ 고래 뉘라셔 놀내관ᄃᆡ/ 블거니 뿜거니 어즈러이 구ᄂᆞᆫ디고/ 銀은山산을 것거 내어/ 六뉵合합의 ᄂᆞ리ᄂᆞᆫ ᄃᆞᆺ 五오月월 長댱天텬의/ 白ᄇᆡᆨ雪셜은 므ᄉᆞ 일고/ 져근덧 밤이 드러 風풍浪낭이 定뎡ᄒᆞ거ᄂᆞᆯ/ 扶부桑상 咫지尺쳑의 明명月월을 기ᄃᆡ리니/ 瑞셔光광 千쳔丈댱이 뵈ᄂᆞᆫ ᄃᆞᆺ 숨ᄂᆞᆫ고야/ 珠쥬簾렴을 고텨 것고 玉옥階계를 다시 쓸며/ 啓계明명星셩 돗도록 곳초 안자 ᄇᆞ라보니/ 白ᄇᆡᆨ

蓮년花화 흔 가지를 뉘라셔 보내신고/ 일이 됴흔 世셰界계 놈대되 다 뵈고져

자료2. 정철(鄭澈), <망양정(望洋亭)>

놀란 파도 돌에 부딪혀 성난 우레 드날리니, 남은 포말 사람에게 불려 뼈끝이 떨리네.

옥산을 깎아 내려 편편이 날아가고, 은주를 꺾어내어 층층이 떨어지네.

비린내 바다 비에 풍기자 어룡이 다투고, 광채가 부상에 비치자 일월이 오르네.

관동 일천리를 다 다니고, 망양정 위에 홀로 와서 오르네.46)

자료1 <관동별곡>에서 대상인 바다에 대한 비유어는 '블거니 쑴거니'이고 자료2 한시 <망양정>에서 바다에 대한 비유어는 '조각조각 날고, 층층이 떨어지다(飛片片 落層層)'이다. <관동별곡>은 바다의 비유어가 '불다 뿜다'와 같이 동사인 반면 한시는 편편(片片)과 층층(層層)과 같은 형용사이다. <관동별곡>은 '굿득 怒노흔 고래 뉘라셔 놀내관듸 블거니 쑴거니/ 어즈러이 구는디고'에서 '(파도가) 노한 고래처럼 불거니 뿜거니 어지럽게 있다'라고 할 것을 '굿득-뉘라셔 놀라게 하였길래-어지럽게 구는가'로 표현하여 어미의 활용이 자유롭다. 이러한 어미 활용으로 화자의 대상에 대한 말건넴이 가능하고, 그 말건넴은 화자의 대상에 대한 정감을 나타낸다. 이것을 '어지럽게 구는가'라는 구절에서도 확인할 수 있다. 따라서 <관동별곡>은 한시에 비하여 동사의 사용이 빈번하고 어미 활용이 자유롭다. 동사의 사용은 대상의 모습을 제시하면서 대상의 모습이 정적인 상태가 아닌 동적(動的)인 상태를 나타낸다. 이러한 동적인 상태는 형용사의 사용처럼 화자가 대상을 지켜보기만 하는 것이 아니라 약동하는 심정이 대상에 포함됨을 말한다. 그것은 화자가 대상과 거리를 줄인 동일화의 태도와 관련된다. 어미 활용에 의한 화자의 말건넴도 대상을 객관적으로 보는 것이 아니라 화자가 대상과 거리를 줄여 동일화하려는

46) "驚濤擊石怒雷騰 餘沫吹人骨戰競 剗却玉山飛片片 折來銀柱落層層 腥傳海雨魚龍鬪 光射扶桑日月升 行盡關東一千里 望洋亭上獨來登" 『송강속집』 권1.

태도와 관련된다. 결국 <관동별곡>은 국문으로 표현되어 화자의 정감이 개입되기 용이하다.[47] 따라서 기행가사의 분석기준은 대상과 화자와의 관계에서 찾아야 한다.

2-2. 기행가사 진술방식의 분석기준

기행가사에 나타난 대상은 산수자연, 사적, 인물과의 대화, 인물에 대한 보고 등이다. 이 가운데 산수자연은 기행가사에 공통으로 있는 것이며, 작자와 시대의 이념에 따라 그 표현이 다르다. 작자의식·시대에 따른 변모를 찾을 수 있다. 이에 비하여 사적에 대한 보고, 인물과의 대화, 인물에 대한 보고 등은 변모형 기행가사에 두드러진다. 따라서 주된 대상은 산수자연이다. 기행가사의 종류는 대상표현의 특징으로 나눌 수 있다. 대상표현의 특징에는 화자가 대상과 동일화하려는 태도와 화자가 대상과 객관적 거리를 유지하려는 태도가 있다. 이것을 기준으로 하였을 때 나올 수 있는 진술방식은 다음과 같다.[48]

<1> 대상의 모습만 제시한 것
<2> 대상의 모습 속에 화자의 정감이 있는 것
<3> 화자의 정감이 우세하여 대상의 모습이 축소된 것

이 중에서 독백형과 관련되는 것은 <2>와 <3>이다. 문제가 되는 것은 <1>의 경우이다. 다음이 대표적인 구절이다.

---

47) 한문은 용언과 어미의 고착성, 주체의 불분명함을 특징으로 한다. 劉若愚, 이장우 역, 『중국시학』, 명문당, 1994.

48) 기본적인 발상은 조동일, 「산수시의 경치, 흥취, 주제」, 『한국시가의 역사의식』, 문예출판사, 1994에서 출발한다.

자료1. 신광수(申光洙), <단산별곡(丹山別曲)>

셕각石角을 노피 베고 히경海景을 다시 보이/ 표묘漂渺훈 동명상東溟上의 만텹강산萬疊江山 여긔져긔/ 창망蒼茫훈 운히가雲海間의 닐편어쥬一片漁舟 오락가락/ 안져眼底의 모둔 경景이 식식色色이 쟈량후이/ 건곤乾坤의 이 조화造化을 뉘라셔 아러 보리

자료1은 화자가 본 바다를 표현한 것이다. <관동별곡>과 같은 "불거니 뿜거니 어지러이 구"는 대상의 움직임을 나타내는 비유어가 없고 화자의 말건넴도 없다. 바다를 구성하고 있는 만첩강산과 일엽어주만 제시되어 있다. 따라서 이 구절은 대상 속에 시인의 정감이 개입된 것이 아니다. 그렇다고 이 구절을 대상의 모습이 그 자체로 이치를 암시하거나 상징하는 구절로 볼 수도 없다. 이치란 성리학적 도리(道理)나 산수의 본질[49]을 나타내기 때문이다. 그렇다고 이 구절을 대상의 모습만 제시된 것으로도 볼 수 없다. 그럼 자료1은 무엇을 의미하는가? 자료1에서 만첩강산은 표묘(漂渺)라는 구절로 보아 원(遠)을 의미한다. 일엽어주는 창망(蒼茫)이란 구절로 보아 '넓고 아득함'이란 공간감을 의미한다. 결국 자료1은 만첩강산과 일엽어주로 바다의 모습을 제시하지만, 그 표현이 형성하는 것은 창망(蒼茫)과 표묘(漂渺)라는 원이나 활(闊)과 같은 공간감이다. 따라서 이 구절은 대상자체의 모습으로 작자의 정신이나 기개가 표현된 것이다. 화자의 정신이나 기개는 정감보다는 이치에 가깝다. 그런데 이치는 성리학적 도리나 산수의 본질이란 뜻이 있으므로 자료1의 실상과는 거리가 있다. 정감에 대응되는 것으로 의(意)를 상정해 볼 수 있다. 그런데 의는 성리학적 도심(道心)[50]이므로 자료1을 성리학적 도심을 표현한 것으로 보기도 어렵다. 결국 자료1은 작자의 정감보다는 "작

49) 조동일, 앞의 논문, 1994, 138면.

50) 이민홍 교수는 탁물우의(托物寓意)에서 "意가 단순한 情感이 아니고 성리학적 道心과 연관된 것으로 외물에서 理를 감지하여 그 理를 자신이 지니고 있던 理"와 합일시키는 것이라고 하였다. 이민홍, 『조선중기 시가의 이념과 미의식』, 성균관대학교 출판부, 1993, 113면.

자의 言外의 정신과 기개"인 관념(觀念)[51]을 나타내는 것이다. 관념의 사전적 뜻은 "심리내용의 총칭, 생각이나 견해·의식"이다. 즉 관념은 의식·정신과 기개를 나타내는 인간의 정신활동이다. 이러한 기준을 적용한다면 대상의 모습만 제시하는 경우 다시 두 가지로 나눌 수 있다. 그것을 제시하면 다음과 같다.

<1> 대상표현에서 화자가 대상과 동일화하려는 태도 (독백형)

가) 대상표현에서 대상의 모습 속에 화자의 정감이 개입된 것 : 대상에의 정감개입(情感介入)

나) 대상표현에서 대상보다 화자의 정감이 우세한 것 : 대상의 정감화(情感化)

<2> 대상표현에서 화자가 대상과 객관적 거리를 두려는 태도 (독백보고형)

가) 대상표현에서 대상의 모습만 제시된 것 : 대상의 모습만 제시

나) 대상표현에서 대상의 모습 속에 화자의 관념이 있는 것 : 대상의 관념화(觀念化)

독백형은 화자가 대상과 동일화하려는 태도가 특징이다. 그 동일화에는 대상의 모습 속에 화자의 정감이 개입될 수 있다. 대상에의 정감개입이다. 또한 대상의 모습은 축소되고 화자의 정감이 우세할 경우도 있다. 화자의 정감을 표출하기 위하여 대상이 소재로 이용되거나 화자의 말건넴이 주를 이룬 가운데 대상이 제시된 경우이다. 다음이 그 예이다.

자료2. 작자미상, <이부인기행가사>

은진을 더위 잡아 대촌 뒤을 지낸 길의/ 제 뇌손을 드러 저거시 미록이나/ 어와 네 어인고 네 근본 네 몰내라/ 1)쌰으로셔 소사ᄂᆞ냐 안잘 줄 모ᄅᆞ거든/ 힝보

51) 袁行霈는 작자의 언외(言外)의 정신과 기개를 관념(觀念)이라고 하였다. 袁行霈, 강연순 외 7인 공역, 『중국시가예술연구』, 아세아문화사, 1990, 52면.

> 을 어이홀고 낭슈의 공역인가 화옹의 슈단인가/ 2)신장을 의논ᄒᆞ면 쳔쳑이 나물거시오/ 몸 퀴를 예아리면 열 아름이 나물너나/ 3)무쇠로 디은 거시 구름 속 ᄀᆞᆷ초이고/ 흰돌노 무은 엇게 구소의 다핫ᄂᆞᆫ ᄃᆞᆺ/ 4)천샹 상노를 술ᄏᆞ장 바다 먹고/ 남천 북국은 눈알픠 두어시니/ 5)옥경 선희를 몃번이나 지경우고/ 경쟉을 얼마나 먹엇관ᄃᆡ/ 쳔쳔만급 디내ᄃᆞ록 굽을 줄 모른ᄂᆞᆫ다/ 소얌ᄃᆡ찰이 좌우의 버럿잇고/ 만산샹의 층입ᄒᆞ야 드러갈쥴 모른ᄂᆞᆫ다/ 광풍이 대쟉ᄒᆞ고 흑뮈가 ᄉᆞ집ᄒᆞ니/ 미록도 감초이고 셰위가 쌰리더라[52)]

자료2에서 대상은 은진(恩津) 미륵상이다. 화자는 미륵에 대하여 "너"로 지칭하여 대상에게 말을 건넨다. 이러한 말건넴은 "어와 네 근본 내 몰래라" 이하에서도 지속된다. 1)은 미륵의 전체적인 모습이다. 미륵이 높이 서 있는 것을 표현한 것인데 "땅으로 솟았느냐 앉을 줄 모르니 행보를 어찌할까"라고 하였다. 대상의 모습은 축소되고 대상에 대한 화자의 말건넴이 중심이다. 이러한 대상에 대한 화자의 말건넴은 2)에서도 지속된다. 2)는 미륵의 크기와 높이를 표현한 것이다. "무쇠로 지은" 미륵의 머리는 "구름 속에 감추어져 있고" 흰 돌로 만든 어깨는 "하늘에 닿아 있으며" 미륵은 "천상의 이슬을 실컷 받아먹는다"라고 하였다. 화자의 "너"라는 지칭과 "솟았느냐" "굽힐 줄 모르느냐"와 같은 말건넴 속에서 대상의 모습은 축소된다. 따라서 자료2는 화자가 대상에게 말을 건네는 표현이 우세하다. 이러한 표현은 화자의 정감 속에서 대상의 모습이 이루어짐을 의미한다. 대상의 정감화(情感化)이다. 결국 독백형에서 대상표현은 크게 대상에의 정감개입(情感介入)과 대상의 정감화(情感化)가 있다.

문제가 되는 것은 <2>이다. 가)대상의 모습만 제시한 것과 나)대상의 모습에 작자의 관념이 있는 것을 어떻게 구별할 수 있는가? 기행가사에 대상표현이 확장되었다는 것은 대상의 모습을 글로 그렸다는 것이다. 글로 그린 것은

52) 괄호와 번호는 필자가 한 것으로 이하 같다.

그림의 효과와 유사할 것이다. 동양의 산수화는 주지하듯이 관념산수화(觀念山水畵)와 진경산수화가 있다. 관념산수화는 작자의 정신과 기개를 표현한 것이다. 그 표현기법은 중심제재 주위의 여백, 중심제재와 주위 경물들의 대응적 구성이다. 이러한 표현기법으로 공간감(遠과 闊)을 형성한다.[53] 이 점은 이 글에 시사점을 준다. 대상의 모습 속에 화자의 관념이 있는 것은 주위 경물의 대응적 구성이라는 표현기법과 관련될 가능성이 있다.

기행가사의 대상표현을 중심으로 기행가사의 독백형과 독백보고형을 분류하였다. 다음으로 내면표출이다. 내면표출에는 화자가 내적갈등을 표출할 수도 있고 유교적 이념을 표출할 수도 있다. 화자는 내적갈등을 해소할 수도 있고 체념할 수도 있다. 내적갈등의 해소와 체념은 화자가 문제되는 상황에 대한 태도를 드러내는 것으로 작자의식과 관련된다. 유교적 이념의 경우에도 화자는 이념을 내면화할 수도 있고 이념을 표면화할 수도 있다. 이념에 대한 내면화와 표면화는 화자가 이념에 대한 태도를 드러내는 것으로 작자의식과 관련된다.

독백형과 독백보고형에 변모형이 있을 수 있다. 독백변모형은 대상표현에서 화자가 대상을 동일화하려는 태도가 유지되면서 진술방식에 변모를 보이는 작품이고, 독백보고변모형은 화자가 대상과 객관적 거리를 유지하면서 진술방식에 변모를 보이는 작품이다. 변모형의 분석의 기준은 독백변모형과 독백보고변모형에 공통으로 적용되며 독백과 독백보고의 개별적인 특징을 나타내는 것이어야 한다. 예컨대 독백체가 대화체로 바뀐다거나 독백보고에서 독백보고의 확장체라는 것은 논리적으로 성립될 수 없다. 왜냐하면 대화체로

53) 관념산수화는 남송의 문인화풍으로 대표되며 진경산수화는 정선의 그림으로 대표된다. 이택후(李澤厚)는 남송 문인화풍의 특징은 시의를 적극적으로 제창한 주관적인 관념이고, 화면의 대부분이 여백이거나 원수평야(遠水平野)로 되어 있으며 제재가 균형 있는 대칭으로 공간의 의미를 부각시키는 것이라고 하였다. 박은순 선생은 관념산수화는 중심제재를 중앙으로 한 주위 산수들의 대등적 구성과 활(闊)이라는 공간감이 특징이라고 하였다. 요컨대 관념산수화의 표현기법은 중심제재 주위의 여백, 중심제재 주위에 있는 대상들의 균형 있는 대응 등이고, 그 효과는 공간감의 형성이다. 李澤厚, 윤수영 역, 『미의 역정』, 동문선, 1997, 427-434면; 박은순, 『금강산도연구』, 일지사, 1997.

의 전환이란 것은 진술방식에 따른 유형이 다른 것이란 의미이고 독백보고확장체라는 것은 독백보고라는 진술방식을 유지하면서 서술량이 확장되었다는 의미이기 때문이다. 독백체 내에서의 변모와 독백보고체 내에서의 변모는 결국 기준이 되는 문체에서 다른 성격의 문체가 혼효(混淆)되었음을 의미한다.

문체의 혼효는 독백형과 독백보고형이 내면표출과 대상표현으로 이루어져 있으며 1인칭 화자의 자기표현이란 점을 기준으로 한다. 독백형에서 대상에의 정감개입이나 독백보고형에서 대상의 관념화라는 것이 화자의 과다한 정감의 표출이 없이 대상의 모습만으로 화자의 정감이나 관념을 형성한다. 화자의 주관적 정감이 자제되고 대상의 모습 자체가 화자의 정감이나 관념을 나타낸다. 이것은 민간의 "구어체가 개입되어 있지 않은 단일언어라는 문어체의 성격"54)을 띤다. 결국 1인칭 화자의 자기표현은 "화자가 주인물"이고 "단일언어의 문어체"라는 속성을 지닌다.

이것의 변모에는 두 가지가 있을 수 있다.

첫 번째는 1인칭 화자가 주인물이라는 성격의 변모이다. 그 변모는 화자가 주인물이면서 부분적으로 서술자 역할로 성격이 변함을 말한다. 그 서술자의 역할에는 1인칭 내면표출 속에서 부분적으로 1인칭 서술자가 될 수도 있고, 대상과 객관적 거리를 유지하면서 서술하는 3인칭 서술자가 될 수도 있다.55) 후자는 기행가사에서 주로 사적에 대한 보고, 인물과의 대화, 인물에 대한 보고에서 나타난다. 화자는 사적의 내용을 전달하거나 인물과 객관적 거리를 유지하면서 묘사하고 있기 때문에 이야기의 밖에 위치하고 있으므로 3인칭 서술자가 된다. 작품 전체가 1인칭 서술자가 되는 경우나 3인칭 서술자가 되는 경우는 작품자체가 서사체로 바뀌는 것이다. 따라서 변모형은 1인칭 화자의 자기표현을 유지하면서 부분적으로 1인칭 서술자 역할을 하거나, 3인칭 서술자 역할을 한다.

---

54) Mikhail M. Bakhtin, 전승희 역, 『장편소설과 민중언어』, 창작과 비평사, 1992, 76-93면.

55) 1인칭과 3인칭 서술의 구별은 F. K. Stanzel, 김정신 역, 『소설의 이론』, 문학과 비평사, 1992, 140-141면 참조.

두 번째는 문어체의 변모이다. 문어체에 대응되는 것은 구어체이다. 구어체의 특징은 첨가적(Additive), 집합적(Aggreative), 장황하고 다변(Redunant or copious), 보수적 전통적(Conserative or traditionalist), 인간생활에 밀착(Close to the human lifeworld), 논쟁적 어조(Agonistically toned), 감정이입과 참여적(Empathetic and participatory), 항상성(Homestatic), 상황적(Situational)이다.56) 이 가운데 기행가사에 두드러지게 나타나는 구어체는 첨가적(Additive), 집합적(Aggreative), 장황 다변(Redunant or copious), 인간생활에 밀착(Close to the human lifeworld) 등이다. 구어체는 구어적 어휘와 구어적 표현으로 나눌 수 있을 듯하다. '인간생활에 밀착'은 인간의 생활과 밀착되고 인간 생활의 경험에서 나온 어휘라는 의미로 이해된다. 첨가적 · 집합적 · 장황 다변 등은 표현에서 구어체의 특징을 지적한 것으로 보인다. 구어적 표현은 통사구조에서 분석적이라기보다 첨가적이고, 다른 텍스트와 관계에서 완결적이라기보다 개방적이다. 개방적이란 구어적 표현을 주로 하는 텍스트인 잡가 · 사설시조 등에서의 표현이 개입됨을 뜻한다. 이것을 정리하면 다음과 같다.

<1> 부분적인 1인칭 서술자/ 부분적인 3인칭 서술자
<2> 구어체의 개입

독백형에서의 변모 가능성이다. 독백은 화자의 내면표출이 지배적이다. 화자의 부분적인 3인칭 서술자는 인물과 사적이라는 대상에 대한 보고에서 가능하다. 따라서 독백형에서 변모가 가능한 것은 1인칭 서술자 역할이다. 다음으로 독백형에 구어체의 개입을 가정할 수 있다. 그런데 독백형은 내면표출과 대상표현의 유기적 결합을 전제로 하는 완결성을 지향하고 있다. 이것을 계승한 독백변모형은 문체의 변모가 완결의 범위에서 크게 벗어나지 않을 것이다. 그러므로 독백형에서 변모는 화자가 1인칭 자기표현의 주인물에서 부분적인 1인칭 서술자 역할을 하는 것이다.

56) Walter J. Ong, Orality and Literacy, Methen, 1986, 38-57면.

독백보고형에서의 변모 가능성이다. 독백보고에서는 대상표현이 지배적이다. 부분적인 3인칭 서술자로의 변모가 가능하다. 3인칭 서술자로서의 진술은 '인물과의 대화'와 '인물묘사'에서 이루어진다. 그런데 기행가사는 화자의 공간적 이동에 따라 진행되므로 '인물과의 대화'와 '인물묘사'는 작품 전체에서 부분적이다. 독백보고에서 구어체가 개입될 가능성도 있다. 정리하면 다음과 같다.

작품전체에서 변모 가능성

<1> 독백변모형 : 독백형 가운데 부분적인 1인칭 서술자가 있는 작품들

<2> 독백보고변모형 : 독백보고형 가운데 부분적인 3인칭 서술자가 있고, 구어체가 개입된 작품들

이것은 작품 전체의 변모가능성을 살펴 본 것이다. 대상표현 자체의 변모가 있을 수 있다.

독백형은 화자의 대상에 대한 동일화의 태도가 있다고 하였다. 그 태도는 대상에 정감개입과 대상의 정감화라고 하였다. 주자학적 이념의 구심력이 강할 경우 대상의 모습 자체로 화자의 정감이나 관념을 나타낸다. 따라서 독백형에 적당한 것은 '대상에 정감개입'이다. 변모는 '대상의 정감화'이다. 독백보고형은 대상의 관념화라고 하였다. 변모는 '대상모습의 제시'이고, 구어체가 개입된 대상표현이다. 이것을 정리하면 다음과 같다.

대상표현에서 변모 가능성

<1> 독백변모형 : 대상의 정감화로 변모

<2> 독백보고변모형 : 대상모습만 제시, 대상표현에 구어체의 개입

이상 독백형, 독백보고형, 독백변모형, 독백보고변모형의 유형 분류기준을 제시하면 다음과 같다.

<1> 독백형 : 대상에 정감개입

<2> 독백보고형 : 대상의 모습으로 관념 형성

<3> 독백변모형 : 독백형 가운데 부분적인 1인칭 서술자, 대상의 정감화

<4> 독백보고변모형 : 독백보고형 가운데 부분적인 3인칭 서술자, 구어체의 개입

이러한 기준에 따라 작품을 제시하면 다음 표와 같다.

유형	작품
독백형 5편	<關西別曲>, <關東別曲>, <出塞曲>, <關東續別曲>, <西征別曲>
독백보고형 8편	<天風歌>, <寧三別曲>, <金塘別曲>, <避疫歌>, <明村 金剛別曲>, <耽羅別曲>, <丹山別曲>, <北征歌>
독백변모형 3편	<扶餘路程記>, <錦行日記>, <이부인기행가사>
독백보고변모형 17편	<日東壯遊歌>,<漂海歌>, <北塞曲>, <金剛山歌>, <交州別曲>·<金剛曲>·<叢石歌>, <樊泉 蓬萊曲>, <西行錄>, <止軒 金剛山遊山錄>, <峿堂 金剛別曲>, <關東壯遊歌>, <東遊歌>, <燕行歌>, <北行歌>, <東遊金剛錄>, <渡海歌>, <關東新曲>, <대일본유람가>

3에서는 각 유형에 따른 내면표출과 대상표현을 살펴보고 이것을 종합하고 그 의미를 살펴보는 순서로 진행한다.

독백형과 독백보고형의 진술방식에서는 대상표현이 작품에서 어떤 기능을 하는가 하는 점과 내적갈등의 해소와 체념, 이념의 내면화와 표면화에 대한 것이 중심이다. 독백변모형과 독백보고변모형에서는 문체의 혼효에 대한 것이 중심이다.

3. 기행가사의 유형과 진술방식

진술방식을 기준으로 기행가사의 유형을 독백형, 독백보고형, 독백변모형, 독백보고변모형으로 나누었다. 각 유형에 있는 대상표현과 내면표출의 특징을 살펴 볼 것이다.

3-1. 독백형

독백형 기행가사는 기행가사 중 화자가 대상과 동일화하려는 태도를 보이는 작품들이다. 이에 해당하는 작품들은 <관서별곡>·<관동별곡>·<출새곡>·<관동속별곡>·<서정별곡> 등이다. <관동별곡>은 작자의 “페르소나가 지향하는 의식과 무의식적 자율성의 심리적 방황과 회귀”[57]를 나타낸다는 것이 주지의 사실이다. 이러한 <관동별곡>의 특징을 확장하였을 때 어느 작품까지 포괄할 수 있는가 하는 점과 이 특징을 대상표현과 내면표출의 상관성 속에서 어떻게 이해할 수 있는가 하는 점을 살펴보는 것이 논의의 중심이다.

1) 대상표현 : 정감개입(情感介入)

독백형에서 대상에 대한 표현이 4음보 2행 이상인 것을 중심으로 대상의 종류를 제시하면 다음과 같다.

	〈關西別曲〉	〈關東別曲〉	〈出塞曲〉	〈關東續別曲〉	〈西征別曲〉
頂上에서 본 산수		정양사 진헐대		靈源庵, 天逸臺	
바위 (봉우리, 像)		총석정			요양의 백탑
바다 (강, 호수)	대동강	망양정의 바다 경포대			

57) 김병국, 『한국고전문학 비평의 이해』, 서울대 출판부, 1996, 35-57면.

폭포 (潭, 계곡)		불정대, 만폭동		紫霞洞	
일출 (월출)		의상대의 일출, 망양정의 월출			
정자 (누각, 사찰)	浮碧樓, 藥山 東臺		鏡城의 元帥臺		
화자의 이동	도남에서 이동	동해로 이동	홍원으로 이동	경포로 이동	

다음의 예문은 <관동별곡>에서 바다를 표현한 것이다.

자료1. 정철(鄭澈), <관동별곡(關東別曲)>

天텬根근을 못내 보와 望망洋양亭뎡의 올은말이/ 바다 밧근 ᄒᆞᄂᆞᆯ이니 하ᄂᆞᆯ 밧근 므어신고/ ᄀᆞ득 怒노ᄒᆞᆫ 고래 뉘라셔 놀내관ᄃᆡ 블거니 ᄲᅮᆷ거니/ 어즈러이 구ᄂᆞᆫ디고 銀은山산을 것거 내어/ 六뉵合합의 ᄂᆞ리ᄂᆞᆫ ᄃᆞᆺ 五오月월 長댱天텬의/ 白ᄇᆡᆨ雪셜은 므ᄉᆞ 일고/ 져근덧 밤이 드러 風풍浪낭이 定뎡ᄒᆞ거ᄂᆞᆯ

자료1에서 바다에 대한 비유어는 '블거니 ᄲᅮᆷ거니'이다. 대상의 움직임을 나타내고 있다. 그리고 '(파도가) 노한 고래처럼 불거니 뿜거니 어지럽게 있다'라고 할 것을 'ᄀᆞ득 怒노ᄒᆞᆫ 고래 뉘라셔 놀내관ᄃᆡ 블거니 ᄲᅮᆷ거니/ 어즈러이 구ᄂᆞᆫ디고'라고 하였다. '가득-누가 놀라게 하였기에-어지럽게 구는가'라는 화자의 대상에 대한 말건넴이 두드러진다. 화자가 대상을 객관적으로 보는 것이 아니라 대상과의 객관적 거리를 없애려는 의도를 나타낸다. 'ᄀᆞ득'이란 부사어도 '노여워하다'의 상태에 대한 화자의 느낌이나 판단이 개입된 것이다. 바다의 모습을 "방황하는 심리"[58]로 지적한 선행연구를 참조하면 '불다 품다'와 같은 대상의 움직이는 모습이 화자의 정감이 개입된 것으로 볼 수 있다.

58) 김병국, 앞의 책, 1996, 48면.

자료2. 조우인(曺友仁), <관동속별곡(關東續別曲)>

1) 松羅城숑나셩 너머 드러 天逸臺텬일딕 올라 안자/ 雪立 千萬峯셜닙천만봉을 歷歷녁녁히 혜여 보니/ 鴻濛肇判홍몽 됴판홀 제 무슴 긔운 흘려 내야/ 엇디훈 技能기릉을 뎌더두록 내얀눈고/ 夸娥과아의 運力운녁인가 剞劂긔궐의 役事역ᄉ런가/ 秦鞭진편에 올마온가 禹斧우부로 다드믄가/ 2) 活動활동훈 精彩정치와 閃爍셤삭훈 光鋩광망이/ 든눈 둧 머므눈 둧 셔눈 둧 뛰노눈 돗/ 鯨波경파를 헤티고 蜃霧신무에 소사 올라/ 九萬里長天구만리 댱텬을 구즉히 밧텨시니/ 五色補天오식 보텬을 긔별만 드럿더니/ 八柱衝霄팔듀 츙쇼를 보니야 알리로다

자료2는 화자가 천일대의 정상에서 본 봉우리를 표현한 것이다. 1)에서 화자는 천만봉 전체를 조물주의 조화, 과아(夸娥)의 힘, 기궐(剞劂)의 조각, 진의 채찍, 우임금의 도끼로 비유하였다. 대상의 모습이 화자의 관념에 근거한 것이다. 하지만 화자는 "무슨 기운- 내었는가" "-인가" "-런가" "-올마온가, 다드믄가"와 같이 대상에게 말을 건다. 화자가 대상에 대한 거리를 축소한 것이다. 화자는 2)에서 봉우리의 모습을 "달리는 듯 머무는 듯 섰는 듯 뛰노는 듯"이라고 하였다. 형용사가 아니라 동사로 표현되었다. <관동별곡>에서 화자가 정양사 진헐대에 올라서 본 봉우리에 대하여 "늘거든 뛰디 마나 셧거든 솟디 마나/ 芙부蓉용을 고잣눈 둧 白빅玉옥을 뭇것눈 둧/ 東동溟명을 박추눈 둧 北북極극을 괴왓눈 둧"이라고 표현한 것과 같다. 대상을 움직임으로 비유하고, "어와 너여이고 너 ᄀᆞᄐᆞ니 또 잇눈가"란 구절이 이어진다. 화자가 대상을 "너"로 지칭하여 대상과 동일화하려는 태도를 보인다. 이것을 보아 대상을 움직이는 모습으로 비유한 것은 화자의 정감을 나타내는 것으로 볼 수 있다. 이러한 정감의 개입은 작품에서 어떤 기능을 하는가?

자료3. 백광홍(白光弘), <관서별곡(關西別曲)>

1) 藥山 東臺에 술을 싣고 올라가니/ 眼底 雲天이 一望에 無際로다/ 2) 白頭山 ᄂᆞ린 물이 香爐峯 감도라/ 千里를 빗기 흘너 臺 압프로 지ᄂᆡ 가니/ 盤回 屈曲ᄒᆞ

야 老龍이 ᄉᆞ리치고 海門으로 드난 듯/ 形勝도 ᄀᆞ이업다 風景인달 안니 보랴/ 3) 綽約 仙娥와 嬋姸 玉鬟이/ 雲錦 端粧ᄒᆞ고 左右의 버려 이셔/ 거믄고 伽倻鼓 鳳笙 龍管을 부ᄅᆞ거니 니애거니 ᄒᆞᄂᆞᆫ 양은/ 周穆王 瑤臺上의 西王母 만나 白雲曲 브ᄅᆞ난 듯/ 西山에 ᄒᆡ지고 東嶺의 달을 안고/ 綠鬢 雲鬟이 半含 嬌態ᄒᆞ고/ 잔 밧드ᄂᆞᆫ 양은/ 洛浦 仙女 陽臺에 ᄂᆡ려와 楚王을 놀ᄂᆡᄂᆞᆫ 듯/ 4) 이 景도 됴커니와 遠慮ㄴ들 이즐쇼냐/ 甘棠 召伯과 細柳 將軍이/ 一時예 同行ᄒᆞ야 江邊으로 巡下ᄒᆞ니/ 煌煌 玉節과 언건 용기ᄂᆞᆫ/ 長天을 빗기 지나 碧山을 ᄯᅥᆯ쳐간다

자료4. 조우인(曺友仁), <출새곡(出塞曲)>

轅門원문이 無事무ᄉᆞᄒᆞ고 幕府閑暇막뷔 한가ᄒᆞᆫ 제/ 東山携妓동산 휴기ᄒᆞ고 北海罇북ᄒᆡ준을 거훌우랴/ 烟花 三月연화 삼월의 元帥臺원슈ᄃᆡ예 올나가니/ 春風 駘蕩츈풍 태탕ᄒᆞ야 淑景슉경을 부처 내니/ 1)萬樹 千林만슈 쳔림은 紅錦홍금이 되여 잇고/ 雲濤 雪浪운도 설낭은 하늘을 ᄀᆞ을 사마/ 噴薄 雷霆분박 뇌정ᄒᆞ야 臺ᄃᆡ 압희 물너디니/ 銀山은산이 거듯ᄂᆞᆫ가 玉屑옥셜을 늘리ᄂᆞᆫ가/ 2)깁 ᄀᆞ탄 잠ᄭᅴ예 白雲빅운 ᄀᆞ튼 솔을 치고/ 穿楊 妙妓쳔양 묘기로 勝負승부를 둧토거든/ 百隊 紅粧빅ᄃᆡ 홍장은 左右좌우의 버러 이셔/ 秦箏 趙瑟진징 됴슬을 ᄐᆞ거니 니희거니/ 皓齒 細腰호티 세요로 추거니 부르거니/ 3)韶華쇼화도 그디 업고 風景풍경이 無盡무딘ᄒᆞ니/ 一春 行樂일츈 힝낙이 슬믜염 즉 ᄒᆞ다마ᄂᆞᆫ/ 鄕關향관을 ᄇᆞ라보니 五嶺오령이 ᄀᆞ려 잇고/ 異地 山川이디 산쳔은 六鎭뉵진이 거의로다

자료3은 <관서별곡>에서 화자가 여행의 목적지인 평양에 도착한 뒤 평사(評事)라는 관인의 임무에서 벗어나 약산 동대에 올라서 본 산수를 제시한 것이다. 자료4는 <북새곡>에서 화자가 목적지인 경성(鏡城)에 도착한 뒤 관인의 임무에서 벗어나 원수대에 올라서 본 산수를 제시한 것이다.

자료3의 <관서별곡>에서 화자는 원경(遠景)인 운천(雲天)을 보고, 근경(近景)인 대 앞의 물을 본 다음 대 위에서 풍류를 즐긴다. 원경인 운천은 일망무제(一望無際)이다. '막힘 없는' 화자의 정신이다. 근경인 대 앞의 물은 "노룡

이 꼬리치는" 것이다. 대상을 움직임으로 비유한 것이다. 이것이 풍류로 이어진다. 그 풍류는 주(周)나라 목왕(穆王)이 요대(瑤臺)에서 서왕모(西王母)를 만나 자운곡(自雲曲) 부르는 듯하고 낙포(洛浦)의 선녀가 양대(陽臺)에 내려와 초왕(楚王)을 놀라게 하는 듯하다. 주목왕과 서왕모는 애정과 관련된다. 양대에는 무산선녀가 산다. 무산선녀는 이곳에 살면서 아침에는 구름 저녁에는 비가 되어 운우지정(雲雨之情)이란 말이 생겼다. 풍류가 지나쳐 애정으로까지 화자의 감상이 이어진다.[59] 이것은 관인으로서의 모습을 벗어난 것이다. 이것을 깨달은 화자는 다시 관인의 모습으로 돌아온다. 그것이 "이 景도 됴커니와 遠慮ㄴ들 이즐쇼냐/ 甘棠 召伯과 細柳 將軍이/ 一時예 同行ᄒᆞ야"라는 구절이다.[60]

자료4에서 대상은 원수대에서 멀리 있는 만수천림과 원수대에 가까이 있는 물이다. 원경에서 근경으로의 전개이다. 원수대 위에서의 풍경은 <관서별곡>과 같은 풍류이다. 풍류가 고조되자 화자는 육진(六鎭)을 생각한다. 육진은 작자가 경성판관(鏡城判官)으로서의 임무와 관련된다. 관인의 모습이다.

결국 독백형에서 작자는 대상에 정감을 개입하고 그것이 고조되어 풍류로 이어지자 사적인 감정을 표출하기도 한다. 그 감정에서 다시 관인의 모습으

59) 이 점은 율격적인 면에서도 확인된다. 자료3 <관서별곡>에서 1)과 2)는 4개의 문장으로 되어 있다. 4음보 1행이며 전2음보와 후2음보가 대를 이루어 안정감을 준다. 그런데 3)의 "거믄고 伽倻鼓 鳳笙 龍管을 부르거니 니애거니 ᄒᆞᄂᆞᆫ 양은"에서는 7음보이다. "西山에 히지고 東嶺의 달을 안고/ 綠鬟 雲鬢이 半含 嬌態ᄒᆞ고/ 잔 밧드ᄂᆞᆫ 양은"에서 "ᄒᆞᄂᆞᆫ 양"은 4음보로 끝이 난 앞 행에 포함시킬 수도 없고 뒤 행에 포함시킬 수 없어 양쪽에 걸쳐 있다. 3)은 4음보의 율격에서 벗어나는 면을 보인다. 4)는 다시 4음보로 전2음보와 후2음보가 대를 이룬 안정감을 준다. 정리하면 1행 4음보격이라는 관습적 율격의식이 약산동대의 풍류부분에서 일탈하는 면을 보인다. <관서별곡>에서 특히 이 구절에서만 4음보 율격에 혼란이 있는 것은 화자의 정감과 관련됨을 말한다.

60) 소백(召伯)은 주 문왕 때 마을을 돌며 백성들의 소원을 들어주었는데 백성의 폐를 끼치지 않으려고 감당나무 아래에서 잠을 잔 문관으로 선정(善政)을 베푼 관리이다. 세류장군은 한(漢)나라 주아부(周亞夫)로 한 무제(武帝)가 친히 왔으나 군령이 없다하여 돌려보낸 무관으로 규율이 엄하였던 관리이다. 화자가 이 둘을 제시한 것은 평안도 평사라는 직분으로 돌아와 관리로서의 포부를 말한 것으로 화자는 관인의 모습이다.

로 돌아온다.

2) 내면표출 : 이념의 내면화

독백형의 작품들에서 내면표출의 내용은 군은(君恩)에 대한 감사, 변방의 관리로 보내 진 것·임금과 떨어짐에서 오는 외로움·신선에 대한 동경과 실패 등으로 인한 내적갈등, 여행을 통한 진리의 모색 등이다. 요약하면 화자의 내적갈등, 진리의 모색 등이다. 이때 내적갈등은 화자의 욕구와 현실과의 관계이고, 진리의 모색은 성리학적 이념과의 관계이다. 내적갈등을 체념하거나 해소하는 양상은 현실에 대한 작자의식이 될 것이고, 진리의 모색에서 그 이념이 내면화되거나 표면화되는 양상은 이념에 대한 작자의식이 될 것이다. 내적갈등의 양상은 주로 작품의 결사(結詞)에 잘 드러난다. 다음은 <관서별곡>의 결사이다.

> 자료1. 백광홍(白光弘), <관서별곡(關西別曲)>
>
> 琵琶串 ᄂᆞ리 저어 坡潴江 건너가니/ 層巖 絶壁 보기도 죠토다/ 九龍쇼의 ᄇᆡ를 ᄆᆡ고 統軍亭을 올라 가니/ 臺隍은 壯麗ᄒᆞ야 枕夷夏之交로다/ 1)帝鄕이 어듸ᄆᆡ오 鳳凰城 갓갑도다/ 歸西ᄒᆞ리 이시면 好音이나 보ᄂᆡ고져/ 2)千盃 大醉ᄒᆞ야 舞袖를 ᄯᅥᆯ치니/ 薄暮 寒天의 鼓笛聲이 지지괸다/ 天高 地迥ᄒᆞ고 興盡 悲來ᄒᆞ니/ 이 ᄯᆡ히 어듸ᄆᆡ오 思親 客淚는 절로 흘너 모로ᄆᆡ라/ 3)西邊을 다 보고 反旆 還營ᄒᆞ니/ 丈夫 胸襟이 저그나 ᄒᆞ리로다/ 4)셜ᄆᆡ라 華表柱 千年鶴인들 날 가타니 또 보안난다/ 5)어ᄂᆡ제 形勝을 記錄ᄒᆞ야 九重天의 ᄉᆞ로료/ 未久 上達 天門ᄒᆞ리라

자료1의 1)에서 제향(帝鄕)과 봉황성(鳳凰城)은 왕발(王勃)의 <등왕각서(滕王閣序)>[61]를 인유(引喩)한 것으로 궁궐과 임금을 받드는 것을 의미한다. 따

61) "관산을 넘기 어려우니 그 누가 길 잃은 사람을 슬퍼할까? 물 위에 부평초처럼 서로 서로 만나니 모두 타향의 나그네이다. 천자가 계신 궁궐을 그리워하나 보지 못하니 선실을 받

라서 귀서(歸西)하는 사람에게 호음(好音)을 보내는 것은 관서지방의 승경을 임금에게 보낸다는 의미이다. 이것은 화자가 관인의 모습을 띤 것이다. 2)에서 박모한천(薄暮寒天)이나 고적성(鼓笛聲)은 차갑고 외로운 이미지이고 뒤에 흥진비래(興盡悲來)라는 객수(客愁)가 이어진다. 이것은 화자의 내적갈등이다. 3)에서는 관서의 경치를 보고 돌아오니 자신의 흉금이 모두 풀렸다는 것이다. 객수와는 반대이다. 4)에서 화자는 정령위를 기다리는 화표주(華表柱)가 자신과 같다고 하였다. 이별로 인한 객수이다. 5)에서는 승경을 구중천(九重天)에 아뢰고 싶어 머지않아 천문(天門)에 상달하겠다고 하였다. 궁궐에 돌아가 임금을 모시겠다는 의지를 표백한 것이다. 화자는 다시 관인의 모습이다. 이것을 정리하면 '관인의 모습→내적갈등→관인의 모습→내적갈등→관인의 모습'이다. 화자는 내면에서 현실에 대한 부정과 긍정을 4번에 걸쳐 반복하다가 결국 관인의 모습으로 내적갈등을 해소한다. 내적갈등이 해소된 점을 독백형 기행가사의 특징으로 일반화할 수 있는가? 비록 장황하지만, 독백형 기행가사의 결사를 모두 살펴보기로 하자.

자료2. 정철(鄭澈), <관동별곡(關東別曲)>

1) 英영雄웅은 어ᄃᆡ 가며 四ᄉᆞ仙션은 귀 뉘러니/ 아ᄆᆡ나 맛나 보아 녯 긔별 뭇쟈ᄒᆞ니/ 仙션山산 東동海ᄒᆡ예 갈 길히 머도 멀샤/ 松숑根근을 볘여 누어 픗ᄌᆞᆷ을 얼픗 드니/ 2) ᄭᅮᆷ애 ᄒᆞᆫ 사ᄅᆞᆷ이 날ᄃᆞ려 닐은 말이/ "그ᄃᆡ를 내 모ᄅᆞ랴 上샹界계예 眞진仙션이라/ 黃황庭뎡經경 一일字ᄌᆞ를 엇디 그ᄅᆞᆺ 닐거 두고/ 人인間간의 내려 와서 우리를 ᄯᆞᆯ오ᄂᆞᆫ다/ 져근덧 가디 마오 이 술 ᄒᆞᆫ 잔 머거 보오"/ 北북斗두星셩 기우려 滄창海ᄒᆡ水슈 부어 내여/ 저 먹고 날 먹여ᄂᆞᆯ 서너 잔 거후로니/ 和화風풍이 習습習습ᄒᆞ야 兩냥腋ᄋᆡᆨ을 추혀 드러/ 九구萬만里리 長댱空공애 져기면 ᄂᆞᆯ리로다/ 3) "이 술 가져다가 四사海ᄒᆡ예 고로ᄂᆞᆫ화/ 億억萬만 蒼창生ᄉᆡᆼ을 다 醉취케 ᄆᆡᆼ근 後후의/ 그제야 고텨 만나 ᄯᅩ ᄒᆞᆫ 잔 ᄒᆞ쟛고야"/ 말디쟈 鶴학을

들 해가 언제인가?(關山難越 悲失路之人 萍水相逢 盡是他鄉之客 懷帝閽而不見 奉宣室以何年)" <滕王閣序>

ᄐᆞ고 九구空공의 올나가니/ 空공中듕 玉옥簫쇼 소ᄅᆡ 어제런가 그제런가/ 4) 나도 ᄌᆞᆷ을 ᄭᆡ여 바다ᄒᆞᆯ 구버보니/ 기픠ᄅᆞᆯ 모ᄅᆞ거니 ᄀᆞ인들 엇디 알리/ 明명月월이 千쳔山산 萬만落낙의 아ᄂᆡ 비쵠ᄃᆡ 업다

자료3. 조우인(曺友仁), <관동속별곡(關東續別曲)>

東溟동명을 다 보고 眼力안력이 나맛거든/ 그를 못 슬믜여 鳳棲亭봉서정 올라가니/ 竹實桐花쥭실 동화ᄂᆞᆫ 어제론 ᄃᆞᆺ ᄒᆞ야쇼ᄃᆡ/ 九苞祥禽구포 샹금은 언제나 ᄂᆞ려올고/ 虞淵우연의 ᄒᆡ 디고 銀闕은궐이 소사 올 제/ 瓊盃沆瀣경ᄇᆡ 항ᄒᆡᄅᆞᆯ 브어 잡고 기ᄃᆞᆯ우니/ 姮娥素影항아소영이 盞底잔져에 흘러 ᄂᆞ려/ 桂殿仙語계전 션어를 날ᄃᆞ려 ᄒᆞ요ᄃᆡ/ 人間煩惱인간번뇌예 네 사실 니젓ᄂᆞᆫ가/ 玉皇香案옥황향안의 노니던 그ᄃᆡ러니/ 瑤壇요단을 ᄇᆡ우고 下界하계예 보낸 ᄠᅳᆺ은/ 丁寧帝眷정녕졔권이 곳 무심ᄒᆞᆯ가 마ᄂᆞᆫ/ 世路셰뢰 엇더콴ᄃᆡ 流落뉴락ᄒᆞ여 ᄃᆞᆫ니ᄂᆞᆫ다/ 그 잔 다 먹고 ᄯᅩ 한 잔 ᄀᆞ득 부어/ 三生烟火삼ᄉᆡᆼ연화ᄅᆞᆯ 다 시서 ᄇᆞ린 후에/ 早晩조만애 玉樓옥누 고쳐ᄂᆞᆫ 다시 올라 오ᄂᆞ라

자료4. 조우인(曺友仁), <출새곡(出塞曲)>

興仁門흥인문 ᄂᆡᄃᆞ라 綠楊녹양의 ᄆᆞᆯ을 ᄀᆞ니/ 銀漢은한 녯 길ᄒᆞᆯ 다시 지나 간단 말가/ 淮陽회양 네 ᄉᆞ실 긔별만 드럿더니/ 禁闥금달을 외오 두고 謫客젹긱은 무슴 죄고/ 巉岩참암 鐵嶺철녕을 험튼 말 전혀 마오/ 世道셰도를 보거든 平地평딘가 너기노라/ 눈물을 베ᄡᅳᆺ고 두어 거름 도라셔니/ 長安쟝안이 어듸오 玉京옥경이 ᄀᆞ리거다/……/ 明時 謫官명시 뎍관이 到處도쳐의 君恩군은이로ᄃᆡ/ 遠身 金殿원신 금뎐을 뉘 아니 슬허ᄒᆞ며/ 重入 修門듕입 슈문을 어이 ᄒᆞ여 긔필ᄒᆞᆯ고/ 平生평ᄉᆡᆼ 먹은 ᄠᅳ디 젼혀 업다 ᄒᆞᆯ가마ᄂᆞᆫ/ 時運시운의 타시런가 命途명도의 ᄆᆡ엿ᄂᆞᆫ가/ 秦臺 白首딘ᄃᆡ ᄇᆡᆨ슈의 歲月셰월이 쉬이 가니/ 楚澤 靑蘋초ᄐᆡᆨ 청빈은 怨思원ᄉᆞ도 한제이고/ 이 잔 ᄀᆞ득 부어 이 시름 닛쟈 ᄒᆞ니/ 東溟동명을 다 퍼내다 이 내 시름 어이ᄒᆞᆯ고/ 漁夫어뷔 이 말 듯고 낙ᄃᆡ를 둘러메고/ ᄇᆡᄶᅧᆫ 두드리고 노래를 부른 말이/ 世事셰ᄉᆞ를 니전디 오라니 몸조차 니전노라/ 百事 生涯ᄇᆡᆨᄉᆞ ᄉᆡᆼ

애ᄂᆞᆫ 一竿竹일간쥭 ᄲᅮᆫ이로다/ 白鷗ᄇᆡᆨ구ᄂᆞᆫ 나와 버디라 오명가명 ᄒᆞᄂᆞ다

자료5. 박권(朴權), <서정별곡(西征別曲)>

강두江頭의 취醉ᄒᆞᆫ 술이 하마 ᄒᆞ면 다 ᄭᆡ거다/ 공명功名도 구름 갓고 부귀富貴도 츈몽春夢이라/ 인ᄉᆡᆼ人生이 언마완ᄃᆡ 형역形役이 되야 이셔/ 고당高堂 학발鶴髮의 온정溫情을 못 밧들고/ ᄇᆡᆨ운白雲 쳔말天末의 방촌方寸만 셕기ᄂᆞᆫ고/ 왕쥰王遵은 즐어叱御ᄒᆞ고 모의毛義ᄂᆞᆫ 봉격奉檄ᄒᆞ니/ 군친君親이 일체一體여니 츙효忠孝 어이 다를소니

자료2의 <관동별곡>에서 화자는 몽중선인(夢中仙人)과 대화한다. 대화에서 몽중선인은 의문을 제기하고 화자의 답을 유도한다. 몽중선인의 역할이 답의 유도에 있으므로 화자와 상이한 경험을 지닌 인물은 아니다. 따라서 화자의 내면이 대화 형식으로 진행된 자문자답이다.[62] 1)은 화자의 말이다. 관인으로서의 현실을 벗어나고자 하는 욕구로 인한 내적갈등이다. 2)는 몽중선인의 말이다. 화자가 원래 진선(眞仙)이라며 시름을 잊도록 권유한다. 이때 몽중선인의 말은 상계의 진선이라, 우리를 따르는가, 먹어 보소와 같이 단정적이고 훈계하는 권위적인 어투이다. 내면의 "권위 있는 목소리"[63]이다. 이 목소리로 내적갈등이 해소한다. 4)에서 화자는 깨달은 관인의 모습이다. 이것을 정리하면 '내적갈등→내면의 권위적 어투→내적갈등의 해소'이다. 내면의 권위적인 목소리를 통한 갈등의 해소는 <관동속별곡>·<출새곡>에서도 확인된다.

자료3은 <관동속별곡>이다. 화자는 신선을 동경한다. 그 동경은 실망감과 복합되어 있다. 결사의 앞부분에서 화자는 사선정을 찾아 간다. 육자 단서라는 신선의 흑적은 완연하지만, 하늘로 간 신선은 언제나 다시 올지 모른다. 무송화진(茂松花津)으로 간 곳을 찾아보니 그 신선의 흔적은 설니홍조(雪泥鴻爪)만 남았다.[64] 화자는 신선을 동경하고, 그 신선은 녹기 시작하는 눈 위

62) 김광조, 앞의 논문, 1987, 77면.
63) 김병국, 앞의 책, 1995, 54면.

의 기러기 발자국처럼 빨리 사라졌다며 실망한다. 이어 자료3의 결사이다. 봉서정에 오른다. 봉황이 먹는 음식인 죽실(竹實)과 봉황이 사는 곳인 동화(桐花)는 어제인 듯한데 봉황[65]은 언제 올지 모른다. 신선을 동경하지만, 올 수 없다는 사실에 실망한다. 화자의 실망감은 현실 정치에서의 불우(不遇)와 관련이 있을 듯하다. 이 작품은 처음 부분에서부터 산수자연의 공간을 인환(人寰)과 대립되는 곳으로 보아[66] 현실 정치를 염두에 두었고, 이어진 대화에서도 화자의 내적갈등을 제권(帝眷), 인간번뇌(人間煩惱), 유락(流落)이라 하여 현실 정치와 관련된 것으로 보았다. 이러한 화자의 내적갈등은 달에서 온 신선의 말로 해소된다. 삼생연화를 다 씻고 다시 옥루에 올라오라 한 것이 그것이다. 그 말은 "잊었는가, 다니는가, 올라오느라"로 화자에 비하여 상대적으로 우위에 있는 인물에 의한 권위적인 어투이다. 이 권위적 어투는 화자와 이념적으로 대립되는 것이 아니므로 내면에서 울린 권위적인 목소리이다.

자료4는 <출새곡>에서 서사와 결사이다. 화자는 서울을 출발하여 회양을 지난다. 회양은 화자에게 <관동별곡>과는 다른 의미이다. 화자는 급장유가 한(漢) 무제에게 직간하다가 회양태수로 좌천되었다고 생각한다. 철령은 세도(世道)에 비하면 평지라고 생각하고, 자신은 적객(謫客)이라고 생각한다. 화자는 현실 정치에서의 불우로 내적갈등을 한다. 이러한 내적갈등은 결사로 이

64) "四仙亭ᄉᆞ션졍 ᄎᆞ자오니/ 六字 丹書뉵자 단셔ᄂᆞᆫ 仙跡션젹이 어제로ᄃᆡ/ 九宵 生鶴구쇼 ᄉᆡᆼ학은 언제나 다시 올고/ 무숑 화진茂松 花津에 간 ᄃᆡᄅᆞᆯ ᄎᆞ자 ᄒᆞ니/ 雪泥 鴻爪셜니 홍조ᄂᆞᆫ 永郎湖영낭호 ᄲᅮᆫ이로다"

65) 구포상금(九苞祥禽)에서 상금은 상서로운 새 즉 봉황을 말하고, 구포는 봉황을 수식하는 말로 보인다. 구포와 봉황이 함께 쓰인 예는 다음과 같다. "五色師子, 九苞鳳凰, 是老胡雞犬, 鳴舞飛帝鄕" 李白, <上云樂>, "九苞雛鳳沖霄翼, 三匝慈烏落月時" 元王逢, <書無題後偶感燕太子丹事>.

66) <관동속별곡>에서 산수자연의 공간을 진환(塵寰)·인환(人寰)과 대립된 의미로 본 구절은 다음과 같다. "武安寺무안ᄉᆞ 디나 올라 乘鶴橋승학교 건너 드러/ 塵寰딘환이 졈졈 머러 仙境션경이 갓갑건가/……/ 靈源菴녕원암 노픈 뎌레 채 쉬여 도라 보니/ 白馬峯ᄇᆡᆨ마봉 머리 지어 祝融峯축늉봉 다 ᄃᆞᆺ도록/ 飛騰變化비등 변화ᄒᆞ야 버런ᄂᆞᆫ 諸峯졔봉ᄃᆞᆯ히/ 人寰인환을 ᄀᆞ리마가 世界셰계ᄅᆞᆯ 여러시니/ 壺中天地호듕 텬디와 栗裏乾坤뉼니 건곤이/ 어ᄃᆡ ᄯᅩ 인ᄂᆞᆫ가 이 ᄯᅡ히 긔 아닌가".

어진다. 화자는 적관(謫官)으로 금전(金殿)에서 멀어진 인물로 다시 궁궐로 돌아가기를 갈망한다. 자신은 '평싱 먹은 뜨디'을 실현하려 하지만 그 능력을 현실에서 펴지 못한다. 현실 정치의 불우에서 온 내적갈등이다. 이어 어부가 말한다. 어부나 몽중선인의 말은 실제의 대화가 아니라 화자의 내면을 나타낸다. 내면에서의 말은 "권위 있는 목소리"임은 앞에서 지적한 바 있다. 어부의 말은 굴원의 <어부사(漁父詞)>와 유사하지만 <어부사>는 겸선(兼善)과 독선(獨善)을 화제로 함에 비하여 <출새곡>에서 어부의 말은 '잊음'을 화제로 한다. 그 잊음은 '세사(世事)→몸→백구는 나의 벗이라 오명가명함'의 순서이다. 세사는 현실 정치, 몸은 나 자신, '백구와 오명가명'은 물아일체(物我一體)로 대상과 자신의 구별까지 잊는다는 의미이다. 결국 '세사를 잊음→몸을 잊음→대상과 나의 구별의 잊음'으로 전개된다. 이것은 조선전기 강호가사에서 '잊음'이 주로 '세사(世事)를 잊음'인 사실[67]과 비교하면 특별한 것이다. 어부의 말은 대상(세사)과 나의 구별을 잊는 것으로 전기 강호가사에 비하여 내면에서의 사고의 폭이 넓고 그 만큼 권위적 목소리가 강한 것이다.[68]

---

67) 조선전기 강호가사에서 '잊음'이 있는 작품은 고응척(高應陟, 1531-1605)의 <도산가(陶山歌)>와 박인로(朴仁老, 1561-1642)의 <노계가(蘆溪歌)> 등이 대표적이다. <도산가>에서 관련 구절은 "강산고촌 깁푼 곳딕 죽림심처 잠겨난딕/ 호동팽계 안쥬ᄒᆞ야 일배를 마신 후의 / 고침송근 즘이 드니 萬事茫然 닉 몰닉라"이다. 망연(茫然)은 만사(萬事)를 잊고 죽림 심처에 처하여 유유자적하는 것이다. <노계가>의 관련 구절은 "하믈며 명시예 ᄇᆞ린 몸이 ᄒᆞ올 닐이 아조 업서/ 세간 명리란 뜬 구름 본 덧ᄒᆞ고/ 無思無慮하야 物外心만 품고 이셔"이다. 무사무려(無思無慮)는 세간의 명리를 잊는 것이다.

68) 대화가 화자의 내면과 관련되어 있음을 언급한 바 있다. <서정별곡>에서도 그것을 확인할 수 있다. 다음은 <서정별곡>의 관련 구절이다. "남여藍輿를 눅게 메여 빅상누百祥樓의 올나가니/ 일딕一帶 빙강氷江이 벽뉴리碧琉璃 싹가는 둣/ 셜마雪馬를 빗기 모라 조장祖帳의 드러가니/ 금빅金杯의 가득 부어 권勸ᄒᆞ야 일은 말이/ 젼산前山의일모日暮ᄒᆞ고 긱노客路의쳔ᄒᆞᆫ天寒ᄒᆞ니/ 냥관陽關을 나간후後면 고인故人이 뉘이ᄉᆞ리". 금잔에 술을 가득 부어 술을 권하며 하는 말이란 구절은 화자가 상대방의 말을 인용한 투어이다. 그런데 이 구절은 당나라 왕유(王維, 701-761)의 <송천이사안서(送天二使安西)>의 "그대에게 술 한잔 더 권하니, 서쪽 양관을 나서면 친한 벗 없으리(勸君更進一杯酒 西出陽關無故人)"를 차용한 것이다. 이렇게 본다면 이 구절은 내면 감정을 시구의 차용으로 나타낸 것이다. 따라서 표면적으로는 대화이나 이면적으로는 내면을 나타낸 것이다.

자료5 <서정별곡(西征別曲)>에서 화자는 자신의 임무를 구름・춘몽・형역이라 하여 내적갈등을 표출한다. 이어 효를 이유로 험한 일을 회피하는 왕양을 꾸짖는 왕준의 고사[69]를 인유하여 충을 긍정한다. 그리고 효자였던 모의(毛義)가 안당 수령으로 격(檄)을 받은 사실을 인유하여 충효가 일체임을 긍정한다. 화자 자신이 이별을 핑계로 임무를 부정하던 생각을 충효일체라는 이념으로 해소하고 있다. 이것은 '내적갈등→관인의 모습'이란 전개이다.

독백형의 다섯 작품에서 내적갈등은 다양하나 해소라는 점은 일치한다. 또한 해소의 방식에서 강호가사에서 보는 것처럼 "아모타 백년행락이 이만한들 어떠리"와 같이 화자의 선언적 어투가 아니라 내면에서 부정과 긍정을 반복하는 문제 해결의 과정이 있다.

화자가 유교적 이념이나 진리를 모색한 경우도 있다. 유교적 이념이나 진리가 있는 작품은 <관동별곡>과 <관동속별곡>이다. <관동별곡>에서 화자는 이념이나 진리를 표면에 제시하는 것이 아니라 내면에서 묻고 답하는 과정으로 나타낸다.[70] 이러한 특징은 <관동속별곡>에서도 같다.

자료6. 조우인(曺友仁), <관동속별곡(關東續別曲)>

摩訶衍마하연 겨틔 두고 圓寂庵원적암 도라 드러/ 毘盧 最高頂 비로 최고뎡에 머리를 들어 보니/ 爛銀 濃玉 난은 농옥을 뉘라셔 사겨 내야/ 乾端 건단을 노피 괴와 地軸 디축에 고잔는고/ 1)올라 보랴 ᄒᆞ면 一蹴 일축에 期必긔필ᄒᆞᆯ가/ ᄒᆞᆫ 거름 올미고 ᄯᅩ ᄒᆞᆫ 거름 다시 올며/ 從容漸進죵용 졈진ᄒᆞ야 絶頂졀뎡에 올라가니/ 茫茫八紘망망 팔굉을 더편ᄂᆞ니 하ᄂᆞ리오/ 日月星辰일월 셩신은 頭上두상애 버러시니/ 二儀淸濁이의 쳥탁과 萬品生成만품 ᄉᆡᆼ셩이/ 昭蘇森列쇼소 ᄉᆞᆷ녈ᄒᆞ야 眼底안뎨예 드러오니/ 어ᄃᆡ ᄯᅩ 오ᄅᆞ며 볼 거시 무섯고/ 所見소견이 이만 ᄒᆞ면

69) 한나라 때 의주의 전임 자사였던 왕양(王陽)이 구절판이 험난하다는 이유로 나아가려 하지 않자 새로 부임하는 왕준(王遵)은 "왕양은 효자이고 자신은 충신"이라며 나아가길 재촉하며 마부를 꾸짖어 왕양(王陽)을 간접적으로 비판하였다.

70) 조세형, 「송강가사의 대화전개방식 연구」, 서울대학교 석사학위논문, 1990, 77면.

快活쾌활타 ᄒᆞ리로다/ 2)松江浪客숑강 낭ᄀᆡᆨ은 마초아 드러오ᄃᆡ/ 仙分션분이 업돗던가 道骨도골이 안이런가/ 立脚닙각이 굿디 아냐 半途반도의 폐툣던가/ 어듸 뉘 금ᄏᆞᆫᄃᆡ 못 올라 보고 난고/ 3)玉京 群帝옥경 군뎨ᄅᆞᆯ 우스며 하딕ᄒᆞ고/ 駕風鞭霆가풍편졍ᄒᆞ야 汗漫한만애 ᄂᆞ려올 제/ 九龍淵 十二瀑布구룡연 십이폭포 瞥眼별안의 디나 보니/ 萬二千峰이 蠟屐납극에 거치내라

자료6에서 화자는 한 걸음이 아니라 종용 점진하여 비로봉 정상에 올라간다. 올라가 아득한 팔굉(八紘)을 덮은 하늘, 일월성진, 이의청탁(二儀淸濁)의 결합으로 생성된 만물(萬物) 등을 본다. 곧 호연지기를 얻은 것이다. 이어 화자는 송강이 선분·도골이 있음에도 중간에 폐하여 이러한 호연지기를 얻지 못한 이유를 묻는다. 화자가 보기에 그 이유는 일축기필(一蹴期必)과 종용점진(從容漸進)의 차이 때문이다. 성인의 경지는 일축기필할 수는 없고 종용점진하면 도달할 수 있다는 것이다. 이 진리에 대한 탐구가 내면에서의 자문자답으로 이루어진다. 곧 이념의 내면화이다.

3) 현실에 대한 낙관적 인식

독백형 기행가사는 화자가 대상과 동일화하려는 태도를 보이는 작품들이다. 그래서 대상을 움직임으로 비유하거나 대상에게 말을 건넴으로 심리적 거리를 좁혀 화자의 정감을 개입한다. 대상에 정감이 개입된 다음에는 주로 풍류로 이어지고 풍류의 뒤에는 관인(사대부)의 모습으로 돌아온다. 정리하면 '정감의 개입 → 풍류(사대부·관인의 모습을 벗어남) → 관인(사대부)의 모습'이다. 화자는 정치적 불우라는 현실, 관인으로서의 임무라는 현실에서 벗어나기를 욕구한다. 그 욕구로 대상을 보자 정감을 개입한다. 그 정감의 개입으로 일시적이나마 사대부·관인의 모습에서 벗어난다. 하지만 그것은 일시적인 것으로 다시 사대부·관인의 모습으로 돌아온다. 이러한 전개는 어떤 의미가 있는가?

이것과 관련하여 참고가 되는 것이 권호문(權好文, 1532-1587)의 <유청량산록(遊淸涼山錄)>의 다음 구절이다.

> 갑신일 걸어서 연사의 남대로 가니 날이 이미 저물었다. 추위에 떨던 기러기는 둥지로 날아가고 외로운 기러기는 점점이 날아간다. 호기가 절로 일어나 기운이 산만하게 흩어져 외물이 이목에 이끌릴까 두려워 졌다. 산을 오르는 것도 물에 가는 것도 단지 이 하나의 마음이니 가히 살펴야한다"[71]

작자는 기러기는 "추위에 떨던" 것이고 "외로운" 것이라며 감정을 이입한다. 이어 마음이 산만한 상태가 된다. 그러자 자신을 돌아보며 외물에 이끌리는 것을 경계하고 있다. 외물에 대한 현혹에서 '마음을 살펴 본성을 회복한다'는 수양(修養)[72]과 같다. 산일방탕(散逸放蕩)이 외물에 현혹되어 관인(사대부)의 모습에서 벗어난 것이라면 마음을 살피는 것은 관인(사대부)의 모습으로 돌아온 것이다. 이것을 다시 독백형 기행가사와 비교하면 본사의 대상표현인 정감의 개입은 외물의 현혹됨을, 결사에서 내적갈등의 해소는 관인(사대부) 본연의 모습으로 돌아옴을 의미한다. 따라서 독백형 기행가사는 관인(사대부)의 중세이념인 수양(修養)을 독백이라는 진술방식을 통하여 내면화한 것이다.

내적갈등의 해소는 어떤 작자의식을 나타내는가? 내적갈등의 해소에 대하여 심리학의 논의가 시사점을 준다. 심리학에서 화자의 내적갈등은 외부의 권위있는 인물이나 권위있는 금기에 의하여 유발된다. 이 때 인간은 욕구를 성취하기 위하여 외부의 성질인 권위를 자신의 인성 속에 흡수하는 동일화(identification)의 방식을 취한다. 예컨대 어린아이는 권위 있는 인물인 아버지

---

71) "甲申 步屧于蓮社之南臺 日已薄暮 寒鴉歸棲 孤雁點公 淸嘯獨立 浩氣自發 旋恐散逸放蕩外役於耳目 登山只是這箇心 入水只是這箇心 正可察也" 權好文, <遊淸涼山錄>(『한국역대산수유기취편』 6권, 31면).

72) 수양(修養)의 개념은 유교사전편찬위원회 편, 『儒敎大事典』, 박영사, 1990, 35면의 거경궁리(居敬窮理), 43면의 격물치지(格物致知), 1414면의 존심양성(存心養性) 참조.

의 금기에 대하여 권위 있는 인물인 아버지를 닮아서 금기에 의한 내적갈등을 해소한다는 것이다.[73] 독백형에서 화자의 개인적 욕구가 당대의 권위인 중세이념에 의한 차단으로 내적갈등이 시작되었으나 그 해소는 화자가 권위를 닮는 것으로 귀결된다. 결국 해소는 당대의 권위에 화자가 동일화됨으로써 이루어지는 것으로 해석할 수 있다. 이것은 화자가 이념에 동일화될 수 있다는 현실에 대한 낙관적 인식을 드러낸 것이다.

2-2. 독백보고형

독백보고형은 화자가 대상과 심리적 거리를 유지하는 작품들로 <천풍가(天風歌)>, <영삼별곡(寧三別曲)>, <금당별곡(金塘別曲)>, <피역가(避疫歌)>, <명촌 금강별곡(明村 金剛別曲)>, <탐라별곡(耽羅別曲)>, <단산별곡(丹山別曲)>, <북정가(北征歌)> 등 총 8편이다.

8편의 공통된 특징을 지적한 논의는 찾을 수 없으며 개별적 작품들의 특징을 지적한 논의가 있다. <명촌 금강별곡>에는 "처사의식이 투사"되었다는 것,[74] <금당별곡>은 산수자연의 심미적 도취 속에서 유람흥취의 고조로 매듭지어지는 반면 <천풍가>는 흥취와 해방감이 현실의 중압감 속에서 무산되는 결말을 지닌 것,[75] <금당별곡>이 현실 속에 동화할 수 없는 소외감이 지극하여 다시 내면적 갈등이 극대화 된다는 것[76] 등이 예이다. <금당별곡>에서 화자의 현실에 대한 소외감이 해소되는가 아니면 현실에 대한 소외감이 지속되는가, 처사의식이나 현실소외라는 것이 8편의 작품에 어떻게 나타나는가 등이 의문이다.

---

73) Calvin S. Hall, 지경자 역, 『프로이트 심리학 입문』, 홍신문화사, 1993, 97-104면.

74) 유정선, 앞의 논문, 1999, 41면.

75) 김석회, 『존재 위백규 문학연구』, 이회문화사, 1995, 315면.

76) 박일용, 「금당별곡에 그려진 선유체험 양상과 그 의미-<관동별곡>에 나타난 선유체험과의 비교를 통해서-」, 『한국기행문학작품연구』, 국학자료원, 1996, 307면.

1) 대상표현 : 관념성(觀念性)

8편의 작품에 나타난 대상의 종류를 제시하면 다음과 같다.

	天風歌	寧三別曲	金塘別曲	避疫歌	明村 金剛別曲	丹山別曲	耽羅別曲	北征歌
頂上에서 본 산수	대장봉 창포봉 제일봉				천왕봉, 박달치, 구정봉, 헐성루			설운령
바위 (봉우리, 像)						옥순봉		
바다 (강, 호수)		東海 東江	萬花島의 선유(2) 제일봉의 바다 삼화루의 강					
폭포 (潭,계곡)	반야대의 골짜기	진관암의 폭포			팔담, 폭포암 옥경대	下仙巖 中仙巖, 上仙巖 龜潭		
일출 (월출)	동일암의 일출							
정자 (누각, 사찰)	탑선암, 구정암	錦江亭 琴嘯亭			산영루	水雲亭		
洞口				고내현			동령구	종온성

<천풍가>에서 화자가 대장봉의 정상에 올라서 본 경치는 풀, 구름, 안개 시냇물, 폭포 등이다. 이것들이 하나하나씩 독립된 것이라 아니라 화자가 정상에서 본 산수로 포괄된다. 화자가 동구에서 본 경치는 옥계수·초목·폭류(瀑流) 등이다. 하나하나씩 독립된 것이 아니라 동구에서 본 산수로 포괄된다.

화자가 탑선암(塔仙庵)에서 본 경치는 초목 · 암자의 누각이다. 하나하나가 모여 탑선암을 표현한 것이다.

이러한 대상들은 객관적으로 제시된다. 대상의 모습에 대한 객관적 제시는 사실적 제시와는 다르다. 다음의 자료는 <명촌 금강별곡>과 국문 기행문인 <동유긔>이다.

> 자료1. 박순우(朴淳愚), <명촌 금강별곡(明村 金剛別曲)>
>
> 百川橋를 지나 가셔 山映樓 올라가니/ 一帶 淸流는 檻前을 둘러잇고/ 四面 蒼顔은 簷檻의 隱暎흔다

> 자료2. 작자미상, <동유긔>
>
> 이 못 일홈은 명연담이니 물 밋치 푸르고 깁히 측양치 못흐며 못 우히 반셕이 평포흐여 급흔 물결이 누은 폭푀되여 흰깁을 펼친 듯 수십 보을 쏫쳐 이 못식 니르러는 소릐 웅장흐여 지쳑의셔 사름의 어음을 분변치 못홀너라 좌편의 쳔장이나 흔 셕벽이 이셔 긔셰 극히 참암흐고/ 그 아릐 흔 바회 이시니 누은 사름의 형상 갓고 그 돌 아릐 셰 바회 서로 몸을 의지 기러기 항열노 업듸여서니 심이 긔이흐더라[77]

자료1과 자료2는 경치의 객관적 제시지만 둘 사이에 차이가 있다. 자료1에서 대상은 정자이다. 정자 주위의 소재 중 대표적인 청류(淸流)와 창안(蒼顔)만 제시되어 있다. 청류와 창안은 정자를 중심으로 '두르는 면과 비추는 면'으로 서로 대를 이루면서 정자의 함전(檻前)과 첨함(簷檻)에 서로 결합되어 있다. 정자의 모습을 주위의 대표적인 산수인 강과 봉우리로 표현한 것이다. 강 · 봉우리는 서로 대응된다.

---

77) 최강현, 「새자료 동유긔」, 『한국학보』 4집, 일지사, 1976, 301면.

자료2에서 대상은 명연담이다. 명연담 주위의 산수는 '담(潭)의 수면' '폭포' '못 주위의 산수'이다. 화자의 시선은 담의 수면에서 담 위의 반석으로, 반석에서 담으로, 그리고 담 주위의 석벽과 바위로 전개된다. 명연담은 주위의 산수로 표현되고 있지만 화자의 시선에 따라 순차적으로 연결된다. 그리고 화자의 논리적인 설명이 있다. 화자는 폭포가 되는 내력을 못 위의 반석이 평포(平鋪)하기 때문이라며 설명하고, 물이 못에 이르는 과정을 설명한다. 독자가 실제 느낄 수 있는 것은 화자의 순차적인 시선에 따른 대상의 실제 모습과 화자의 설명에 따른 대상에 대한 정보이다.

주위 산수의 대응적 구성을 기준으로 하였을 때 독백보고형에서 정자는 모두 이러한 기준에 포함된다. 이러한 대응적 구성은 무슨 의미가 있는가? <영삼별곡>에서 정자를 표현한 구절은 "금강정 블근 난간 縹渺히 내둧거놀/ 저근덧 올라안자 머리를 드러ᄒᆞ니/ 봉ᄂᆡ산 제일봉의 ᄎᆡ운이 어릐ᄂᆞᆫᄃᆡ"이다. 이 구절은 대상의 모습만 제시되어 있다. 그 모습은 표묘(縹緲)한 난간과 구름이 서린 봉우리로 구성된다. 표묘는 원(遠)이라는 공간감을 나타낸다. 구름이 서려있는 모습도 원(遠)이라는 공간감을 나타낸다. <단산별곡>에서도 확인된다. 정자를 표현한 구절은 "외나무 다리 건너 水雲亭 올나가니/ 奇岩 古木의 曲欄이 瀟洒ᄒᆞᆫ대/ 碧玉 갓튼 ᄎᆞᆫ 물결이 巴字形 둘너잇서/ 竹嶺山 달 뜬 후의 萬片金 뛰노ᄂᆞᆫ 듯"이다. 수운정은 소쇄(瀟洒)한 난간과 찬 물결로 구성된다. 이것은 <명촌 금강별곡>에서 물이 함전을 두른다고 한 것과 같다. 곡란은 소쇄(깨끗함)이고 물은 차다. 깨끗함과 차가움은 화자의 정신에 가깝다. 대등적 구성으로 형성된 공간감·깨끗함·차가움 등은 정신이나 기개와 관련된다. 다음은 바다를 표현한 것이다.

자료3. 위세직(魏世稷), <금당별곡(金塘別曲)>

말니萬里 연파烟波의 임의任意로 ᄯᅴ워 내이/ 엽셔葉嶼 화담花潭은 망안望眼의 가경佳境ㅣ요/ 박빈白蘋 홍뇨紅蓼ᄂᆞᆫ 단도短棹의 향긔香氣로다/ 산형山形도 됴컨이와 슈셰水勢도 ᄀᆞ이 업다/ 청강淸江 백구白鷗야 문노라 가ᄂᆞᆫ 길이/ 삼신산三神山 ᄂᆡ린 활기 이리로셔 어듸 멀며/ 도원도桃園島 지ᄂᆞᆫ 곳은 언의 물로 ᄂᆞ리ᄂᆞᆫ고……/ 계도桂棹을 흘리 져어 가ᄂᆞᆫ 대로 노하스라/ 년회고면 連回顧眄ᄒᆞ이 곳곳지 지졈指點ᄒᆞᆯ 제/ 샹운祥雲 일편一片이 해쳔海天의 검어 이서/ 온쟈ᄒᆞᆫ 학의 소ᄅᆡ 심이十里의 들니거ᄂᆞᆯ/ 난도蘭棹을 ᄲᆞᆯ리 저어 ᄂᆞᄃᆞ시 들어가니

자료4. 신광수(申光洙), <단산별곡(丹山別曲)>

셕각石角을 노피 베고 ᄒᆡ경海景을 다시 보이/ 표묘漂渺ᄒᆞᆫ 동명샹東溟上의 만텹강산萬疊江山 여긔져긔/ 창망蒼茫ᄒᆞᆫ 운ᄒᆡ간雲海間의 닐편어쥬一片漁舟 오락가락/ 안져眼底의 모ᄃᆞᆫ 경景이 ᄉᆡᆨᄉᆡᆨ色色이 쟈랑ᄒᆞ이/ 건곤乾坤의 이 조화造化을 뉘라셔 아러 보리

자료3은 화자가 선유(船遊)하면서 본 금강도 주변의 바다를 표현한 것이다. 따라서 중심제재는 바다이다. 화자가 대상에 대하여 객관적 거리를 유지하고 있다. 바다는 엽서화담(葉嶼花潭)과 백빈홍료(白蘋紅蓼)로 구성된다. 화담은 망안의 가경으로 시각이고, 홍료는 단도의 향기로 후각이다. 바다를 중심으로 시각과 후각이 대응된다. 밑에 이어지는 구절에서는 바다가 상운(祥雲)과 학의 소리로 구성된다. 상운은 바다에 검게 펼쳐 있다. 화자의 시각이다. 학의 소리는 청각이다. 바다를 중심으로 상운과 학의 소리가 대응된다. 자료4에서 바다는 만첩강산(萬疊江山)과 일엽어선(一葉魚舟)으로 구성된다. 만첩강산는 바다에서 표묘(漂渺)한 곳에 있고, 일엽어선은 창망(蒼茫)한 구름 사이에 있다. 만첩강산은 표묘(漂渺)라는 공간감을, 일엽어주는 창망(蒼茫)이라는 공간감을 형성한다.

다음은 폭포를 표현한 것이다.

자료5. 박순우(朴淳愚), <명촌 금강별곡(明村 金剛別曲)>

鉢淵寺 ᄇᆞ라보고 瀑布庵 ᄎᆞ자가니/ 盤陀 大巖이 澗底의 펴엿ᄂᆞᆫᄃᆡ/ 一條 淸波ᄂᆞᆫ 瀑布水 되여셰라

자료5의 폭포는 대상의 모습만 제시된다. 폭포는 반타대암(盤陀大巖)과 일조청파(一條淸波)의 대응으로 구성된다. 대상과 대상을 연결하는 용어가 없고 대상의 위치를 지시하는 용어도 없다. 산문과는 다르다. 또 다른 예는 <단산별곡>에서 중선암에 대한 표현이다. "中仙巖 드러가니 水石이 擾亂ᄒᆞ다/ 雙龍瀑 쏨는 소래 白日에 雷霆이라/ 絶壁 層臺는 鬼斧로 ᄭᅡ가 노코/ 秋水 寒潭은 鏡面을 닷가시니/ 雲影 天光이 上下의 어릐엿다". 중심 제재는 폭포이다. 폭포는 절벽과 물로 구성된다. 절벽은 층대(層臺)이다. '높다'라는 화자의 기개이다. 물은 추수한담(秋水寒潭)이다. '맑고 차갑다'라는 화자의 정신이다.

다음은 화자가 산의 정상에서 본 산수이다.

> 자료6. 박순우(朴淳愚), <명촌 금강별곡(明村 金剛別曲)>
>
> 正陽寺 ᄎᆞ자가셔 歇惺樓 안자 보니/ 三十洞 萬二峰을 一一히 다 볼로다/ 北으로 衆香城이 嵬然히 特立ᄒᆞ야/ 南으로 穴望峰을 마조 안자 ᄇᆞ라거던/ 그 남은 許多 峯巒 다 각각 뫼셔시니/ 兩將이 對陣ᄒᆞ야 玉帳을 노피 열고/ 千兵 萬馬를 井井히 排置ᄒᆞᆫ 듯/ 劒戟은 森嚴ᄒᆞ고 隊伍는 整齊ᄒᆞ니/ 一山中 奇觀이 指點間의 다 버렷다/ 毘盧峰 大小香爐 先鋒인가 中軍인가/ 望軍臺 石鷹峰은 左翼인가 右翼인가/ 日出 月出 永郎峰은 伏兵이 分明ᄒᆞ다/ 千態 萬狀이 兩眼의 昭昭ᄒᆞ니/ 올라가 다시 본들 무어시 더 나으리

자료6에서 정상에서 본 산수는 중향성 · 혈망봉과 나머지 봉우리로 구성된다. 중향성 · 혈망봉은 양장으로 중심에 있고 나머지 봉우리는 나졸이다. 양장은 옥장을 높이 여는 위엄을, 나머지 봉우리들은 검극이 삼열한 군기를 보인다. 나머지 봉우리들은 천병만마처럼 배치되고 대오가 정제된 것으로 중앙의 봉우리를 둘러싼다. 즉 정상에서 본 산수는 장군과 나졸의 대응으로 구성되며, 그 구성은 차서 · 질서 등 화자의 정신을 나타낸다.

2) 내면표출 : 이념의 표면화

독백보고형의 내면표출에도 내적갈등과 유교적 이념이 있다. 내적갈등의 해소 여부와 유교적 이념이 어떻게 표출되는가 하는 점을 살펴볼 것이다.

다음에 제시하는 자료는 화자의 내적갈등이 보이는 구절이다.

자료1. 박순우(朴淳愚), <명촌 금강별곡(明村 金剛別曲)>

1) 此身이 悠悠ᄒᆞ야 山水의 癖이 잇셔/ 名山을 編踏홈이 一生의 素計로다/ 江原道 金剛山이 三山 中 一山이라/ 東方의 第一이오 天下의 無雙이다/ 千里를 不遠ᄒᆞ고 一見이 願이려니/ 世上 功名의 망녕도이 뜻을 두어/ 書籍의 汨沒ᄒᆞ고 場屋의 奔走ᄒᆞ니/ 五十四 光陰이 倏忽히 지나거다/ 男兒의 事業이 白牌 ᄒᆞᆫ 丈 哀嗟ᄒᆞ다/ 溪山 宿約을 至今에 못 ᄇᆞᄅᆞ니……己未 三月 十九日의 謁聖을 定ᄒᆞ거ᄂᆞᆯ/ 趂期 上京ᄒᆞ야 禮圍에 드러나니/ 命舛 數奇ᄒᆞ야 不得意ᄒᆞ닷 말가/ 韓公의 含淚渡覇 그다지 狹隘던가/ 大丈夫 志氣를 一得失의 摧挫ᄒᆞ랴…… 2) 烟霧ᄂᆞᆫ 무ᄉᆞᆷ 일로 孱顔을 ᄀᆞᆷ츠ᄂᆞᆫ다/ 惜別 無限情은 갈ᄉᆞ록 ᄆᆡ쳐셰라/ ᄆᆞᆺ노라 溪神 山靈 내 懷抱 아ᄂᆞ슨다/ 宿債를 못다 갑고 新債를 다시 지니/ 自顧 塵踪이 淸分 적은 ᄐᆞᆺ시로다/ 四仙亭 後嶺 우희 도라셔셔 ᄇᆞ라보니/……/ 東南이 絶遠ᄒᆞ야 終老約을 못 ᄆᆡᄌᆞ니/ 文字로 記錄ᄒᆞ고 畵筆로 그려내여/ 常目在之ᄒᆞ야 不忘資를 삼으리라/ 九郡 八景을 歷路의 보아 가며/ 다치 못ᄒᆞᆫ 나믄 興이 雪嶽山을 ᄎᆞ자가셔/ 彷彿ᄒᆞᆫ 네 얼굴을 다시 보고 반길로다/ 내 집이 靈巖이라 月出山 아ᄅᆡ로다/ 小金剛 名稱이 善形容ᄒᆞ단 말이/ 이 아ᄅᆡ 卜居ᄒᆞ니 네 顔面을 차리로다/ 戀戀ᄒᆞᆫ 깁픈 情을 片夢中의 부치리라/ 아마도 此生未死前의 다시 갈가 ᄒᆞ노라

자료1에서 1)은 서사부분이고, 2)는 결사부분이다. 서사의 내용은 화자가 산수에 벽이 있어 강산 유람을 소원하였으나 세상 공명에 뜻을 두어 세월만 보내다가 소원을 이루게 되었다는 것이다. 화자는 세상 공명에 뜻을 두고 54년을 보내었으나, 운수가 불길하여 그 시도가 이루어지지 않게 되었다. 현실

에서 실패한 좌절감이다. 결사부분에서 화자는 금강산을 떠나며 스스로 돌아보니 진종(塵蹤)으로 청분(淸分)이 적은 탓이라고 하였다. 진종(塵蹤)은 진세인 현실이다. 화자가 산수의 공간에서 현실의 세계로 돌아오는 것이다. 산수에서 진종을 완전히 씻지 못하고 그 진종이 남아 있기 때문에 산수에 더 이상 머물지 못하고 현실로 돌아온다는 것이다. 서사에서 보였던 내적갈등이 여행을 통하여 해소된 것이 아님을 의미한다.

이와 유사한 것이 <금당별곡>의 결사 부분이다. 화자는 경치도 끝이 없고 그 경치를 보고 싶은 생각도 끝이 없으나, 진심(塵心)이 미진(未盡)하여 돌아오게 된다고 하였다.[78] 화자는 내적갈등에서 여행을 하였다가 다시 현실로 돌아왔다. 현실로 돌아올 때 진심을 가진 체이다. 여행으로 내적갈등이 해소된 것이 아니다. <천풍가>에서는 내적갈등이 해소되지 않았음을 직접 언표하기도 한다. 화자는 백발이 되어 기운이 쇠진할 때까지도 공맹의 학문을 이루지 못하였다. 뿐만 아니라 현실 정치에도 참여하지 못하였다. 현실 정치에의 참여를 희망하고 있으나 궁궐과 천리나 떨어져 있다. 불러줄 가능성마저 희박하다. 여행 후 집에 돌아온 화자는 포의한사(布衣寒士)로 산수를 매양 찾는 것이 부끄럽다고 하였다.[79] 여행으로 화자의 내적갈등이 해소된 것이 아니다. 다음은 <단산별곡>과 <영삼별곡>의 결사이다.

---

78) "풍광風光도 ᄒᆞᆫ이 업고 의사意思도 그지 업다/ ᄋᆡ도ᄅᆞᆯ사 이 내 몸이 션화仙化의 연분緣分 업셔/ 진심塵心이 미진未盡ᄒᆞ야 향관鄕關을 ᄉᆡᆼ각ᄒᆞ여/ 강산江山의 후긔後期 두고 ᄇᆡᆨ구白鷗와 ᄆᆡ셔盟誓ᄒᆞ야/ 허쥬虛舟을 다시 ᄐᆞᆯ라 오던 길노 ᄎᆞ자 오이/ 못다 본 나믄 경景을 글귀예 영냥領量ᄒᆞ이/ 도긔려지倒騎驪支 호구狐裘ᄂᆞᆫ 쳔만고千萬古의 과연果然ᄒᆞ다/ 산창山牕을 다시 ᄃᆞᆺ고 섬써히 누어시이/ 말니萬里 강쳔江天의 몽혼夢魂만 ᄌᆞ자 잇다/ 엇지타 갑업ᄉᆞᆫ 강산풍월江山風月을 졀로 가게 ᄒᆞᄂᆞᆫ고" <金塘別曲>.

79) "소박ᄒᆞᆫ 이 ᄂᆡ 몸이 글자도 못ᄒᆞ며ᄂᆞᆫ/ 요수요산한달 인지을 어이 알니/ 빈발이 호ᄇᆡᆨᄒᆞ고 긔여이 쇠진ᄒᆞ니/ 공ᄆᆡᆼ 안증은 ᄭᅮᆷ의도 못 보니/ 서방 미인은 소식이 언제 오고/ 석실 운산의 옥환이 천이로다/ 초려의 도라드러 다시곰 바래보니/ 만 이십 이 청산이 역문 안니련ᄂᆞᆫ다/ 청산을 못 니저서 다시 ᄯᅩ 오자써니/ 포의로 ᄆᆡ양 오니 산수도 붓글엽다/ 긔유 십일월 삼구일 용ᄒᆞ다" <天風歌>.

자료2. 신광수(申光洙), <단산별곡(丹山別曲)>

매헌의 놉피 누어 명승을 손꼽다가/ 閃遽이 즘을 드니 丹邱生을 ᄭᅮᆷ의 만나/ 엇개를 흠긔 겨러 즐거이 노니다가/ 五更 ᄎᆞᆫ 셔리에 蝴蝶이 도라오니/ 滿窓 松月의 鶴唳聲ᄲᅮᆫ이러라

자료3. 권섭(權燮), <영삼별곡(寧三別曲)>

1) 이 몸이 텬디간天地間의 ᄡᅳ올 ᄃᆡ 젼혀 업서/ 삼십년三十年 광음光陰을 ᄒᆞ롱하롱 보내여다/ 풍졍風情이 호탕浩蕩ᄒᆞ여 믈외物外예 연업緣業으로/ 녹슈綠水 청산靑山의 분分대로 ᄃᆞ니더니/ 져근덧 병病이 드러 님장林庄을 닷아시니/ 엇던 뒷졀 즁이 헌ᄉᆞ도 ᄒᆞᆯ셰이고/ …… / 2) 어와 헌ᄉᆞᄒᆞᆯ샤 내 아니 허랑虛浪ᄒᆞ냐/ 뉴하쥬流霞酒 ᄀᆞ득 부어 ᄃᆞᆯ빗ᄎᆞᆯ 섯거 마셔/ 흉금胸襟이 황낭晃朗ᄒᆞ니 져기면 ᄂᆞᆯ리로다/ ᄇᆡᆨ년百年 텬디天地의 우락憂樂을 모ᄅᆞ거니/ 일몽진환一夢塵寰의 영욕榮辱을 내 아더냐/ 펴랑이 초草메토리 다 ᄡᅧ러 ᄇᆞᆯ이도록/ 산님山林 호히湖海예 ᄆᆞᄋᆞᆷ긋 노니면셔/ 이렁셩 져렁셩 구다가 아므리나 ᄒᆞ리라

자료3에서 화자는 명승을 보는 것을 기다리다가 갑자기 잠이 들어 꿈에 단구생(丹邱生)을 만나 즐겁게 여행하다가 잠에서 깬다. 여기서 꿈은 본사에서 언급한 영월을 여행한 체험을 말한다. 여행의 체험을 꿈에 비유한 것이며, 현실로 돌아옴을 꿈에서 깨는 것으로 비유한 것이다. 꿈에서 깨니 오경 찬서리에 학려성(鶴唳聲) 뿐이다. 학려성과 관련된 고사는 풍성학려(風聲鶴唳)와 화정학려(華亭鶴唳)이다. 풍성학려는 사소한 일에도 놀란다는 뜻이고, 화정학려는 진의 육기가 살해된 뒤에 학의 소리가 들리지 않는다는 뜻이다. 외로움이나 슬픔을 나타낸다. 오경의 찬 서리와 결합되어 외로움과 슬픔이 부각된다. 곧 여행을 하였어도 현실은 외로움과 슬픔이란 것이다. 내적갈등이 해소된 것이 아니다.

자료4는 <영삼별곡>이다. 1)은 서사이고 2)는 결사이다. 서사에서 화자는 현실에서 벗어나 물외의 연업으로 분대로 다니고 싶다고 하였다. 결사에서

화자는 현실의 우락영욕(憂樂榮辱)을 모른 체 산수에서 이렇게 저렇게 하여 보낸다고 하였다. 내적갈등의 해소처럼 보인다. 그런데 산수에서 이렇게 저렇게 보낸다는 것은 현실의 우락・영욕을 염두에 두고 의도적으로 그것과 멀리 하겠다는 뜻이다. 내적갈등이 해소된 것이 아니라 내적갈등을 유보한 체 산수에서 즐긴다는 뜻이다. 이상 독백보고형에서 화자의 내적갈등은 해소된 것이 아니다. 화자는 내적갈등에 체념한다.

다음으로 유교적 이념을 표출하는 방식을 살펴보자.

자료4. 박순우(朴淳愚), <명촌 금강별곡(明村 金剛別曲)>

數 업ᄂᆞᆫ 峰巒을 다 제금 主張ᄒᆞ니/ 仙客의 ᄶᅡ 안니면 釋家의 物이로다/ 堂堂ᄒᆞᆫ 君子儒ᄂᆞᆫ 어ᄃᆡᄅᆞᆯ 次知ᄒᆞᆯ고/ 1) 호올로 이 石峰이 特立居中ᄒᆞ여시니/ 不偏不倚ᄂᆞᆫ 中庸의 道 아닌가/ 靜而有常은 君子의 德 아닌가/ 峰下의 흐른 물이 方塘이 절로 되어/ 不括 不停ᄒᆞ야 活水源이 되어세라/ 峰稱樂仁ᄒᆞ고 潭號ᄂᆞᆫ 處智로다/ 活源洞 三字로 洞名을 肇錫ᄒᆞ니/ 2) 슬프다 이 내 行色 寂廖ᄅᆞᆯ 兌ᄒᆞ도다……
3) 구룡소 상하연은 ᄯᅩ 어이 병설ᄒᆞᆫ고……/ 완연 신물이 연중의 ᄌᆞᆷ겨시니/ 네 만일 變化ᄒᆞ야 덕시를 너비ᄒᆞ고/ 수천리 동방의 우순풍도 ᄒᆞ게 ᄒᆞ면/ 인민의 숭봉함이 동남 해신 홀로 ᄒᆞ랴/ 엇디타 乾二爻를 取象치 아니ᄒᆞ고/ 무량ᄒᆞᆫ 유산객의 지점만 ᄒᆞ이ᄂᆞᆫ다/ 4) 함하의 명월주를 날 ᄒᆞ나식 ᄂᆞᆫ화 주어/ 필두 파란의 주옥을 품게 ᄒᆞ렴

자료5. 권섭(權燮), <영삼별곡(寧三別曲)>

1) 하ᄂᆞᆯ의 도든 별을 져기면 ᄆᆞᆫ질노다/ 망망茫茫 대양大洋이 그 알ᄑᆡ 둘러 이셔/ 대디大地 산악山岳을 일야日夜의 흔드ᄂᆞᆫ ᄃᆞᆺ/ 밋 업ᄂᆞᆫ 큰 굴헝의 ᄒᆞᆫ限 업시 빠힌 믈이/ 만고萬古의 ᄒᆞᆫ골 ᄀᆞ티 영튝盈縮이 잇돗던가/ 텬디간天地間 장壯ᄒᆞᆫ 경계境界 반半 남아 믈이로다/ 아마도 져 긔운氣運이 무어스로 삼겻ᄂᆞᆫ고/ 셩인聖人을 언제 만나 이 니理를 뭇ᄌᆞ오리……2) 뫼 밋희 설인농龍이 변화變化도 무궁無窮ᄒᆞ야/ 음심陰深ᄒᆞᆫ 오랜 소희 굴튁窟宅을 삼아 이셔/ 층애層厓 빅쳑百尺의

일필년一匹練 거러두고/ 빅일百日 뇌정雷霆이 동학洞壑의 ᄌᆞ자시니/ 구프려 보던 줄이 내 일이 섬쩌올샤

자료4에서 1)은 산과 물에 대한 유교적 이념이고 3)은 물에 대한 유교적 이념이다. 자료5에서 1)과 2)는 물에 대한 유교적 이념이다. 산과 물에 대한 유교적 이념의 의미가 무엇인가를 알아보기 위하여 산과 물에 대한 해석이 있는 이원(李黿, ?-1504)의 <유금강록(遊金剛錄)>과 정엽(鄭曄, 1563-1625)의 <금강록(金剛錄)>을 살펴보기로 한다. <유금강록>에서 "높은 산에 올라가 멀리 가는데 스스로 낮추게 되는 뜻을 안다"라고 하였고, "물을 보고서 흘러가는 것이 이와 같다는 뜻을 생각한다"고 하였다.[80] 이때 산을 유자(儒者)가 학문할 때 중도에서 폐하면 안 된다는 유교적 이념으로 해석하였고, 물을 물이 찬 연후에 나아가듯 유자가 학문의 도야에 힘써야 된다는 유교적 이념으로 해석하였다. <금강록>에서는 "산은 근본이 하나이나 나뉘어져 천만 봉우리가 된다"고 하였고, "물은 그 물줄기가 달라도 한 근본으로 돌아간다"고 하였다.[81] 산과 물의 변화로 일본(一本)과 만수(萬殊)의 관계라는 만물생성의 원리를 설명하고 있다. 이것을 참조하여 자료 4와 자료5를 살펴보자.

자료4의 1)에서 산은 유상(有常)의 군자(君子)·불편(不偏)의 중용(中庸)을 보이고, 물은 불괄부정(不括不停)하는 끊임없는 흐름을 보인다. 사대부의 수

80) "인자는 산을 좋아하고 지자는 물을 좋아하는 바 높은 산에 올라가 멀리 가는데 스스로 낮추게 되는 뜻을 알고 물을 보고서 흘러가는 것이 이와 같다는 뜻을 생각하게 되는 것이다. 하나(산)으로써 도중에서 스스로 한계짓는 나약함을 분발시키고 하나(물)로써 구덩이에 찬 뒤에 나아가는 배움을 권면하는 것이다. (仁者樂山 知者樂水 登高山以知行遠自卑之意 觀水而思逝者如斯之旨 一以起半途自畫之懦 一以勉盈科後之學)". 李黿, <遊金剛錄>(『조선중기의 유산기문학』, 집문당, 1997, 185면).

81) "산은 근본이 하나이나 나뉘어져 천만 봉우리가 되고 물은 그 물줄기가 달라도 한 근본으로 돌아간다. 한 근본이 만가지 다른 것이 되는 것과 만 가지 다른 것이 하나로 되는 것을 여기서 또한 볼 수 있도다. 내가 외으로부터 안에 도달하고 아래로부터 높은 곳에 오르고 얕은 곳에서 말미암에 깊은 곳에 미친다 (山則其本一也 而分爲千萬 水則其派異也 而同歸於一本 一本之爲萬殊 萬殊之總于一者 於此亦可觀矣 余自外而達內 自下而陟高 由淺而及深)" 鄭曄, <金剛錄>(『조선중기의 유산기 문학』, 집문당, 1997, 274면).

양·학문도야와 관련된 유교적 이념이다. 이어 2)에서 화자 자신은 적료(寂廖)함을 태(兌)하여 슬프다고 하였다. 학문도야라는 산의 덕성에 미치지 못하는 자신에 대한 반성이며 학문도야를 추구하려는 욕구이다. 이러한 화자의 욕구는 4)에서 구룡소의 변화무쌍하는 신물을 보고 그 조화를 얻으려는 것으로 이어진다. 산수자연을 학문도야·수양이라는 유교적 이념으로 해석하고 화자의 학문도야로 이어지는 전개는 자료5에서도 확인할 수 있다. 자료5의 1)에서 동해는 만고에 영축이 없다고 하였다. 물의 끊임없는 흐름(불변)이다. 학문도야이다. 이어 화자는 이 이치를 묻고자 한다. 화자의 학문도야이다. 2)에서 산에 서린 용의 변화무쌍한 조화에 대하여 화자는 그것을 굽어 보니 자신의 일은 나약하다[82]고 하였다. 산수자연의 덕성에서 자신을 돌아보니 자신이 너무 나약하다는 반성이다. 화자의 학문도야에 대한 욕구이다.

화자는 산수자연에서 유교적 이념을 찾고, 이것을 모범으로 삼으려 한다. 독백형과 같다. 그런데 화자는 유교적 이념을 내면에서 탐색하는 것이 아니라 유교적 이념을 제시하고 그것을 자신의 것으로 하고 싶다고 하여 이념을 겉으로 드러내고 있다. 독백형이 이념의 내면화(內面化)라면 독백보고형은 이념의 표면화(表面化)이다. 이러한 사실로 보아 독백보고형의 작자는 유교적 이념을 다른 사람들에게 전달하려는 의도가 있을 것으로 추측할 수 있다. 다음의 예문으로 그 가능성을 살펴보자.

자료6. 정언유(鄭彥儒), <탐라별곡(耽羅別曲)>

1) 여엽불ᄉᆞ 우리 백성 무삼일노 편고하여/ 의식이 간군하나 흉미가 잇슬손가/ 팔양족답 겨우하야 박전을 경작하니/ 자른 허믜 져은 보십 신고히 매갓구어/……/ 2) 거리거리 모단 기민 가교잡고 일는 말이/ 셜러울산 우리 生命 나라혜 달녓스니/ 유민도 욍겨다가 인군이 기신ᄃᆡ 알와고죠/ 가죽 옷 전립이 이 무산

82) '섬써울사'의 기본형은 '섬썹다'로 나약하다, 허약하다란 뜻이다. 여기서는 '화자 자신의 일'이 "나약하기도 하고 허약하기도 하다"라는 의미이다. 화자가 학문을 성취하지 못하였다며 자탄한 것이다. '섬써울사'의 뜻은 『우리말큰사전5』, 한글학회, 1991, 170면 참조.

의관인고……/ 세세에 國恩 입어 나포 이전 허비하니/ 청속도 낫치 업고 생계도 망연하다/ 목자일족 포작 구실 이에셔 더 셜우며/ 선격의 무역 무리 그안이 난감한가/ 창명이 하녁하고 邦禁이 엄절하니/ 살 곳에 못가기난 흘간산언 식 갓도다/ 3) 슬프다 너의 간고 내 어이 모르리오/ 힘대로 구제키난 관장에게 매엿으나 / 견디어 지내기난 네 마음에 달엿으니/ 그럴사록 척념하야 상히 심성 보존하야/ 천은을 닛지 말고 부자형제 상애ᄒᆞ면/ 천황이 구버 보셔 복록을 쥬시나니/ 공곤을 한치 말고 네 道理 진심하면/ 기중에 영화 잇셔 빈쳔을 버셔나니/ 넷 시절 도라보면 그 아닌 알 일인가

자료6의 <탐라별곡>에서 화자는 백성과 대화한다. 대화는 서술자의 인용투어가 없는 극적대화이다. 그리고 대화자들의 말이 확장되어 있다. 극적대화이고 대화자의 말이 확장되었다는 것은 백성들이 자신의 실제 생각을 진술하게 드러낼 법하다. 하지만 그 내용은 철저히 이념적이다. 백성의 말은 자신의 생명은 나라에 달렸으며, 국은(國恩)으로 고기잡이를 한다는 것이고, 화자의 말은 심성을 보존하고 도리에 마음을 다하는 것이 백성이 지켜야 할 도리라고 하였다. 백성이나 화자 모두 이념에 충실하다. 극적대화라는 기법은 독백형과 같다. 극적대화로 독백형은 이념의 내면화를 이루고, 독백보고형에서는 이념의 표면화를 이룬다.

3) 현실에 대한 비관적 인식

독백보고형의 대상표현에서는 대상의 객관적 모습을 드러낸다. 그 객관적 모습은 중심제재가 주위의 산수로 표현된 양상이다. 주위의 산수는 서로 대응된다. 그리고 주위의 산수들의 의미는 깨끗한 것 · 차가운 것 · 멀고(遠) 넓은(闊) 것 등이다. 이러한 의미를 띤 주위 산수의 대응으로 중심제재의 의미가 형성된다. 그 의미는 깨끗한 것 · 차가운 것, 멀고(遠) · 넓다(闊)라는 공간감이다. 깨끗한 것 · 차가운 것은 사대부의 정신을 나타내는 것이고, 공간감은

사대부의 기개를 나타내는 것이다. 정신과 기개는 정감이 아니라 관념(觀念)이다. 이것을 보아 독백보고형에서 대상에 대한 표현은 화자의 관념(觀念)을 형성한다. 관념은 정감에 비하여 이념이 표면화된 것이다. 이러한 이념의 표면화는 내면표출에서도 드러난다.

독백보고형에서 유교적 이념은 표면화된다. 뿐만 아니라 화자는 내적갈등을 지닌 체 여행하였다가 내적갈등을 지닌 체 돌아온다. 이러한 이념의 표면화와 내적갈등의 체념은 작자의 현실인식과 관련된다. 논의의 편의를 위하여 독백형과 독백보고형을 대비하면 다음과 같다.

독백형	대상에의 정감개입, 이념의 내면화, 내적갈등의 해소
독백보고형	대상의 관념화, 이념의 표면화, 내적갈등의 체념

독백형에서 화자는 이념을 추구하며 그 이념을 내면에서 자문자답하여 탐색하는 모습이다. 이러한 이념의 내면화는 이념과 거리를 두지 않고 동일화할 수 있다는 낙관적 현실인식을 나타낸다. 또한 내적갈등의 해소에서도 낙관적 현실인식을 확인할 수 있다. 화자는 산수자연의 대상에서 느낀 정감으로 사대부의 현실에서 일시적으로 벗어났다가 내적갈등을 해소하고 다시 사대부의 현실로 돌아온다. 이러한 전개는 사대부의 수양(修養)과 유사하다. 수양이란 중세적 이념과 동일화될 수 있다는 낙관적 현실인식이다. 독백보고형에서 화자는 이념을 추구하며 그 이념을 겉으로 드러낸다. 이러한 이념의 표면화는 이념과 거리를 둔 것으로 이념과 동일화할 수 없다는 비관적 현실인식을 나타낸다. 또한 내적갈등의 체념으로도 이것을 확인할 수 있다. 화자는 내적갈등을 지닌 체 산수자연을 여행하다가 내적갈등에 체념한다. 이러한 전개는 사대부가 현실에서 이루지 못한 능력을 산수자연에 대입하려는 것으로 중세적 이념인 수양과는 거리가 있다.

3-3. 독백변모형

독백변모형은 화자가 대상과 동일화하려는 태도를 보이는 작품 중에서 내면표출에서 화자가 부분적으로 1인칭 서술자 역할을 하는 작품들이다. 이에 속하는 작품들은 <부여노정기(扶餘路程記)>·<금행일기(錦行日記)>·<이부인기행가사> 등이다. 이 작품들은 자연풍물을 인식하고 관망하는 남성들의 작품과 유사[83]하고 풍류심(風流心)[84]이 나타난다. 풍류심과 남성들의 작품과 유사하다는 것은 무엇을 뜻하는가? 그 의문에 대한 답을 살펴보자.

<부여노정기>는 작자인 연안이씨(延安李氏, 1737-1815)가 1802년에 지은 것으로 그의 아들 유태좌(柳台佐, 1763-1837)가 1800년 부여 군수에 임명되자 아들을 따라 안동 하회를 출발하여 부여에 도착하기까지의 경험을 기록한 것이다. 부여에서의 생활과 며느리에 대한 그리움을 표출하였다. <이부인기행가사>는 19세기 말엽 작자미상의 작품이다. 작자가 충청도 과천을 출발하여 금강(錦江)·공주(公州), 논산·은진(恩津)·여산(礪山)·태인(泰仁)·나주(羅州)·영암(靈巖) 등 호남지역을 여행한 경험을 기록한 것이다. <금행일기>는 작자인 은진송씨(恩津宋氏, 1803-1860)가 시숙인 권영규(權永圭, 1790-1857)가 공주 판관으로 부임하여 초대하자 1845년 논산을 출발하여 공주에 도착해서 금강을 유람하고 다시 논산으로 돌아온 경험을 기록한 것이다. <금행일기>는 '시어머니와의 이별→시어머니와의 만남과 금강유람→시어머니와의 이별'로 전개된다. 혈육·친지 등을 이별한 상태에서 그들에 대한 그리움이 잘 드러난 작품이다.

세 작품에 드러난 대상표현과 내면표출을 정리하면 다음과 같다.

<부여노정기>

① 아들의 지방관으로 제수(除授)된 것에 대한 만족(내면표출)

83) 박요순, 앞의 논문, 1979, 166면.
84) 권영철, 앞의 책, 1989, 173면.

② 부여로의 여행 도중에서 본 경치(대상표현)
③ 며느리에 대한 그리움(내면표출)

<금행일기>
① 시어머니와의 이별로 인한 슬픔과 만남의 기쁨(내면표출)
② 금강(錦江) 유람 중에 본 경치(대상표현)
③ 시어머니와의 이별로 인한 슬픔과 가족이 평안하다는 소식으로 인한 기쁨(내면표출)

<이부인기행가사>
② 호남지역의 여행 중의 본 경치(대상표현)

<부여노정기>·<금행일기>의 ①과 ③에서 내면표출이 확장되어 있다.

1) 대상표현 : 정감화(情感化)

독백변모형에 나타난 대상의 종류를 표로 제시하면 다음과 같다.

	〈부여노정기〉	〈금행일기〉	〈이부인기행가사〉
바위(봉우리, 像)			은진의 미륵상
바다(강, 호수)		금강에서의 선유(船遊), 북루에서 본 금강	
일출·월출	주막에서 본 월출		
동구(洞口)·마을의 경치		공주, 논산	용진산, 장성, 나주읍, 시랑면의 경치
화자의 이동	부여로의 이동	錦江으로의 이동	장성 고개로의 이동

앞의 표에서 볼 수 있듯이 <부여노정기>에서는 화자가 부여로 이동하면서 본 대상이 작품의 대부분을 차지하고, <금행일기>에서는 화자가 금강을 선유

하면서 본 대상이 작품의 대부분을 차지하고, <이부인기행가사>에서는 은진 미륵과 마을의 경치가 대부분을 차지한다. 따라서 동일한 대상으로 비교하기 보다는 작품의 주된 특징을 중심으로 비교 할 수밖에 없다. 대상이 화자의 정감과는 어떤 관련이 있는가?

자료1. 작자미상, <이부인기행가사>

은진을 더위 잡아 대촌 뒤을 지낸 길의/ 제 뇌손을 드러 저거시 미록이나/ 어와 네 어인고 네 근본 네 몰내라/ 1) 짜으로셔 소사ᄂᆞ냐 안잘 줄 모ᄅᆞ거든/ 힝보을 어이홀고 냥슈의 공역인가 화옹의 슈단인가/ 2) 신장을 의논ᄒᆞ면 쳔쳑이 나물거시오/ 몸 퓌롤 예아리면 열 아름이 나물너나/ 3) 무쇄로 디은 거시 구름 속 ᄀᆞᆷ초이고/ 흰돌노 무은 엇게 구소의 다핫ᄂᆞᆫ ᄃᆞᆺ/ 4) 쳔샹 상노롤 술ᄏᆞ장 바다 먹고/ 남쳔 북국은 눈알ᄑᆡ 두어시니/ 5) 옥경 선희롤 몃번이나 지경우고/ 경쟉을 얼마나 먹엇관ᄃᆡ/ 쳔쳔만급 디내ᄃᆞ록 굽을 줄 모ᄅᆞᆫᄂᆞᆫ다/ 소암ᄃᆡ찰이 좌우의 버럿잇고/ 만산샹의 층입ᄒᆞ야 드러갈쥴 모ᄅᆞᆫᄂᆞᆫ다/ 광풍이 대쟉ᄒᆞ고 흑뮈가 ᄉᆞ집ᄒᆞ니/ 미록도 감초이고 셰위가 쌔리더라

은진 미륵을 표현한 것이다. 화자는 미륵을 너로 지칭하여 대상과 거리를 최소화하고 있다. "어와 네 근본 내 몰래라"라며 화자는 대상에게 말을 건넨다. 이어 1)에서 미륵의 전체적인 모습으로 미륵이 높이 서있음을 표현한다. 땅으로 솟았느냐 앉을 줄 모르니 행보를 어찌할까라고 하였다. 서 있는 대상의 모습은 축소되고 대상에 대한 화자의 말건넴이 중심이다. 2)는 미륵의 크기와 높이를 표현한 것이다. 무쇠로 지은 미륵의 머리는 구름 속에 감추어져 있고 흰 돌로 만든 어깨는 하늘에 닿아 있다. 이러한 미륵은 천상의 이슬을 실컷 받아먹었다고 하였다. 5)에서 화자는 미륵에게 천만급이 지나도록 굽힐 줄 모르는가라며 말을 건넨다. 화자는 대상을 너라고 지칭한 다음 "솟았느냐" "굽힐 줄 모르느냐"라며 말을 건넨다. 이러한 말건넴은 <관동별곡>과 유사하다. 대상에 대한 말건넴이 주를 이루고 대상의 모습은 축소되어 있다.

자료2. 은진송씨(恩津宋氏), <금행일기(錦行日記)>

1) 션챵 밧긔 고인 동ᄑᆡ 풍악을 질쥬ᄒᆞ니/ 슈광은 졉쳔ᄒᆞ고 강산이 샹교ᄒᆞᆫᄃᆡ/ 2) 옥젹셩 청아ᄒᆞ여 ᄒᆡᆼ운이 머무ᄂᆞᆫ ᄃᆞᆺ/……/ 산천 초목들도 어ᄃᆡ로 가노라고/ 우리와 동ᄒᆡᆼ하니 국ᄐᆡ민안 호실졀의 태평곡을 쥬ᄒᆞᄂᆞᆫ ᄃᆞᆺ/ 녹음방쵸 셩황시라 산슈풍경 가려ᄒᆞ다/ 삼잡이 ᄉᆞ면셩은 가인의 흥을 돕ᄂᆡ/……3) ᄉᆡᆼ딜손 김진ᄉᆞ와 족하손 대좌ᄒᆞ여/ 만물이 부ᄉᆡᆼᄂᆞᆫ 듯 화긔가 만션ᄒᆞᄂᆡ/ 부모 엄훈 공구ᄒᆞ와 지긔를 못 폇다가/ 오날ᄂᆞᆯ 별은젼의 ᄒᆡᆼ낙이 무한ᄒᆞ니/ 쌍쌍ᄒᆞᆫ 명긔들이 ᄉᆡ 단장 셩히 ᄒᆞ고/ 교언 영ᄉᆡᆨ으로 버러시니/……/ 4)츈풍 셰류간의 황잉셩이 한가ᄒᆞᆫ 듯/ 가곡이 샹응ᄒᆞ여 풍악을 화답ᄒᆞᄂᆡ

화자가 금강을 선유(船遊)하면서 본 대상들을 표현한 것이다. 대상은 풍악·산천초목 등이다. 구체적인 대상이라기보다는 금강 선유 전체를 표현한 것이다. 배에서 풍악이 연주되니 수광이 접천하고 강산은 상교한다. 수광접천(水光接天)은 당(唐)나라 노동(盧仝)의 <청전가(蜻蜓歌)>에 있는 "황하 가운데 놀아 해 그림자 비껴, 물과 하늘이 같은 색으로 끝이 없네(黃河中遊日影斜 水天一色無津涯)"라는 구절과 같다. 수광이 접천하고 강산은 상교한다는 말은 금강의 경치라기보다는 그 경치에서 오는 정감을 시구로 표현한 것이다. 뒤에 이어지는 구절은 옥적(玉笛)의 소리가 청아하여 지나는 구름이 머무는 듯하다는 것이다. 지나는 구름이 머무는 듯하다는 것은 옥적성의 소리에 대한 화자의 정감이다. 이어 산천초목이 우리와 동행한다고 하였다. 산천초목이란 대상은 화자에 의하여 정감화되었다. 이러한 정감으로 대상의 모습은 축소되고 화자의 정감이 중심이다. 이러한 정감은 생질과 조카 손자의 놀이로 옮겨간다. 화자는 놀이에 대하여 만물이 다시 살아나는 듯하고 화기가 배에 가득하다고 하였다. 그리고 부모의 엄훈(嚴訓)으로 공구(恐懼)하여 지기(志氣)를 못 펴다가 오늘날 행락(行樂)이 무한(無限)하다고 하였다.

대상의 모습은 축소되고 대상에서 느낀 화자의 정감이 중심이다. 곧 대상의 정감화이다. 그 정감은 지기를 편다는 내면의 발산(發散)으로 이어진다. 이

점은 독백형과 비교된다. 독백형에서 화자는 대상에 정감을 개입한다. 정감의 개입으로 화자는 일시적으로 현실을 벗어나지만 곧 사대부의 현실로 돌아온다. 내면이 수렴(收斂)된 것이다. 대상의 정감화란 특징은 독백변모형의 모든 작품에 적용되는가?

자료3. 연안이씨(延安李氏), <부여노정기(扶餘路程記)>

1) 슈행 승션ᄒᆞᆯ 졔 어용 즐긔ᄂᆞᆫ 듯/ 육ᄒᆡᆼ 승거ᄒᆞᆯ 졔 곳마다 반겨 웃ᄂᆡ/ 당송은 울울ᄒᆞ고 녹듁은 의의로다/ 삼츈은 거의 다코 연녹이 더욱 됴ᄒᆡ/ 창쟝의 ᄎᆡ운이오 마뎨의 향풍이라/ 층암 벽계를 몃고지나 지낫거니/ 듀렴을 즘관 들고 원근을 쳠망ᄒᆞ니/ ᄉᆞ십년 막힌 흉금 어ᄌᆡ야 틔이거다/……/ 2) ᄑᆡ거리 큰 슌막의 북풍이 마주부니/ 십오야 발근 달의 셩신을 거나린 듯/ ᄇᆡᆨ연화 한 가지가 연연이 나라드러/ 쳔ᄇᆡᆨ인 양쳠듕의 지ᄌᆡᆨ현 ᄒᆞ올 젹의/ 이 됴흔 이 셰계를 남ᄃᆡ도 뵈고지고/ ᄒᆡᆼ인은 국공ᄒᆞ고 편토록 하령ᄒᆞ니/ 가교마 별연독교 슈ᄇᆡ의 다리 쎨긔/ ᄇᆡᆨᄇᆡᆨ나 더ᄒᆞ고나

1)은 화자가 부여로 이동하면서 본 대상을 표현한 것이다. 화자의 이동은 "어룡이 즐기는 듯하고 육행승거할 제 곳마다 반겨웃"는 것이다. 즐기고 반겨웃는 것은 대상의 모습이라기보다 화자의 즐거운 기분을 나타낸다. 곧 화자의 정감이다. 주위의 소나무와 대나무는 울창하고 의연하며, 창의 휘장에는 채운(彩雲)이 걸려 있고 말발굽에는 향기로운 바람이 인다. 화자의 이동이 미화(美化)되어 있다. 이동할수록 화자의 정감은 고조된다. 이러한 정감의 고조에서 화자는 "ᄉᆞ십년 막힌 흉금 어ᄌᆡ야 틔이거다"라고 하였다. 사십년 막힌 흉금이란 무엇인가? 이 작품은 작자인 연안이씨(延安李氏, 1737-1815)가 1802년경에 지은 것이다. 따라서 사십년이란 작자의 나이 25세경부터 65세까지이다. 이 기간은 작자가 시집살이를 할 때이다. 이것으로 보아 사십년 막힌 흉금이란 화자가 여성으로서의 현실에서 생긴 흉금을 말한다. 이것이 트인다고 하였으므로 내면의 발산이다. 이러한 대상의 정감화를 이은 내면의 발산이란

전개는 2)에서도 확인된다. 2)는 달을 표현한 것이다. 패거리에 북풍이 불어 구름이 걷히니 십오야의 밝은 달은 뭇 별들을 거느린 듯 환하다. 백연화의 한 가지가 날아들어 여러 사람들이 바라보는 가운데 뚜렷이 있으니 이 좋은 세계를 남에게도 다 보이고 싶다. <관동별곡>의 구절과 같으며 관인으로서의 애민(愛民)을 나타낸다. 화자는 달이 뭇 별들을 거느린 듯 환하다며 달을 의인화하여 자신을 정감을 나타낸 다음 <관동별곡>의 구절을 말한다. 정감화에 이은 남성(관인)의 목소리이다. 이어 화자는 국궁(鞠躬)하고 있는 행인들을 편히 하도록 명령한다. 이리 좋은 세계를 남에게 다 보이고자하는 애민・선정의식과 같다. 그렇다면 이 진술의 주체는 부여군수로 부임하는 관리가 적당하다. 그런데 화자는 자신이 백성에게 명령하는 애민・선정의식을 가졌다. 화자는 잠시나마 여성으로서의 현실에서 벗어나 남성(관인)이 된 것이다. 결국 대상에 대한 정감이 고조되자 여성으로서의 현실을 벗어난 내면의 발산이다.

2) 내면표출 : 내면의 구체화

<부여노정기>와 <금행일기>는 내면표출이 확장된다. 내면표출의 확장으로 진술방식이 독백형과는 다르다. 그 다른 점을 화자의 성격에서 찾을 수 있다. 독백형은 1인칭 자기표현의 특징이 있다. 1인칭 자기표현은 중세이념을 전제로 한 문어체이고, 화자가 1인칭으로 단일하다는 것이다. 독백변모형에서는 1인칭으로 단일하다는 화자의 성격이 변모된다. 이러한 변모가 작품 내에서 어떤 기능을 하는지 살펴보자.

자료1. 연안이씨(延安李氏), <부여노정기(扶餘路程記)>

금됴의 희작성이 괴연이도 신영하다/ 경조인 한님소릐 늘어지게 나ᄂᆞᆫ고나/ 갑인연 방소린가 을묘년 감시런가/ 홍문관 딕듕 아희 평서ᄅᆞᆯ 올이거날/ 소슈ᄅᆞᆯ 얼픗 드러 방함을 씌여 보니/ 츙청도 부강틱슈 말망의 몽졈ᄒᆞ니/ 어우와 셩은이야 기지록 망극하다/ 젼년의 안악 연감 일문의 감우러니/ 오날날 이 희보ᄂᆞᆫ 긔 더욱 망외로다/ 슈왈 소읍이나 내게ᄂᆞᆫ 고향이라/ 착할사 우리 듀ᄉᆞ 일마다 거룩ᄒᆞ다/ 굉ᄌᆞ셕으로 됴동을 광보ᄒᆞ고/ 뎡공등 어더내야 병친이 쾌ᄎᆞᄒᆞ니/ 1) 화풍은 만실ᄒᆞ고 시절은 삼월이라/ 시유ᄂᆞᆫ 낙낙ᄒᆞ고 이화ᄂᆞᆫ 향긔로다/ ᄌᆞ션셰 청덕이라 풍박을 의논ᄒᆞ며/ 셩은이 듕쳡ᄒᆞ니 이역을 피ᄒᆞᆯ소야

자료2. 연안이씨(延安李氏), <부여노정기(扶餘路程記)>

완완이 ᄒᆡᆼ보ᄒᆞ야 청즁의 올나셔니/ 삼듕셕 만화안을 이리져리 노핫는ᄃᆡ/ 난호여 안즌 후의 옛거동 샹샹ᄒᆞ니/ 명쥬의 됴흔 풍경 아시의 즐겨더니/ 유양의 됴흔 의식 슬토록 ᄒᆞ엿더니/ 황셰예 됴흔 셩덕 듕토록 입엇더니/ 부상의 됴흔 마ᄉᆞᆯ 노ᄅᆡ예 다시 보니/ 아ᄒᆡ야 ᄉᆞᆯ 부어라 취토록 먹으리라/ 한ᄐᆡ부의 남궁령이 이ᄀᆞᆺ치 즐겹더냐/ 1) 쥬듕의 진졍 발의 임ᄌᆞ 계축 긔황시졀/ 셕감이 젹을 소야 ᄎᆞ마 엇지 잇칠손이/ 남인의 염을 빌고 북촌의 남글 쥬니/ 십육년 동고지인 어ᄃᆡ로 가단 말고/ 난ᄌᆞ 옥질은 안즁의 삼삼ᄒᆞ고/ 이셩 화기ᄂᆞᆫ 일ᄀᆡᆨ인들 잇칠손가/ 유작 유소 유귀거라 옛글의도 잇거니와/ 당당ᄒᆞᆫ 동상방의 너를 엇지 못안치며/ 이 됴흔 이셰계를 너를 엇지 못뵈노니/ 2)오ᄆᆡ예 ᄆᆡ친 한이 속광젼 풀일손야/ 의법젼 동부직 증ᄌᆞ로 쓰ᄃᆞᆫ 말고/ 부ᄉᆡᆼ이 양몽ᄒᆞ니 쳔당의 만날소야/ 취리 건곤이요 한듕 금리로다

자료1은 작자가 자신의 아들인 유태좌(柳台佐, 1763-1837)가 1800년 부여군수에 임명된 것에 대한 기쁨을 나타낸 것이다. 오늘 아침 까치소리는 과연 신령하다. 까치소리는 시조 경조(京調)의 한닙 소리처럼 늘어지게 난다. 갑인년(1794)에 있었던 과거에 급제한 소리 같기도 하고, 을묘년(1795)에 있었던 국자감 시험에 급제한 소리 같기도 하다. 홍문관에서 심부름하는 아이가 올린 평서를 뜯어보니 아들이 충청도 부여의 군수에 임명되었다. 작년에는 안악 현감에 임명되어 기뻤는데 오늘의 소리는 의외여서 임금의 은혜가 망극하다. 비록 부여는 소읍이라고 말하지만 나에게는 고향이라 아들이 일마다 거

룩하다. 이러한 화자의 내면표출 속에 '홍문관에서 심부름하는 아이가 편지를 올리다' '편지를 보니 부여 군수에 임명되다'와 같은 서술이 있다. 이러한 서술은 화자가 서술자의 역할을 하고 있음을 의미한다. 그 서술자의 역할은 1)의 구절에서도 확인된다. 화풍이 집에 가득하고 시절은 삼월이라 버드나무는 흐드러지고 배꽃은 향기가 난다. 선조(先祖) 이래의 맑은 덕이다. 이처럼 성은이 중첩하니 그 고을의 풍박(豐搏)을 의논하며 이역(吏役)을 피하겠는가? 전체적으로 화자의 기쁨이다. 그런데 풍박을 따지지 않고 이역을 피하지 않으려고 결심하는 주체는 화자로 볼 수 없다. 부여 군수로 부임하는 아들이다. 화자는 그 아들의 마음을 짐작하여 진술한 것이다. 화자가 아들의 마음을 분석하여 제시한 서술자이다.

자료2는 화자가 부여에 도착하여 잔치를 즐기다가 며느리에 대한 그리움을 토로한 부분이다. 삼중석에 나누어 앉았다. 어릴 때 좋은 풍경을 즐겼고 좋은 의식을 즐겼고 좋은 성덕을 거듭 입었는데 지금 늙어 부여의 좋은 맛을 다시 보니 한유의 남궁(南宮)에서 연회하는 것보다도 즐겁다. 임자년과 계축년(1792-1793)의 기황(饑荒) 때에 남촌에서 소금을 빌리고 북촌에서 나무를 하며 16년 동안 함께 고생하던 며느리가 생각난다. 전체 내용은 며느리에 대한 화자의 그리움이다. 그런데 이 진술에서 주목되는 점은 며느리가 남인(南隣)과 북촌(北村)에서 나무를 줍고 소금을 빌리는 고생을 16년 동안 화자와 함께 하였다는 부분이다. 내면표출 속에 며느리의 삶과 행위가 있다. 화자의 서술자 역할이다. 화자는 1인칭 내면표출을 지속하고 있다는 점에서 그 서술자는 1인칭 서술자이다.

화자는 왜 며느리의 삶을 서술하는가? 이것은 화자가 왜 부분적으로 1인칭 서술자의 역할을 하는가라는 물음과 관련된다. 화자가 토로하는 중심은 그리움이다. 그 그리움은 "난자 옥질은 안중에 삼삼하고 이성화기는 일각인들 잊을 손가"라는 부분에서 직설적으로 토로된다. 이러한 직설적 토로는 그 감동이 약하다. 며느리의 삶을 서술함으로써 화자와 인물간의 관계가 부각된다. 이러한 관계로 내면이 구체화된다. 결국 <부여노정기>의 내면표출에서 1인칭 서술자는 내면을 구체화한다.

자료3. 은진송씨(恩津宋氏), <금행일기(錦行日記)>

존당 니슬 십오직의 여류 광음 헛되도다/ 적연 하회 여산ᄒᆞ나 승안 긔회 망연ᄒᆞ니/ 북쳔 쳠망 초창ᄒᆞ여 망운지회 여히로다/ 남북요원 낙낙ᄒᆞ니 관산이각 막혓도다/ 하일 하시 호시졀의 슬하단취 ᄒᆞ와볼가/ 1) 젼열화시 싱각ᄒᆞ니 한단침지 츈몽일식/ 친구가로 오나가나 북당 쌍친 가즉ᄒᆞ셔/ 형뎨 나미 셩열ᄒᆞ여 슬젼의 단희ᄒᆞᆯ 젹/ 양친 히로 만만슈를 쳔지 신명 츅슈ᄒᆞ고/ 무침광음 연낙으로 날 가는 쥴 모롤너니/ 죄여 악극 관쳔ᄒᆞ와 화급 션구 ᄒᆞ오시니/ 반벽운절 호쳔ᄒᆞ와 쳔혼 지함 망극ᄒᆞ다/ 부직 부덕 불초인을 별륜ᄌᆞ의 망극ᄒᆞ다/ 특몽 셩은 ᄒᆞ와더니 일죠 일셕 여히옵고/ 쳔고지격 ᄒᆞ오시니 죵쳔지통 이 지한을/ 미ᄉᆞ지젼 이즐 손가/ 빅숙셩효 지극ᄒᆞ샤 편친 봉양ᄒᆞ라시니/ 궁한벽촌 막막ᄒᆞ여 노친 감지 못ᄒᆞᆯ 고로/ 경성 변화 뎨미ᄒᆞᆫ딕 위친효양 뫼시시니/ 영정무의 우져들은 불원각산 졀노 되닉/ 년근 삼십 되어가나 유츙아심 그져 이셔/ 셰간 묘리 밤듕이라/ 납두 장변 두 져히 더욱 엇지 아라실고/ 아시 부텀 군즁 남민 연리 화우 변화ᄒᆞ여/ 됴왕 모릭 즐겻더니 호ᄉᆞ 다마 흥쇠ᄒᆞ여/ 친구가로 부모 동긔 경향가로 분슈ᄒᆞ니/ 고단 무의 초창ᄒᆞ여 내외 상딕 감회로다/ 2) 무정세월 뉴ᄒᆞ미와 삼연 죵샹 뭇ᄌᆞ오니/ <u>속졀 업ᄉᆞ 영모지통 측쳐의 망극ᄒᆞ다</u>/ 초토 삼연 ᄒᆞ오시니 가젹 탕진 위급ᄒᆞ와/ 복직 외님 죠이시나 이히 져히 쳔연ᄒᆞ닉/ 가빈 친노 급ᄒᆞᆫ ᄉᆞ정 됴졍이 공논ᄒᆞ와/ 외임을 ᄒᆞ이실 ᄉᆡ 가운니 트이시고/ 셩은이 호탕ᄒᆞᄉᆞ 영고 령남 외엄 ᄒᆞ오시니/ 일가 샹하 용약ᄒᆞ여 환성이 만실ᄒᆞ고/ 인인이 하례ᄒᆞ며 경향 족친 즐겨ᄒᆞᆫ다/ 3) 길월 길일 션튁ᄒᆞ여 도임 힝ᄎᆞ ᄒᆞ오시고/ ᄋᆡ민 현정 ᄒᆞ오시니 목비 셕비 셧다 ᄒᆞ닉/ 츌쳔지효 다 ᄒᆞ오셔 승안 양지 ᄒᆞ오시고/ 우ᄋᆡ 돈목 지극ᄒᆞ셔 슬하담낙 ᄒᆞ오시고/ <u>남편닉는 ᄶᅴ로 조ᄎᆞ 귀령단희 ᄒᆞ건마는/ 규리의 민인 몸은 어ᄂᆞ ᄶᅴ 감하일고</u>/ 외임은 회소지니 승전 이빅 ᄒᆞ시거든/ 관항의 다풍박 의논치 마오시고/ 인급읍 올무시면 귀령단취 ᄒᆞ련만은/ 일싱 심곡 지한이라 쥬야 축수 ᄒᆞ옵더니/ 경셩이 부족던지 ᄶᅴ가 밋쳐

> 못당ᄒᆞ지/ 쥬야츅슈 ᄒᆞ옵더니 가평왕도로 올무시고/ 그렁저렁 년포되고 친년는 놉흐시니/ 희귀경축 ᄀᆞ이없고 만년하슈 츅슈로다/ 니위지정 일어ᄒᆞ나 뵈올지속 망연ᄒᆞ다/ 남즁 인읍 올무시면 몸소라도 가련마는/ 년년 경경 밋친 ᄆᆞᄋᆞᆷ 일일 시시 ᄒᆞ옵더니/ 지셩이 감쳔ᄒᆞᄉᆞ 쳔우 신쬬ᄒᆞ오신가/ 4) 니측지회 몃히만의 금영본관 올무시니/ ᄂᆡ힝ᄎᆞ 뫼신 후면 승안 단취 ᄒᆞ와볼가/……츄슈후 심동젼의 가기 완졍 ᄒᆞ려더니/ 아히 두우 시통ᄒᆞ여 증정이 비경ᄒᆞ니/ 하늘의 턱을 걸고 운우에 씌인 마음/ 쥬야로 츅슈ᄒᆞ여 틔평 츌장 ᄇᆞ라더니/……5)정월 초칠일은 존당 슈신 되오시니/ 대연을 ᄀᆡ장ᄒᆞ고 대회 헌슈 ᄒᆞ랴실 ᄉᆡ/ ᄇᆡᆨ형슈 하셔마다 이런 긔회 희한ᄒᆞ니/ 연수 밋쳐 부ᄃᆡ 모혀 무치지락 ᄒᆞ여보세/ 누ᄎᆞ 간청 ᄒᆞ오시니 귀령지심 범연홀가/……/ 다시 곳쳐 ᄉᆡᆼ각ᄒᆞ니/ 아모리 동긔간의 무간지졍 졀긔흔들/ 녀편ᄂᆡ 관부 츌입 졍초의 블긴ᄒᆞ여/ 삼월노 물여스니/ 연수 밋쳐 못 가옵기 챵회 불효 ᄀᆞ이 업다

<금행일기>의 전체 내용은 '시어머니와의 이별→만남→시어머니와의 이별'이다. 내면표출은 이별에서 주로 나타난다. 자료3은 시어머니와의 이별에 대한 것이다. 시어머니 곁을 떠난 지 십오 년이다. 마치 물처럼 빠르다. 그 동안 어른을 보고 싶은 마음은 산처럼 쌓였으나 얼굴을 뵐 기회가 없다. 시어머니께서 계신 북쪽을 바라보며 슬퍼하니 부모를 그리는 마음은 바다와 같다. 남북이 요원하고 산과 언덕이 막혔다. 어느 좋은 때에 시부모님을 모셔 보겠는가? 화자는 그리움으로 북쪽을 바라보며 슬퍼하거나, 바다 같이 그립다며 직설적으로 토로한다. 이러한 직설적 표출 속에 이별하게 되는 과정에 대한 서술이 있다. 그 서술이 1) 2) 3) 4) 5) 부분이다. (1) 전날에는 친가와 시가가 한 마을에 같이 살았다. 시아버지가 돌아가시자 시숙은 홀로 남은 시어머니를 봉양하기 위하여 서울로 이사하게 된다. (2) 시아버지의 삼년상을 치르고 나니 시댁은 가산이 탕진된다. 조정에서 그 급한 사정을 알아 외임을 맡기자 친족들이 기뻐한다. (3) 남자들은 시숙의 임소를 다녀오기도 하지만 자신은 아녀자로 다녀올 수 없다. 다만 마음으로만 시어머니를 그리워할 뿐이다. 시

숙은 가평 등 여러 곳으로 임지를 옮겼는데 화자가 사는 남쪽의 가까운 읍으로 옮겨 오지는 못하여 안타깝기만 하다. 이러한 서술뿐만 아니라 화자는 인물의 심리를 분석하기도 한다. "속절 업는 영모지통 촉처에 망극하다". 삼년상을 마치고 느꼈을 법한 시숙의 마음이다. 그 마음을 화자가 분석하여 제시하고 있다. 이러한 이별에서 화자는 여행이 비교적 자유로운 "남편닉는 쒸로조ᄎᆞ 歸寧團喜 ᄒᆞ건마는" 자신은 "閨裏의 ᄆᆡ인 몸"으로 어느 때에 시어머니를 만나 감사할 수 있겠는가라며 탄식한다. 내적갈등의 직설적 표출이다. (4) 시숙의 임지는 화자가 사는 논산 근처인 공주로 바뀌게 된다. (5) 이에 큰 동서가 시어머니의 생신을 맞아 화자를 초대한다. 화자는 시어머니와의 만남을 기대한다. 그런데 아이의 두우 때문에 기대가 좌절된다. 그 좌절감을 "하늘의 텩을 걸고 운우에 쐬인 마음"이라며 직설적으로 표출한다. 큰 동서가 다시 초대하자 화자는 기대감에 넘친다. 그러다가 "녀편네의 官府出入이 正初의 不吉"하다고 생각하여 삼월로 미룬다. 기대가 좌절된다. 화자의 만남에 대한 기대와 좌절이 3회에 걸쳐 반복된다. 기대와 좌절의 반복은 극적 긴장감을 유발한다. 극적 긴장감이란 화자의 내적갈등 곧 내면을 말한다. 결국 부분적인 1인칭 서술자는 화자의 내면을 구체화하는 역할을 한다.

<부여노정기>와 <금행일기>의 내면표출에서 화자는 1인칭 독백을 유지하고 있다. 이러한 내면표출 속에 화자가 이별의 내력이나 인물과의 관계 등에서 부분적으로 1인칭 서술자 역할을 한다. 이러한 1인칭 서술자는 내면을 구체화는 역할을 한다.

3) 이념 유지

독백형과 독백변모형의 진술방식을 요약하면 다음과 같다.

독백형	대상에 정감개입, 1인칭 자기표현
독백변모형	대상의 정감화, 1인칭 서술자역할

독백변모형에서 대상표현은 대상의 정감화이다. 대상의 정감화란 독백형과 같이 대상을 동일화하려는 태도이다. 단지 독백형은 대상표현과 내면표출이 균형을 이루어 사대부의 수양(修養)이라는 이념으로 수렴됨에 비하여 독백변모형은 정감이 우세하여 이러한 균형이 깨어진다. 이러한 정감화에서 화자는 여성으로서의 현실에서 느낀 구속을 벗어난다는 내면의 발산으로 전개된다. 현실에서 느낀 구속이란 현실의 구조적 모순에 대한 것이 아니라, 신변상에 일어난 불만에 대한 것이다. 결국 독백변모형은 대상과의 동일화라는 점이 독백형과 같고, 불만이 현실 모순에 대한 것이 아니라는 점에서 이념을 유지하는 것이라고 볼 수 있다.

독백변모형의 이러한 특징은 세 작품에만 해당하는가 그렇지 않으면 모든 여성기행가사에 포함되는가? 여성기행가사는 현재 학계에 보고된 작품이 13편이다. 세 작품을 제외한 10편[85]은 작자미상으로 마을의 부녀자들이 집단적으로 여행한 체험을 내용으로 한다. 다음에 제시하는 <낙유사>·<계묘년여행기>도 마을 부녀자들이 집단적으로 여행한 경우이다.

자료1. 작자미상, <낙유사>

건곤이 초판하여 만물이 생겨시니/ 실령할사 사람이나 백년이 덧없어서/ 초로같이 쉬처지니 그안이 늣거오며/ 그중에 여자 몸은 규문을 굿지 닷고/……/ 즉쳡의 젹벽부 유중타고 일넛시나/ 고져부 일두쥬의 주슈만 달라잇다[86]

자료2. 작자미상, <계묘년여행기>

개중에 몇몇 인사 춘흥을 못이기어/ 노래도 불러 보고 넛풀넛풀 춤을 춘다/ 이때에 아니놀고 어느 때에 노잔 말가/ 어화둥둥 조흘시고/ 지화자 조흘시구/ 자

85) <청양산수가>·<화류가>·<유산가>·<백운산구곡지로가>·<적벽가>·<선유가>·<산양가>·<낙유사>·<계묘년 여행기>·<경주유람가> 등이다. 주로 경북 내륙지방의 태백산, 청양산을 여행하거나 낙동강의 상류인 안동, 하회의 분천에서 뱃놀이 한 내용이다.
86) 권영철, 앞의 책, 1989, 168-169면.

미 잇게 불은 노래 만사가 박수로다[87]

자료1 <낙유사>에서 화자는 인생은 초로와 같이 짧은 것인데 여자의 몸은 규문에 굳게 닫혀 있다고 하였다. 여성의 현실에 대한 불만을 나타낸다. 자료 2 <계묘년여행기>에서 화자는 정감이 고조되자 “넛풀넛풀 춤을 춘다”거나 “어화둥둥 조흘시고 지화자 조흘시구”라며 정감을 표출한다. 그 정감이 잡가(雜歌)에서 보이는 유흥적인 것이다. 대상에 대한 정감이 인생무상이나 잡가의 유흥적인 것으로 연결된다. 기행가사는 아니지만, 여행과 관련된 것으로는 화전가(花煎歌)도 있다.

화전가는 동리 부녀자들 · 동족 부녀자들이 야외로 나가 경치를 완상하고 시집살이나 친구에 대한 이야기를 하며 가슴에 쌓인 한을 푼 경험을 기록한 것이다. 가슴에 쌓인 한을 풀었다는 점에서 여성 기행가사의 내면표출과 유사한 면이 있다. 이러한 화전가는 안동권씨(安東權氏, 1718-1789)의 <반조화전가(反嘲花煎歌)>에서 보는 것처럼 18세기경에 창작 · 유통[88]되다가 19세기에 활발한 창작 · 유통이 이루어진다. 화전가의 왕성한 창작 · 유통 시기로 보아 독백변모형이 16 · 17세기 창작된 독백형을 계승한 것이 아니라 18세기의 화전가를 계승하였을 가능성을 완전히 배제할 수는 없다. 따라서 화전가와의 대비가 필수적이다.

화전가에 나타난 대상표현의 대표적인 예는 “천지가 유이하야 두견이 우난고딕/ 청츈을 졈그흔이 두견화 만발ᄒᆞ고/ 조흘시고 조흘시고 우리청츈 조흘시고/ 작작진진 후원초난 방쵸중인녹음이라/ 우리청춘 조흘시고 잇써 졍히 조흘시고”이다.[89] “우리청춘 좋을 시고”라는 구절을 반복한다. 이 구절은 잡가(雜歌)에서 빈번한 것이다. 놀이의 즐거움만 있는 유흥적 정감이다. 이에 비하여 독백변모형에서는 화자가 이리 좋은 세상을 백성에게 보이고자 하는 선정 ·

87) 권영철, 앞의 책, 1989, 174면.
88) 화전가는 공동으로 지었으며 서로 돌려보며 즐기기도 하였다.
89) 권영철, 앞의 책, 1989, 121면.

선치의 포부가 드러나기도 한다.90) 이념에 바탕을 둔 독백형을 계승한 것이다.

화전가에서 내면표출은 야유(野遊)를 준비하는 단계에 있는 신변탄식(身邊歎息)과 집으로 돌아올 즈음에 있는 파연감회(罷宴感懷) 대목에 있다.91) 다음은 신변탄식과 파연감회의 부분이다.

자료3. 작자미상, <화전가>

우리 만일 사나이면 사회사업 하엿실걸/ 불행이 여자되야 규중심처 자러나니/ 부모에 엄한 교훈 대문밖을 못나보고/ 요조숙녀 관져장과 침석방직 공부할제/ 봉제사 접객으로 청춘에 고운낭자/ 규중속에 늙단 말가……/ 아무리 무식한 여자라도 이러한 줄 알건마는/ 남자놀음 열가지에 한가지도 못하오니/ 어리고도 어린 마음 그 아니 ᄋᆡ달할가92)

자료4. 작자미상, <화전조롱가>

어와 여ᄌᆞ들아 이런말슴 ᄌᆞ시듯소/ 몃달며칠 아니지나 각각시집 갈거시니/ 시집을 가거덜낭 승슌ᄒᆞ기 웃듬이오/ 구고ᄋᆡ 효도ᄒᆞ고 부부가 유별ᄒᆞ여/ 형제ᄋᆡ 우ᄋᆡᄒᆞ고 친척ᄋᆡ 돈목다가/ 조흔 바람 다시 부러 춘중슴월 다시 모혀/ 늘기 젼ᄋᆡ 노ᄉᆞ이다93)

---

90) “픠거리 큰 슌막의 북풍이 마주부니/ 십오야 발근 달의 셩신을 거나린 듯/ ᄇᆡᆨ연화 한 가지가 연연이 나라 드러/ 쳔ᄇᆡᆨ인 양쳠듕의 지ᄌᆡ현 ᄒᆞ올 젹의/ 이 됴흔 이 셰계를 남ᄃᆡ도 뵈고 지고/ 힝인은 국공ᄒᆞ고 편토록 하령ᄒᆞ니/ 가교마 별연독교 슈ᄇᆡ의 다리 쎨과”.

91) 화전가는 ‘준비→출발→놀이→귀가’로 구성된다. 각 단계의 내용은 준비에서 서사/ 신변탄식/ 봄찬미, 출발에서 놀이공론/ 택일/ 통문/ 구고승낙(舅姑承諾)/ 준비, 놀이에서 치장/ 승지찬미(勝地讚美)/ 화전굽기/ 회식/ 유흥, 귀가에서 파연감회(罷宴感懷)/ 이별과 재기약/ 귀가/ 발문 등이다.

92) 권영철, 『규방가사연구』, 이우출판사, 1980, 101-103면.

93) 서영숙, 『한국여성가사연구』, 국학자료원, 1996, 220면에서 재인용.

자료5. 연안이씨(延安李氏), <부여노정기(扶餘路程記)>

쥬듕의 진경 발의 임ᄌᆞ 계축 긔황시졀/ 셕감이 젹을 소야 ᄎᆞ마 엇지 잇칠손이/ 1) 남인의 염을 빌고 북촌의 남글 쥬니/ 십육년 동고지인 어ᄃᆡ로 가단 말고/ 난ᄌᆞ 옥질은 안즁의 삼삼ᄒᆞ고/ 이셩 화기ᄂᆞᆫ 일ᄀᆡᆨ인들 잇칠손가/ 유작 유소 유귀거라 옛글의도 잇거니와/ 당당ᄒᆞᆫ 동상방의 너를 엇지 못안치며/ 이 됴흔 이셰계를 너를 엇지 못뵈노니/ 2) 오ᄆᆡ예 ᄆᆡ친 한이 속광젼 풀일손야/ 의법젼 동부직 증ᄌᆞ로 쓰ᄃᆞᆫ 말고/ 부ᄉᆡᆼ이 양몽ᄒᆞ니 쳔당의 만날소야/ 취리 건곤이요 한듕 금리로다

자료3은 신변탄식(身邊歎息)이다. 화자는 남아로 태어나지 못하였다며 탄식한다. 독백변모형과 일치한다. 하지만 <화전가>는 여인으로서의 처지를 나타내는 소재가 침석방직·봉제사·접객과 같이 주로 집안 일로 한정된다. 봉제사와 바느질은 여인이라면 누구나 하는 것이므로 화자의 구체적 삶이라기보다는 일반적인 여인의 삶이다. 자료4는 파연감회(罷宴感悔)이다. 시부모(舅姑)에 대한 효도, 부부유별과 같은 교훈적인 내용이다. 이러한 사실로 보아 화전가는 내적갈등이 구체화되지 못하며, 개인적인 내면표출도 비교적 적다. 자료5는 <부여노정기>에서 화자의 탄식이다. 며느리에 대한 그리움을 개인적 생활의 경험인 "남인(南隣)과 북촌(北村)에 나무를 줍고 소금을 빌리는" 행위로 구체화한다.

대상표현에서 독백변모형은 중세이념과 관련된 정감을 계승하였지만, 화전가는 유흥적 정감이다. 내면표출에서 독백변모형은 개인적 경험에 바탕을 둔 내적갈등이나 내면의 구체화이나, 화전가는 일반적 경험에 바탕을 둔 내면표출로 내적갈등이나 내면의 구체화가 없다. 독백변모형이 독백형에 근원을 둔 것은 알 수 있으나, 변모의 배경이 의문이다. 여행과 관련된 화전가·집단 창작의 여성기행가사가 있음에도 왜 3편의 여성기행가사에서 독백형의 계승과 변모가 이루어졌는가? 여성기행문과의 비교로 그 의문의 답을 살펴보자.

현재 학계에 보고된 최고(最古)의 여성기행산문은 1769년과 1772년 사이에 창작된 것으로 추정되는 『의유당관북유람일기(意幽堂關北遊覽日記)』이다. 이 책에 수록된 다섯 편의 기행문 가운데 두 번째 작품은 <북산루>이다. <북산루>는 여타의 작품에 비하여 대상표현이 확장되어 있다. 독백변모형과 비교된다. 다음은 이 작품의 대상표현이다.

> 풍류를 일시에 주하니 대무관 풍류라. 소리 길고 화화여 들음즉 하더라. 모든 기생 상지어 대무하여 종일 놀고 날이 어두우니 돌아올새……군악은 귀를 이아이고 초롱빛은 조요하니 마음에 규중 소녀자임을 아주 잊히고 허리에 다섯인이 달리고 몸이 문무를 겸전한 장상으로 훈업이 고대하여 어디 군공 이루고 승전곡을 주하여 태평궁궐을 향하는 듯 좌우 화광과 군악이 내 호기를 돕는 듯 몸이 육마거 중에 앉아 대로에 달리는 듯……몸이 절로 대청에 올라 머리를 만져 보니 구름머리 꿰온 것이 고아 있고 허리를 만지니 치마를 둘렀으니 황연히 이 몸이 여잠을 깨달아[94]

의유당은 <북산루>에서의 풍류를 보고 궁궐을 향하는 듯하고 육마거(六馬車)에 앉아 달리는 듯하다고 하였다. 그리고 규중의 여자임을 잊고 허리에 다섯 인(印)을 차고 문무를 겸비한 승전 장군이 되어 승전곡을 울리는 듯하다고 하였다. 대상에서의 정감이 고조되자 남성이 된 듯한 착각을 일으킨다. 이 점은 독백변모형과 같다. 세 번째 작품은 <동명일기(東溟日記)>이다. <동명일기(東溟日記)>에서 의유당은 고기잡이・바다・월출을 구경한다. 구경한 다음 "나는 또한 사군의 덕으로 이런 장관을 하니 도모지 어느 것이 성주(聖主)의 은혜 아닌 것이 있으리오"[95]라고 하였다. 그리고 일출을 본 다음에는 "세상에 호흥이 전혀 없더니 성주(聖主)의 은덕(恩德)이 망극하와 이런 대지(大地)에 와 호의이호식(好衣而好食)을 하고 동명귀경대(東溟龜景臺)와 운전(雲田)

94) 강한영 교주, 『意幽堂日記・華城日記』, 신구문화사, 1974, 15-17면.
95) 강한영 교주, 앞의 책, 1974, 32면.

바다와 격구정(擊毬亭)을 갖추 보"았다고 하였다.[96] <부여노정기>에서 아들이 군수에 임명되었을 때 연안이씨가 "어우와 성은(聖恩)이야 가지록 망극하다" "어우와 셩은이야"라는 구절을 반복한 것과 같다. 화자가 대상에서 정감이 고조되자 남성(관인)의 목소리로 말한 것이다. 내면표출에서도 독백변모형과 유사하다.

<동명일기(東溟日記)>에서 의유당이 해돋이를 보는 과정은 '작자의 간청과 남편의 만류→작자의 간청과 날이 흐려 보지 못함→작자의 간청과 남편의 허락'이다. 작자의 간청과 좌절이 3번에 걸쳐 반복된다. 첫 번째 간청과 좌절이다. 의유당은 일출이 장하다는 소식을 듣고 남편에게 간청한다. 여기서 오십 리라고 하니 어렵다고 여겨지지만 기생들이 일출을 못내 추천하니 어떻게 생각하느냐며 완곡하게 말한다. 남편은 여자의 출입을 가볍게 할 수 없다며 불허(不許)한다. 두 번째 간청과 좌절이다. 작자는 그 후 다시 간청하여 남편의 허락을 받는다. 일출을 보기 위하여 바다로 왔지만 날이 흐려 보지 못하고 고기잡이를 보고 풍류만 즐기다 돌아온다. 의유당은 "여자의 몸으로 만리창파를 보고 바닷고기 잡는 상을 보니"[97] 만족한다고 하였다. 첫 번째 간청과 좌절에서 의유당의 남편은 여자의 출입을 문제 삼는다. 두 번째 간청과 좌절에서 의유당은 '여자의 몸'이란 인식이 드러난다. 세 번째 간청과 좌절이다. 의유당은 "인생이 기하(幾何)오 사람이 한번 돌아가매 다시 오는 일이 없고 심우와 지통을 쌓아 매양 울울하니 한 번 놀아 심울(心鬱)을 푸는 것이 만금에 당여 바꾸지 못하리니 덕분의 가지라"[98]라고 간청한다. 의유당의 태도가 처음 간청과는 다르다. 의유당은 자신은 심울(心鬱)을 풀기 원하는 하나의 인간이란 것이다. "남편에게 정면으로 대드는"[99] 모습이다. 결국 <동명일기(東溟日記)>에는 작자의 기대와 좌절이 3번에 걸쳐 반복된다. 반복될수록 작자

96) 강한영 교주, 앞의 책, 1974, 39면.
97) 강한영 교주, 앞의 책, 1974, 22면.
98) 강한영 교주, 앞의 책, 1974, 25면.
99) 장덕순, 「여류문학의 백미 의류당관북유람일기」, 『한국수필문학사』, 박이정, 1995, 266-277면.

와 남편간의 긴장이 점층된다. 이것은 독백변모형에서 내면의 구체화·내적 갈등의 구체화란 양상과 같다.

독백변모형은 대상의 정감화에서 작자미상의 여성기행가사·화전가와는 다르다. 독백변모형의 정감은 독백형을 계승한 것이나, 작자미상의 여성기행가사·화전가는 유흥적 정감이다. 내면표출에서 독백변모형은 개인적 경험에 바탕을 둔 내면의 구체화를 특징으로 한다. 작자미상의 여성기행가사·화전가는 일반적 경험에 바탕을 두고 내면의 구체화가 없다. 여성기행문은 대상의 정감화와 내면의 구체화를 특징으로 하여 독백변모형과 같다. 이러한 사실로 보아 독백변모형은 상층 여성의 문화와 관련이 있음을 알 수 있다.

3-4. 독백보고변모형

독백보고변모형 기행가사는 화자가 대상에 대하여 객관적 거리를 유지하고, 화자가 부분적으로 3인칭 서술자의 역할을 하고, 구어체가 개입된 작품들이다. 선행연구에서 이 유형에 공통으로 지적한 것이 보고의 확장이다. 보고란 정보 제공을 말한다. <일동장유가(日東壯遊歌)>에서 새로운 문물과 일본 실상을 충실히 기록하고 우리나라 물건과 비교하여 현실의 이용가능성을 설명한 것, 관유가사(觀遊歌辭)에서 여정을 객관적으로 설명한 것[100] 등이 그 예이다. 이 유형에서 보고의 확장이 주요한 특징임을 부인하기 어렵다. 하지만 보고의 확장이 정보 제공에만 있는 것도 아니고, 보고의 확장이 전편을 지배하는 원리도 아니다. 선행연구에서도 독백보고변모형에 해당하는 작품들에 풍류·유흥성이 있고,[101] 작자의 감정이 자주 드러나고,[102] 작자의 감상과 갈등과 흥미·해학이 있다고[103] 하였다. 독백보고변모형의 작품에 문학적 흥미

100) 이상택, 「금강산 기행가사 동유가」, 『한국고전시가작품론2』, 집문당, 1992, 788면.

101) <관동장유가(關東壯遊歌)>에 대하여 최강현 교수는 풍류에 대한 즐김이 있다고 하였고, 유정선 선생은 세속적 취향의 유흥성이 있다고 하였다. 최강현, 앞의 책, 1982, 185면; 유정선, 앞의 논문, 1999, 95면.

102) 이주영, 「연행가고」, 『한국고전시가작품론2』, 집문당, 1992, 735면.

가 있음을 시사한다. 필자는 이러한 문학적 흥미가 화자가 부분적인 3인칭 서술자의 역할을 하거나 구어체의 개입에 의한 것으로 본다.104) 3인칭 서술자와 구어체의 작품 내적 역할을 살펴보기로 하자.

---

103) 장덕순, 「일본기행의 일동장유가」, 『한국수필문학사』, 박이정, 1995; 이성후, 「일동장유가 연구」, 대구가톨릭대학교 박사학위논문, 1988, 72면; 박희병, 「조선후기 가사의 일본체험 일동장유가」, 『한국고전시가작품론2』, 집문당, 1992, 714면.

104) 구어체의 개입은 정보 제공이 우세한 사행가사에서도 확인된다. 다음은 <일동장유가>에서 인물을 보고한 대목이다. "급히와 목마르니 ᄎᆞ 냉큼 가져오라/ 이윽고 현신ᄒᆞ니 져 ᄎᆞ모 뫼양보소/ 빡 갓흔 져른 머리 실노 ᄶᅡ하 마조ᄆᆡ고/ 눈 쉽 기인 오흰 눈을 ᄒᆡ부ᄉᆡ여 겨요 쓰고/ 옷조롱 갓흔 낫틔 명셕처로 얽어고나/ 무명반물 뒤롱다리 귀ᄉᆞᆺ지 담복 ᄡᅳ고/ 헌 져구리 자른 치마 현슌빅결 ᄒᆞ여셰라/ 동구안 삼월이ᄂᆞᆫ 예 비ᄒᆞ면 일ᄉᆡᆨ이라/ ᄎᆞ보오 손의 들고 뜰의와 조츰홀 제/ 밋살이 터져던지 방귀 조금 ᄲᅱ거고나/ 져 병방 거동 보소 삼듕셕의 지혀 안ᄌᆞ/ 두눈이 ᄯᅮ러지게 ᄶᅬ오고 안져다가/ 호풍이 소삭ᄒᆞ야 무릅 ᄡᅧ 도라 안ᄌᆞ/ 낙심천만 ᄒᆞᄂᆞᆫ 거동 농ᄃᆡ긔예 비 마ᄌᆞᆺ다/ 일좌가 박소ᄒᆞ고 ᄉᆞ면으로 조롱ᄒᆞ니/ 슈괴ᄒᆞᆫ 선우슴을 날만보고 ᄭᅮ짓ᄂᆞᆫ다". 화자가 여색을 밝히는 삼방군관(三房軍官)을 골탕먹이는 내용이다. 삼방군관이 목이 마르다며 차모를 부르자 차모가 나타난다. 위 인용문은 삼방군관의 기대와는 반대되는 차모의 모습이다. 차모의 모습은 "빡 갓흔 져른 머리 실노 ᄶᅡ하 마조ᄆᆡ고/ 눈 쉽 기인 오흰 눈을 ᄒᆡ부ᄉᆡ여 겨요 쓰고/ 옷조롱 갓흔 낫틔 명셕처로 얽어고나/ 무명반물 뒤롱다리 귀ᄉᆞᆺ지 담복 ᄡᅳ고/ 현져구리 자른 치마"이다. 판소리 <심청가>에서 뺑덕어미를 묘사하는 방식과 같다. 부정적 인물의 형상화이다. 다음은 <연행가>에서 문물을 표현한 대목이다. "1)하처라고 찾아가니 집 제도가 우습도다/ 오향각 이간 반에 벽돌을 곱게 깔고/ 반간씩 간을 지어 좌우로 대항하니/ 2)항 모양 어떻더냐 항제도를 못보거든/ 우리나라 부뚜막이 그와 거의 흡사하여/ 그 밑에 구들 놓아 불을 때게 마련하고/ 그 위에 자리 펴고 밤이면 누워 자며/ 낮이면 손님 접대 걸터 앉기 가장 좋고/ 3)채색 놓은 완자창과 면회 하온 벽돌담은/ 미천한 호인들도 집치레 과람코나" 1)은 다섯 들보로 된 두 칸 반의 방에 벽돌을 깐 모습이다. 집 전체이다. 2)는 항(炕)에 대한 것이고, 3)은 채색한 완자창과 회를 바른 담에 대한 것이다. 집에 대한 정보를 제공한 것에서 2)항(炕) 부분이 확장되었다. 전체 문맥에서 부분만 확장되었다. 부분적인 확장은 <연행가>에서 북경 시장의 모습과 상점의 물건에 대한 표현에서도 확인된다. 그 표현은 안경풀이, 잡화풀이, 붓풀이와 같이 '-풀이'로 되어 있다. 이러한 형태는 타령류의 민요에서 그 전형적인 예를 찾을 수 있다. 따라서 구어체이다. 신은경은 '-풀이'의 나열을 나열식 엮음이라고 하였고, 타령류의 민요에서 전형적인 예를 찾을 수 있다고 하였다. 신은경, 『사설시조의 시학적 연구』, 개문사, 1992, 217면.

1) 대상표현 : 관념의 이탈화

자료1. 김인겸(金仁謙), <일동장유가(日東壯遊歌)>

빅그는 디나오니 명셕이라 ᄒᆞᄂᆞᆫ고나/ 여긔셔 월츌 보기 장관이라 ᄒᆞᄂᆞᆫ디라……/ 타누의 올라안자 ᄉᆞ면으로 ᄇᆞ라보니/ 1)풍쳥 낭뎡ᄒᆞ고 슈텬이 일식일다/ (이윽고 돌이 쓰니 장흠도 장홀시고)/ 2)홍운이 지픠ᄂᆞᆫ 듯 바다히 뒤놉ᄂᆞᆫ 듯/ (크고 둥근 빅옥 바회 그 ᄉᆞ이로 소사 오니)/ 3)찬난ᄒᆞᆫ 금기동이 만니의 쌧치엿다/ (아국의 비ᄒᆞ면 빅히나마 더홀노다/ 부상이 갓갑기의 그러타 ᄒᆞᄂᆞᆫ고나)/ 4)ᄂᆞ존 뫼 쟈근 골에 대포ᄋᆞ를 친 것 ᄀᆞᆺ히/ 건곤이 됴요ᄒᆞ야 호발을 혜리로다/ 텬하의 장ᄒᆞᆫ 귀경 이에셔 쏘 업ᄉᆞ리/ ᄉᆞ나희 됴흔 줄을 오놀이야 알리로다

자료2. 박희현(朴熺鉉), <지헌 금강산유산록(止軒 金剛山遊山錄)>

영원암 올나셔니 도인의 득도쳴다/ 영원조ᄉᆞ 발근 도를 이곳의 어듯도다/ 1)젼후 좌우 긔졀경은 금병풍 둘이인 닷/ 2) 져 건너 빅마봉은 안ᄌᆞᆼ 벗고 션ᄂᆞᆫ 듯/ 3) 우두봉 마면봉은 글ᄂᆡ 버슨 거동 보소/ 쏘ᄒᆞᆫ 져편 ᄎᆞ일봉은 혼인ᄃᆡᄉᆞ 쓴 거신가/ 4) 안ᄉᆞᆫ의 소신 봉은 시왕봉 일넛구나/ 5) 져 십왕 거동 보소 ᄎᆞ례로 느러션ᄂᆡ/ 숑졔봉 도사봉은 슈염도 엄젼ᄒᆞ다/ 진광ᄃᆡ왕 염ᄂᆞ봉은 인물도 거록할ᄉᆞ/ 젼윤ᄃᆡ왕 초ᄉᆞᆫ봉은 위염도 ᄌᆞᆼ할시고/ 그 겻히 동ᄌᆞ봉은 어엿부고 냠젼ᄒᆞ다/ ᄉᆞᄌᆞ봉 압히셔니 십왕 위의 ᄌᆞᆼ할시고/ 그 겻히 판관봉은 모ᄃᆡᄒᆞ고 국궁ᄒᆞᆫ 닷/ 져편의 죄인봉은 무ᄉᆞᆫ 죄로 나립ᄒᆞᆫ고/ 치죄ᄒᆞᄂᆞᆫ 거동보소 불ᄉᆞᆼᄒᆞ고 알씁읍다/ 6) 마소마소 셰ᄉᆞᆼ 사람 그른 일 부디 마소/ 금ᄉᆞ 흑ᄉᆞ 두 굴 보면 ᄉᆞ후 팔ᄌᆞ 더 두렵도다

자료3. 박순우(朴淳愚), <명촌 금강별곡(明村 金剛別曲)>

正陽寺 ᄎᆞ자가셔 歇惺樓 안자 보니/ 三十洞 萬二峰을 一一히 다 볼로다/ 北으로 衆香城이 嵬然히 特立ᄒᆞ야/ 南으로 穴望峰을 마조 안자 ᄇᆞ라거던/ 그 남은 許多 峯巒 다 각각 뫼셔시니/ 兩將이 對陣ᄒᆞ야 玉帳을 노피 열고/ 千兵 萬馬를

井井히 排置ᄒᆞᆫ 듯/ 劒戟은 森嚴ᄒᆞ고 隊伍는 整齊ᄒᆞ니/ 一山中 奇觀이 指點間의 다 버렷다/ 毘盧峰 大小香爐 先鋒인가 中軍인가/ 望軍臺 石鷹峰은 左翼인가 右翼인가/ 日出 月出 永郎峰은 伏兵이 分明ᄒᆞ다/ 千態 萬狀이 兩眼의 昭昭ᄒᆞ니/ 올라가 다시 본들 무어시 더 나으리

자료1은 월출을 표현한 것이다. 월출은 "홍운이 짊히는 듯 바다가 뒤 눕는 듯"하다. 대상의 움직이는 모습을 비유한 것이다. <관동별곡>의 일출과 유사하다. <관동별곡>에서 일출은 바다를 떠날 때에 집중을 되어 있다.[105] 이에 비하여 <일동장유가>의 월출은 시간적 진행을 보인다. 1)에서 바다는 풍청낭정(風淸浪靜)하고 수천이 일색이다. 월출 전 바다의 모습이다. 2)는 월출하는 동안의 모습이고 3)은 월출 후의 모습이고 4)는 월출 후이다. 이러한 순서에서 화자가 개입한다. 1)과 2)사이에 '이윽고 달이 떠니'라고 하여 월출 전과 월출의 시작을 연결한다. 2)와 3)사이에 '둥근 백옥 그 사이로 솟아 오니'라고 하여 바다와 구름 사이에서로 달이 솟는 과정을 설명한다. 3)과 4)사이에 '일본이 부상에 가깝기 때문에 그러하다'라고 하여 월출의 원인을 설명한다. 이러한 화자의 설명은 월출의 과정을 연결하고 원인에 대한 정보를 준다. 정보제공으로 산문적인 성격이다.

자료2는 영원암에서 본 봉우리를 표현한 것이다. 4음보를 단위로 봉우리와 비유가 짝을 이룬다. 마면봉은 말이 안장을 벗고 굴레를 벗은 모습이고, 동자봉은 어여쁜 아이가 얌전한 모습이다. 화자는 대상과 거리를 두고 '대상→비유어'의 순서로 표현하여 대상의 모습을 형상화하는데 초점을 둔다. 대상과 거리를 두고, 대상의 형상화에 초점을 둔 점은 자료3과 같다. 자료3은 독백보고형 작품이다. 중향성과 혈망봉은 '양장'으로 중심에 위치하고 나머지 봉우리는 양장을 모시고 있는 나졸이다. 두 봉우리를 중심으로 주위의 봉우리들이 천병만마가 대오가 정제된 것처럼 둘러싼 모습이다. 즉 주위 산수의 대응

105) '바다히 써날 제'에서 바로 '천중의 티쁘니'로 이어진다.

적 구성으로 중심 제재의 의미를 형성한다. 자료2는 나열로 구성이 없다. 또한 자료2의 비유어는 안장 벗은 말, 얌전한 아이와 같이 인간의 생활경험과 관련된 구어체(口語體)이다.

독백보고변모형은 자료1과 같이 산문으로 변모한 것, 자료2와 같이 구어체의 개입으로 변모한 것이 있다. 이 경향을 독백보고변모형 전 작품에서 찾아 표로 제시하면 다음과 같다.

	<北塞曲>	<金剛山歌(1816)>	<交州別曲> <金剛曲> <叢石歌>	<止軒 金剛山遊山錄>	<悟堂 金剛別曲>	<關東壯遊歌>	<關東新曲>
頂上에서 본 산수	무산고개(口)	강선대(口) 백경봉(口) 시왕대(口) 은선대(口)	헐성루(口)	범종루(口) 헐성루(口) 영원암(口)	신선루(口) 영원암(口) 강선대(口) 만회암(口) 백운대(口) 헐성루(文)	헐성루(口)	헐성루(口)
바위(봉우리,像)		만물초(口)	총석정(口)		만물초(口) 총석정(口) 백탑(口)	만물초(口) 총석정(口) 문탑(口)	만물초(口)
바다(강, 호수)					총석정의 바다(文)		해금강(文)
폭포(潭, 계곡)				팔담(文) 업경대(口) 가섭동(口)	옥유동(文) 비룡폭포(文) 만폭동(文)	옥유동(文) 비룡폭포(文) 선담(文) 원통(文)	구룡연(文)
일출(월출)			해산정의 일출(文)			낙산사의 일출(文)	총석정의 일출(文)
정자(누각, 사찰)	귀문관(口) 의두루(口) 낙민루(文)					寒松亭(文) 海山亭(文)	능파대(口)

	<표해가>	<일동장유가>	<번천 봉래곡>	<동유가>	<동유금강록>	<연행가>	<북행가>	<대일본유람가>

頂上에서 본 산수					지옥문(文) 진헐대(文)			
바위(봉우리, 像)		부사산(文)	수미탑(口)	관음봉(文)	만물초,(口) 총석정(文)			
바다(강, 호수)	악양루의 선유(文)	선중의 바다(文)	해금강(文)		남사진의 바다(文)			선중의 바다(文)
폭포(潭, 계곡)								
일출(월출)		명석의 월출(文)	海山亭의 일출(口)		경포대의 월출 일출(文)			
정자(누각, 사찰)		몰운대(文) 영가대(文)			만경루(文)	倚劍亭(口)	백상루(口)	

위 표로 보아 대상이 구어체로 표현된 것은 주로 산의 정상에서 본 봉우리와 바위이다. 바다, 일출(월출), 정자, 폭포 등의 경우는 구어체와 문어체가 혼용된다. 독백보고변모형의 17편 가운데 15편에 대상표현이 두드러지고, 15편 가운데 12편에 구어체(口語體)의 개입이 있다. 따라서 독백보고변모형에서 구어체의 개입이 주요 변모 동인이다. 대상표현에 나타난 특징을 살펴보자.

① 문어체 대상표현-정보 제공

자료1. 이상수(李象秀), <어당 금강별곡(峿堂 金剛別曲)>

헐셩루 셕양시夕陽時의 어화 경景이 거룩ᄒᆞ다/ 만쳔봉萬千峰이 나렬羅列ᄒᆞ여 동편東便으로 병풍屛風친 듯/ ᄂᆡ외산內外山에 졔일봉第一峰은 비로봉毗盧峰이 주봉主峰이라/ 그 봉峰에셔 버든 줄기 ᄉᆞ방四方으로 버러스니/ 관음봉觀音峰

과 ᄀᆡ쎡봉文筆峰은 그리 ᄂᆡ려 신게ᄉᆞ神溪寺라/ 신게ᄉᆞ神溪寺의 올은 골은 규로 팔담八潭 되엿시며/ 큰 줄기 남녁으로 일출日出 월출月出 두 봉이요/……/ 만경ᄃᆡ萬景臺 나린 물은 외션담外仙潭이 삼겻스니/ 그 아ᄅᆡ 유점ᄉᆞ楡岾寺ᄂᆞᆫ 외산外山이라 그만 두고/ 미륵彌勒 남쪽 ᄯᅩ 한 가지 셔西으로 ᄲᅧ러지니

자료2. 작자미상, <관동장유가(關東壯遊歌)>

홀련니 명낭하다 ᄇᆡᆨ옥 갓흔 반셕들이/ 상하의 ᄉᆞᆯ여 잇고 그 우희 폭포슈가/ 구슬쳐로 훗터져서 오ᄂᆡ그려/ 그 밋히 징담되여 ᄆᆞᆰ기도 이샹ᄒᆞ다/ 좌우의 봉만들은 ᄇᆡᆨ옥갓치 ᄧᅡᆨ가 잇고 둘너 셧ᄂᆞᆫ 창벽들은 이샹ᄒᆞ게 되엿더라/ 금강산 ᄂᆡ외산의 반셕 슈셕이/ 쵸면목의 졔일인듯

자료1은 화자가 정양사 헐성루에서 본 경치를 표현한 것이다. 그 경치는 비로봉과 신계사, 팔담, 만경대, 외선담, 유점사 등이다. 화자는 "그 봉에서 벋은 줄기"나 "큰 줄기 남녁으로"와 같이 대상들을 연결하는 설명을 한다. 자료2에서 대상은 옥유동의 폭포이다. 폭포를 중심제재로 하여 주위 산수의 대응으로 구성된다. 주위 산수는 "백옥 같은 반석" "맑은 징담" "백옥 같은 봉우리"로 독백보고형과 같다. 그런데 이 구절에는 "반석 위에" 폭포수가 있고, "그 밑에" 또는 그 "좌우"에와 같이 대상을 연결하는 화자의 설명이 있다. 이러한 화자의 설명으로 대응적 구성은 파괴된다. 화자의 설명은 대상에 대한 화자의 태도에도 드러난다. "오ᄂᆡ그려"라는 구절이 그 예이다. "오네"는 대상에 대한 정감을 드러낸 것이 아니라 화자가 대상의 사실을 확인하였다는 태도이다.[106] 결국 화자의 설명은 대상의 관념은 파괴되고 대상에 대한 정보를 제공하는 기능을 한다.

이러한 정보 제공의 성격은 대상을 시구의 인용으로 비유한 경우에도 드러

106) -네 : 「어미」. ('이다'의 어간, 용언의 어간 또는 어미 '-으시-', '-었-', '-겠-' 뒤에 붙어) ① 하게할 자리에 쓰여, 단순한 서술의 뜻을 나타내는 종결 어미. ② 해할 자리나 혼잣말에 쓰여, 지금 깨달은 일을 서술하는 데 쓰이는 종결 어미. 『표준국어대사전』.

난다.

자료3. 조윤희(趙胤熙), <관동신곡(關東新曲)>

그 잇튼날 조반 후의 입석포(入石浦) ᄇᆡ를 잡아/ ᄒᆡ금강 구경가ᄌᆞ 1) 만경창파 모연ᄒᆞᆫᄃᆡ/ 일엽편쥭 올나안자 ᄇᆡᄉᆞ공놈 노질ᄒᆞ여/ 애ᄂᆡ셩(欸乃聲) ᄒᆞᆫ 곡조를 처량하게 부르니/....../ 하날의 연졉ᄒᆞ여 감마아득 할양읍다/ 풍셰ᄃᆡ로 파도 친니 물소ᄅᆡ 굉장ᄒᆞ다/....../ 2) 굴둑의 연긔나면 화살 갓치 빠른 ᄇᆡ난/ 원손으로 향ᄒᆞ가난 화농션이 이 안니냐/ 3) 명ᄉᆞ십이 너른 든의 ᄒᆡ당화 어엿뿌다/ 이슬 져즌 모양 운난 듯 반기난 듯/ ᄒᆡ당화야 ᄒᆡ당화야 모진 풍우 원을 마소/ 올봄의 써러진 ᄭᅩᆺ 명츈삼월 다시 피여/ 짝일른 져 갈ᄆᆡ기 오며 오고 가며 슬피운다/ 순ᄑᆞᆼ의 ᄇᆡ를 써여 풍우의 써나가며/ 4) 츈수션여 쳔상좌난 두자미의 글을 외고/ 종일위 능만경은 젹벽부도 을퍼 보며/ 슌식간의 다다른니 ᄒᆡ금강이 예로구나

자료3은 바다 주변의 경치를 표현한 것이다. 3)에서 화자는 대상과의 일체를 이룬 정감을 "해당화 어엿부다"라고 하였다. 그 정감은 "너른 들의 ᄒᆡ당화 어엿뿌다/ 이슬 져즌 모양 운난 듯 반기난 듯"으로 이어진다. 대상과 동일화하려는 태도이다. 그런데 이어서 "ᄒᆡ당화야 ᄒᆡ당화야 모진 풍우 원을 마소/ 올봄의 써러진 ᄭᅩᆺ 명츈삼월 다시" 핀다고 하였다. 해당화와 관련된 민요 구절이다. 해당화에서 느낀 화자의 정감과도 관련 없다. 화자가 해당화에 대한 정감에서 시작되었으나 이후 해당화와 관련된 정보들인 민요에 있는 해당화의 구절, 한시에 있는 해당화의 구절 등을 쏟아 놓는다. 이어 4)에서는 한시를 인용한다. 인용 한시는 두보(杜甫)의 <소한식주중작(小寒食舟中作)>[107]과 소식(蘇軾)의 <전적벽부(前赤壁賦)>[108]이다. 독백형이나 독백보고형의 경우 인용

107) "봄 강물의 배는 하늘에 앉은 듯하고, 늘그막에 꽃은 안개 속에서 보는 듯하네(春水船如天上坐, 老年花似霧中看)".

108) "작은 배를 가는대로 맡겨두고, 만굽이 물결을 아득히 지나가네(縱一葦之所如, 凌萬頃之茫然)".

구절은 화자의 내면을 나타내는 것이다. 자료3에서 화자는 두자미의 글과 적벽부의 글이라고 소개하였고, 그 시구를 재현하고 있다. 유명인의 글이라는 정보를 제공한다. 이러한 예를 더 찾으면 다음과 같다. <관동신곡>의 삼일포를 표현한 구절인 "이슈중분 빅노주요 삼산반낙 청쳔외난/ 이젹션의 글이로다 방묘방당 일감기요/ 천광운영 공비회난 주부ᄌ의 글리로다/ 두 글을 을퍼본니 삼일문 그림이라"에서 이백의 <등금릉봉황대(登金陵鳳凰臺)>의 구절[109]과 주희의 <관서유감이수(觀書有感二首)>의 구절[110]을 재현한 것이다. <표해가>의 악양루에서의 선유에 대하여 초양왕의 조운모우(朝雲暮雨), 아황과 여영의 죽상원루(竹上寃樓), 두보의 천적수(遷謫愁), 이백의 시단철추(詩壇鐵椎) 등을 열거하였다. 악양루와 관련된 고사들을 쏟아 붓는 것이다. 악양루에 대한 정보 제공이다.

② 구어체의 대상표현-원관념의 이탈화

자료1. 이상수(李象秀), <어당 금강별곡(峿堂 金剛別曲)>

청용노(淸泠瀨)와 강션딕(降仙臺)의 다 각각 삼겻더라/ 1) 괴이면 소(沼)가 되고 써러지면 폭포(瀑布)되어/ 한 줄노 나린 물이 가지가지 다르도다/ 수목(樹木)이 자옥ᄒ다 일광(日光)을 가리엿고/ 나무틈의 뵈는 돌이 긔이(奇異)ᄒ고 수상(殊常)ᄒ다/....../ 2) 이상ᄒ고 야단일세 져러ᄒᆫ 돌 쏘 잇는가/ 물근 인졀미 고물 읍시 고은 드시/ 둥그러이 놉흔 거동 팔십길은 되오리라/....../ 3) 그 엽헤 져근 솔은 뉘라 쏘한 심엇든고/ 텬상(天上) 싱긴 돌셥들과 텬싱(天生) 싸은 돌셩들이/ 좌우에 버러 잇셔 웃둑 웃둑 마져보고/ 동편으로 수미봉(須彌峰)은 날칼기도 ᄒ올시고/ 눈빗갓흔 비수금(匕首劒)을 집을 쎅고 묵거 센 듯/ 져 엇더ᄒᆫ 노장 중이

109) "삼산은 반나마 푸른 하늘 밖으로 솟아 있고, 두 줄기 물은 백로주에서 나뉘었네(三山半落青天外, 二水中分白鷺洲)".

110) "반 이랑 연못이 거울처럼 열리니, 하늘빛 구름 그림자 함께 배회하네(半畝方塘一鑑開天光雲影共徘徊)".

장삼 입고 홀노안자/ 무어슬 집으려고 허리를 굽펴스니/ 다시 본즉 돌 모양이 쳔년ᄒᆞ고 우습도다[111)]

자료1은 화자가 강선대에서 본 산수를 표현한 것이다. 그 산수는 폭포・수목・돌・봉우리 등이다. 물은 고이면 소가 되고 떨어지면 폭포가 되고, 그 폭포에 수목이 자욱하여 일광을 가린다. 이것은 독백보고형에서 보았던 주위 산수의 대응적 구성과 유사하다. 그런데 2)에서 비유어의 성격이 독백보고형과는 다르다. 돌의 모습은 "물근 인절미의 고물 없이 괴은 듯"하다. 일상생활의 경험에 바탕을 둔 비유어이다. 수미봉의 모습은 "노장 중이 장삼입고 홀로 앉아 무엇을 집으려고 허리를 구부린" 모습이다. 인간 생활과 관련된 비유어이다. 이러한 비유의 기능은 무엇인가? 독자는 바위나 돌에 대하여 실제 모습인 고(高)나 괴(怪)를 연상하게 된다. 그런데 이러한 연상에서 "물근 인절미의 고물 없이 고은 듯"이란 비유어는 연상된 모습과는 다른 이질감을 준다. 이러한 차이에서 웃음이 유발된다. 이러한 특징은 바위에 대한 "노승이 장삼 입고 무엇을 집으려고 허리를 굽히는"이라는 표현에서도 보인다. 이 표현의 앞 구절은 "눈 빛 같은 비수검을 빼어 묶어 세우다"로 바위의 날카로움이라는 원관념과 일치한다. 그런데 이러한 표현에서 "노장의 모습"과 같이 이질적인 비유어로 전환함으로써 웃음이 유발된다. 이와 같은 예는 독백보고변모형에서 쉽게 찾을 수 있다. <금강산가(1816)>의 만회암(萬灰庵)의 정상에서 본 산수를 표현한 구절에서 관음봉을 눈 덮힌 모습으로 표현하다가 혈망봉을 뚫린 창 구멍으로 비유한 것,[112)] <번천 봉래곡>의 만물초(萬物肖)를 표현한 구절에서 만물초를 구름 송이가 연달아 피어 오른 것으로 비유하다가 고갈 벗은 늙은 중과 팔이 짧은 어린 아이로 비유한 것,[113)] <관동장유가>의 폭포를 표현

---

111) 괄호 속의 한자어는 필자가 첨가한 것으로 이하 같다.

112) "관음봉이 쥬산이요 눈이 잠복 쓰인 모양/ 혈망봉을 멀리 보니 창 구멍을 ᄯᅮ른 듯".

113) "만물초가 분명하다/ 온정령 한 줄기가 북으로 둘넜는데/ 구름이 연숑이가 닷토아 빼어 났네/ 기한 형용 괴한 모양 같은 것도 많을 시고/ 곡갈 벗슨 늙은 듕과 팔쟝 지른 어린 아히/ 날즘싱의 날고 셔며 길즘싱의 긔고 안즌/ 져러틋 각각 형상 의희ᄒᆞ고 방불ᄒᆞ다".

한 구절에서 폭포를 은하수가 떨어지고 진주가 쏟아지는 것으로 비유하다가 이어 담의 모습을 가마솥의 아가리로 비유한 것[114] 등이 그 예이다. 즉 원관념에 합당한 비유어에서 일상생활과 관련된 비유어로 전환한다. 이것은 이질적인 표현으로의 전환이며 이러한 전환으로 웃음이 유발된다. 이러한 웃음으로 원관념에서 이탈한다.

자료2. 박희현(朴熺鉉), <지헌 금강산유산록(止軒 金剛山遊山錄)>

범종누 올나션이 일만 이쳔봉이로다/ 1) 쳘쥭화 진달닉난 슈풀 쇽의 반만 웃고/ 2) 안기 거더 빅운되고 빅운거더 다긔봉ᄒᆞ니/ 이골 져골 단중일다/ 3) 쇠고리 복골식는 가지 가지 실피 울고/ 4) 호반식 목탁식는 쎡 마초아 즐도 운다/ 5) 무당식 할미식는 망영시리 소릭ᄒᆞᆫ다

자료2는 언어유희를 통한 원관념의 이탈이다. 4음보를 한 단위로 대상과 비유어가 짝을 이룬다. 이러한 짝들이 나열되어 있다. 2)의 '안기 거더 빅운되고 빅운거더 다긔봉ᄒᆞ니'는 산에 안개가 걷혀 백운이 보이고 백운이 걷혀 많은 봉우리들이 보인다는 해석이 가능하다. 그러나 실제 독자들이 이 구절을 대하였을 때는 도연명의 <사시>에 나오는 "봄에 물이 네 연목에 가득하고, 여름에 구름이 기이한 봉우리에 많네(春水滿四澤, 夏雲多奇峰)"을 연상하게 될 것이다. 그런데 위 구절은 이것을 구름이 걷혀 봉우리가 드러난다고는 것으로 변용하였다. 그 변용은 '안개 걷어 백운→백운 걷어 다기봉'으로 꼬리따기식 언어유희이다. 이러한 언어유희는 새에 대한 표현에서도 확인된다. 목탁(木鐸)이라는 새의 이름에서 목탁이 염불의 때에 맞춰 울리듯이 '때 맞추어 잘도 운다'고 한 것, 무당·할미라는 새의 이름에서 무당과 할미가 망령스런

---

114) "비류직하 삼천척(飛流直下三千尺)이니 은하 의식은하낙구천니(疑是銀河落九天)라 하미 이를 두고 일음인가/ 완연니 은하수 떨어지고/ 진주 몇 섬 쏟아진 듯 기절하고 웅장하다/ 절벽 밑 반석상의 구멍 크게 뚫렸는데/ 둥그렇게 되었구나 가마 솥 아가린가/ 수레바퀴 모양일세 폭포가 떨어지며/ 그 못을 급히 찟네 못 물이 뛰놀면서/ 성내는 모양이라 그 소리 진동하여/ 벽력같이 무서우니".

소리를 하듯이 '망영스리 소리한다'고 한 것이다. 새의 울음을 대상의 이름에서 연상된 언어유희로 처리한 것이다. 언어유희의 예는 <지헌 금강산유산록>의 가섭동을 표현한 구절인 "낙낙 즁송 느러진ᄃᆡ 져 ᄉᆡ솔ᄋᆡ 슬피 우다/ 방정마즌 져 할미ᄉᆡ 뉘게 마ᄌᆞ 져리 알노/ 두견의 실푼 소ᄅᆡ 쳔츄 눈물 블거구나/ 녹슈 음농 져 쐬고리 쳡의 쑴을 놀ᄂᆡ엿다"에서 할미새를 할미라는 이름에서 연상된 방정맞게 누구에게 맞아 앓는 소리를 낸다고 한 것, <번천 봉래곡>에서 일출을 표현한 "부상의 오ᄉᆡᆨ 구름 홍쳐로 빗기 펴면/ 됴요ᄒᆞᆫ 블근 빗치 왼 바다히 뒤눕더니/....../ 이윽고 불ᄀᆞᆺ튼 둥군 박희/ 토ᄒᆞᆯ 듯 못 토ᄒᆞᆯ 듯 끌ᄂᆞᆫ 물결 탕양ᄒᆞ며/ ᄒᆞᄂᆞᆯ의 쒸여 올나"에서 "토할 듯 못 토할 듯"이라며 대상을 어희적으로 표현한 것 등이 있다.

화자가 표현 속에 작자의 육성으로 개입하여 원관념을 이탈하기도 한다.

자료3. 박희현(朴熺鉉), <지헌 금강산유산록(止軒 金剛山遊山錄)>

옥경ᄃᆡ 귀경ᄒᆞ소 뉘가 보든 거울인고/ 업경ᄃᆡ 더욱 죠타 파쇄ᄒᆞ여 바려 둔 듯/ ᄌᆞ시 보고 다시 보니 바회가 분명ᄒᆞ의/ 이 압희 보든 거동 실업다고 부ᄃᆡ마소/ 셩문이며 황천문은 뉘 긔셰로 셩을 쏜고/ 황청각 극낙문은 구비구비 닷기엿고/ 연석문 지옥문은 뉘가 져리 제목ᄒᆞᆫ고/ 금ᄉᆞ굴 흑ᄉᆞ굴은 젼ᄉᆡᆼ 줴인 갓치연ᄂᆡ/ ᄇᆡ 붓드러 ᄆᆡ든 바회 어늬 ᄉᆞ공 졍영ᄒᆞᆫ고/ 녈셕바회 기된 바회 빈 틈 읍시 일홈일쇠/ 이편 저편 둘너 보니 선경이 여긔로다

자료3은 업경대를 표현한 것이다. 업경대 대상들은 황천문·연석문·금사굴·흑사굴·배바위 등으로 나열되어 있다. 각각에 대하여 화자가 설명한다. 이러한 설명 속에 작자의 실제 목소리가 개입되어 있다. "이 앞의 거동"은 화자가 옥경대의 바위를 거울을 부수어 버려둔 것 같다며 착각한 것이다. 화자는 자신의 착각을 "실없다고 부디 마소"라고 하였다. 실제 독자에게 양해를 구하는 것이다. 작자의 실제 목소리이다. 작자의 실제 목소리는 대상을 설명하는 기능을 하는 것이 아니다. "자시 보고 다시 보니" "앞의 보던 거동"이

"잘못 되었구나"와 같이 자신의 실수를 독자가 들을 수 있게 하는 것이다. 따라서 독자는 작자의 말이 대상표현의 문맥에서 벗어난 것임을 알 수 있다. 이것은 대상표현과는 다른 목소리로 웃음을 유발한다. 이러한 웃음은 대상에 대한 원관념에서 벗어나게 하는 것이다. 또 다른 예는 <동유금강록>에서 금란굴을 표현한 "굴 안을 들러가니 쥬홍을 ᄲᅮ리온 듯/ 광ᄎᆡ가 황홀ᄒᆞ고 너르기 방 안 갓데/ ᄇᆡ회 우의 젼복 ᄡᅡ기 ᄉᆞᆯ 안쥬 제일이요/ 천장의 푸른 풀은 불노초라 ᄒᆞᄂᆞᆫ고ᄂᆡ"가 있다. 화자는 금란굴에 대하여 주홍을 뿌린 듯 광채가 황홀하다며 정감을 표출한 가운데에 "술 안주에 제일이요"라며 독자를 향한 육성을 드러낸다.

비유어의 나열에서 비유어 자체에 대한 관심으로 원관념을 이탈하기도 한다.

> 자료4. 박희현(朴熺鉉), <지헌 금강산유산록(止軒 金剛山遊山錄)>
>
> 제숨 못 ᄂᆞ려 셔니 비파담 ᄌᆞᆼ할시고/ 제ᄉᆞ담 엇더ᄒᆞᆫ고 벽ᄒᆞ담 더욱 죠타/ 치ᄒᆞ가 반공 쓰니 분셜담 물빗 죠타/ 물술이 훗터지니 옥셜을 품는도다/ ᄊᆞ랑눈 ᄲᅮ린다고 분셜담 일너구나/ 제륙은 귀담이니 거북쳬로 숨겻구나/ 제칠언 션담이니 ᄇᆡ 모양 분명ᄒᆞ의/ 제팔은 화룡담ᄋᆡ 너르고도 물빗 죠타/ 팔담의 구경처는 일필노 다 못할쇠

자료4는 팔담(八潭)을 표현한 것이다. 벽하담(碧霞潭)은 채하(彩霞)가 높이 뜬 것으로, 분설담(噴雪潭)은 싸라기눈이 뿌리는 것으로, 구담(龜潭)은 거북모양으로, 선담(船潭)은 배 모양으로 비유하였다. 대상과 비유어의 나열이다. 비유어들은 대상의 이름과 관련된 것들이다. 화자의 주된 관심은 담에 대한 정감보다는 대상의 이름에서 연상되는 비유어이다. 비유어가 확장되는 경우도 있다. 대표적인 예가 <관동신곡>에서 정양사 헐성루에서 본 봉우리를 표현한 것이다. 석가봉은 석가여래 모양, 백마봉은 백마가 안장 벗고 서있는 모양, 우두봉·마면봉은 소와 말이 굴레를 벗은 모양으로 표현하였다. 대상의 이름과

관련된 비유어로 나열하였다. 주목되는 것은 이름과 관련된 비유어에서 노랫말의 확장이 보인다는 점이다. 죄인봉은 "불ᄉᆞᆼ하다 죄인봉은 무삼죄를 못씨지여/ 져ᄃᆡ지 귀결복의 비난 모양 참혹ᄒᆞ다"고 하였고, 사자봉은 "영악ᄒᆞ다 사자봉은 네굽을 ᄒᆞᆫᄃᆡ 모고/ 등셩이를 쥬구리고 소ᄅᆡ를 지르난 듯"하다고 하였다. 죄인봉에 대하여 "무슨 죄를 못씻어 저다지 비는가"라고 한 것은 봉우리의 모습이 아니라 비유어인 죄인에 초점을 둔 것이다. 사자봉의 경우도 "네굽을 한데 모으고 등셩이를 쥬구리고 소리를 지르는 것"은 봉우리의 모습이 아니라 비유어인 사자의 형상화이다. 이때 대상의 모습은 없어지고 비유어 자체에만 치중하게 된다. 이러한 예는 <관동신곡>에서 바위를 표현한 것과 <북행가>에서 기생의 춤을 표현한 것 등이 있다.

자료5. 조윤희(趙胤熙), <관동신곡(關東新曲)>

그 이튼날 발ᄒᆡᆼᄒᆞ여 만물쵸 구경가자/ 은ᄌᆡᆼ영 놉흔 고ᄀᆡ 사십이 올나간니/ 만물쵸 이러구ᄂᆞ 구경을 ᄌᆞ세ᄒᆞᄌᆞ/ ᄀᆡᄀᆡ괴괴 만학쳔봉 가진 물형 다 잇도다/ 1) 쳔ᄐᆡ산 옥동자가 학을 타고 져를 불며/ 구름 속의 달리난 듯/ 2) 월즁선여 ᄂᆡ려와셔 칠보단장 갓게 ᄒᆞ고 단정이 안잔난 듯/ 3) 상산사오 모여 안져 바둑두며 노이난 듯/ 4) 셔가여ᄅᆡ 붓쳐님 오ᄇᆡᆨ나ᄒᆞᆫ 거나리고/ 여하ᄃᆡ의 올나안자 셜법ᄒᆞ난 모양이요/ 6) 장판교의 장익덕이 쟝창금 빗겨들고/ 고리눈을 부릅쓰고 호령ᄒᆞ난 모양이요/……/ 7) 광한루 리도령이 난간의 의지하여/ 춘향이 바라보고 정신 릅시 안ᄌᆞᆫ난 듯/ 8) 육관ᄃᆡᄉᆞ 승진의가 팔션여 만나보고/ 솟가지 셔로 쥐며 반기여 노이난 듯/ 9) 청용황용 넙느려셔 여의줄을 희롱ᄒᆞ나/ 10) 월궁의 옥톳기가 불사약 방아ᄶᅵᆫ나/ 11) 쇼상동정 달발근밤 ᄢᅦ기럭이 나려오나/ 12) 봉도 갓고 학도 갓고 형형ᄉᆡᆨᄉᆡᆨ 다 잇도다/ 13) 사람으로 볼싹시면 왼갓ᄉᆞ람 다 모이고/ 14) 짐ᄉᆡᆼ으로 볼싹시면 가진 짐ᄉᆡᆼ 다 잇도다/ 이리보면 이것 갓고 져리 보면 져것 갓다/ 쳔ᄃᆡ만산 황홀난측 ᄀᆡ이ᄒᆞ고 괴이ᄒᆞ다

자료6. 유인목(柳寅睦), <북행가(北行歌)>

백상루 올라가니/ 일대수 청천강은 험함밑에 둘러 있고/ 만장봉 묘향산은 주렴에 떨어졌다/ 화문석 포진하고 풍악을 갖추고/ 칠생기생 녹의홍상 차례로 가무한다/ 홍문연 배설하고 항장무 어르나니/ 그 중에 묘한 기생 책전립 패동개를 맵시있게 치장하고/ 난간에 비겨서서 순령수 부른 소리 산천이 어리었다/ 장할시구 이 잔치여 초한적 시절일네/ 좌상에 돌아보니 누구누구 모였던고/ 만고 영웅호걸 구름같이 모였구나/ 도포 입고 갓쓴이는 용준용안 패공이요/ 모대 장복 저 장군은 초패왕의 항우로다/ 범증은 옥결들고 항백은 칼춤추니/ 수상한 저 칼머리 어여뿔사 위태하다/ 장자방의 묘한 꾀로 군문을 내달으니/ 번장군 성낸털이 배달직입 하는 구나/ 일두주 일돈채로 치사하고 파연하니/ 홍문연 이사적을 사기에 보았더니/ 오늘날 백상루에 방불히 모단 말가/ 그러나 장관일세 이번 길의 장관일세

자료5는 바위를 표현한 것이다. 바위의 모습을 <삼국지연의> · <춘향전> · <구원몽>을 인용하여 비유하고 있다. 대상과 비유가 짝을 이루며 나열되고 있다. 6)에서 바위는 장익덕의 용맹함으로 비유된다. 그런데 비유어의 성격을 보면 "장익덕이 장창금을 빗겨드는 모습"까지는 바위의 모습이 될 수 있지만 "고리눈을 부릅뜨는" 것은 바위의 모습이라기보다는 장익덕에 대한 묘사에 가깝다. 7)에서 바위의 모습은 이도령의 모습에 비유되어 있다. 그런데 비유어의 성격을 보면 "이도령이 춘향을 보는 모습"이라고 하면 바위의 모습이 될 수 있지만, "정신없이 앉은" 것은 이도령에 대한 묘사이다. 따라서 이 구절에서 비유어들은 대상의 모습이라기보다는 비유어 자체를 지향한 것이다. 자료6은 <북행가>에서 화자가 안주 백상루(百祥樓)에서 본 항장무(項莊舞)를 표현한 것이다.[115] "모대 장복의 항우"나 "범증이 옥결 들고 항백이 춤을 추는 것"은 기생이 추는 춤을 묘사한 것이다. 그런데 "수상한 저 칼머리 어여뿔사 위태하다"는 기생의 춤을 보고 유방이 위험하다는 화자의 판단이거나, 항백

115) 동일한 구절이 <연행가>에서도 확인된다.

의 칼 춤을 보고 유방이 위험하다는 장자방의 판단일 수 있다. 어느 쪽으로 보든 초한지의 인물과 내용을 염두에 둔 것이다. 이러한 점은 장자방이 묘한 꾀를 낸다거나 번장군의 털이 성이 났다는 구절에서도 확인된다. 초한지 속 인물의 생각이 제시된 것이다. 따라서 기생의 춤을 묘사하고 있으나, 춤에 대한 비유어가 확장되면서 그 모습에서 이탈하여 비유어 자체에 치중한 것이다.

2) 내면표출 : 구어체의 개입과 인물의 비하(卑下)

자료1. 노명선(盧明善), <천풍가(天風歌)>

공명의 뷕명ᄒᆞ고 부귀예 연분 업셔/ 탁낙ᄒᆞᆫ 문장이 뷕옥의 허노ᄒᆞ니/ 튱효 양졀을 원대로 못할망졍/ 선풍 도골이 셰속에 마즐소냐/ 연ᄒᆞ예 고질 되고 천석의 공망 되어/ 삼산의 그약 못ᄒᆞ고 오호수예 못 갓신 졔/ 천만 이십이 강산을 일골으로 다 보리라

자료2. 박희현(朴熺鉉), <지헌 금강산유산록(止軒 金剛山遊山錄)>

금강ᄉᆞᆫ 죠흔 경쳐 들은 직 오ᄅᆡ롤 쇠/ 노쳐다려 이른 말이 ᄌᆞᆼ부 세ᄉᆞᆼ ᄇᆡᆨ연간의/ 조년 부귀 못훌진ᄃᆡᆫ 아니 놀고 무엇훌이/ 관동팔경 조흔 귀경 중원 ᄉᆞ람 원ᄒᆞᆫ ᄇᆡ라/ 한번 구경ᄒᆞ게 되면 션분을 밋ᄃᆞᄒᆞ되/ 경답ᄉᆞ온 져 ᄆᆞ암이 진졍으로 고지 듯고/ ᄌᆞ최뵈 슷쳐 ᄂᆡ며 보션을 마련ᄒᆞ네/ 힝ᄌᆞᆼ을 ᄎᆞ례지고 먼 ᄒᆞᆫ 길 ᄯᅥ나 셔니/ 압히 셔난 동ᄉᆡᆼ이요 뒤에 서난 ᄌᆞ식일쇠/ 동구 박기 ᄂᆞ셔 보니 그도 ᄯᅩᄒᆞᆫ 경이로다/ 슴순 구식ᄒᆞ난 권구 츈곤을 어이 훌고/ 모란 다시 ᄯᅥ쳐 두니 그 마음이 목셕일쇠/ 반 쳔이 먼 ᄒᆞᆫ 길의 오륙일 고ᄉᆡᆼᄒᆞ여

자료3. 작자미상, <금강산가(金剛山歌, 1816)>

부귀공명 좃타히도 영욕이 일반이라/ 어와 우습도다 이ᄂᆡ 일을 ᄉᆡᆼ각ᄒᆞ니/ 엇그제 이삼십이 무졍 광음 오십이라/ 도덕인의 ᄒᆞ엿든가 부귀공명 ᄒᆞ엿든가/ 쥬공공ᄌᆞ 엇더ᄒᆞᄉᆞ 만고 셩인 되옵시고/ ᄃᆡ순 증ᄌᆞ 엇더ᄒᆞᄉᆞ 쳔츄효ᄌᆞ 되옵신고/ 평ᄉᆡᆼ

> ᄒᆞᆫ 일 업셔시니 ᄉᆡᆼ각ᄒᆞ면 슬프도다/ 출ᄒᆞ리 다 ᄯᅥᆯ치고 텬하 명산 구경가셰/……/ 문방ᄉᆞ우 옥셔안의 허다셔칙 무어신고/……/ 풍유ᄒᆡᆼ낙 다 ᄒᆞᆫ 후의 공셩신퇴 시름인가/ ᄌᆞᄂᆞ 소원 무엇신가 고ᄃᆡ 광실 마다ᄒᆞ고/ ᄌᆞᄂᆡ 소원 무엇신가 금의옥식 마다ᄒᆞ며/ ᄌᆞᄂᆡ 진정 드러보셰 쳔ᄒᆞ 명ᄉᆞ 낭군인가/ 리ᄐᆡᄇᆡᆨ의 문필인가 유궁후의 궁ᄌᆡ런가/ 두목지의 풍신인가 소진장의 구변인가/ ᄌᆞᄂᆡ 소원 ᄉᆡ악ᄒᆞ면 난어ᄉᆞᆼ텬 촉도로다/ 쳔지도 쇠로ᄒᆞ고 산천도 영기젹어/ 인ᄉᆡᆼ ᄇᆡᆨ년 혜아리니 망망창ᄒᆡ 부평초라/ 녯날 ᄉᆞ젹 드러 보면 긔 무엇시 귀ᄒᆞᆯ손가/ 션거롤ᄉᆞ 왕소군은 호산의 흙이 되고/ 앗가올사 양태진은 마외역의 틔글이라/……/ 인ᄉᆡᆼ 셰간 비ᄇᆡᆨ세라 그 무엇시 귀ᄒᆞᆯ손가/ 관동팔결 구경가셰 죠코 죠코 조흔 경을 안니 보고 무엇ᄒᆞᆯ가

자료1은 독백보고형이고 자료2와 3은 독백보고변모형이다. 자료1에서 화자는 세상에 연분이 없어 문장이 탁월함에도 현실세계에서 헛되이 늙어 간다. 그래서 화자는 평소에 자연을 사랑하는 마음에 여행을 떠난다. 자료2에서 화자는 세상에 태어나서 부귀공명을 하려고 하였으나 세도에 막히고, 재산을 모으려 하였으나 세상에 소활하다고 하였다. 그래서 화자는 여행을 떠난다. 자료1과 자료2는 화자가 현실에서 뜻을 이루지 못하여 여행을 떠난다는 점이 같다. 그런데 그 매개항에 차이가 있다. 자료1에서는 자연에 대한 사랑(煙霞痼疾)이라고 하였고, 자료2에서는 조년에 부귀를 못함에 인생이 짧으니 놀지 않을 수 없다고 하였다. 자료1이 자연에 대한 사랑이라는 이념에 바탕에 둔 것이라면 자료2는 인생무상에 바탕을 둔 것이다. 자료3에서도 화자는 현실과 어긋나 여행을 떠난다. 화자는 자신의 삶을 돌이켜보니 부귀공명을 추구한 삶이 우습다. 인생이 빨라 어제 20대였는데 지금은 50대가 되었다. 이러한 무상한 인생에서 여행을 떠난다.

인생이 무상하여 논다라는 말은 사설시조에 나온다.[116] 잡가에서는 삶이

---

116) "노새노새 매양 장식 노새 낫도 놀고 말도 노새/ 벽상의 그린 황계 수ᄃᆞᆰ이 뒤ᄂᆞ래 탁탁 치며 긴 목을 느리워서 홰홰 쳐 우도록 노새 그려/ 人生이 아ᄎᆞᆷ이 이슬이라 아니 놀고 어이리" 『珍本青丘永言』 #516.

허랑(虛浪)하여 부귀공명을 버리고 유산(遊山)한다고 한다.[117] 이것을 보아 인생이 무상하여 논다(또는 유산한다)라는 것은 유흥공간에서 불린 노랫말이다.[118] 유흥공간에서 불린 인생무상이란 노랫말의 틈입은 무엇을 의미하는가? 자료3 <금강산가(1816)>가 답의 실마리를 제공한다. 자료3에서 화자는 만물초의 모습을 묘사한다. 기이한 바위를 문방사우와 많은 서책으로 비유하고, 풍유행락을 다한 공성신퇴(功成身退)한 사람으로 비유한다. 이어 화자의 소원이 이어진다. 고대광실 · 금의옥식을 부정하고 이태백의 문필 · 유공차의 궁재 · 두목지의 풍신 · 소진장의의 구변 등을 긍정한다. 이들은 문무(文武)와 정치에서 탁월한 인물들로 공성신퇴와 관련된다. 하지만 그 소원은 이루기 어려울 뿐만 아니라 인생이 부평초와 같이 무상하므로 공성신퇴에 대한 소원이 헛되다고 하였다. 공성신퇴한 이후 풍유행락하는 것이 사대부의 이상으로 중세적 이념이라면 인생무상으로 그 명분이 부정된 것이다.

유흥공간의 노랫말이 틈입될 뿐 아니라 구어체가 개입되기도 한다. 대표적인 작품이 <교주별곡>이다. <교주별곡>은 구강(具康, 1757-1832)이 회양부사로 부임한 1년 뒤인 1820년에 지은 작품이다. 주된 내용은 회양 지역 백성들의 삶에 대한 관찰과 치자(治者)의 애민(愛民)이다. 다음의 구절이 그 예이다.

자료4. 구강(具康), <교주별곡(交州別曲)>

1) 이몸이 쁠 ᄃᆡ 업셔 궁항의 누엇더니/……/ 일망이 겨우 넘어 회양을 맛기시니/ ᄂᆡᆼᄒᆞᆫ ᄌᆡ가 더워지고 말은 남긔 ᄭᅩᆺ치로다/ 비컨ᄃᆡ 늙은 계집 님의 ᄉᆞ랑 의

117) “대장부 허랑하야 부귀공명을 하직하고/ 삼척동 일필려로 승지강산 유람할제/ 진시황 고국지와 만리장성 하방궁에/ 봉황대 황금대며 한무제 천추유적/ 선인장 승로반과 오수당월 로채송/ 도읍터를 다 본 후에 강산이 기진하되/ 호홍이 상존하야……/ 어화 애닯도다 대장부 평생 뜻을 꿈에도 못니루니/ 긴한숨 쩌른 탄식 어느때나 끗칠거나” 잡가 <장부한>(정재호 편, 『韓國雜歌全集 4』, 계명문화사, 1984, 324면).

118) 특히 잡가에서의 산수의 공간은 상투적인 유흥의 공간이기도 하다. 이노형, 「한국 근대 대중가요의 역사적 전개 과정 연구」, 서울대학교 박사학위논문, 1992, 140면.

외로다/……/ 2) 심벽ᄒᆞᆫ산듕이오 쇼죠한 읍ᄂᆡ로다/……/ ①급댱유의 고군이라 유풍을 볼거이고/ ②득듕당이 동헌이오 와치헌이 별당이라/ 집 일홈 불감ᄒᆞ다 그 사람 ᄯᅩ 뉘신고/ 근심을 난화오니 내 ᄌᆡ죠 붓그럽다/……/ ③긔ᄒᆞᆫ을 ᄉᆡᆼ각ᄒᆞ면 아비ᄆᆞ음 엇더ᄒᆞ리/ ᄇᆡᆨ셩은 ᄌᆞ식이라 ᄌᆞ식을 침학ᄒᆞ랴/ 열 스물 ᄀᆞᆺ게 되면 먹여 살녀 ᄂᆡ련 마ᄂᆞᆫ/ 챵늠이 부족ᄒᆞ니 여러 ᄌᆞ식 엇디ᄒᆞ리/ ④농ᄉᆞᄂᆞᆫ 셔속이오 ᄉᆡᆼ업은 마젹이라/ 이 두 가지 그릇되면 ᄉᆞ방의 뉴리ᄒᆞ리/ 보ᄂᆡ고 가ᄂᆞᆫ ᄆᆞ음 참측을 어길쏘냐/ 근심 우 나눌 분이 이거슬 일음이라/ 만힝으로 낙셰 마나 갓던 ᄇᆡᆨ셩 도라와서/ 쳐자 형뎨 잘 잇다면 츔이라도 츄올너라/ 3) 이 ᄯᆡ를 당케 되면 온갖 맛시 더욱 죠희/ ᄉᆞ동면 고치 굽고 당양면 잣쥭 ᄲᅮ어/ 옥 ᄀᆞᆺᄒᆞᆫ 소금 ᄶᅵᆨ고 눈 ᄀᆞᆺᄒᆞᆫ 슐을 타셔/ 단단이 씹어 먹고 훌훌이 마신 후의/ 산ᄉᆞ 머루 다ᄅᆡ 졍과 ᄉᆡᆨᄉᆡᆨ으로 입의 너허

자료4의 1)은 서사 부분이고 2)는 화자의 애민(愛民)이 드러난 본사 부분이다. 2)의 ①은 화자가 급장유의 유풍을 잇고자하는 포부를 드러낸 것으로 <관동별곡>과 같다. ②에서는 별당의 이름이 와치헌(臥治軒)인데 화자는 그 이름에 맞는 능력을 구비하지 못하여 부끄럽다고 하였다. ③은 화자가 아비 된 몸으로 백성을 먹여 살리지 못함을 한탄한 것이다. ④는 백성들이 잘 살게 되면 춤을 추겠다는 것이다. 전체적으로 화자의 애민이 드러나고 치자로서의 권위를 유지하고 있다. 그런데 1)과 3)의 구절은 화자의 어투에 변화가 있다. 3)은 백성이 잘 살게 되면 온갖 음식이 맛있을 정도로 기쁘다는 것이다. 그 기쁨이 2음보 단위로 나열되어 있다. 나열된 어구들은 '단단이 씹어' '훌훌이 마시'거나 'ᄉᆡᆨᄉᆡᆨ이 입에' 넣는 일상의 구어체이다. 이 점은 1)에서도 확인된다. 1)은 화자가 관직에 임명된 기쁨을 표현한 것이다. 성은망극이나 이 몸이 쓸 데 없어 죽림에 누었다는 것은 조선전기 기행가사에 일반적으로 나타나는 구절이다. 그런데 '냉한자(冷寒者) 더워지고'나 '마른 나무에 꽃이 핀다'는 구절은 일상의 구어체이다. 이러한 구어체의 개입은 2)에서 형성된 화자의 치자로서의 모습에 변화를 야기한다. 3)의 '단단이 씹어' '훌훌이 마시'거나 'ᄉᆡᆨᄉᆡᆨ이 입

에' 넣는 모습은 화자가 촌노의 모습으로 비하(卑下)되고, 그 비하로 웃음이 유발된다. 이러한 웃음은 치자의 애민이라는 이념을 이탈하게 한다.

또 다른 예는 조희백의 <도해가>이다. 화자는 함라태수 겸 영운관에 임명되자 성은에 감사하고, 석화를 캐기 위하여 열 손가락에 피가 난 제주도민을 불쌍하게 여기는 중세이념에 따른 치자의 모습이다. 이러한 모습이 배가 역풍을 만났다가 벗어나는 대목[119]에서는 다르다. 뒤 사공이 잘못하여 배가 돌과 부딪힐 듯하자 "아차 아차 어찌할고"라며 걱정하는 말을 내뱉는 범부(凡夫)의 모습이다. 역풍을 벗어나기 위해 사공들에게 돈 석 냥을 상급하고 사공들이 노래 부르며 즐거이 노를 젓자 '석 냥을 상금으로 내니 사귀신도 할 것 같다'고 한다. 인덕(人德)보다 물질을 중시하는 범부의 모습이다. 중세이념에 따른 관인의 모습이 비하되었다.

3) 3인칭 서술자 : 논쟁적 대화와 인물의 형상화

독백보고변모형에서 1인칭 화자는 부분적으로 3인칭 서술자로 변모한다. 3인칭 서술자는 인물에 대한 보고, 사적에 대한 보고, 화자와 인물 간의 대화 등에서 보인다. 인물에 대한 보고에는 인물에 대한 사실적인 설명인 경우, 인물을 묘사한 경우가 있을 수 있다. 인물 묘사는 인물에 대한 형상화를 포함한 것으로 인물에 대한 서술자의 시각이 있는 것이다. 사적에 대한 보고에는 화자가 사적을 요약하는 경우, 사적 속에 인물의 대화가 있고 사적에 대한 서술자의 분석이 있는 경우가 있을 수 있다. 대화와 분석의 경우에 서술자의 시각이 드러난다. 인물의 대화에는 단순한 문답인 경우, 이념이나 가치가 다른 상이한 인물에 의한 논쟁인 경우가 있을 수 있다. 논쟁은 두 인물의 상이한 성

119) "촌촌 전진 ᄒᆞ노라니 고ᄃᆡ도를 언제 갈고/ 돈 셕냥을 상급ᄒᆞ니 노ᄅᆡ 불너 즐기도다/……/ 압 뒤 사공 겁을 ᄂᆡ여 돌머리를 밧겟구나/ 앗ᄎᆞ 앗ᄎᆞ 엇지 홀고 어여챠 이어ᄎᆞ/ 져어다고 ᄂᆡ 격군아 쳔우신조 무ᄉᆞ과경/……/ 우리 셩쥬 뫼셔 뵌 듯 ᄃᆡ궐 셤을 건너 볼가/ 진녁ᄒᆞ여 노을 졋ᄂᆡ 셕냥 상급 ᄂᆡ여거니/ ᄉᆞ귀신도 ᄒᆞ오리라".

격을 형성하는 것이다. 논쟁일 때 서술자의 시각이 드러난다.

> 1) 창도역 못미쳐서 열여장씨 정문이라/ 장열여의 절ᄀᆡ보소 년광니 십구세의/ 츌가셩닌 못ᄒᆞ여셔/ 병자호란 변을 만나 오랑ᄏᆡ의 사로 잡혀/ 인물이 절ᄉᆡᆨ이라 도젹니 ᄉᆞ모ᄒᆞ여/ 엇ᄀᆡ를 후여 잡고 겁칙 필욕 ᄒᆞ랴ᄒᆞ니/ 장씨 마음 분니 여겨 즁심의 혀아리되/ 부모의 바든 혈육 도젹의 둘러우니/ 여ᄌᆞ의 고든 절ᄀᆡ 사ᄉᆡᆼ을 도라 보랴/ 도젹의 자분 엇ᄀᆡ 칼을 ᄊᆡ여 잘은 후의/ 그 칼노 자문ᄒᆞ니 일누잔명 가련ᄒᆞ다/....../ 2) 오십삼불 앉았더라 중들의 일은 말이/....../ 안창 마을 권롱 놈이 본관의 고하거늘/ 고성원 노춘이라 그말 듣고 뒤를 따라/ 개재영 올라가서 중대로 지날 적의/ 승 하나히 보이더니 홀연이 간대 없고/ 그 압에 개 하나가 따라 오다 어디가고/ 노루 하나 뛰어 간다 그 위를 바라보니 오색 구름 어리었다/ 이러한 사적으로 영일홈을 개재라 하고/ 대 이름을 중대요 넘어 고개 노루목이라/ 법당 옆의 집 한 간 지어 노춘 동상 앉혓더라

위 인용문은 조윤희(趙胤熙)의 <관동신곡(關東新曲)>이다. 1)은 창도역의 장씨녀 사적이고 2)는 유점사 사적이다. 1)의 내용은 장씨녀가 병자호란 때 오랑캐의 능욕에 대항하여 절개를 지켰다는 것이다. 1)에서 "장씨 마음 분히 여겨 중심에 헤아리되"라는 구절은 화자가 인물의 "분한 마음"이라는 심리를 분석한 것이다. 이후 부모에게 받은 혈육이 도적에게 둘러 싸여 어찌할 수 없게 되었으니 곧은 절개로 사생을 돌아보지 않겠다는 장씨녀의 발화되지 않은 생각이 제시된다. 화자가 장씨녀의 생각을 분석하여 드러낸 것이다. 화자가 서술자 역할을 한다. 2)는 유점사 사적이다. 2)에서 "승하나가 보이더니 홀연이 간대없고"와 "오색 구름 어리었다"고 판단하는 것은 사적의 등장인물인 노춘이다. 화자가 인물의 판단이나 생각을 중개하는 서술자이다.

독백보고변모형에 속하는 작품은 총 17편이다. 이 가운데 사적에 대한 보고, 인물의 대화, 인물에 대한 보고가 있는 작품은 15편이다. 15편에서 3인칭 서술자의 유무를 표로 정리하면 다음과 같다.

순번	작품	사적보고	인물의 대화	인물보고	서술자의 분포
1	<일동장유가>		9개(서술자 4)	9개(서술자 4)	8/ 18
2	<표해가>		3개(서술자 2)		2/ 3
3	<북새곡>		7개(서술자 6)	1개(서술자 1)	7/ 8
4	<금강산가(1816)>	1개(서술자 1)			1/ 1
5	<번천 봉래곡>	2개(없음)			0/ 2
6	<서행록>			3개(서술자 2)	2/ 3
7	<지헌 금강산유산록>	6개(서술자 3)		3개(서술자 3)	6/ 9
8	<어당 금강별곡>			1개(서술자 1)	1/ 1
9	<관동장유가>	6개(서술자 3)			3/ 6
10	<동유가>	1개(서술자 1)		1개(서술자 1)	2/ 2
11	<연행가>			4개(서술자 2)	2/ 4
12	<북행가>		2개(서술자 2)		2/ 2
13	<동유금강록>	4개(서술자 2)			2/ 4
14	<관동신곡>	1개(서술자 1)			1/ 1
15	<대일본유람가>			3개(서술자 1)	1/ 3

<번천 봉래곡>을 제외한 14편의 작품에서 인물보고, 사적보고, 인물간의 대화 등에 3인칭 서술자의 역할이 보인다. 특히 <북행가>는 화자와 기생의 대화가 전편을 차지한다. 3인칭 서술자는 작품에서 어떤 역할을 하는가?

① 논쟁적 대화

다음에 제시하는 자료는 독백보고형의 작품인 <단산별곡>·<탐라별곡>과 독백보고변모형의 작품인 <북새곡>이다.

자료1. 신광수(申光洙), <단산별곡(丹山別曲)>

石門을 바라보니 놀납다 져 峰巒은/ 어이하여 뚤렸는가 용문산 따린 도끼/ 수문을 내었는가 거령의 큰 손바닥 산창을 밀쳤는가/……/ 仙人沓 열두 바미 瑤草를 심었는가/ 선인은 어디가고 들엉만 나마시니/ 우리백성 권경하여 수성의 올

리고져

자료2. 정언유(鄭彦儒), <탐라별곡(耽羅別曲)>

1) 여엽불ᄉᆞ 우리 백성 무삼일노 편고하여/ 의식이 간군하나 홍미가 잇슬손가/ 팔양족답 겨우하야 박전을 경작하니/ 자른 허믜 젹은 보십 신고히 매갓구어/……/ 2) 거리거리 모단 기민 가교잡고 일는 말이/ "셜러울산 우리 生命 나라혜 달녓스니/ 유민도 욍겨다가 인군이 기신ᄃᆡ 알와고죠/ 가죽 옷 전립이 이 무산 의관인고……/ 세세에 國恩 입어 나포 이전 허비하니/ 청속도 낫치 업고 생계도 망연하다/ 목자일족 포작 구실 이에셔 더 셜우며/ 선격의 무역 무리 그안이 난감한가/ 창명이 하녁하고 邦禁이 엄절하니/ 살 곳에 못가기난 흘간산언 ᄉᆡ 갓도다"/ 3) "슬프다 너의 간고 내 어이 모르리오/ 힘대로 구제키난 관장에게 매였으나/ 견디어 지내기난 네 마음에 달였으니/ 그럴사록 척념하야 상히 심성 보존하야/ 천은을 닛지 말고 부자형제 상애ᄒᆞ면/ 천황이 구버 보셔 복록을 쥬시나니/ 공곤을 한치 말고 네 道理 진심하면/ 기중에 영화 잇셔 빈쳔을 버셔나니/ 넷 시절 도라보면 그 아닌 알 일인가

자료3. 구강(具康), <북새곡(北塞曲)>

1) 헌 누덕이 입은 뉴가 남진인지 계집인지/ 어린 자식 등의 업고 ᄌᆞ란 ᄌᆞ식 손의 썰고/ 울면서 눈물 삣고 업더지며 오ᄂᆞᆫ 모양/ ᄎᆞ마보지 못ᄒᆞᆯ너라 나즉이 뭇넌 말솜/ 2) "어듸로셔 죠ᄎᆞ오며 어듸러로 가랴ᄂᆞᆫ고/ 주려들 가ᄂᆞᆫ인가 가게되면 어더 먹나/ 아모데도 ᄒᆞᆫ가지라 날 ᄯᅡ라 도로 가면/ ᄌᆞᄂᆡ 원님 가셔 보고 안졉ᄒᆞ게 ᄒᆞ야 쥽ᄉᆡ"/ 3) 겨우 겨우 ᄃᆡ답ᄒᆞ되 "우리 곳은 당진이라/ 여러 ᄒᆡ 흉년 들어 살길이 업ᄂᆞᆫ 듕의/ 도망ᄒᆞᆫ 이 신구환을 잇ᄂᆞᆫ 쟈의 물니랴니/ 제것도 못 바치며 남의 곡식 엇다ᄒᆞᆯ고/ 못 바치면 ᄆᆡ 마즈니 ᄆᆡ 맛고 더욱 살가/ 정처 업시 가게 되면 죽을 쥴 알건마ᄂᆞᆫ/ 아니 가고 엇디ᄒᆞ리 굼고 맛고 죽을 디경/ 출하리 구렁의나 념녀 업시 뭇치이면/ 도로혀 편ᄒᆞᆯ지라 이런 고로 가노메라"/ 급히 급히 넘어가쟈 이 ᄇᆡᆨ셩 살녀 보세

위 자료들은 치자(治者)가 백성의 삶을 살핀다는 내용이 같다. <단산별곡>은 독백으로 되어 있고 <탐라별곡>과 <북새곡>은 대화로 되어 있다. <탐라별곡>은 백성과 화자의 대화이다. 백성의 말에서 서술자의 인용투어가 축소된다. 그리고 백성에 대한 묘사도 없다. 화자의 3인칭 서술자로서의 역할이 미약하다. 또한 백성은 자신의 생명은 나라에 달렸고 국은(國恩)으로 고기잡이 한다고 하였다. 중세이념을 따른 것이다. 이에 대하여 화자의 응답은 백성이 심성을 보존하고 자신의 도리에 진심을 다하라는 것이다. 중세이념이다. 대화의 두 인물이 중세이념을 바탕으로 하고 있다. <단산별곡>과 <탐라별곡>은 독백과 대화라는 기법에만 차이가 있지 작자의 의식에는 차이가 없다. <북새곡>은 이것과 다르다.

<북새곡>은 화자와 백성의 대화이다. 화자는 백성의 모습을 "헌 누덕이 입은 뉴가 남진인지 계집인지/ 어린 자식 등의 업고 ᄌᆞ란 ᄌᆞ식 손의 썰고/ 울면서 눈물 씻고 업더지며 오는" 모습으로 묘사한다. 그리고 "나즉이 뭇넌 말숨"·"겨우 겨우 ᄃᆡ답ᄒᆞ되"와 같이 인용투어를 빈번히 사용한다. 화자의 3인칭 서술자로서의 역할이 부각된다. 백성은 자신은 장진(長津)에 살았는데 여러 해 흉년이 들어 살 길이 없던 중에 도망한 사람의 신구환(身救還 : 환자빚)을 남은 사람들에게 물리고 그 돈을 바치지 않으면 매를 치므로 도망하게 되었다고 한다. 삼정의 문란과 지방 관료의 부패에 대한 비판이다. 국은(國恩)이나 나라에 매인 몸이라는 중세적 이념에서 벗어나 당대 현실의 모습을 구체적으로 제시한 것이다. 이에 대하여 화자는 어디를 찾아가면 얻어먹겠느냐며 모든 곳이 한가지라고 한다. 백성을 설득하는 전통적인 치자(治者)의 입장이다. 백성의 말은 당대 현실을 반영하고 있음에 비하여 화자의 말은 중세적 이념에 토대를 둔 것이다. 중세의 이념과 탈중세의 현실이라는 작자의 이중의식이 화자와 백성의 대화를 통하여 드러난 것이다.[120] 다른 예는 <북새곡>

120) 당대 현실을 반영하려는 작자의 의식은 작품의 곳곳에서 찾을 수 있다. <북새곡>에서 북관의 관리인 유부사와 이도호를 비난하며 이징(里徵)과 족징(族徵)을 없애겠다는 포부를 피력한 대목, 백성들이 돈서를 사냥하여 환자(還子)를 마치는데 몹쓸 관당에 의하여

에서 화자가 수성역촌에서 장가 못간 노총각인 석도령을 만난 대목이다. 석도령은 화자에게 “내 양반 좋건만는 가난한 탓”에 아직 장가를 못 갔으며, “가계가 유족하니 장가들게 되면 그 재물이 자신”의 것이 되기 때문에 이별감(李別監)의 독녀(獨女)와 결혼하기를 원한다고 한다. 양반이라는 신분보다 재물을 우선한다. 신분이라는 중세적 이념에 대한 회의적인 작자의 시각이 드러난다.121)

<일동장유가>에서도 논쟁적 대화를 확인할 수 있다. 대표적인 것이 원중거(元重擧) 사건에 대한 정사(正使)와 김인겸의 대화이다. 원중거 사건이란 부방서기(副房書記)인 원중거가 하급군관이며 선장(船將)인 김구영에게 욕을 당하자, 임무를 버리고 서울로 올라갔다가 정사(正使)가 명령하자 다시 내려온 것이다. 김인겸은 정사(正使)에게 달려가 김구영의 치죄가 부족하다며 따져 그 뜻을 관철한다. 이 사건은 “반쪽 양반인 서얼 신분의 서기들에 대한 군관 서리배의 얕잡아봄이 작용한”122) 것으로 신분 갈등이 주요 문제이다. 다음은 화자와 정사의 대화이다.

자료4. 김인겸(金仁謙), <일동장유가(日東壯遊歌)>

청죄도 아니ᄒᆞ고 방의 드러 안즈랴니/ 분ᄒᆞᆷ믈 못니긔여 도로 가라 호령ᄒᆞ니/ 귀영이 발악ᄒᆞ고 불공ᄒᆞᆫ 말 만이 ᄒᆞ니/……/ ᄌᆞ직가 졀분ᄒᆞ야 삭말 타고 올나갈 제/ 남시온 셩ᄉᆞ집이 북문의 와 보닐 제/ 불승강ᄀᆡᄒᆞ야 손목 쥐고 눈물 지니

녹이(鹿茸)도 돈피로 변하는 실정을 토로한 대목 등이 예이다. <교주별곡>에서는 풍헌(風軒) 동장(洞長) 이정(里丁)들이 백성을 재촉하고 관의 말직까지 주민을 수탈한다며 중간계층의 수탈을 비판한 대목, 감사도 모르는데 임금이 어찌 알겠냐며 왕권의 약화를 토로한 대목 등이 예이다. 작자가 19세기 당대의 삼정의 문란, 중간 계층의 수탈, 왕권의 약화라는 현실을 반영한 것이다. 19세기 삼정의 문란과 중간 계층의 수탈은 고석규, 『19세기 조선의 향촌사회연구』, 서울대학교 출판부, 1998 참조.

121) 또 다른 예는 화자가 낙송자(落訟者)는 칭원(稱寃)하여 몹쓸 말을 지어 내기 때문에 어사하기 어렵다고 한 대목이다. 어사의 직위가 낙송자가 몹쓸 말을 할 정도로 그 권위가 떨어졌다.

122) 박희병, 앞의 논문, 1992, 710면.

/……/ 병무 군관 이 말 듯고 일시의 간ᄒᆞ오ᄃᆡ/ "아모리 셔긔오나 비장과 다ᄅᆞ옵고/ 글 닑은 션ᄇᆡ오니 잡아오든 못 ᄒᆞ오리" 경샹이 올히 넉여 편지ᄒᆞᄃᆡ 아니 오고/……/ 2) ᄋᆡ돏다 원ᄌᆞ직가 삼일만의 도로 오니/ 김귀영 샹방의셔 다만 결곤 삼도ᄒᆞ니/ ᄌᆞ직도 인입ᄒᆞ고 두문ᄉᆞ 칭병ᄒᆞᄂᆡ/……/ 힝구를 몰속 출혀 삼션으로 보ᄂᆡᆫ 후의/ 이리 혜고 져리 혜니 ᄌᆞ직 셜치 못 ᄒᆞᆫ 젼은/ 아니 가미 올흔지라

자료5. 김인겸(金仁謙), <일동장유가(日東壯遊歌)>

가) 곳쳐 ᄉᆞ러 엿ᄌᆞ오ᄃᆡ "이번의 쳔니 길을 뫼웁고 나려와셔 외국의 가게되니……오날은 박부득이 죽죄ᄒᆞ라 왓ᄂᆞ이다"/ ᄉᆞ샹이 무ᄅᆞ시되 "무ᄉᆞ 일노 그러ᄒᆞᆫ고"/ "다른 일이 아니오라 원셔긔 일이올소이다"/ "원봉ᄉᆞ 욕 본 일을 김진ᄉᆞ가로 맛하 부졀업시 싱셩ᄒᆞ야 과거를 ᄒᆞ랴ᄂᆞᆫ고"/ 나) ᄂᆡ 곳처 ᄒᆞ온 말이/ "그러치 아니ᄒᆞ오……셔긔 노릇ᄒᆞᄂᆞᆫ 냥반 비록 심히 제미ᄒᆞ나/ 님하의 독셔ᄒᆞ고 ᄌᆞ호ᄒᆞᄂᆞᆫ 션ᄇᆡ로셔/ 욕본 ᄡᅡ히 안ᄌᆞ다가 ᄇᆡ탄 후 ᄯᅩ 욕보면/ 하늘노 못오르고 바다흐로 못들지라/ 평지의셔 ᄒᆞᄃᆡᆨᄒᆞ고 가ᄂᆞ이다"/ 다) ᄉᆞ샹이 ᄒᆞ오시ᄃᆡ "김진ᄉᆞ 이런 말은/ 진실노 의외로다 그ᄃᆡ 입시ᄒᆞ야/ 특명으로 글지이고 이국의 보ᄂᆡ시니/ 쳔은을 감격ᄒᆞ야 화국ᄒᆞ고 도라오미/ 분의예 옵삽거ᄂᆞᆯ 변발시비 ᄭᅥ어 ᄂᆡ여/ 김진ᄉᆞ 아니 가면 져 셰ᄉᆞ람 어이갈고/ 네히다 못갈 진ᄃᆡ ᄉᆞ힝인들 어이갈고/ 나라 일 그릇 되면 김진ᄉᆞ 탓 아닌가"/ 라) "어져 그 말 마오 예븟터 션ᄇᆡ 츌쳐/ 나라 일과 남의 일을 슌편이 ᄒᆞ랴ᄒᆞ고/ 제몸 몬져 더러인일 ᄉᆞ칙에도 업ᄉᆞᆸᄂᆞ니/ ……용녈ᄒᆞᆫ 이 션ᄇᆡ를 무어싀 쓰오릿가" 마) ᄉᆞ샹이 곳처 ᄒᆞᄃᆡ "ᄂᆡ 임의 치죄ᄒᆞ고/ ᄐᆡ거를 ᄒᆞ여시니……ᄂᆡ 말을 시힝하소"/ "하괴 비록 유리ᄒᆞ나 쳔니와 다ᄅᆞ외다……일즉이 나가와셔 먹을 도리 ᄒᆞᄉᆞ이다" 인ᄒᆞ여 니러서서 나오려 ᄒᆞ올 적의/ 바) ᄉᆞ샹이 니러셔셔 급급히 손을 잡고/ 위로ᄒᆞ여 니ᄅᆞ시되 "셩의가 불부ᄒᆞ야/ 처ᄉᆞ 잘못ᄒᆞ엿시니 ᄂᆡ 장ᄎᆞᆺ 회심홈싀"/ 누누히 개유ᄒᆞ고 회우ᄒᆞᄂᆞᆫ ᄯᅳᆺ즐 뵈니/ 이 말ᄉᆞᆷ 듯ᄌᆞ오니 마음이 풀니인다

자료4의 처음 부분은 화자가 원중거가 욕을 보고 동료의 만류에도 서울로

갔다는 내용을 요약한 것이다. 이후 화자는 "분ᄒᆞᆷ믈 못 이기"고 "노긔가 발발"하는 원중거의 감정을 제시하고, 동료인 남시온과 성사집의 불승강개하는 감정을 분석 제시한다. 이것은 화자가 인물의 심리를 분석 제시한 것으로 3인칭 서술자의 역할을 한 것이다. 자료5는 화자와 정사의 대화이다. 대화를 요약하면 다음과 같다.

정사 : 당사자의 일이 아닌데 화자가 끼어들고 있다.(가)
화자 : 서기는 선비로 임하(林下)에서 독서로 자오(自娛)하며 욕보는 것을 치욕으로 여긴다.(나)
정사 : 천은(天恩)에 감사하며 공무에 충실함이 옳다.(다)
화자 : 선비의 도리는 결신(潔身)하여 지조를 지킨 이후 공무에 봉사하는 것이다.(라)
정사 : 이미 치죄하였다. (마)
화자 : 치죄에 사사로운 관계가 있어 공정성에 문제가 있다. (바)
정사 : 화자의 말에 따르고 실행에 옮기겠다.

정사는 원중거의 일이 선비의 도리와 관련된 것이라는 인식을 하지 못한다. 개인의 일상에서 발생한 문제로 인식한다. 이에 대하여 화자는 이 일이 선비의 도리와 관련된 것임을 순차적으로 진술하고 있다. 이후 정사는 화자의 논리에 설득되어 인식의 변화를 보인다. 즉 대화가 단순한 문답이 아니라 인물의 태도 변화와 문제해결의 과정을 보여준다. 결국 독백보고변모형에서의 대화는 중세이념과 탈중세라는 면이 복합되어 나타난다. 이것은 작자의 중세이념과 탈중세라는 이중의식을 대화로 드러낸 것이다.

② 인물의 형상화

자료1. 홍순학(洪淳學), <연행가(燕行歌)>

1) 서로의 친한 선빌 예리로 불러 존문하니/ 존문선비 와서보고 생색된다 치사하네/ 2) 茶啖床 물려주고 기생 불러 술 권하니/ 큰 상을 받아 놓고 喜色이 滿面한 중/ 어렵고도 부끄러워 어찌할 줄 전혀 몰라/ 좌불안석 하는 모양 그 또한 장관일레

자료2. 작자미상, <동유가(東遊歌)>

"요년 요년 요악ᄒᆞᆫ년 불여오 갓튼 년아……어룬이 널부르면 브르통 ᄒᆞ고 셔셔/ ᄃᆡ답도 아니하니 너만년이 그러ᄒᆞ냐/ 양즙짜 노하둔 것 된장의 드러붓고/ 기름짜 노하둔 것 거더차 업지르고/ ᄉᆡ소금 복가둔 것 물타셔 ᄂᆡ버리고/ 두부를 사다쥬고 반찬ᄒᆞ라 ᄒᆞ엿더니/ 시렁우희 언져두고 뒤다주어 보ᄂᆡ시니/ 열모의 ᄒᆞᆫ 모인들 쓸데가 무엇시니/ 너 어머니 그 사ᄅᆞᆷ이 ᄉᆞ돈노릇 잘ᄒᆞ엿지/ 션ᄎᆡ간 것 다 먹고셔 니불 소유 아니두고/ 찰하리 셔울 갓다/ 종으로나 팔아먹지 너ᄃᆞ려 오노라고/ 교군이야 마삭이야 ᄂᆡ빗지 긔예넘어 밤낫으로 허덕이니/ 방졍맛고 망홀년야 쥬리방치 안길년아"/ 아모리 상것신도 무식도 홀거이고/ 고롱을 도라보고 곡직을 논란타가

자료3. 이상수(李象秀), <어당 금강별곡(峿堂 金剛別曲)>

길은 ᄉᆞᆫ쳐지고 길발이 젼혀 읍다/ 다가오든 계집들이 물가의 밥 식히고/ 갓 벗고 동옷 벗고 토상 바람 된 ᄆᆡᆫ두리/ 길읍ᄂᆞᆫ 물속으로 이돌 져 돌 건녀 쒸여/ ᄎᆡ삼 군의 인삼 찻듯 산양군의 ᄆᆡ를 찻듯/ 허긔져서 술막찻듯 밤길일코 인가 찻듯/ 가다 쉬고 쉬다 가셔 긔엄긔엄 올나갈 제

자료1은 화자와 친분이 있는 선비가 처음에는 점잖은 체 하다가 기생을 보고 기뻐한다는 내용이다. 친한 선비라는 인물의 반전으로 흥미를 주고 있다. 화자는 그 반전에 알맞게 선비의 모습을 "희색이 만면하고 어렵고도 부끄러워하는" 것으로 묘사한다. 다담상과 기생들이 가까이 오자 선비가 기뻐하는 모습을 형상화한 것이다. 자료2는 화자가 시어머니의 말을 직접 인용한 것이

다. 시어머니는 "요년- 안길 년아"라며 며느리를 욕하며 며느리의 악행을 나열하고 있다. 그 악행의 구절은 "양즙짜 노하둔 것 된장의 드러붓고/ 기름짜 노하둔 것 거더차 업지르고/ 씌소금 복가둔 것 물타셔 닉버리고"이다. 며느리의 행위가 비정상적이고 과장되어 있다. 판소리에서 부정적 인물을 형상화[123]하여 흥미를 유발하는 것과 같다. 자료3은 화자가 다가오는 여인들의 행위를 묘사한 것이다. 그 행위는 "갓 벗고 동옷 벗고"와 "칙삼 군의 인삼 찻듯 산양군의 믹를 찻듯/ 허긔져서 술막찻듯 밤길일코 인가 찻듯"하다. 판소리에 나타난 부정적 형상화와 같다.

자료4. 박희현(朴熺鉉), <지헌 금강산유산록(止軒 金剛山遊山錄)>

슈십여 발 편 남그로 두 곳을 진닉셔니/ 뒤에서 급피 부른 져 마누라 거동보소/ 곱송 고른 식우 등의 결망틔 억기 메고/ "서방 임 건닉 쥬소 이 술병 건닉 쥬소/ 귀 어둡고 눈 어둔 이닉싱 이 쌘일쇠"/ 술병을 바다 들고 옷길셜 씌들어셔/ 정다이 건닉 쥬니 이 마누라 거동 보소/ 권쥬가 제법일쇠 "잡우시오 잡우시오/ 이 술 흔즌 잡우시오 싱원임 덕택으로/ 즐 건닉니 닉복일쇠" 저런 몰골 권쥬가는/ 그 역시 경아닌가

자료4는 '져 마누라'라는 인물을 묘사한 것이다. '마누라의 거동보소'는 내용의 시작을 알리는 것이고 '그 역시 경 아닌가'는 내용의 끝을 알리는 것이다. 액자식 구성이다. 액자 안에서 화자가 인물을 묘사한다. 인물의 모습은 '곱사등 식우등'으로 희화화되고, 인물은 절박한 처지에서도 술병 먼저 건네달라고 하고, 물을 건네주니 "잡우시오 잡우시오/ 이 술흔즌 잡우시오"라며 권주가를 부르는 희화화된 모습이다. 인물을 희화화하여 흥미를 유발한다.

---

123) 인물의 부정적 형상화란 인물의 부정적인 모습을 과장되게 묘사하여 그 인물을 희화화한 것이다. 판소리 <심청가>에서 뺑덕 어미에 대한 묘사가 대표적이다. 이때 화자는 인물에 대하여 객관적 거리를 유지한 3인칭 서술자이다. 부정적 형상화는 김대행, 『시가 시학 연구』, 이화여자대학교 출판부, 1991, 223-230면 참조.

자료5. 김인겸(金仁謙), <일동장유가(日東壯遊歌)>

1) 종ᄉᆞ샹의 병방군관 ᄉᆡᆨ듕의 아귀로셔/ 셔울셔 ᄯᅥ나면셔 저녁 참의의/ 힝슈호장 호령ᄒᆞ야 고은 차모 츄심ᄒᆞ며/ 오히려 낫비 역여 ᄂᆡ게와 간쳥ᄒᆞ되/ 2) 드ᄅᆞᄆᆡ 즛시 뮈워 ᄒᆞᆫ 번을 속여보ᄉᆡ/ 헛ᄃᆡ답 쾌히ᄒᆞ고 졍녕이 상약ᄒᆞ야/ 동졍ᄌᆞ 지나와셔 예천읍ᄂᆡ 드리ᄃᆞ라/ 뭇기ᄉᆡᆼ 불너세고 기듕의 말ᄌᆡ 기ᄉᆡᆼ/ 늙고 얽고 박박ᄉᆡᆨ을 갈희고 갈희여셔/ 니방의게 분부ᄒᆞ고 병창ᄎᆞ모 졍ᄒᆞᆫ 후의/ 의막의 안져드니 3) 젼ᄇᆡ로 몬져와셔/ ᄉᆞ방의 잠간뵈고 내게로 급히와셔/ 우스며 이른 말이 "쳥ᄒᆞᆫ 말 엇디된고"/ 4) 거동이 졀도ᄒᆞᄃᆡ 우슴을 겨요 참고/ 은근이 ᄃᆡ답ᄒᆞ되 "동힝의 그만 쳥을/ 내 어이 허루ᄒᆞ리 ᄎᆞ듕의 제일ᄉᆡᆨ을/ 갓가스로 뒤져내여 그 ᄃᆡ ᄎᆞ모 졍ᄒᆞ엿ᄂᆡ/ 하쳐로 어서가셔 불너보면 아니 알가/ 셔시옥진 졀대ᄉᆡᆨ도 이에셔ᄂᆞᆫ 못나으리/ 오늘 밤 합친ᄒᆞ고 내덕으로 아오소셔/" 5) 드르ᄆᆡ 웃ᄂᆞᆫ 입이 함박지만 ᄒᆞᄂᆞᆫ 고나/ 창황이 도라셔셔 젼도이 나가거늘/ ᄒᆞᄂᆞᆫ 양 보랴ᄒᆞ고 나도 함긔 ᄯᆞ라가니/ 안방의 겨요 들며 ᄉᆞ령불너 분부ᄒᆞ되/ "이 고을 슈쳥ᄎᆞ모 어이 아니 현신ᄂᆞ니/ 급히와 목마르니 ᄎᆞ 냉큼 가져오라"/ 이윽고 현신ᄒᆞ니 져 ᄎᆞ모 뫼양보소/ 빡 갓흔 져른 머리 실노 ᄶᅡ하 마조ᄆᆡ고/ 눈 쉽 기인 오흰 눈을 히부ᄉᆡ여 겨요 ᄯᅳ고/ 옷조롱 갓흔 낫ᄐᆡ 명셕처로 얽어고나/ 무명반물 뒤롱다리 귀ᄉᆡᆺ지 담복 ᄡᅳ고/ 헌 져구리 자른 치마 현슌ᄇᆡᆨ결 ᄒᆞ여세라/ 동구안 삼월이ᄂᆞᆫ 예 비ᄒᆞ면 일ᄉᆡᆨ이라/ ᄎᆞ보오 손의 들고 ᄯᅳᆯ의와 조츰홀 제/ 밋살이 터져던지 방귀 조금 쒸거고나/ 져 병방 거동 보소 삼듕셕의 지혀 안ᄌᆞ/ 두눈이 ᄯᅮ러지게 죄오고 안져다가/ 호풍이 소삭ᄒᆞ야 무릅 ᄡᅥ 도라 안ᄌᆞ/ 낙심천만 ᄒᆞᄂᆞᆫ 거동 농ᄃᆡ긔예 비 마즛다/ 일좌가 박소ᄒᆞ고 ᄉᆞ면으로 조롱ᄒᆞ니/ 슈괴ᄒᆞᆫ 선우슴을 날만보고 ᄭᅮ짓ᄂᆞᆫ다

자료5의 내용은 '①삼방군관이 여색을 밝히다 ②나는 삼방군관을 속여 박색의 여인을 소개하다 ③삼방군관이 속아 넘어가다 ④삼방군관은 비웃음거리가 되다'이다. 내용이 속고 속임이라는 흥미적인 요소가 있을 뿐만 아니라 화자가 서술자의 역할을 함으로써 흥미가 획득되기도 한다. 화자는 삼방군관을 속이고, 삼방군관은 이것을 모르고 좋아하다가, 실망한다. 웃음은 기대와

반전에 있다. 이러한 기대와 반전은 서술자의 서술로 이루어진다. 화자가 작중인물로서 삼방군관을 속이는 행위와 심리에 대한 묘사가 있고(1), 삼방군관이 이것을 모르고 좋아하는 행위와 심리에 대한 묘사가 있으며(2), 반전이 있다.(3) 이러한 세 가지 요소를 표현하기 위하여 서술자는 인물묘사에 충실한다. 1)에서 서술자는 작중인물인 화자의 발화되지 않은 생각을 "드르매 짓이 미워 한번 속여보세"로 드러내고, 거짓이 탄로날까 경계하고 속셈을 은폐하는 마음을 "웃음을 겨우 참고 은근히"로 드러낸다. 2)에서 삼방군관은 작중인물 화자의 의도를 모르고 거동이 급하여 넘어질 듯하며, "웃는 입이 함지박만 하고 넘어질 정도로 급히 기뻐 달려가는 모습"으로 속음에 합당한 모습이다. 3)에서 화자는 차모의 모습을 "빡 갓흔 져른 머리 실노 짜하 마조ᄆᆡ고/ 눈 쇱기인 오흰 눈을 ᄒᆡ부ᄉᆡ여 겨요 쓰고/ 옷조롱 갓흔 낫ᄐᆡ 명셕처로 얽어고나/ 무명반물 뒤롱다리 귀ᄉᆡᆺ지 담복 쓰고/ 현져구리 자른 치마 현슌빅결 ᄒᆞ여세라"라고 표현한다. 삼방군관의 기대와 반대되는 외모이다. 기대의 반전을 노린 것이다. 이후 삼방군관의 모습을 "용대기에 비 맞았네"라는 속담으로 희화화한다. 이것을 보아 화자가 서술자의 역할을 함으로써 흥미를 유발한다.

자료6. 김인겸(金仁謙), <일동장유가(日東壯遊歌)>

1) 석양이 거의 되니 ᄉᆞ횡이 나려오ᄂᆡ/ 빈일헌의 드러가셔 삼ᄉᆞ신긔 참알ᄒᆞ고/ 관덕당의 나려와서 종ᄉᆞ샹긔 뵈오니/ 2) "응구첩ᄃᆡᄒᆞ야 글 ᄒᆞ나 지어ᄂᆡ면/ 창원 기ᄉᆡᆼ 운졍이를 샹을 즙식 어셔 짓소"/ 3) 나 만코 둘흔 션ᄇᆡ 괴로이 ᄉᆞ양ᄒᆞ니/ "ᄉᆞ나희 아니로ᄉᆡ 잠말 말고 어셔 짓소"/ 4) 문방ᄉᆞ우 ᄂᆡ여노코 셩화처로 ᄌᆡ촉ᄒᆞ니/ 5) 종시히 아니ᄒᆞ면 조흔 쯧이 ᄆᆡ몰ᄒᆞᄆᆡ/ 묵 가라 조희 펴고 붓 ᄒᆞᆫ번 두루치ᄆᆡ/ 니ᄐᆡᄇᆡᆨ 청평ᄉᆞ를 경직의 차운커라/ 쏘 네 기ᄉᆡᆼ ᄂᆡ여노코 비장으로 제비 쎱아/ ᄒᆞ나식 샹을 쥬니 잇글고 가ᄂᆞᆫ고야/ 일장을 박소ᄒᆞ고 햐처로 도라오니

자료6은 종사관이 글을 지어라고 청하자 작중인물인 화자가 당황하다가

마지못해 짓는다는 내용이다. 이 구절의 흥미는 종사관의 재촉과 화자의 당황함에 있다. 당황함이 형상화된다. 화자의 당황함은 "마침내 아니하면 좋은 종사장의 뜻이 매몰 되겠구나"라는 발화되지 않은 작중인물 화자의 생각이 제시됨으로써 가능하다.

인물묘사로 서사적 흥미를 유발한 예는 <연행가>·<북행가>에서도 찾을 수 있다. <연행가>에 "대풍악 들여놓고 가무를 구경하자/……/ 교언영색 저 태도는 정신을 흐리운다/ 저희끼리 시기하여 누구를 후리려고/ 들으니 색계상에 영웅열사 없다하데"라는 구절이 그 예이다. 화자는 풍류를 즐겨본 경험이 없어 당황스럽다. 이것에 흥미를 줄 수 있는 것은 기생들이 화자를 놀리는 것의 형상화 때문이다. 그 형상화는 "저희끼리 시기하여 후리"려는 기생의 생각과 "색계상에 영웅열사 없다하데"라는 발화되지 않은 기생의 생각을 제시함에 있다. 다음은 <북행가>의 관련 구절이다.

> 자료7. 유인목(柳寅睦), <북행가(北行歌)>
>
> 1) 호탕한 유진사가 네 서방이 되단 말가/ 가소로다 가소로다 남자 일 가소로다/……/ 2) 다시금 생각하니 봉산에서 인정두고/ 예 와서 너를 두면 그아니 의심하랴/ 청춘에 미친 나비 꽃을 보고 지내는 듯/ 녹수의 저 원앙이 물을 보고 지내는 듯/ 중정은 탐탐하나 강박하여 떼친 양은/ 이내 간장 철석이라

<북행가>는 화자의 여성 편력을 다룬 작품이다. 기녀·애첩 등과의 애정이라는 내용이 흥미를 유발하기에 충분하다. 뿐만 아니라 화자의 서술자로서의 역할로 흥미가 배가되기도 한다. <북행가>에서 화자는 국심(菊心)과 화홍(花紅)이라는 두 기생과의 만남과 이별을 2회에 걸쳐 반복한다. 만남에서 화자는 기생에 대하여 "문밖에 사영 한 쌍 국심의 현신이라/ 구름같은 땋은 머리 용봉잠 비겼구나"라고 하였고, "화홍의 고은 태도 보던 중 처음일세/ 아미를 반만 들고 추파로 송정하니/ 초양의 양대 운우 문산선녀 네 아니며/ 당명황의 태액부용 해당이 조으는듯"이라고 하였다. 기생에 대하여 미사여구를 구사하

여 작중인물 화자의 반응을 유도한다. 작중인물 화자의 반응은 자료7이다. 1)은 국심을 처음 대면한 화자의 진술이고 2)는 국심과 하루 밤을 보낸 후 화자의 진술이다. 2)가 주목된다. 화자가 국심과 밤을 보낸 다음 봉산에 있는 아내를 생각하는 대목이다. "강박하여 떼치는 양"의 주체는 화자이다. 화자가 객관화되어 있다. "청춘에 미친 나비" 이하에서는 민요조의 구절로 작중인물 화자가 국심에게서 헤어나지 못하는 모습이 형상화되었다. 민요조의 어투로 자신을 비판한 것이므로 실제 작중인물의 말로 보이지는 않는다. 이것은 제3자가 작중인물인 화자에 대하여 "저 놈은 청춘에 미친 나비가 꽃을 보고 지내는 갈다"라는 진술일 수 있다. 작중인물을 부정적으로 형상화한 것으로 판소리에 나타난 부정적 형상화와 유사하다.

자료8. 박희현(朴熺鉉), <지헌 금강산유산록(止軒 金剛山遊山錄)>

1) 지여문 들어셔니 열ᄒᆞᆫ 층 셕탑 보소/ 그 우ᄋᆡ 눙인보젼 법당도 광ᄌᆞᆼᄒᆞᄋᆡ/ 목가ᄉᆞᆫ 물어ᄂᆡ여 가지가지 ᄌᆞᆼ할시고/ 오십ᄉᆞᆷ불 슌금부쳐 공교로이 안쳐도다/ 동편의 ᄉᆞ당씹은 노츈시 뫼셧구나/ 그 아ᄅᆡ 셧는 군ᄉᆞ 영낭포 권롱일ᄉᆡ/ 이 ᄉᆞ젹 ᄌᆞ시보면 뉘 아니 취신할고/ 2) 셔ᄒᆞᆫ ᄂᆞ라 효명황네 즉위ᄒᆞᆫ지 갑ᄌᆞ년ᄋᆡ/ 신나국 남ᄒᆡ왕은 단연으로 인연이라/ 셔쳔 셔역 ᄉᆞ위국의 문슈보술 불도ᄒᆞ여/ 황금을 모아 들여 오십 ᄉᆞᆷ불 지어구나/ 쇠북이며 은옥고 돌ᄇᆡ예 실엇도다/ 만경ᄎᆞᆼᄒᆡ 먼 말니를 월지국에 다엿구나/ 3) 그 임금 반겨 보고 법당 지여 뫼시랴니/ 오십 삼불 하는 말이 네 ᄂᆞ라 연분 업다/ 우리 밧비 퓌국ᄒᆞ소 갈길이 밥부도다 / 4) 돌ᄇᆡ를 돌여타고 조션국 도라 셔니/ 고셩 고을 먼 말니예 영낭포 다이엿다 / 돌ᄇᆡ를 다인 후ᄋᆡ 오십 ᄉᆞᆷ불 하륙ᄒᆞᆫ이/ 션쥬암 유숙ᄒᆞ고 돌ᄇᆡ를 업쳐두고/ 금강ᄉᆞᆫ 들어가ᄉᆡ 그 겻ᄒᆡ 옥을 지어/ ᄉᆞ공얼 가두엇다 만만리 건ᄂᆡ 와셔 무ᄉᆞᆫ 죄로 구류ᄒᆞᆫ고/ 5) 션주암 볼죽시면 이ᄉᆞᆼ코 긔이ᄒᆞ다/ ᄉᆞ오간 쳐마집의 각ᄉᆡᆨ으로 ᄉᆞᆷ겻거다/ 감실갓치 쉬민 모양 탁ᄌᆞ 갓치 결엿구나/ 현반갓치 결인 모양 호박갓치 파 잇구나/ 그 압ᄒᆡ 돌ᄇᆡ보소 업친 모양 흡ᄉᆞ항에/ 이곳에셔 쇠북타고 금강ᄉᆞᆫ 들어오네/ 6) 적기시 권롱 보소 오십 ᄉᆞᆷ불 귀경ᄒᆞᄂᆡ/ ᄒᆡ지는 쥴 모르다가

관령을 거역ᄒᆞᄂᆡ/ 고셩군슈 노츄씨도 권롱 치죄 ᄒᆞ랴 ᄒᆞᆫ니/ 7) 권롱이 젼ᄒᆞᆫ 말이 이 ᄂᆡ 말슴 ᄌᆞ시 듯소/ 영낭도 다달나셔 오십 숨불 ᄒᆞ륙ᄒᆞᄃᆡ/ ᄒᆡ지도록 귀경타가 관령을 어긔이다/ 노춘씨 반겨 듯고 압셔우고 ᄎᆞᄌᆞ간다/ 8) 삼십니 ᄎᆞᄌᆞ 드니 슈목이 ᄎᆞᆷ천ᄒᆞ의/ 쇠북 노흔 흔젹 보소 지금거지 완연항에/ ᄒᆞᆫ 고ᄀᆡ 올나 셔니 문슈보살 지도 ᄒᆞᄂᆡ/ 또ᄒᆞᆫ 고ᄀᆡ 올나셔니 ᄀᆡ가 압ᄒᆡ 인도ᄒᆞᆫ다/ 9) 이ᄌᆡ 일홈 무어신고 ᄀᆡ지라 ᄒᆞ엿구나/ 또ᄒᆞᆫ 고ᄀᆡ 다달으니 놀기 나셔 인도ᄒᆞᄂᆡ/ 목말나 답답ᄒᆞᆫ이 우물이 긔이항의/ 10) 이 우물 엇더ᄒᆞᆫ고 노춘졍 젼ᄒᆞ엿ᄂᆡ/ 피곤ᄒᆞ여 누엇ᄉᆞᆫ이 쇠북소ᄅᆡ 반갑도다/ 11) 그 소ᄅᆡ 반겨시니 환희령 일넛구ᄂᆞ/ 졈졈 ᄎᆞᄌᆞ 들어가니 큰 못가의 남기 션ᄂᆡ/ 12) 그 남우 엇더ᄒᆞᆫ고 느름남기 증할시고/ 그 남글 치어보니 오십 숨불 안졋구나/ 노츈씨 반겨 보고 공슌 예ᄇᆡᄒᆞ니/ 오십 숨불 좌답ᄒᆞᆫ다 그 다음 이른 말이/ 이곳이 ᄂᆡ 곳일쇠 쥬인이 ᄌᆞᄂᆡ런가/ 우리 쥬축ᄒᆞ게 ᄒᆞ소 쥬인만 젼혀 밋ᄂᆡ/ 노춘씨 ᄃᆡ답ᄒᆞ고 급급히 도라왓다/ 남희왕씌 고ᄒᆞᆫ 후 유졈ᄉᆞ 충건ᄒᆞᄂᆡ/ 노춘씨 거동보소 쥬야를 졍셩일쇠/ 인병부 바려두고 부인게 이별ᄒᆞᄂᆡ/ 부인긔 이른 말이 부부도 조컨마는/ 션도만 갓흘손가 부인이 져말 듯고/ 간측ᄒᆞ고 가련홀ᄉᆞ 숨종지의 어이ᄒᆞ고/ ᄂᆡ 혼ᄌᆞ 공숭할가 노춘씨 ᄒᆞ는 말이/ 세렴을 어이ᄒᆞ고 나를 긋티 짜를는가/ 압ᄒᆡ 셔락 뒤에 셔락 금강순 들어간이/ 금강순 거의 가셔 비오기 엇진 일고/ 져부인 거동보소 중독 덥흘 ᄉᆡᆼ각 나ᄂᆡ/ 앗ᄌᆞ 그려 ᄉᆡᆼ각ᄒᆞᆫ니 졍신이 엇즐하ᄃᆡ/ 가도 오도 못ᄒᆞ여서 길의 업더졋다/ 임지 읍슨 귀신되어 지금거지 원혼일쇠/ ᄉᆞ십니 동구밧게 셩황 귀신 어인일고/ 둔간 집 그림으로 부녀의게 어더 먹ᄂᆡ/ 이런 ᄉᆞ젹 듯그되면 이승ᄒᆞ고 그이ᄒᆞ다

자료8은 유점사의 사적이다. 그 내용은 서천 사위국의 오십삼불이 쇠북을 타고 월지국에 갔다가 다시 조선의 고성에 도착하였는데, 고성 군수 노춘씨가 오십삼불을 찾았고, 그 시말을 왕에게 보고하여 절을 창건하게 되었다는 것이다. 사적의 처음은 '이 사적 자세히 들으면 뉘 아니 취신할고'이다. 독자에게 사적의 시작을 알리는 것이다. 사적의 마지막은 '이런 사적 듣게 되면

이상하고 기이하다'이다. 독자에게 사적의 끝을 알리는 것이다. 액자식 구성이다. 또한 화자는 인물이 말할 때 '오십삼불 하는 말이', '권롱이 전한 말이'와 같은 인용 투어를 사용한다. 그리고 "그 인물 반겨보고 법당지어 뫼시랴니"와 같이 인물의 생각을 분석 제시하기도 한다. 화자가 서술자의 역할을 한다. 그런데 서술자의 역할을 일관되게 유지하는 것이 아니다. 4)에서는 사공의 투옥에 대하여 논평한다. 5)에서는 장황하게 오십삼불이 돌배를 타고 고성 영랑포에 닿은 사건에 의미를 부여하고 논평한다. 이러한 논평의 예가 "션주암 볼작시면 이상하고 괴이하다"이다. 판단하는 주체는 화자이다. 이야기 속의 서술자의 것이라기보다는 액자 밖의 화자가 독자를 향하여 진술한 것이다. 이러한 예는 8)의 "쇠북 놓은 흔적이 완연하다"에서도 찾을 수 있다. 액자 밖 화자가 판단한 것이다. 결국 액자 안의 이야기에는 서술자, 인물, 화자의 논평이 복합되어 있다. 이러한 사실은 화자가 독자에게 사적을 보고하려는 의도에서 출발하였다가, 사적이 서사화되면서 서술자와 화자의 자유로운 넘나듦이 나타남을 의미한다.

4) 중세이념과 탈중세의 이중의식과 흥미화

독백보고변모형은 보고가 확장된 작품이다. 왜 보고가 확장되었는가? 필자는 보고의 확장에 나타난 특징을 부분적인 3인칭 서술자의 등장, 구어체의 개입으로 보았다. 두 가지 특징은 작품 내에서 특정한 역할을 한다. 그것을 대상표현, 내면표출, 3인칭 서술자로 나누어 살펴보았다.

대상표현은 독백보고형을 계승한 면이 있다. 뿐만 아니라 변모한 면도 있다. 문어체 표현에서의 변모는 화자의 설명과 시구의 변용 없는 재현이다. 화자의 설명은 대상들을 연결하여 정보를 제공하고, 시구의 변용 없는 재현은 대상과 관련된 정보를 제공한 것이다.

다음으로 구어체의 개입으로 인한 변모이다. 구어체의 개입으로 대상의 모습에서 형성된 원관념을 이탈한다. 내면표출에도 구어체의 개입이 있다. 구어체의 개입으로 중세이념에 바탕을 둔 여행의 동기에서 이탈하고, 애민이라는 중세이념에 바탕을 둔 인물은 비하되어 중세이념을 이탈한다. 화자가 3인칭 서술자 역할을 하는 경우는 대화와 인물묘사에서 보인다. 대화에서는 중세지향과 탈중세지향을 지닌 두 인물의 대화로 작자의 이중의식을 나타낸다. 인물묘사에서 화자는 3인칭 서술자로서 작중인물의 생각·심리를 분석하고, 인물을 부정적으로 형상화한다. 이것으로 극적 긴장감을 유발하고, 인물을 희화화하는 효과가 있다. 이러한 긴장감과 희화화는 독자에게 흥미를 준다. 결국 독백보고변모형은 독백보고형을 계승한 중세이념에 대한 지향성과 독백보고형을 변모한 탈중세지향성이 공존한다. 또한 독자에게 흥미를 제공하려는 면도 있다.

4. 기행가사의 역사적 전개와 문학사적 의미

앞장에서 기행가사의 유형을 독백형, 독백보고형, 독백변모형, 독백보고변모형으로 나누어 각각의 진술방식을 살펴보았다. 여기서는 진술방식이 나타나게 된 배경을 살펴보고자 한다.

4-1. 기행가사의 역사적 전개

기행가사의 독백형은 16·17세기에 창작된 작품들이고 독백보고형은 18세기에 창작된 작품들이고, 독백변모형·독백보고변모형은 19세기 이후에 창작된 작품들이다. 시대 순 배열은 '독백형→독백보고형→변모형(독백변모형, 독백보고변모형)'이다.

1) 독백형 : 현실 참여 작자와 이념의 안정

독백형 기행가사는 사대부의 수양이라는 이념과 관련된다. 그리고 이념이 화자의 내면에서 이루어진다. 내면에서 이루어진다는 것은 두 가지 의미가 있다. 첫 번째 의미는 중세이념을 단언적·전언적으로 표출하지 않아도 된다는 것이다. 즉 작자는 이념을 표면에 부각시키지 않아도 되는 시대에 살았고, 처지에 있었다는 것이다. 두 번째 의미는 작자가 이념과의 동일화가 가능하다고 인식한다는 것이다. 이러한 인식은 독백형 기행가사에서 화자의 내적갈등이 해소되는 것과 관련된다. 해소란 중세이념으로 돌아옴 즉 이념과의 동일화이며 현실을 낙관적으로 인식한 것이다. 이러한 낙관적 현실인식은 <관서별곡>·<관동별곡>·<출새곡>·<관동속별곡>·<서정별곡> 등 다섯 작품에 보인다. 그렇다면 다섯 작품은 왜 낙관적 현실인식이 보이는가?

첫째, 다섯 작품이 서로 영향관계에 있기 때문이다. 조우인(曺友仁)은 자신의 가사집인 『이재영언(頤齋詠言)』에서 백광홍의 <관서별곡>과 송강의 <관동별곡>이 당시 유행하였던 작품이고 자신은 이것에 견주어 작품을 지었다고 하였다.[124] 즉 다섯 작품이 영향 관계에 있기 때문에 유사한 표현들이 나온 것이란 설명이다. 이 설명을 부정할 수 없다. 그런데 보다 본질적인 것은 작

---

124) 『이재영언』에 실린 <출새곡>·<출관사>·<관동속별곡> 후(後)에 관련 기록이 있다. 조우인은 경성 판관으로 부임하게 되자 치재(恥齋) 조탁(曺倬, 1552-1621)을 찾아 간다. 조탁은 조우인에게 "백광홍의 <관서별곡>은 관서에서 울렸고 정철의 <관동별곡>은 관동에서 퍼졌으나 북로의 경우는 부끄럽게도 듣지 못하였다(白詞則鳴於關西 鄭詞則播於關東 而之於北路則 慨無聞焉)"라고 한다.(<출새곡> 후). 조우인은 <출관사>를 지으면서 "옛날 백광홍은 관서지방의 병마 평사로 있을 때 이사(俚辭)로 장가 한편을 지었는데 세상에서 말하는 <관서별곡>이 그것이다. 지금 노래를 잘하는 자가 외워서 불렀다(昔白斯文光弘 爲關西幕評 以俚辭 製長歌一篇 世所謂關西別曲是也 至今善謳者 傳誦而歌之……續作出關詞一篇)"고 하였다.(<출관사> 후). <관동속별곡>를 지으면서는 "내가 본래 매이지 않는 사람이라 지난 날 산수 유람의 벽(癖)이 있어 비록 중년에 벼슬에 골몰하였으나 자연의 뛰어난 경치를 꿈속에서도 그리워하였다. 우연히 정철의 <관동별곡>을 얻어 보니……드디어 관동 유람을 결심하여……이에 지나간 길과 견문한 바를 기록하여 장가 1편을 지어 속관동곡이라 이름하였다(僕本不羈人也 夙有山水遊觀之癖 雖中年汨沒宦路 而象外煙霞之勝 未嘗不往來於夢寐中 偶得鄭松江關東別曲者而觀之……途決意作關東之遊……仍記往日足目之所經過者 作長歌一篇 而名之曰續關東曲)"고 하였다.(<관동속별곡> 후). 이 구절을 보면 당대 유행한 <관서별곡>·<관동별곡> 등에 견주어 <출새곡>·<관동속별곡>을 지은 것임을 알 수 있다.

자와 시대적 성격으로 보인다.

둘째, 작자의 성격이 서로 유사하기 때문이다. <관서별곡>의 작자인 백광홍(1522-1556)[125]은 전남 장흥에서 출생하여 28세 이후 당대의 최고 문인들과 교유(交遊)하며 순탄하게 벼슬 생활을 하던 중에 <관서별곡>을 지었다. <관동별곡>의 작자 정철(1536-1593)도 어릴 때부터 당대 권력층에 속한 인물이다.[126] 조우인(1561-1625)은 28세에 급제한 이후 중간에 부침이 있기는 하였지만 매호에 은거할 때까지 줄곧 벼슬을 역임한 인물이다.[127] <서정별곡>의 작자 박권(1658-1715)은 26세에 관직에 오른 이후 줄곧 벼슬을 역임한 인물이다.[128] 이것을 보면 독백형의 작자들은 현실 정치에 참여한 인물들임을 알 수

---

125) 백광홍(白光弘, 1522-1556)은 전남 장흥에서 출생하여 28세(1552년)에 급제하였다. 1552년 홍문관정자에 임명되고 임금 앞에서 문신끼리 시재(詩才)를 겨룰 때 일등을 할 정도로 시재가 뛰어났다. 1553년 호당에 뽑혔다. 34세(1555년)에 정6품의 무관직에 해당하는 평안도 평사(評事)에 임명되었다. 이듬해에 병으로 사직하고 고향에 돌아와 그해 35세의 일기로 세상을 떠났다. 백광홍은 김인후, 이이, 기대승, 임억령, 정철 등 당대의 최고의 문인들과 교유하였다.

126) 정철(鄭澈, 1536-1593)의 맏누이는 인종의 귀인(貴人)이고, 셋째 누이는 계림군의 부인이다. 이것이 인연이 되어 어릴 때부터 궁궐의 출입이 잦았다. 을사사화(乙巳士禍)로 부친이 유배되는 사건을 경험하지만 1561년 과거에 급제한 이후 지평(持平), 함경도어사(咸鏡道御使)가 되었다가 1578년 장악원정(掌樂院正)으로 기용되고 승지(承旨)에 등용된다. 이때 진도군수 이수(李銖)의 뇌물사건으로 동인(東人)의 공격을 받아 벼슬을 사직하고 고향으로 돌아간다. 1580년에 다시 강원도관찰사(江原道觀察使)에 등용되며 이때에 <관동별곡>을 짓는다.

127) 조우인(曺友仁, 1561-1625)은 경북 예천에서 출생하여 28세(1588년)에 진사가 된다. 고향에 머물다가 1592년 임란 시에 의병에 참여하였다. 45세(1605년)에 문과에 급제하여 승문원박사와 형조정랑 등을 역임한다. 광해군이 즉위하고 이이첨, 정인홍의 무리가 권력을 휘두르자 이들을 비난하는 글인 대개천설(大開川說)을 지었고, 1613년 광해군이 영창대군을 서인으로 강등하여 강화도에 위리안치(圍籬安置)시키자 <형제암(兄弟岩)>이란 시를 지어 광해군의 잘못을 비난하였다. 이것이 빌미가 되어 56세(1616년)에 함경도 경성판관(鏡城判官)으로 좌천된다. 5년간의 경성판관을 지낸 후 61세(1621년)에 제술관으로 복귀한다. 이때 다시 이이첨 정인홍 등의 전횡을 비판하는 시를 지어 투옥된다. 63세(1623년) 때에 인조반정이 일어나 석방된다. 동부승지와 우부승지 등을 역임하다가 그해에 환로에 환멸을 느끼고 고향인 매호로 돌아와 지낸다. 65세(1625년)로 일기를 마친다.

128) 박권(朴權, 1658-1715)은 본관이 밀양(密陽) 자는 형성(衡聖) 호는 귀암(歸庵)이다. 아버지

있다.

그런데 <출새곡>·<관동속별곡>은 <관서별곡>·<관동별곡>과 다른 점이 있다. <출새곡>의 서사에서 화자는 자신을 적객(謫客)으로 보아 현실 정치에 대한 비판과 소외 의식이 있다는 것, <관동속별곡>의 서사에서 화자는 산수의 공간을 현실과 대립되는 것으로 파악하여 현실 정치에 대한 비판과 소외 의식이 있는 점이 그것이다.[129] 그런데 이러한 의식이 중세이념과 별개는 아니다. <관동속별곡>에서 산수의 공간을 현실과 대립되는 것으로 본다고 하였다. 이 때의 대립은 사대부의 일반적인 출처관(出處觀)에서 벗어나는 것이 아니다.[130] 즉 중세이념에서 벗어나지 않는다. <출새곡>에서 현실비판은 독백보고변모형인 <북새곡>에 나타난 삼정의 문란·중간계층의 수탈과 같이 현실을 반영한 것과는 다르다.[131]

는 목사(牧使)를 지낸 시경(時璟)이며, 어머니는 부사 김인량(金寅亮)의 딸이다. 1686년(숙종 12) 별시 문과에 병과로 급제해 성균관전적(成均館典籍)이 되었다. 윤하제(尹夏濟)·조사기(趙嗣基) 등의 잘못을 소로 통박했다가 도리어 평산(平山)에 유배되었다. 1692년(숙종 18)에 풀려나 고향에서 은거하다가 1694년(숙종 20) 갑술옥사로 다시 서용되어 병조좌랑이 되었다. 이어 정언(正言)이 되어 장희재(張希載)를 정법(正法)대로 처리할 것과 영의정 남구만(南九萬)을 공격한 유생들의 정거(停擧)를 완화해줄 것을 상소했다가 다시 체직되었다. 곧 다시 서용되어 부수찬·교리를 거쳐 동지사(冬至使) 서장관으로 청나라에 다녀온 뒤 <서정별곡>을 짓는다. 이후 삼사의 여러 직을 역임한다.

129) 이러한 차이점은 여행할 때 작자의 처지에 기인한다. <출새곡>은 조우인이 광해군과 그의 측근들에 대한 비난의 한시를 지은 것이 빌미가 되어 경성판관으로 좌천되었을 때 지은 것이다. <관동속별곡>은 작자가 관직을 두루 역임한 다음 말년인 63세 때 매호에 낙향하여 지은 것이다.

130) 조우인은 <관동속별곡(關東續別曲)> 후(後)에서 "내가 본래 매이지 않는 사람이라 지난날 산수 유람의 벽이 있어 비록 중년에 벼슬에 골몰하였으나 자연의 뛰어난 경치를 꿈속에서도 그리워하였다(僕本不羈人也 夙有山水遊觀之癖 雖中年汩沒宦路 而象外煙霞之勝 未嘗不往來於夢寐中)"라고 하였다. 출사(出仕)하더라도 처사(處士)의 삶을 동경하고, 처사의 삶에 자부심을 가지고 심성을 기르는 일에 전념한 사대부의 일반적인 출처관(出處觀)이다.

131) <출새곡>에는 "난후변민이 고혈리 몰나시니/ 묘당 육식은 아는가 모ᄅᆞ는가"와 같이 현실에 대한 비판이 있다. 난후에 변방의 백성들은 고혈이 말랐는데 조정의 높은 벼슬아치들은 이것을 모른다는 내용이다. 치자에 대한 비판이다. 이 구절은 조선중기 산수유기(山水遊記)에서도 빈번히 보이는 것이다. 김종직(金宗直, 1431-1492)의 <유두류산록(遊頭

이것을 종합하면 기행가사에서 독백이란 진술방식과 이 진술방식이 담고 있는 이념의 내면화는 현실 정치에 참여한 작자에 적당하다. 작자는 현실에 대한 낙관적 인식을 기반으로 이념을 내면화할 수 있다고 보았기 때문이다. 시대의 측면에서도 이념이 동요되는 시기보다는 이념이 안정된 시기에 적당하다. 독백형 기행가사가 16·17세기에 창작될 수 있었던 점과 합치한다.

2) 독백보고형 : 현실 소외의 작자와 이념의 동요

독백보고형은 화자가 대상과 객관적 거리를 유지하는 작품들이다. 이에 해당하는 작품들은 주로 18세기에 창작된 작품들이다. 화자가 대상과 객관적 거리를 유지하면서 대상을 제시한다. 그 대상은 중심제재를 둘러싼 주위 산수들의 대응으로 구성되고 그 구성으로 의미가 형성된다. 그 구성은 원(遠)·활(闊), 묘막(渺漠), 창망(蒼茫)이라는 공간감을 형성한다. 그 공간감은 화자의 정신·기개와 관련된 관념(觀念)이다. 내면표출에서 내적갈등은 정계 진출의 좌절로 인한 것이다. 이러한 내적갈등은 체념으로 귀결된다. 유교적 이념의

流錄)>(『佔畢齋集』 권2, 『역대산수유기취편』 권7, 109-130면)에 있는 관련 구절은 다음과 같다. “왕왕 사이에 단풍이 있어 바로 그림 같다. 산등성이에 있는 것은 바람과 안개에 모두 곤옥을 받아 가지가 왼쪽으로 쓰러져 굽어 있어 머리카락처럼 나부낀다. ‘해송이 더욱 많아 백성들이 매년 가을에 채취하여 공액으로 충달한다. 금년에는 하나의 나무도 열매를 맺은 것이 없는데 가득 채움을 취할 것 같으면 우리 백성들이 어찌 하겠습니까’ 라고 말한다.(往往間以丹楓 正如圖畵 其在岡脊者 困於風霧 枝幹皆左靡拳曲 雲髮飈飄 云海松尤多 土人每秋採之 以充貢額 今世無一樹帶穀 苟取盈則吾民奈何)”. 백성들이 열매로 공액을 충당하려 하고, 공액을 충당하지 못하는 상황인데 관리는 가득 채움을 강요한다. 그래서 백성이 곤란한 지경이다. 치자(治者)에 대한 비판이다. <출새곡>과 조선중기 산수유기인 <유두류록>에서 현실비판은 치자의 애민이 부족함을 비판한 것이다. 이에 비하여 <북새곡>에서의 현실비판은 현실의 구체적 모습을 담고 있다. 다음은 <북새곡>의 구절이다. “여러히 흉년들어 살 길의 업ᄂᆞᆫ 듕의/ 도망ᄒᆞᆫ 이 신구환을 잇ᄂᆞᆫ ᄌᆞ의 물니랴니/ 제것도 못바치며 남의 곡신 엇디 ᄒᆞᆯ고/ 못 바치면 ᄆᆡ마즈니 ᄆᆡ 맛고 엇디 ᄒᆞᆯ고”. 흉년의 상황과 이러한 고생을 피해서 도망하는 백성 그리고 도망한 백성의 것까지 남은 자에게 물리는 삼정의 문란이다. 조선후기 현실의 모습이 있다.

표출에서는 표면화를 특징으로 한다. 결국 독백보고형은 이념의 표면화와 내적갈등의 체념을 특징으로 한다. 그렇다면 독백보고형은 왜 이념이 표면화되는가?

첫째, 작자가 이념을 표면화하여 이념을 강화해야 할 필요가 있는 시대에 살았기 때문이다. 이념의 표면화란 중세이념을 단언적·전언적으로 표출하는 것이다. 이념의 강화는 이념이 동요될 때 필요하다. 독백보고형에서 화자는 내적갈등에 체념한다. 화자는 내적갈등을 지닌 상태에서 여행을 시작하여 내적갈등이 해소되어 사대부 본연의 모습으로 돌아오는 것이 아니라 내적갈등을 지닌 모습으로 돌아온다. 이러한 모습은 여행을 통한 수양(修養)이란 중세적 이념이 불가능함을 나타낸다. 그 불가능함은 이념과의 동일화가 불가능하다는 현실인식에 바탕을 둔 것이다. 이것은 이념의 동요이다. 독백보고형 작품들이 이념이 동요되기 시작한 18세기에 주로 지어졌다는 것은 이것을 방증한다.

둘째, 작자가 이념을 표면화해야 할 처지에 있기 때문이다. 작자는 자신의 능력을 현실에서 이루지 못한 처지에 있기 때문에 자신의 능력을 대상에 이입하여 표현하려 한다. 그래서 이념이 표면화된다. 작자는 현실 정치에 참여한 자들보다 현실 정치에서 소외된 자들이 적당할 것이다. 독백보고형 작품 8편의 작자 신분을 정리하면 다음 표와 같다.

작자	작자의 신분	기행가사 서사의 내용
盧明善(1647-1715)[132]	사족(전남 장흥)	뛰어난 문장이 집에서 허사로 보냄
權燮(1671-1759)[133]	사족(서울)	물외(物外)의 지취(志趣)
魏世稷(1655-1721)[134]	사족(전남 장흥)	십년 공부의 허사
黃纏(1704-1771)[135]	사족(전남 흥덕)	과거의 실패
朴淳愚(1686-1759)[136]	사족(전남 영암)	과거의 실패
鄭彦儒(1687-1764)[137]	관료	
申光洙(1712-1775)[138]	관료	
李溶(영조 대)[139]	서얼 왕족	무부로 융의(戎衣)만 입음

132) 노명선(盧明善, 1647-1715)의 부친은 지방의 말단 관직인 장사랑(將士郎)을 지냈다. 빈한한 가정 형편임을 짐작할 수 있다. 노명선 자신도 과거를 포기하고 전라남도 장흥에서 생애를 마쳤다. 전남 장흥의 생활에 대한 것은 『광산노씨파보(光山盧氏派譜)』에 기록되어 있는데 그 구절을 인용하면 다음과 같다. "금장산에 숨어 살며 과거를 포기하고 상을 당하였을 때에는 여막에서 살았다. 문장이 유여(有餘)하여 세상에서 문장가(文章家)라 일컫기도 하였다. 천관산에 올랐다가 <천풍가>를 지어 지금까지 전해 오고 있다. 노봉(老峰) 민정중(閔鼎重, 1628-1692)을 좇아 놀았으며 송담 전유추와 감호 김정화와 더불어 삼로의 사귐을 맺어 주고 받은 시가 많다.(隱於金莊山 不爲擧業 居喪廬墓 文章有餘 世稱文章 登天冠山 作天風歌 至今傳之 閔老峰鼎重從遊 與田松潭有秋 金甘湖鼎華 爲三老之交 多有酬唱)". 노명선의 가정은 빈한한 형편이다. 문장이 뛰어났으나, 현실 정치에 참여하지 못 하였고, 송시열의 문인인 민정중을 사우로 하였다는 점에서 학문에 전념한 인물이다.

133) 권섭(權燮, 1671-1759)은 서울에서 출생하여 어린 시절 효종의 딸인 숙휘공주(淑徽公主)의 사랑을 받으며 대궐을 자주 출입하였다. 부친은 이조참판을 지낸 인물인데 요절하여 어릴 때부터 백부인 권상하(權尙夏, 1641-1721)에 의탁하여 그를 사사하였다. 권상하는 벼슬을 사양하고 학자로 일생을 보낸 인물로 송시열의 수제자이다. 권상하의 영향이 있었을 것으로 짐작된다. 권섭은 과거에 실패한 30세 이후부터 벼슬을 하지 않고 전 생애를 여행으로 보낸 인물이다. <영삼별곡>은 이러한 여행 편력의 중간인 34세 때 장인인 이세필(1642-1718)의 임지인 삼척(三陟)을 찾아 동해 · 태백산 · 영남좌도 일대를 여행하고 지은 작품이다. 권섭은 상층 가문에 출생하였으며 평생 현실 정치에 참여하지 않은 인물이다. 권섭의 생애는 박요순, 「옥소 권섭의 시가연구」, 동국대학교 박사학위논문, 1986 참조.

134) 위세직(魏世稷, 1655-1721)의 부친은 정5품의 명예직인 통덕랑(通德郞)을 역임하였다. 빈한한 가정형편임을 알 수 있다. 자신은 과거를 포기하고 전라도 장흥에서 생애를 마쳤다. 그는 송준길(1606-1672), 송시열(1607-1689), 민정중(1628-1692) 등의 훈학을 받았다. 이러한 사실로 위세직이 학문에 정진한 인물임을 알 수 있다. 결국 위세직은 현실 정치에 참여하지 않은 인물이면서 학문에 전념한 인물이다.

135) 황전(黃纏, 1704-1771)은 전라도 흥덕에 세거하던 사족이다. 그의 집안은 영달하지는 못하였지만, 영조로부터 "호남의 유서 있는 집안으로 대대로 학문과 행적이 있었다"는 평을 받았을 정도로 학식과 덕망으로 칭송받는 집안이다. 그의 아들은 실학자 이재(頤齋) 황윤석(黃胤錫, 1729-1791)이다. <피역가>에서 황전은 "이 初試 저 初試 이내 가슴 다 녹는 둧/ 이 及第 저 及第 이 내 가슴 다 트ᄂᆞ둧/ 讀書 萬卷 무엇ᄒᆞ리"라고 하였다. 그는 과거에 실패한 경험이 있는 것으로 파악된다. 황전은 학식과 덕망이 있는 집안 출신으로 과거에 실패한 이후 향촌에서 학문에만 전념하며 생애를 보낸 인물로 보인다. 유재영, 「만은 황전의 피역가」, 『원광문화』 7집, 원광대, 1968, 110-111면; 하우봉, 「이재 황윤석의 사회사상」, 『이재 황윤석 영 · 정시대의 호남실학』, 민음사, 1994.

136) 박순우(朴淳愚, 1686-1759)는 전라도 영암에서 출생하여 38세 때 생원이 되었으나, 평생 벼슬을 하지 않고 향촌에서 여생을 보낸 인물이다. 1728년(영조 4)에 이인좌 등이 병란

노명선(盧明善, 1647-1715)은 과거를 포기하고 송시열의 문인인 노봉(老峰) 민정중(閔鼎中, 1628-1692)을 사우(師友)로 삼아 평생을 전남 장흥에 세거하며 학문에 정진한 인물이다. 위세직(魏世稷, 1655-1721)도 과거를 포기하고 우암 송시열(宋時烈, 1607-1689)과 노봉 민정중의 훈학을 받으며 향촌에서 학문에 전념한 인물이다. 황전(黃纏, 1704-1771)은 과거에 실패한 이후 고향에 세거하였는데 그의 아들이 당대의 실학자 황윤석이고, 그의 집안이 학문과 덕망으로 칭송된 점을 보아 향촌에서 학문에 정진한 인물임을 알 수 있다. 박순우(朴淳愚, 1686-1759)는 전라도 영암의 구림에 세거한 향촌사족으로 54세까지 과거 공부를 하였고, 이것이 좌절되자 금강산으로 여행을 떠나 <금강별곡>을 지었다. 같은 시기에 그가 쓴 산수유기인 <동유록(東遊錄)>에서 "유상의 법이란 것이 산수의 대강(大綱)을 얻는 것"[140]이라 한 점을 보아 그는 여행을 진리탐구로 볼 정도로 학문에 전념하고 중세적 이념을 추구한 인물임을 알 수 있다. 이에 비하여 권섭(權燮, 1671-1759)은 서울의 벌열 가문 출신이다. 그는 과거 실패 이후 전 생애를 여행으로 보내었으며 이러한 가운데 <영삼별곡>을

을 일으켰을 때 향교를 목숨으로 지킨 일화가 있을 정도로 학문에 전념하였고 강직한 성품을 지닌 인물이다.

137) 정언유(鄭彦儒, 1687-1764)는 35세(1721년) 때 과거에 급제하여 1726년 예조좌랑과 온양군수, 진주목사를 거쳤으며 영해부사 등을 역임하였다. 관계진출이 비교적 늦은 편에 속한다.

138) 신광수(申光洙, 1712-1775)는 남인 집안 출신으로 초기에는 벼슬길이 막혀 향리에서 시작(詩作)에 힘쓰다가 49세에 영릉참봉이 되고 53세에 금오랑으로 제주도에 다녀왔다. 그 뒤 돈녕주부, 연천현감을 거쳐 61세(1772년) 때 영월부사에 부임하여 그 해에 <단산별곡>을 지었다. 또한 신광수는 당대에 시문으로 유명하였다. 이것을 보면 신광수는 관인의 신분이지만 독백형의 작자와는 다르게 초기에 벼슬길이 막혀 현실 정치에서 소외된 인물임을 알 수 있다.

139) 이용(李溶, 영조 대)은 본관이 전주(全州)이고 자는 용지(容之) 호는 회은(晦隱)이다. 무안대군(撫安大君) 이방번(李芳蕃, 1381-1398)의 후손이나 서얼이다. 일찍이 무과에 급제하여 관북지방에서 33년간이나 영흥・북청・경흥・종성・온성・경성 등의 현감을 지냈다. 말년에 중앙으로 올라와서는 첨정을 지내기도 하였다. 비록 왕족이지만 서얼로 오랜 기간 변방을 전전하였던 현실 정치에서 소외된 인물이다.

140) "凡遊賞之法 山焉而得其秀麗之像 水焉而得其淸淑之氣 則斯可謂領得其大綱 何必身登某丘某峰 足遍某溪某壑然後爲之壯遊哉" 박순우, 『명촌유고』 <東遊錄> 4월 1일.

지었다. 권섭은 자신의 여행 동기를 중년에 과거장에 출입하였으나 실패하였고 세상의 평판이나 지위에 어두워 산천유람의 소원을 이루게 되었다[141]고 하였다. 과거 실패라는 현실 정치에서의 소외가 여행 동기로 볼 수 있다. 신광수(申光洙, 1712-1775)는 관인의 신분으로 <단산별곡>을 지었다. 하지만 그도 남인 출신으로 권력의 핵심과는 거리가 있는 인물이다. 초기에 벼슬길이 막혔다가 49세에 벼슬길에 올라 61세(1722년) 경에 <단산별곡>을 지었다. 49세까지 현실 정치에서 소외되었다. 향촌에서 세거하며 학문에 정진한 작자들과 유사하다.

조선전기 사대부들은 벼슬을 하지 않더라도 처사(處士)의 길을 택한 것에 자부심을 가지고 심성을 기르는 일에 전념하였고, 출사(出仕)하더라도 처사적 삶을 동경하였다. 이렇게 할 수 있었던 것은 이들이 재지적(在地的) 기반이 있었기 때문이다. 그런데 향촌사회는 17세기 후반 부민(富民)의 성장과 세도문벌과 결탁한 "수령-이향(吏鄕)"의 수탈구조로 변화를 겪게 된다. 18세기 중반 이후 향촌 사족들은 한편에서는 부민들과 향권(鄕勸)을 다투는 향전(鄕戰)을 벌여야 했고 다른 한편 수탈로 특권을 잃는 상황에 처하게 되었다.[142] 독백보고형 작자들은 주로 18세기의 향촌사족들이다. 작자들은 향촌에서 이념이 동요되는 상황에 직면하였다. 이러한 동요 속에서 자신의 사대부로서의 지위도 위태하였다. 이 위기의식에서 그들은 여행문학에 이념을 강화하려는 면을 보이게 된다.

141) "居士兩眼昏於名塗 雙脚建於山川 中年出入十八場屋 詩賦義疑表策論 只依樣程式而不中選 閱歷林泉嶽瀆岩溪亭臺寺 觀奇千百有多少壯 觀幾千百多少壯觀奇狀而不盡記". 권성민, 「옥소권섭의 국문시가 연구」, 서울대학교 석사학위논문, 1992, 34면 재인용.

142) 권내현, 「18·19세기 전주지방의 향촌세력 변동과 임술농민항쟁」, 『한국사연구』 89, 한국사학회, 1995, 127-128면; 김인걸, 「조선후기 향촌사회 변동에 관한 연구」, 서울대학교 국사학과 박사학위논문, 1991; 고석규, 『19세기 조선의 향촌사회연구』, 서울대학교 출판부, 1998.

3) 독백변모형 : 신분 안정의 작자와 독자를 의식한 창작

독백변모형 작품은 <부여노정기>·<금행일기>·<이부인기행가사>이다. 독백을 유지하고 있으면서 1인칭 내면표출에 화자가 부분적으로 서술자 역할을 한다. 화자의 내적갈등은 이별에 대한 것, 여성적인 삶에 대한 것이다. 현실의 모순을 제시하는 것이 아니라 신변을 토로하는 것으로 중세이념에서 벗어난 것이 아니다. 화자는 대상과 동일화하려는 태도를 보이고 있어 중세이념에 바탕을 둔 독백형을 계승하고 있다. 다만 화자의 정감이 주도적인 가운데 대상을 정감화하여 표현한다.

독백형은 내면표출과 대상표현이 균형을 이룬다. 이에 비하여 독백변모형은 내면표출이 확대된다. 내면표출과 대상표현이 불균형으로 작자가 여행으로 자신의 신변을 토로하는 모습을 보인다. 그 신변 토로에서 화자는 부분적으로 서술자 역할을 한다. 그 서술자의 역할로 내면이 구체화된다. 내면의 구체화는 극적긴장을 조성하며 그 조성으로 독자들에게 흥미를 준다. 대상표현에서는 대상이 정감화된다. 그 정감화에서 화자는 사십년 흉금이 트이고 지기가 펴진다고 말하거나 남성의 득의에 찬 목소리로 말하기도 한다. 화자의 내면에 억눌린 것이 대상을 접함으로써 밖으로 발산된 것이다. 종합하면 독백변모형은 이념 유지와 내면의 구체화를 통한 흥미를 특징으로 한다. 왜 이러한 특징을 보이는가?

첫째, 작자의 성격이다. <부여노정기>의 작자 연안이씨(延安李氏, 1737-1815)는 예조판서를 지낸 이지억(李之億, 1699-1770)의 딸이고 유성룡(柳成龍)의 8세손인 유사춘(柳師春, 1741-1814)의 아내이다. 정삼품 정부인(貞夫人)에 추증(追贈)된 상층 사대부가 출신의 여인이다. <금행일기>의 작자 은진송씨(恩津宋氏, 1803-1860)는 목사(牧使)를 지낸 송기정(宋基鼎, 1771-1840)의 딸로 서생인 권형규(權亨圭)와 결혼하였고, 시숙은 당시 공주판관인 권영규(權永圭)이다. 부친이 목사였고, 시숙이 판관인 점을 보아 은진송씨는 상층 사대부가 출신의 여인이다. <이부인기행가사>는 작자미상의 개인작으로 19세기 후반에 창작된 작품으로 추정된다. 이것을 보아 세 작품은 작자가 주로 상층 사대부가의 여인임을 알 수 있다.

상층 사대부가의 여인이 지은 것과 비교되는 자료가 화전가와 작자미상의 여성기행가사이다. 화전가의 작자는 개인이 아니다. 공동으로 윤작한 것으로 작자는 집단[143]이다. 작자미상의 여성기행가사도 그 작자가 동네 부녀자들,[144] 의성 김씨네의 딸들[145] 등인 것을 보아 집단적이다. 화전가·작자미상 여성기행가사와 독백변모형 기행가사의 차이점은 '집단적인 창작/ 개인적인 창작'과 '작자미상의 여인/ 상층 사대부가의 여인'이란 것이다.

화전가·작자미상 여성기행가사와 독백변모형 기행가사의 작품 내 차이점은 '내면의 직설적 표출/ 내적표출의 구체화', '대상의 유흥화/ 대상의 정감화'이다. 독백변모형이 개인적인 내적갈등을 소재로 구체화를 통한 내면표출이라면 화전가·작자미상의 여성기행가사는 여인 일반에 공통되는 내적갈등을 소재에 직설적 토로를 통한 내면표출이다. 독백변모형 기행가사가 개인작이란 점과 관련된다. 작자미상 여인들의 작인 화전가·여성기행가사는 유흥적 성격을 띤 잡가나 민요에 있는 민간의 언어를 포함하고 있으며 직설적임에 비하여 상층 여인의 독백변모형은 내면이 구체화되어 감정의 표현이 간접적이다. 상층 사대부가의 여인은 작자미상 여인들에 비하여 공간적 제한과 중세적 이념에서 상당한 기간 동안 벗어나지 못했을 것이다. 이것으로 인해 당시의 신분이 동요하는 변화에 민감하게 반응하지 않았을 것이다. 이에 따라 작자미상 여인들이 지은 작품에 비하여 문체의 변모가 상층 언어의 범위 안에서 이루어졌을 것이다. 따라서 하층의 구어체가 침투하지 않았을 것이다.

둘째, 독자의 확대 또는 대중화와의 관련성이다. 문학에 나타난 대중화는 크게 해학성, 흥미성, 감상성(感傷性)으로 요약된다.[146] 내면표출의 확대는 내

---

143) 이혜순 외 공저, 『한국 고전 여성작가 연구』, 태학사, 1999, 352면과 서영숙, 앞의 책, 1996, 216면.

144) <계묘년여행기>·<경주유람가>.

145) <낙유사>.

146) 대중화는 해학성, 성의 관능성, 폭력의 선정성, 몽상의 환상성, 눈물의 감상성이다. 이 가

면을 구체화하고 그것은 극적 긴장을 통하여 흥미를 유발한다. 흥미가 유발되므로 다수의 독자를 확보하기에 유리할 것이다. 다수의 독자란 곧 작품의 대중화를 말한다. 이러한 대중화는 통속화와는 구별된다. 통속화된 시조에서 내면표출은 정서의 과잉노출, 과장된 비애의 정조, 사랑의 기쁨보다는 이별과 슬픔이 주류[147]를 이룬다. 독백변모형이 현실 문제보다 내적갈등이 부각되어 이별과 슬픔이 주를 이룬 면은 공통적이다. 그런데 그 이별과 슬픔이 감상의 과잉에 그친 것은 아니다. 내면을 구체화하여 감상성을 극복하는 면이 있다. 결국 독백변모형은 독백형을 계승하면서 19세기 대중화라는 시대적 성격에 대응하여 내면의 구체화와 대상의 정감화를 보이게 된다.

4) 독백보고변모형 : 신분 동요의 작자와 독자를 의식한 창작

독백보고변모형 작품은 독백보고에서 화자가 부분적으로 3인칭 서술자의 역할을 하고, 구어체가 개입된 작품들이다.

독백보고변모형의 내면표출은 화자가 세상과 어긋나 여행을 한다는 것, 화자가 관인으로서 백성을 사랑한다는 것 등이 중심내용이다. 독백보고형에서 보았던 중세적인 이념이다. 이러한 내용에 구어체가 개입된다. 이러한 개입으로 세상과 어긋나 여행을 한다는 여행의 동기는 인생이 무상하여 여행을 한다는 것으로 변모하고, 백성을 사랑하는 관인의 모습이 비하(卑下)되기도 한다. 이러한 결과로 보아 구어체의 개입은 작자의 중세이념과 탈 중세이념의 이중의식을 나타낸다. 대상표현에서도 구어체가 개입된다. 대상을 구어체로 표현하여 대상을 희화화한다. 이러한 희화화는 대상이 환기하는 정감·관념을 차단한다. 대상을 비유어의 나열로 표현한다. 비유어의 나열은 비유어 자

운데 성의 관능성이나 폭력의 선정성은 결국 독자들에게 자극적인 흥미를 준다는 것으로 묶을 수 있을 듯하다. 임성래, 「대중문학을 어떻게 이해할 것인가」, 『대중문학이란 무엇인가』, 평민사, 1995, 23면과 박성봉, 『대중예술의 미학』, 동연, 1999, 323면 참조.

147) 박애경, 「조선후기 시조의 통속화 과정과 양상연구」, 연세대학교 박사학위논문, 1997.

체에만 초점을 둔 독자성을 보인다. 이러한 독자성은 대상이 환기하는 정감·관념을 차단한다. 결국 구어체의 개입은 작자의 중세이념과 탈중세라는 이중의식을 나타낸다.

화자가 3인칭 서술자가 된 경우는 인물 간의 대화와 인물에 대한 묘사에서 나타난다. 대화는 두 인물이 논쟁하는 성격을 띤다. 그 논쟁은 당대 현실의 모순을 반영하려는 면과 중세이념을 지향하려는 면의 논쟁, 중세적 신분의식을 벗어나는 면과 중세적 신분의식을 지향하려는 면의 논쟁이다. 이러한 논쟁은 작자의 중세이념과 탈중세라는 이중의식을 나타낸다. 인물의 묘사에서 화자는 서술자가 되어 인물의 심리를 분석하여 이야기에 알맞은 인물로 형상화하여 흥미를 유발하거나, 인물을 부정적으로 형상화하여 흥미를 유발한다. 결국 독백보고변모형은 작자의 이중의식과 흥미를 지향한다. 왜 이중의식과 흥미를 지향하는가?

첫째, 작자의 성격이다. 독백보고변모형의 작자는 다양한데 그 신분을 제시하면 다음 표와 같다.

작자	신분
具康(1757-1832),[148] 趙熙百(1825-1900),[149] 洪淳學(1842-1892)[150]	관리
金在華(1768-1841),[151] 柳寅睦(1839-1900)[152]	사족
趙胤熙(1854-1931),[153] 金芝叟(순조대),[154] 朴熺鉉(1814-1882),[155] 李象秀(1820-1882)[156]	몰락사족
金仁謙(1707-1772)[157]	서얼
李邦翼(1757-?),[158] 李台稙(1859-1903)[159]	하급관리·하급무반
<金剛山歌(1816)>, <關東壯遊歌>, <東遊歌>, <東遊金剛錄>	작자미상

148) 구강은 39세에 과거에 급제하여 능참봉을 시작으로 사간원에서 오랜 기간 있었고, 57세 때인 1812년과 1813년 사이에 함경도어사에 부임하여 <북새곡>을 지었다. 63세 때인 1820년 회양부사에 부임하여 <교주별곡>·<총석가>·<금강곡>을 지었다.

149) 조희백의 부친인 조규년(趙奎年, 1799-1867)은 형조참의를 역임하였고, 조희백은 31세 때인 1855년 진사가 되고 진산군수를 역임하다가 1874년 함라태수 겸 영운관이 되어 조세선(租稅船)을 영솔하는 임무를 수행하다가 <도해가>를 지었다.

작자의 신분은 관리·사족이 5명, 몰락사족이 4명, 서얼이 1명, 하급관리·하급무반 2명, 작자미상이 4명이다. 몰락사족의 경우는 신분이 불안정하였을 것으로 추정된다. 박희현은 여러 대에 걸쳐 벼슬을 하지 못한 집안 출신으로 빈한한 생활을 하였고, 이상수는 향촌에서 생애를 보낸 인물이고, 조윤희는 그 양부(養父)가 벼슬을 하였지만 자신은 평생을 향촌에 거주하였던 인물이고, 김지수는 전 생애를 한사로 보낸 인물이다. 경제적 빈곤을 짐작할 수 있다. 이로 인해 학문에만 전념하지는 못하였을 것이다. 이 시기 양반의 수가 평서층 보다 많다는 점[160)]도 경제적으로 몰락한 사족은 신분에 동요가 있음

---

150) 홍순학은 1857년에 문과에 급제하여 정언·수찬을 거친 다음 1866년 주청사의 서장관이 된다.

151) 김재화의 부친은 김경부(金敬夫)로 군자관판관을 역임하였고, 그의 형제들은 현감, 목사, 참판 등의 벼슬을 역임하였고, 그도 사후에 이조참판에 추증된다.

152) 유인목은 영남의 사족으로 부친 유교조(柳教祚, 1812-1881)는 청송부사를 역임하였다. 유인목은 27세(1865년)에 생원이 되고 28세(1866년)에 사행의 정사인 백부 유후조(柳厚祚, 1839-1900)의 수행군관이 되어 <북행가>를 지었다.

153) 조윤희는 예조판서를 지낸 조병식(趙秉式, 1832-1907)의 양자로 천안에서 한사로 지내다가 <관동신곡>을 지었다.

154) 김지수는 <서행록>의 기록으로 보면 한사이다.

155) 박희현은 본관이 순천(順天)으로 박팽년의 19대 손인데 선조의 여러 대에 걸쳐 벼슬을 하지 못하였다.

156) 이상수는 덕천군의 후손이지만 빈한한 가정 환경에서 성장하였다. 40세가 되던 1859년에 진사시에 합격하여 노년인 60세 이후에 집의라는 벼슬을 하였다. <어당 금강별곡>은 빈한한 가정 환경에서 지내던 그의 나이 37세 때인 1856년에 지은 것이다.

157) 김인겸은 김창집의 오촌 조카이고, 조부는 김수능(金壽能)이다. 김수능은 김상헌의 아들인 김광찬(金光燦)의 서출이다. 김수능은 강동현령을 역임하였다. 김인겸은 47세에 진사가 되었고 57세(1763년)에 종사관의 서기가 되어 일본에 다녀왔으며 그 경험을 토대로 <일동장유가>를 지었다.

158) 이방익의 부친은 오위장(五衛將)을 지낸 이광빈이다. 무반 집안 출신으로 제주도 인이다. 1784년 무과에 급제하여 수문장(守門將)이 되고 <표해가>를 지을 시기인 1796년에는 충장장(忠壯將)을 역임하였다.

159) 이태직의 손자인 이서구(李瑞求)가 소장한 가승(家乘)에 따르면 이태직은 공사관의 참서관으로 1년간 일본을 다녀와 그의 나이 43세에 <대일본유람가>를 지었다. 참서관이란 직책을 보아 하급관리로 추정된다.

160) 대구호적의 조사에 의하면 양반의 숫자가 1690년에서 1858년 사이에 9.2%에서 70.3%로 증가하였고, 울산호적에 나타난 양반의 숫자는 1726년에서 1867년 사이에 26.3%에서

을 나타낸다. 작자미상의 경우도 그 작자들은 드러내 놓고 이름을 밝힐 정도의 신분이 아닌 몰락 사족으로 추측된다.[161] 이상에서 상층 사대부는 5명임에 비하여, 몰락양반・서얼・하급관리(무반) 등 중간계층이 11명이다. 기행가사의 작자 층이 상층 사대부에서 중간계층으로 확대된 면이 있다. 그리고 중간계층이 주된 작자 층이다. 중간계층이란 상층과 하층의 중간이란 의미이다. 이러한 중간계층은 평서층의 언어와 상층의 언어에 모두 익숙할 것이다. 그래서 구어체의 개입이 있었을 것이다. 이것으로 인하여 이중의식과 홍미지향이 보일 것이다. 이렇게 보더라도 왜 관리・사족 등 상층사족의 작품에서도 구어체가 보이는가하는 점이 의문이다.

둘째, 독자의 확대이다. 19세기 이후 가사의 독자층이 확대되었다는 것은 주지의 사실이다. 기행가사에서 독자층의 확대는 작품의 유통에서 먼저 확인할 수 있다. 독백보고형의 작품들은 개인 가집 또는 문집에 수록되어 전한다.[162] 이에 비하여 독백보고변모형은 단 권의 필사본이고 다수의 이본[163]이

65.5%로 증가하였다. 정석종, 『조선후기 사회변동 연구』, 일조각, 1983.

161) 전승과정에서 이름이 탈락되었다면 작자의 이름이 잊힐 정도로 그 신분이 미비하거나 선조의 유작을 보존하지 못할 정도로 집안이 한미하였을 것으로 추측된다.

162) 독백보고형 작품들의 서지사항은 다음과 같다. 개인 가집 또는 문집에 수록된 작품이 <영삼별곡>(『옥소고(玉所稿)』), <피역가>(『만은집』), <명촌 금강별곡>(『명촌유고』), <탐라별곡>(『우헌집』), <북정가>(『적의』)이다. 가문의 가집에 수록된 작품이 <천풍가>・<금당별곡>(『위문가첩(魏門歌帖)』)이다. 단 권의 필사본은 <단산별곡(丹山別曲)> 뿐이다.

163) 독백보고변모형 작품의 이본과 서지사항을 정리하면 다음과 같다. 필사본 단 권으로 이본이 2개 이상인 작품은 <일동장유가>(가람본, 연민본), <대일본유람가>(<유일록>・<대일본유람가>), <표해가>(『青春』창간호, 『고대본 악부』, 『교합가집』, 『교합 아악부가집』, 고정옥・김삼불 주해 『가집』), <연행가>(도남본, 규장각A・B, 고대본, 이재수본), <북행가>(9종의 이본) 등이다. 필사본 단 권으로 이본이 1개인 작품은 <번천 봉래곡>, <서행록>, <지헌 금강산유산록>, <어당 금강별곡>, <관동신곡>, <금강산가(1816)>, <동유가>, <동유금강록> 등이다. 여러 노래를 모은 필사본 가집에 수록된 작품은 <도해가>・<관동장유가>(『관동장유가』에 수록) 등이다. 한 작자의 여러 노래를 모은 필사본 가집에 수록된 작품은 <북새곡>・<교주별곡>・<총석가>・<금강곡>(『북새곡(北塞曲)』에 수록) 등이다. 독백보고변모형의 17편 작품 가운데 필사본 가집에 수록된 것은 <도해가>・<관동장유가>・<북새곡>・<교주별곡>・<총석가>・<금강곡> 등이다. 이 가운데 개인 가집의

있으며 작자미상으로 동일한 내용의 작품들이 많다.[164] 개인 가집 또는 문집에 수록된 것은 작품의 유통이 우인(友人)·친지(親知) 등으로 제한적이다. 즉 독자가 제한적일 것이다. 이에 비하여 다수의 이본과 유사한 내용의 작품이 다수 있다는 것은 독자들에게 많이 읽혔다는 것이다. 독자의 확대이다. 이러한 독자의 확대는 작품의 결사에 있는 기록에서도 확인된다. 다음에 제시하는 구절은 <지헌 금강산유산록>의 결사부분이다.

> 이 경을 하직ᄒᆞ고 관동팔경 고르 보ᄉᆡ/ 고셩짜 ᄉᆞᆷ일포는 졔일 강산 일엇구나/……/ 소견 업산 자식 두니 이 말삼 헐이 마소/ 한 번 경쳐 보랴 하니 쥭을 지경 몃번인고/ 도라서 ᄉᆡᆼ각하니 부모임씌 득죄로다/ 관ᄒᆡ 귀경 조티 마소 졔존귀예 물이 죠타/ 유ᄉᆞᆫ 귀경 죠타 마소 졔 밧긔예 졔일 일쇠/ ᄉᆡᆨ쥬가 반치 마소 졔 부인 일ᄉᆡᆨ 일쇠/ 이 말을 쳔히 보면 졍영이 오입이라/ 마소 마소 셰ᄉᆞᆼ ᄉᆞ람 ᄌᆞ세이 명염ᄒᆞ소/ 이 가ᄉᆞ ᄌᆞ시 보면 금강 귀경 안ᄌᆞ보리/ ᄃᆞᆫ문 졸필 이 쌘이라 그만 져만 쥬리치ᄂᆡ

독자에게 가사를 자세히 보고 금강산 구경을 앉아서 하라고 당부한다. 독자를 염두에 둔 창작이다. 이와 같은 내용의 결사가 있는 작품은 <금강산가(1816)>·<관동장유가>·<관동신곡>·<동유가>·<일동장유가>·<서행록>·<연행가>·<북행가>·<동유금강록>·<번천 봉래곡> 등 총 11편이다. 독백 보고변모형 17편 가운데 약 2/ 3이다. 그 독자는 부모와 같은 특정인뿐만 아니라 구경하는 자·남녀노소와 같은 불특정인들이다. 불특정의 독자를 염두에 둠으로써 작자는 독자들의 언어인 구어체를 사용하고, 독자들에게 흥미를

성격을 띤 것은 『북새곡』 밖에 없다. 결국 단 권 필사본의 성격을 띤 작품이 15편이다.

164) 이러한 경향의 대표적인 작품이 <금강산완경록>이다. <금강산완경록>은 유사한 이름의 작품이 4편이 있는데 <금강산완경록(궁중잡록본)>은 <금강산완경록(정병욱 소장본)>을 축약한 것이고 <금강산완경록(임기중소장본)>·<금강산완경록(연세대 소장본)> 등은 <금강산완경록(정병욱 소장본)>과 내용이 유사하다. 특히 <금강산완경록(임기중 소장본)>은 9종의 이본이 있다.

줄 수 있는 표현을 사용할 것이다.

4-2. 기행가사의 문학사적 의미

기행가사는 1556년 <관서별곡>에서부터 1902년 <대일본유람가>까지 약 350년 동안 창작되었다. 강호가사는 조선전기에 왕성하게 창작되다가 17세기경 그 창작이 둔화되었고, 현실비판가사와 교훈가사는 주로 18세기 말에 왕성하게 창작되었고, 유배가사는 조선전기 왕성하게 창작되다가 19세기에 기행가사의 요소가 혼효(混淆)되었다. 가사문학 가운데에서 가장 생명이 길었다. 기행가사가 이처럼 긴 생명력을 지닌 이유가 무엇일까? 그 이유는 작자·시대·독자가 필요로 하였기 때문일 것이다.

기행가사는 16·17세기에 독백이라는 진술방식으로 창작되었다. 독백은 당대 여행의 이념인 수양(修養)을 내면화한 것이다. 이 시기 작자가 선택할 수 있는 장르에는 강호가사와 산수유기가 있었다. 강호가사는 산수자연을 표현하였다는 점에서 기행가사와 유사하다. 하지만 창작 목적이 다르다. 강호가사는 작자가 현실 정치에서 물러나 한적한 삶을 살다가 다시 현실 정치에 나아가는 사대부의 출처(出處)의식을 표현하기에 적당한 장르이다. 이에 비하여 기행가사는 현실 정치에 몸담고 있으면서도 여행을 통하여 수양(修養)을 드러낸다. 즉 여행을 통한 사대부의 수양의식을 표현하기에 적당한 장르이다. 이러한 점은 산수유기와 같다. 그런데 산수유기는 작자의 내면을 표현하기에 한계가 있다. 이에 비하여 기행가사는 내면을 드러내기에 적당하다. 이것이 16·17세기 기행가사가 살아남았던 이유이며 독백이란 진술방식을 택한 이유이다.

기행가사는 18세기에 독백보고란 진술방식으로 창작된다. 독백보고는 중세이념이 표면화된 것이다. 작자는 여행을 통하여 세상에 자신의 능력을 펼치지 못한 내적갈등을 해소하려 하였고, 중세이념이 동요되는 시기에 살면서 그 동요에 대응하려 하였다. 이러한 상황에서 작자는 이념을 전면에 내세워 자신의 내적갈등을 해소하려 하였고, 중세이념의 동요를 붙잡으려 하였다. 이것이 18세기 기행가사가 살아남은 이유이며, 독백보고라는 진술방식을 선택한 이유이다.

기행가사는 19세기 이후 변모한다. 독백의 변모형은 1인칭 서술자의 진술이 나타난다. 이러한 진술방식은 내면을 구체화하여 흥미를 유발한다. 독백보고의 변모형은 구어체의 개입과 3인칭 서술자의 진술이 보인다. 이러한 진술방식은 작자의 이중의식을 나타내고, 흥미를 유발한다. 변모의 공통점은 흥미이다. 흥미는 독자의 확대와 관련된다. 19세기 이후 가사의 독자층 확대는 새삼스러운 것이 아니다. 기행가사의 작자는 이러한 독자층의 확대에 두 가지로 대응한다. 첫째, 중세이념을 유지하면서 표현에 변화를 준 것이다. 그것이 독백의 변모이다. 작자는 독백이 지향하는 이념의 내면화를 계승하면서 독백의 화자를 1인칭 서술자로 바꾸어 흥미를 유도한다. 둘째, 중세이념을 벗어나면서 표현에 변화를 준 것이다. 그것이 독백보고의 변모이다. 작자는 당대의 현실이 중세를 벗어나려는 운동이 있음을 인식한다. 이러한 인식에도 불구하고 기행가사의 관습적 구속력은 여전히 있었을 것이다. 이 구속력과 시대 의식이 작자의 이중의식을 형성한다. 이것이 진술방식에서 독백보고를 유지하면서도 구어체의 개입을 용인하거나 3인칭 서술자의 진술을 용인하게 된 이유이다. 이러한 용인은 확대된 독자에게 거부감 없이 수용될 수 있었고, 흥미를 제공하기도 한다.

결국 기행가사는 16세기에서 19세기말까지 작자·시대·독자의 요구에 맞는 진술방식을 선택함으로써 살아남을 수 있었다. 이러한 강한 생명력이 있음에도 왜 20세기 이후에는 창작이 둔화되고 소멸된 것일까? 기행가사는 16·17세기 독백형, 18세기 독백보고형을 거치면서 작자가 시대에 대응하는 장르로 그 정체성을 유지하였다. 그러다가 19세기에 변모를 하였다. 그런데 그 변모가 두 가지로 분화되었다. 이러한 분화는 19세기에는 유효하였으나, 시기가 지나면서 장르의 분열을 야기하였을 것이며 그 분열은 하나의 극단을 지향하였을 것이다. 그 예가 되는 것이 19세기말의 작품인 <대일본유람가>이다.

<대일본유람가>의 내면표출에서는 직설적으로 감정을 토로한 감상성(感傷性)을 띠고, 대상표현에서는 정보 제공의 성격만을 띤다. 내면표출의 극단, 대상표현의 극단이다. 이러한 극단은 독자를 충족시키는 진술방식도 아니고 작자를 충족시키는 진술방식도 아니며 시대를 담는 진술방식도 아니다. 그래서 대상표현은 여행과 관련된 산문에 자리를 넘겨주게 되었고, 내면표출은 여행과 관련된 서정시에 자리를 넘겨주게 된다.

5. 맺음말

이 글은 조선시대에 창작된 기행가사의 계승과 변모를 살펴보는 것을 목적으로 한다. 기행가사는 여타의 가사와 다르게 내면표출과 대상표현이 복합되어 있으며 특히 대상표현이 확대되어 있다. 따라서 계승과 변모는 표현방식으로 살펴볼 필요가 있다. 그 결과를 요약하면 다음과 같다.

기행가사의 자료는 가사 작품 가운데 작자의 여행체험이 있고 대상표현이 확대된 작품들이다. 이 작품들 가운데 창작 시기를 알 수 있는 작품이 33편이다. 첫 번째 분석 기준은 대상에 대한 화자의 태도이다. 화자는 대상과 심리적 거리가 없는 경우와 심리적 거리가 있는 경우가 있다. 두 번째 분석 기준은 1인칭 화자가 서술자가 되는 것 · 구어체가 개입되는 것의 여부이다. 조선전기 기행가사는 1인칭 화자의 자기표현이고, 중세이념의 구속력을 띤 문어체가 주도적이다. 이것을 유지한 작품이 있을 수 있고, 이것을 변화시킨 작품이 있을 수 있다. 변화는 1인칭 화자가 서술자가 되는 것, 문어체가 구어체가 되는 것이다. 이러한 기준으로 기행가사를 분류하면 독백형, 독백보고형, 독백변모형, 독백보고변모형 등 4가지 유형이 있다.

독백형에는 화자가 대상과 심리적 거리가 없다. 대상을 동일화하려는 작품이다. 대상의 모습에 대한 비유가 대상의 움직임을 나타내고, 화자가 대상에게 말을 건넨다. 화자의 말건넴은 화자와 대상과의 심리적 거리를 줄이는 것이다. 이것은 대상의 모습을 보여주면서 그 모습 속에 화자의 정감이 개입된 것이다. 대상에 대한 정감에서 그 정감이 고조에 이르렀을 때 화자는 사대부로서의 임무에 대한 다짐·의지 등을 보인다. 화자가 사대부로서의 현실에서 벗어나려는 욕구를 가졌다가 다시 사대부로서의 현실로 돌아오는 것을 의미한다. 여행을 통한 수양(修養)이 부각된 조선 중기 산수유기에서 대상에 대한 작자의 정감이 개입되었다가 이후 작자가 자신을 반성하고 자신을 살피는 것으로 전개된 점과 같다. 내면표출에서 화자는 내적갈등을 해소하거나, 이념을 내면에서 묻고 답하는 과정을 거치는 내면화를 특징으로 한다. 내적갈등의 해소로 보아 작자는 이념과 동일화할 수 있다는 낙관적 현실인식이 있다.

독백보고형은 화자가 대상과 심리적 거리가 있다. 대상표현은 중심제재를 둘러싼 주위 산수들로 표현한다. 그 주위 산수들은 대응적으로 구성되며, 그 대응은 묘막(渺漠)·창망(蒼茫)과 같은 공간감을 의미하거나 맑음·차가움 등을 의미한다. 내면표출에서 화자는 내적갈등을 지닌 체 원래의 공간으로 돌아온다. 이것은 내적갈등에 대한 체념을 의미한다. 또한 이념이 표면화된 경향이 있다. 내적갈등의 체념·이념의 표면화로 보아 작자는 이념과 동일화할 수 없다는 비관적 현실인식이 있다.

독백변모형은 독백형 가운데 화자가 부분적으로 1인칭 서술자 역할을 하는 작품들이다. 변모 양상은 다음과 같다. 첫째, 대상과 동일화하려는 태도는 독백형과 같으나, 화자의 정감이 과잉되어 대상의 정감화가 이루어진다. 둘째, 화자는 부분적으로 1인칭 서술자 역할을 함으로써 내면을 구체화하고 그것으로 극적 긴장이라는 흥미를 유발한다.

독백보고변모형은 독백보고형의 작품 가운데 화자가 부분적으로 3인칭 서술자로서의 역할을 하거나 구어체가 개입된 작품들이다. 이 작품들은 독백보고형을 계승하면서 변모를 보인다. 변모의 양상은 다음과 같다. 첫째, 화자가 부분적으로 3인칭 서술자로서의 역할을 한다. 이 경우는 인물 간의 대화와 인물 묘사에 주로 보인다. 대화는 중세적인 관인의식과 탈중세적인 현실비판의식, 중세적인 신분의식과 탈중세적인 신분비판의식 등이다. 이념이 서로 다른 두 인물의 논쟁이다. 이러한 논쟁적 대화는 중세와 탈중세라는 작자의 이중의식을 나타낸다. 인물묘사에서 화자는 인물의 심리를 분석하여 그 인물을 이야기에 알맞은 역할을 하도록 하거나, 인물을 희화화한다. 이러한 인물묘사는 서사적 흥미를 유발한다. 결국 화자의 부분적인 3인칭 서술자로서의 역할은 작자의 이중의식을 나타내고 흥미를 유발한다. 둘째, 구어체의 개입이다. 대상표현에서 구어체의 개입으로 대상의 모습이 희화화되고 비유어 자체에만 치중하여 독자들로 하여금 대상에서 연상되는 원관념을 이탈하게 한다. 내면표출에서 구어체의 개입으로 여행의 동기가 인생이 무상하여 여행한다는 것으로 변모되고, 애민하는 관인의 모습이 비하(卑下)된 모습으로 변모된다. 중세이념과 탈중세라는 이중의식을 나타낸다.

이러한 기행가사의 진술방식은 작자의 신분, 시대적 성격과 관련이 있다.

독백형 기행가사의 작자들은 현실 정치에 참여한 관인들이고, 이들이 작품을 창작한 시기는 주로 16·17세기이다. 작자들이 현실에 참여한 관인이므로 이념이 안정적이라고 인식하였을 것이며, 16·17세기이므로 이념이 안정적이라고 인식하였을 것이다. 이러한 인식으로 현실에 대한 낙관적 인식을 가질 것이다. 낙관적 인식으로 작자는 독백이라는 진술방식을 선택하여 내적갈등을 해소하고 이념을 내면화한다.

독백보고형 기행가사의 작자들은 벼슬길이 막혔으나 지속적으로 학문을 추구한 사족들이고 이들이 작품을 창작한 시기는 18세기이다. 작자들이 현실에 참여할 능력은 있으나 현실에서 받아들여지지 않은 사족이고, 18세기라는 시대로 작자들은 당대의 이념이 동요되었다고 인식할 것이다. 이러한 인식으로 현실에 대한 비관적 인식을 가질 것이다. 비관적 인식으로 작자는 독백보고라는 진술방식을 선택하여 내적갈등에 체념하고, 이념을 표면화한다.

독백변모형 기행가사의 작자들은 상층 사대부가의 여인들이고, 이들이 작품을 창작한 시기는 19세기이다. 작자들이 상층 사대부가의 여인으로 유교적 이념의 구속 속에서 살아 19세기의 탈중세라는 변화에 대하여 민감하게 반응하지 않았을 것이므로 현실에 대한 낙관적 인식을 가질 것이다. 이러한 낙관적 인식에서 작자들은 독백변모라는 진술방식을 선택하여 대상을 정감화하여 내면을 발산하고, 화자가 1인칭 서술자가 되어 내면을 구체화하여 독자에게 흥미를 준다.

독백보고변모형 기행가사의 작자들은 몰락사족이거나, 평서층의 의식을 지향하는 이른바 신분이 동요된 중간계층의 작자들로 이들이 작품을 창작한 시기는 19세기이다. 작자들은 자신이 처한 중간적인 위치에서 한편으로는 중세이념을 지향하고 다른 한편으로는 탈중세를 지향하는 이중성을 나타낼 것이다. 이러한 이중성에서 작자들은 독백보고변모라는 진술방식을 선택하여 대상표현과 내면표출에서 이중성을 나타내고, 화자가 부분적으로 3인칭 서술자 역할을 하여 흥미를 유발한다.

이 글은 여행의 의미가 무엇인가 하는 의문에서 출발하였다. 이 의문을 풀기 위하여 기행가사의 진술방식에 초점을 두고 연구를 진행하였다. 하지만 연구를 진행하면서 여행이라는 의미보다는 오히려 가사라는 의미에 비중을 두고 진행되었다. 이 글이 여행과 관련된 기행한시(紀行漢詩)·기행사부(紀行辭賦)·기행산문(紀行散文) 등의 공통점에 대한 기본적인 착상이 없기 때문이다. 이러한 이 글의 한계는 이 문제에 대한 지속적인 관심을 두고 공부하면서 해결해야 할 과제로 보인다. 하지만 이 글에서 시도한 기행가사의 진술방식에 대한 연구는 기행가사를 문학적으로 해석한 점에서 의미가 있다고 생각한다.

제2장 19세기 금강산 기행가사에 나타난 사경(寫景)의 문학교육적 의의

1. 머리말

작자의 여행 경험을 표현한 기행가사에는 작자가 여행 중에 겪은 일·여행지에 얽힌 이야기·여행지의 경치 등을 포함하고 있다. 이 가운데 기행가사는 경치에 대한 표현이 높은 비중을 차지한다. 이러한 기행가사의 경치에 대한 표현은 시기별로 그 양상에 차이를 보이고 있는데, 19세기 기행가사는 전대(前代)의 기행가사와는 다르게 경치에 대한 표현이 크게 확대되었고 그 표현의 양상에서도 크게 차이가 난다. 그 차이에서 두드러진 것이 17세기와 18세기 기행가사에서는 주로 작자의 정감이나 이념을 경치에 투사하여 표현하는 경향이 두드러짐에 비하여 19세기 기행가사에서는 주로 작자가 경치와 일정한 거리를 두고 경치를 표현하여 표현된 경치에는 작자의 정감이나 이념의 배제되는 것이 지배적이란 점이다.[1] 이러한 19세기 기행가사에 나타난 경치에 대한 표현 즉 사경(寫景)[2]은 기행가사의 시대적 변모를 살펴 볼 수 있는

---

1) 기행가사에 나타난 표현에 주목하여 19세기 기행가사가 전대(前代)의 기행가사와는 다르게 경치의 표현에서 작자의 정감이나 이념이 배제되는 것이 지배적이라는 점은 염은열, 「19세기 금강산 가사의 특징과 문화적 의미」, 『고전문학연구』 14집, 한국고전문학회, 1998와 유정선, 「18·19세기 기행가사의 작품세계와 시대적 변모양상」, 이화여자대학교 박사학위논문, 1999와 졸고, 「기행가사의 진술방식 연구」, 서울대학교 박사학위논문, 2000에서 언급한 바 있다.

중요한 기준이 된다. 시대적 변모는 작품이 창작 유통된 배경과 밀접한 관련이 있을 것이므로 창작배경과 사경의 관련성을 살펴보는 것은 기행가사의 시대적 면모와 그 원인을 해명하는 관건이 되며 여행문학을 입체적으로 조망할 수 있는 장점도 있다.

이러한 창작배경과 사경과의 관련성은 비단 문학적 의의뿐만 아니다. 문학교육적 의의도 있을 것으로 보인다. 문학이 인간의 삶에 대한 표현이란 점을 상기할 때 기행가사는 인간의 여행생활이 비교적 잘 드러난 자료이다. 이러한 자료에서 선인들의 여행에 대한 문학적 표현이 이루어지게 된 배경을 아울러 살펴본다면 현대의 우리에게 선인들의 생활과 그 속에서 이루어진 표현을 알 수 있게 한다. 이러한 선인들의 생활과 표현에 대한 앎은 고전문학의 현대적 의의로 재해석하기에 용이하며 그 속에서 문학교육적 의의도 파악될 수 있을 것이다. 이 글은 이런 점에서 19세기 금강산 기행가사에 나타난 사경에 주목하게 되었고, 19세기 금강산 기행가사가 이루어지게 된 배경과 사경의 관련성을 살펴 그 결과를 토대로 문학교육적 의의를 제시하고자 한다.

19세기 기행가사에는 외국을 여행하고 지은 사행가사·여성이 여행하고 지은 여성기행가사·국내의 산수자연의 공간을 여행하고 지은 관유가사가 있다. 이 가운데 사경이 부각된 것은 관유가사이다. 관유가사 가운데 작자가 알려져 있거나 작자미상이지만 창작연대를 알 수 있어 19세기 작품임이 확실한 것[3])이 12편이다. 이 12편 가운데 사경이 확대된 작품은 9편이다.[4]) 이 9편

---

2) 사경(寫景)이란 '경치를 그린다' 또는 '그려진 경치'라는 뜻이다. 경치에 대한 표현과 관련된 용어로는 '경치에 대한 묘사'·'서경(敍景)'이란 용어를 들 수 있다. '묘사'는 주로 서사학에서 쓰인 용어이고, '서경'이 경치에 대한 표현이 확장된 가사의 하위 장르를 구분하는 데 주로 쓰여 두 용어를 사용하기에 주저되는 바가 있다. 이에 비하여 사경이란 용어는 산수유기(山水遊記)를 다룬 글에서 언급된 바가 있다. 본고에서는 '경치를 그린다'란 뜻으로 이 용어를 사용한다. 사경에 대한 것은 졸고, 「박순우의 <金剛別曲>에 나타난 寫景의 의미」, 『고전문학과 교육』 8집, 한국고전문학교육학회, 2004, 197면 참조.

3) 작자 또는 창작연대를 알 수 있는 19세기 금강산 기행가사는 작자미상으로 창작연대를 알 수 없는 19세기 금강산 기행가사와는 차이가 있다. 19세기 작자미상의 금강산 기행가사는 단편으로 여정이 경유지 내지 목격지로 언급되는 정도로 축약되었고, 사경에서 비유적 표현이 이름에서 연유하거나 설명적인 인문지리적 지식을 소개하거나 다른 시가에

은 주로 금강산을 여행하고 지은 점이 공통적이다.5) 9편을 표로 제시하면 다음과 같다.6)

순번	작품명	작자	창작연대	수록문헌	작품분량
1	<金剛曲>·<叢石歌>	具康(1757-1832)	1820년	『北塞曲』	51행·57행
2	<樊泉 蓬萊曲>	金在華(1768-1841)	1824년	필사본 단권	482행
3	<止軒 金剛山遊山錄>	朴熺鉉(1814-1880)	1855년	필사본 단권	675행
4	<峿堂 金剛別曲>	李象秀(1820-1882)	1856년	필사본 단권	562행
5	<關東新曲>	趙胤熙(1854-1931)	1894년	필사본 단권	619행
6	<金剛山歌(1816)>	작자미상	1816년	『長篇歌集』	359행
7	<關東壯遊歌>	작자미상	1859년	『關東壯遊歌』	800행
8	<東遊歌>	작자미상	1862년	필사본 단권	1092행
9	<東遊金剛錄>	작자미상	1868년	필사본 단권	742행

서 자주 등장하는 상투적인 표현을 사용하여 도식적인 성격이 강하다. 이에 비하여 작자 또는 창작연대를 알 수 있는 19세기 금강산 기행가사는 장편으로 여정이 상세하고, 사경에서 새로운 표현들이 보인다. 작자미상의 19세기 금강산 기행가사에 대한 것은 염은열, 「19세기 무명씨 금강산가사의 생활 문화적 의미」, 『국문학과 문화』, 한국고전문학회, 2001, 221-250면 참조.

4) 정현덕(鄭顯德, 1810-1883)의 <봉래별곡(蓬萊別曲)>은 4음보 1행을 단위로 하여 지명·단평으로만 이루어져 사경이 소략하고, 구강(具康, 1757-1832)의 <북새곡(北塞曲)>은 북관민의 생활과 풍속·여행의 어려움을 서술한 것이 대부분이고, 조희백(趙熙百, 1825-1900)의 <도해가(渡海歌)>는 공무 수행의 어려움을 서술한 것이 대부분이다. 이 세 작품을 제외한 9편이 주된 대상이다.

5) 19세기 기행가사의 작품 수에 대한 것은 유정선, 앞의 논문, 1999, 4-10면과 졸고, 앞의 논문, 2000, 4-16면 참조.

6) 9편의 작품에서 <지헌 금강산유산록(止軒 金剛山遊山錄)>·<어당 금강별곡(峿堂 金剛別曲)>·<번천 봉래곡(樊泉 蓬萊曲)>은 작자미상의 동일한 제목의 다른 작품들과 구별하기 위하여 원제목에 작자의 호를 첨부하여 필자가 붙인 것이고, <금강산가(金剛山歌, 1816)>는 원제목에 창작연도를 붙인 것이다. 동일한 제목의 다른 작품에 대해서는 졸고, 앞의 논문, 2000, 10면 참조.

2. 19세기 금강산 기행가사에 나타난 사경(寫景)

19세기 금강산 기행가사 9편은 왜 창작되었는가? 작자는 관북암행어사 · 회양부사 등의 고위관직을 역임한 구강(具康), 사족이나 미관말직을 역임하거나 벼슬을 하지 못한 김재화(金在華) · 박희현(朴熺鉉) · 이상수(李象秀) · 조연희(趙胤熙), 중간계층이나 몰락한 사족으로 추정되는 작자 등으로 그 편차가 다양하다.[7] 이러한 다양한 편차로 작자를 통하여 창작배경을 찾는 데에는 무리가 있다. 또한 19세기 기행가사에 대한 실증적 자료가 있는 것도 아니므로 창작배경을 온전히 살피기는 어렵다. 다만 19세기 기행가사가 수록된 문헌의 특징적인 면과 19세기 기행가사의 서두와 말미에 있는 기록을 통하여 대략적인 배경을 살펴볼 수 있다.

18세기 기행가사와 대비하였을 때 19세기 금강산 기행가사는 일반 대중으로 그 독자가 확대되었을 가능성이 크다. 18세기 기행가사는 주로 개인 문집이나 문중의 가집에 수록된 것이 대부분임[8]에 비하여 19세기 기행가사 9편은 필사본 단권이거나 당대의 가사들을 모은 가사집에 수록된 것이 대부분이다. 전술한 표에서 보듯이 필사본 단권으로 된 것이 6편이고 당대의 가사들을 모은 가사집에 수록된 것이 2편임[9]에 비하여 개인 가집에 수록된 것이 1편이

7) 19세기 기행가사의 작자에 대한 것은 유정선, 앞의 논문, 1999, 145-154면과 졸고, 앞의 논문, 2000, 158-163면 참조.

8) 18세기 기행가사는 모두 9편이다. 개인문집에 수록된 것은 권섭(權燮, 1671-1759)의 <영삼별곡(寧三別曲)>(『옥소고(玉所稿)』) · 황전(黃纏, 1704-1771)의 <피역가(避疫歌)>(『만은집(晩隱集)』) · 박순우(朴淳愚, 1686-1759)의 <명촌 금강별곡(明村 金剛別曲)>(『명촌유고(明村遺稿)』) · 정언유(鄭彦儒, 1687-1764)의 <탐라별곡(耽羅別曲)>(『우헌집(迂軒集)』) 등 4편이고, 문중의 가집에 수록된 것은 노명선(盧明善, 1647-1715)의 <천풍가(天風歌)>(『위문가첩(魏門歌帖)』) · 위세직(魏世稷, 1655-1721)의 <금당별곡(金塘別曲)>(『위문가첩(魏門歌帖)』) 등 2편이다.

9) 작자미상의 <관동장유가>는 <도해가> · <함라별곡> 등과 함께 『관동장유가』에 수록된 것, 작자미상의 <금강산가(1816)>는 <만고명장가(萬古名將歌)> · <어부사(漁父詞)> · <역대가(歷代歌)> · <검부가> · <운림쳐사가> · <은군즈가> · <낙빈가(樂貧歌)> · <계우사> · <녹의즈탄가> · <사인곡> · <사미인곡(思美人曲)> · <상사가(相思歌)> · <상사별곡(相思別曲)> · <춘면곡(春眠曲)> · <월봉산죄일경은셔상ᄉ가> · <추풍감별곡(秋風感別曲)> 등과

다. 이러한 사실은 19세기 기행가사는 문중을 벗어나 일반 대중에게 두루 읽혔을 가능성이 큰 것으로 보인다. 이와 관련하여 19세기 금강산 기행가사의 서두 또는 말미의 기록이 주목된다. 대표적인 것은 다음과 같다.

> 귀경 경(景) 아니라 곡경(哭景)이 정영(丁寧)항에/ 소견(所見) 업순 자식 두 니이 말삼 헐이 마소/ 한 번 경쳐(景處) 보랴 하니 쥭을 지경 몃번인고/ 도라서 싱각하니 부모(父母)임씌 득죄(得罪)로다/ 관히(觀海) 귀경 조티 마소 졔존귀예 물이 죠타/ 유순(遊山) 귀경 죠타 마소 졔 밧긔예 졔일 일쇠/ 식쥬가(色酒家) 반치마소 졔 부인(夫人) 일식(一色) 일쇠/ 이 말을 쳔히 보면 정영이 오입이라/ 마소마소 셰숭 수람 주셰이 명염(銘念)ᄒᆞ소/ 이 가ᄉᆞ(歌辭) 즈시 보면 금강(金剛) 귀경 안ᄌᆞ보리/ 든문 졸필(短文拙筆) 이 썐이라 그만 져만 쥬리치ᄂᆡ/ 을묘(乙卯) 숨월일(三月日) 박지헌희현(朴止軒熺鉉)은 셔(書)ᄒᆞ노라[10)]
>
> <지헌 금강산유산록(止軒 金剛山遊山錄)>

위 구절은 <지헌 금강산유산록>의 말미이다. 독자에게 가사를 읽음으로써 금강산 구경을 대신하라고 한다. 이와 유사한 언급이 <관동장유가>[11)]·<관동신곡>[12)]·<번천 봉래곡>[13)] <동유가>[14)] 등에서도 확인된다. 독자는 “금강

함께 『장편가집』에 수록된 것이 그 예이다.

10) 최강현, 『기행가사자료선집 I』, 국학자료원, 1996, 359면. ( ) 안의 한자는 최강현의 앞의 책을 따른 것이고, 빗금과 밑줄은 필자가 한 것으로 이하 같다.

11) “평싱(平生)의 별넛더니 뉵순(六旬)니 거의 되어/ 구경ᄒᆞ고 도라가ᄂᆡ/ 못본 ᄃᆡ로도 의논(議論)ᄒᆞ면 십분(十分)의 이삼(二三)이라/ 벼르다가 육순이 거의 되어 구경ᄒᆞ고 도라가ᄂᆡ/ 장유가(壯遊歌) 지엇으니 못본 ᄉᆞ람 이것 보면 ᄃᆡ강(大綱) 짐작(斟酌)ᄒᆞ오리다/ 셰신ᄒᆡ(歲辛亥) 초동(初冬) 월일(月日) 일감정필셔(一鑑亭畢書) 안혼부실(眼昏不實)ᄒᆞ여 쥰풍 낙ᄌᆞ(落字) 만하 슈괴(羞愧)ᄒᆞ나 우리 형뎨(兄弟) 좌셕(座席)의셔 팔경(八景) 묵견(默見)ᄒᆞ쇼셔 초(草)ᄒᆞ노라” 작자미상, <관동장유가>(최강현, 앞의 책, 393면)

12) “구경ᄒᆞ던 경ᄀᆡ쳐(景槪處)를 모두 긔록(記錄) ᄒᆞ여씨면 가사(歌辭) 한 권 너무리라/ 난필(亂筆)로 젹어씐니 그 사셜(辭說) 우숩도다/ 노쇼남여(老小男女) 보시난니 눌러 보고 곳쳐 보와/ 과희 비소(鼻笑) 안니할가” 조윤희, <관동신곡>(최강현, 앞의 책, 451면)

13) “슬하(膝下)의 녀손(女孫)들이 금강산(金剛山) 말ᄒᆞ라니/ 노정긔(路程記) 번역(飜譯)ᄒᆞ미 실(實)업고 또 실(實)업ᄂᆡ” 김재화, <번천 봉래곡>(김기영, 『금강산기행가사 연구』, 아세

산을 못 본 사람, 남녀노소, 슬하의 여손들, 세상의 호걸들" 등이다. 기행가사의 유통이 문중에만 국한된 것이 아니라 평서층의 남녀노소 등의 일반 대중으로 확대된 것을 알 수 있다. 이러한 독자층의 확대와 더불어 인용문의 "금강 구경 안즈보리"라는 구절이 주목된다. 이것과 유사한 구절을 "못본 ᄉ람 이것 보면 ᄃᆡ강(大綱) 짐작(斟酌)ᄒᆞ오리다……좌셕(座席)의셔 팔경(八景) 묵견(默見)ᄒᆞ쇼셔"(<관동장유가>) 등에서도 확인할 수 있다. 이 구절로 보아 작자는 금강산 구경을 하지 못한 사람들에게 이 한편의 가사로 앉아서 구경하도록 여행지에 대한 정보를 제공하기 위하여 창작하였을 가능성이 크다. 이러한 여행지에 대한 정보제공의 자료로써의 성격은 9편의 19세기 금강산 기행가사가 400행 이상의 장편으로 정보량이 확대된 점에서도 확인할 수 있다. 그 확대된 정보들은 주로 여행지를 빠짐없이 상세히 제시한 것, 여행지에서 들은 이야기나 여행지에서 겪은 민생에 대한 것, 여행지와 관련된 설화를 상세히 제시한 것 등이다. 이러한 정보들은 작자가 독자들에게 여행지의 정보를 빠짐없이 상세하게 제공하려는 측면이 강하게 작용한 결과로 보인다.

확대된 독자들에게 정보제공의 자료로써 19세기 기행가사가 창작되었다면 이러한 성격은 19세기 금강산 기행가사에 나타난 사경(寫景)과 어떤 관련이 있는가? 19세기 금강산 기행가사에서 여정을 빠짐없이 제시하거나, 여행지에 있는 특정 승경의 위치를 주변 경관과 관련하여 세밀하게 설명하는 것은 여행지에 대한 정보제공이란 목적에 충실한 것이다. 하지만 산문과 크게 구별되지 않는다. 따라서 이러한 정보는 국문으로 된 산수유기로 충분할 것이다. 가사로 지은 것은 그 이유가 있었을 것이다. 이런 점에서 19세기 금강산 기행가사에 나타난 사경의 특징으로 거듭 논의 된 "특정 경치에서 단일한 이미지로의 수렴이 없이 장황하게 묘사"된 점[15]이 주목된다. 9편의 금강산 기행가

아문화사, 1999)

14) "금강 ᄂᆡ외형승 눈압회 삼삼ᄒᆞ여/ 숨인듯 진경인듯 외신간 되거고나/ 듯고 보온 조흔 경기 ᄃᆡ강 젹어 긔록ᄒᆞ고/ 연로의 우ᄉᆞ온일 요초ᄒᆞ여 너러시니/ 아모나 보시ᄂᆞ니 짐작ᄒᆞ여 주오실가/ 일국지명산이오 삼한적 고찰드리/ 한곳의 모히여셔 쳔하의 유명ᄒᆞ다/ 셰상 호걸님ᄂᆡ 다 ᄒᆞᆫ번 보오소셔" 작자미상, <동유가(東遊歌)>(하버드대 소장본)

사에 나타난 사경의 전체적인 양상을 살펴보면 여행지의 특정 승경의 위치를 세밀하게 설명한 것[16] · 작자가 알고 있는 시문 · 고사 등을 이용하여 경치를 진지하게 표현 한 것[17] · 19세기 금강산 기행가사의 특징적인 면으로 경치에 대하여 장황하게 표현한 것 등이 있다. 여행지에 있는 특정 승경에 대한 세밀한 설명은 산문과 크게 구별되지 않는 것이고, 작자가 알고 있는 시문 · 고사를 이용한 사경도 전대의 기행가사에도 보이는 것이다. 경치에 대한 장황한

---

15) 염은열, 앞의 논문, 1998, 64-68면.

16) 여행지에 있는 특정 승경의 위치에 대한 상세한 설명은 이상수의 <어당 금강별곡>에 있는 다음의 구절이 그 예이다. "홀셩누(歇惺樓) 셕양시(夕陽時)의 어화 경(景)이 거룩ᄒᆞ다/ 만쳔봉(萬千峰)이 나렬(羅列)ᄒᆞ여 동편(東便)으로 병풍(屛風)친 듯/ ᄂᆡ외산(內外山)에 졔일봉(第一峰)은 비로봉(毗盧峰)이 주봉(主峰)이라/ 그 봉(峰)에셔 버든 줄기 ᄉᆞ방(四方)으로 버러스니/ 관음봉(觀音峰)과 ᄀᆡ씩봉(文筆峰)은 그리 ᄂᆡ려 신계ᄉᆞ(神溪寺)라/ 신계ᄉᆞ(神溪寺)의 올은 골은 규로 팔담(八潭) 되엿시며/ 큰 줄기 남녁으로 일출(日出) 월출(月出)두 봉이요/ 월츌봉(月出峰)이 기러져셔 안문영(雁門嶺)이 되여 잇고/ 안문영(雁門嶺)이 일ᄶᅥ셔셔 혈망봉(穴望峰)이 되여 잇고/ 혈망봉(穴望峰)이 남편(南便)으로 미륵봉(彌勒峰)이 되엿셰라/ 미륵(彌勒) 아ᄅᆡ 중ᄂᆡ원(衆來院)은 만경ᄃᆡ(萬景臺)가 여긔로다/ 만경ᄃᆡ(萬景臺) 나린 물은 외션담(外仙潭)이 삼겻스니/ 그 아ᄅᆡ 유점ᄉᆞ(楡岾寺)ᄂᆞᆫ 외산(外山)이라 그만 두고/ 미륵(彌勒) 남쪽 ᄯᅩ 한 가지 셔(西)으로 ᄶᅥ러지니/ 차일봉(遮日峰)과 마면봉(馬面峰)과 우두봉(牛頭峰)과 ᄇᆡᆨ마봉(白馬峰)과/ 십왕봉(十王峰)과 ᄉᆞ자봉(獅子峰)은 피인봉(避人峰)의 한 쥴기요/ ᄯᅩ 그리 나려와셔 상중ᄒᆞ(上中下) 삼관음봉(三觀音峰)/ 지장봉(地藏峰)과 장경봉(藏經峰)은 장안ᄉᆞ(長安寺)의 안ᄉᆞᆫ(案山)이요/ 혈망봉(穴望峰) 셔남(西南)으로 동ᄌᆞ봉(童子峰) 셕응봉(石鷹峰)과/ 망군ᄃᆡ(望軍臺) 놉흔 봉이 셔남(西南)으로 드러와셔/ 셕가봉(釋迦峰)이 삼겻스니 명경ᄃᆡ(明鏡臺)의 마차시며"(김기영, 앞의 책, 284-285면). 인용구절은 작자가 정양사의 헐성루에 올라 본 봉우리를 표현한 것으로 봉우리들의 관계와 위치 등을 상세하게 설명하고 있다.

17) 김재화의 <번천 봉래곡>에 있는 다음의 구절이 그 예이다. "구룡(九龍)을 ᄎᆞ지랴고 허위허위 올나가니/ 긔운(氣運)도 갓블시고/ 은은ᄒᆞᆫ 밋돌 소ᄅᆡ 먼니셔 들니더니/ 갓가이 드러가니 벽녁(霹靂)이 니러ᄂᆞᄂᆡ/ 삽쳔(揷天)ᄒᆞᆫ 셕벽(石壁) 우희 ᄇᆡᆨ홍(白虹)이 걸녓시니/ 천산(千山)이 흔들니고 만마(萬馬)가 달니ᄂᆞᆫ 듯/ ᄇᆡᆨ일(白日)이 쳥명(淸明)ᄒᆞᆫᄃᆡ 급(急)ᄒᆞᆫ 풍우(風雨) 오단 말가/ 녀와씨(女媧氏) 돌을 녹여 하ᄂᆞᆯ을 기웟더니/ 오히려 틈이 잇셔 은하슈(銀河水)가 ᄉᆡ단 말가/ 대 우희 프른 학(鶴)이 놀나 ᄂᆞ라 못ᄂᆞ리ᄂᆡ/ 녀산(廬山) 폭포(瀑布) 삼쳔쳑(三千尺)이 당(壯)ᄒᆞᆫ 형셰(形勢) 져려랴니/ 니젹션(李謫仙)의 시 아니면 뉘라셔 형용(形容)ᄒᆞᆯ고/ 졍신(精神)이 어득ᄒᆞ니 말소ᄅᆡ 몰나 듯ᄂᆡ"(김기영, 앞의 책, 266면). 폭포를 흰 무지개, 달리는 만마, 여와씨와 은하수에 비유하거나, 이백의 <망여산폭포(望廬山瀑布)>에 있는 구절을 이용한 것은 작자가 알고 있는 시구나 고사 등을 이용한 사경에 해당한다.

표현은 산문과는 다른 19세기 금강산 기행가사의 특징이라고 볼 수 있다.

경치에 대한 장황한 표현을 중심으로 19세기 금강산 기행가사에 나타난 사경의 특징적인 면이 보이는 대목을 9편의 금강산 기행가사에서 찾아 표로 제시하면 다음과 같다.

작품	산봉우리	바위	기타
<金剛曲>·<叢石歌>	正陽寺 歇星樓에서 본 봉우리	총석정	
<樊泉 蓬萊曲>		수미탑	海山亭의 일출
<止軒金剛山遊山錄>	영원동·靈源庵에서 본 경치 장안사 범종루에서 본 경치 正陽寺 歇星樓에서 본 봉우리	가섭동의 경치	
<峿堂 金剛別曲>	長安寺 신선루에서 본 봉우리 영원암에서 본 십왕봉 백운대에서 본 중향성 만물초	백탑의 바위 총석정 淸泠瀨의 바위	
<關東新曲>	正陽寺 歇星樓에서 본 봉우리 만물초		
<金剛山歌(1816)>	十王臺에서 본 봉우리 正陽寺 歇星樓에서 본 봉우리 隱仙臺에서 본 봉우리 만물초		팔담
<關東壯遊歌>	正陽寺 歇星樓에서 본 봉우리 門塔 주위의 봉우리 만물초	해금강의 바위 총석정	구룡연
<東遊歌>	정양사 헐성루에서 본 봉우리		
<東遊金剛錄>	만물초		금란굴

위의 자료를 토대로 19세기 금강산 기행가사에 나타난 사경의 특징적인 면을 제시하면 다음과 같다.

첫째, 대상을 인간생활의 상황에 의존하여 사경한다.

> 청용노(淸泠瀨)와 강션딕(降仙臺)의 다 각각 삼겻더라/ 괴이면 소(沼)가 되고 써러지면 폭포(瀑布)되어/ 한 줄노 나린 물이 가지가지 다르도다/ 수목(樹木)이

자옥ᄒᆞ다 일광(日光)을 가리엿고/ 나무틈의 뵈는 돌이 긔이(奇異)ᄒᆞ고 수상(殊常)ᄒᆞ다/ 물 잇기가 밋그러워 너머지기 념녀(念慮)되고/ 무근 눈이 층층(層層) 잇셔 발목이 ᄲᅡ지것다/ 이상ᄒᆞ고 야단일세 져러ᄒᆞᆫ 돌 ᄯᅩ 잇ᄂᆞᆫ가/ 물근 인졀미 고물 읍시 고은 드시/ 둥그러이 놉ᄒᆞᆫ 거동 팔십길은 되오리라[18]

<어당 금강별곡(峿堂 金剛別曲)>

슈삼니(數三里) 올나가셔 구룡연(九龍淵) 다다르니/ 우흐로 층암절벽(層巖絶壁) 쟝셩(長城) 굿ᄐᆡ 둘너잇고/ 팔담(八潭)으로 ᄂᆞ린 물이 그 우흐로 ᄶᅥ러지ᄂᆡ/ 비류직하 삼천척(飛流直下三千尺)호니 은하 의시은하낙구천(銀河 疑是銀河落九天)니라 하미 이를 두고 일음인가/ 완연(宛然)니 은하수(銀河水) ᄶᅥ러지고/ 진주(眞珠) 몇 섬 쏟아진 듯 기절(奇絶)하고 웅장(雄壯)하다/ 절벽(絶壁) 및 반석상(盤石上)의 구멍 크게 뚤렸는데 둥그렇게 되었구나/ 가마 솥 아가린가 슈레박회 모양일세/ 폭포가 ᄶᅥ러지며 그 못슬 급히 씻ᄂᆡ/ 못 물이 쒸놀면셔 셩ᄂᆡᄂᆞᆫ 모양이니/ 그 소ᄅᆡ 진동하여 벽력(霹靂)같이 무서우니[19]

<관동장유가(關東壯遊歌)>

<어당 금강별곡>에서는 청령뇌(淸泠瀨) 주위에 있는 바위를 표현한 것이다. 높이 쌓은 돌을 '고물을 묻히지 않은 깨끗한 인절미'로 비유하였다. <관동장유가>에서는 구령연의 폭포를 표현한 것이다. 폭포의 물줄기는 은하수를 걸어 놓고 진주를 쏟아놓은 듯이 빼어나고 웅장한 모습이며, 이러한 거센 물줄기 때문에 폭포 아래의 넓은 바위에는 구멍이 생긴다. 폭포의 빼어나고 웅장한 모습은 이백의 <망여산폭포>의 구절을 인용하거나 진주 등에 비유하여 그 기절(奇節)함과 웅장(雄壯)함을 진지하게 표현하였다. 그런데 이러한 비유와는 다르게 폭포 아래 생긴 구멍은 '가마 솥 아가리'로 비유하였다. 고물이 묻지 않은 인절미나 가마솥의 아가리는 인간의 의식주생활과 관련된 것이다.

18) 김기영, 앞의 책, 287면.
19) 최강현, 앞의 책, 378면.

이와 같은 예는 <번천 봉래곡>에서 수미탑을 '누룩을 포개 놓은 것 · 맷돌을 쌓아 놓은 것'으로 표현한 것,[20] <어당 금강별곡>에서 백탑을 서책을 쌓은 것 · 두지와 함롱을 고은 것 · 삼대를 묶은 것으로 표현한 것[21] · 백운대에서 본 중향성 봉우리를 파뿌리와 마늘쪽을 묶은 것으로 표현한 것[22] 등이 있다. 비유어들이 인간의 생활에서 취한 것이다. 결국 작자는 경치를 일상생활에 있는 소재를 취하여 구체적인 상황에 의존하여 표현한 것이다. 이러한 표현은 도형을 식별할 때 원 · 사각형 등의 추상적인 개념으로 식별하지 않고 원은 접시 · 시계 · 달 등으로, 사각형은 거울 · 문 등과 같이 구체적인 상황에 의존하여 식별한 것과 유사하다.

이것과 더불어 경치에 대한 장황한 표현이 이루어지다가 특정 대목에서 노랫말이 확장되고 그 확장된 노랫말은 인간의 성격 · 인간관계와 관련된 것이 있다. 인간의 성격이나 인간관계가 일상생활에서 이루어진다는 점에서 이러한 양상도 일상생활의 상황에 의존한 사경에 해당한다. 다음 인용 구절이 그 예이다.

> 영원암(靈源庵) 올나셔니 도인(道人)의 득도쳬(得道處)다/ 영원조ᄉᆞ(靈源祖師) 발근 도를 이곳의 어듯도다/ 젼후좌우(前後左右) 긔절경(奇節景)은 금병풍(金屛

20) "수미통(須彌洞) 드러가니 수미탑(須彌塔)이 신긔(神奇)ᄒᆞ다/ 누룩을 포가인 듯 밋돌을 빠앗ᄂᆞᆫ ᄃᆞᆺ" 김재화, <번천 봉래곡>(김기영, 앞의 책, 268면)

21) "그만 보고 이러나셔 ᄇᆡᆨ탑(百塔)을 차지리라/ 차잠차잠 드러가니 돌 구경(求景)이 더욱 장(壯)타/ 여릐탑(如來塔)과 다진탑(多珍塔)과 증명탑(證明塔)과 다보탑(多寶塔)과/ 문탑(文塔) 은탑(銀塔) 여러 탑은 돌 모양이 방불(彷佛)ᄒᆞᄃᆞ/ 셔ᄎᆡᆨ(書冊)을 싸은 모양 두지 함농 고인 모양/ 갓 모양 우산 모양 돌마다 물형(物形)일셰/ 삼씌를 무끈 드시 층층(層層)이 드러셔니/ 압뒤으로 각각 모양 엽흘 본즉 쏘 다르고/ 갓가이 보던 거동 멀니 보니 쏘 다르다" 이상수, <어당 금강별곡>(김기영, 앞의 책, 280면).

22) "이거시 ᄇᆡᆨ운ᄃᆡ(白雲臺)라 얼ᄉᆞ절ᄉᆞ 경(景)이로다/....../ 즁향셩(衆香城) 갓흔 거시 쳔ᄒᆞ(天下)의 쏘 잇슬가/ 큰아 큰 골목 안에 흰돌이 모를 부어/ 상상부터 그 밋써지 층층겹겹 가득ᄒᆞ니/ 셔역국(西域國) 영산회(靈山會)의 팔만(八萬) 부쳐 안졋ᄂᆞᆫ가/ 셕왕ᄉᆞ(釋王寺) 법당(法堂) 속에 오ᄇᆡᆨ나한(五百羅漢) 모앗ᄂᆞᆫ 듯/ 파부리를 셰웟ᄂᆞᆫ지 마날쪽을 묵건ᄂᆞᆫ지/ 초목(草木)도 아니 ᄂᆞ고 혹 한 ᄌᆞᆷ도 읍겟고나/ 보던 ᄇᆡ 쳐음이요 ᄉᆡᆼ각ᄒᆞ니 별닐일다" 이상수, <어당 금강별곡>(김기영, 앞의 책, 290면).

風) 둘이인 닷/ 져 건너 ᄇᆡᆨ마봉(白馬峯)은 안ᄌᆞᆼ 벗고 션ᄂᆞᆫ ᄃᆞᆺ/ 우두봉(牛頭峯) 마면봉(馬面峯)은 글ᄂᆡ 버ᄉᆞᆫ 거동 보소/ 또ᄒᆞᆫ 져편 ᄎᆞ일봉(遮日峯)은 혼인ᄃᆡᄉᆞ(婚姻大事) 쓴 거신가/ 안ᄉᆞᆫ(案山)의 소신 봉(峯)은 시왕봉(十王峯) 일넛구나/ 져 십왕 거동 보소 ᄎᆞ례로 느러션ᄂᆡ/ 송졔봉 도사봉은 슈염도 엄젼ᄒᆞ다/ 진광ᄃᆡ왕(眞光大王) 염ᄂᆞ봉(閻羅峯)은 인물(人物)도 거룩할ᄉᆞ/ 젼윤ᄃᆡ왕(轉輪大王) 초ᄉᆞᆫ봉은 위염(威嚴)도 ᄌᆞᆼ할시고/ 그 겻히 동ᄌᆞ봉(童子峯)은 어엿부고 남젼ᄒᆞ다/ ᄉᆞᄌᆞ봉(獅子峯) 압히셔니 십왕 위의(十王威儀) ᄌᆞᆼ(壯)할시고/ 그 겻히 판관봉(判官峯)은 모ᄃᆡ(帽帶)ᄒᆞ고 국궁(鞠躬)ᄒᆞᆫ 닷/ 져편의 죄인봉(罪人峯)은 무ᄉᆞᆫ 죄로 나립(羅立)ᄒᆞᆫ고/ 치죄ᄒᆞᄂᆞᆫ 거동보소 불ᄉᆞᆼᄒᆞ고 알씁읍다/ 마소마소 세ᄉᆞᆼ 사람 그른 일 부디 마소[23)]

<지헌 금강산유산록(止軒 金剛山遊山錄)>

<지헌 금강산유산록>의 위 구절은 작자가 장안사를 지나 옥경대(玉鏡臺)·업경대(業鏡臺)·황천문(黃泉門)이 있는 영원동(靈源洞)을 구경한 다음 영원조사(靈源祖師)가 도를 닦았던 영원암(靈源庵)에 올라 아래에 펼쳐진 봉우리를 표현한 것이다. 4음보 1행을 단위로 하여 '대상-사경'으로 장황하게 나열하고 있다. 한 가지 이미지로 수렴되는 것이 아니며 대상의 비유에 초점을 두고 있다. 그 비유는 주로 대상의 이름에서 연유한 것이다. 백마봉·우두봉·마면봉은 말과 소라는 봉우리의 이름에서 '안장을 벗고 선' 모습·'굴레를 벗은' 모습으로, 차일봉은 차일이란 이름에서 연상된 것을 표현한 것이 그 예이다. 이러한 대상의 이름을 풀이하는 식으로 사경하는 것[24)]은 19세기 금강산 기행가사의 특징 가운데 하나임은 부인할 수 없다.

그런데 위 인용구절의 동자봉의 경우는 그 성격을 달리한다. '얌전하고 예쁘다'고 한 것은 동자봉을 '어린아이 모양'이라고 이름을 풀이하는 것이 아니

23) 최강현, 앞의 책, 342면.

24) 이름에서 연상된 사경은 염은열, 『고전문학과 표현교육론』, 역락, 2000, 101면에서 언급한 바 있다.

라 동자의 성격을 제시한 것이다.[25] 마찬가지로 판관봉과 죄인봉에 대한 것도 판관과 죄인이라는 이름에서 벗어나 심판관이 모대하여 위엄이 있는 자세로 죄인을 치죄하고 있으며 죄인은 판결을 기다리며 나립한 인간관계의 모습을 표현한 것이다. 즉 '판관' '죄인'의 이름을 풀이한 것이 아니라 '심판관이 죄인을 치죄하는 모습'이라는 상황에 의존하여 표현한 것이다. 이러한 표현은 죄인이라는 봉우리의 이름에서 연상하여 그 죄인의 모습을 구체적으로 표현하는 과정에서 일상생활의 상황에 의존하게 된 것으로 보인다. 이때 작자는 "무슨 죄로 나립하여는고"라며 개입하여 청자들에게 호기심을 유발하거나 "불쌍하고 불쌍하다"라며 죄인에 대한 감정을 개입시켜 죄인봉이라는 봉우리의 모습보다는 죄인의 상황을 독자에게 핍진하게 전달하는데 초점을 두고 있다. 이러한 초점은 상황에 의존한 사경이 그 표현에서 오는 흥미로 이동한 것이란 해석도 가능할 듯하다. 이러한 예는 <관동신곡>에서 작자가 정양사 헐성루에서 본 봉우리에 대한 사경[26]에서도 확인할 수 있다. 미륵봉(彌勒峰)을

---

25) 이러한 예는 김재화의 <번천 봉래곡>에서 만물초의 봉우리를 '곳갈 벗은 늙은 중' '팔이 짧은 어린 아이'로 비유한 것에서도 확인할 수 있다. "만물초(萬物肖)가 분명하다/ 온정령(溫井嶺) 한 줄기가 북으로 둘넜는데/ 구름이 연송이가 닷토아 빼어났네/ 기(奇)한 형용(形容) 괴(怪)한 모양(模樣) 같은 것도 많을 시고/ 곡갈 벗슨 늙은 듕과 팔쟝 지른 어린 아희/ 날즘싱의 날고 셔며 긜즘싱의 긔고 안즌/ 져러틋 각각(各各) 형상(形象) 의희(倚稀)ᄒᆞ고 방불(彷佛)ᄒᆞ다"(김기영, 앞의 책, 268면).

26) "홀셩누(歇星樓)에 올나 안져 ᄉᆞ면(四面)을 바라본니/ 금강산 모든 봉이 녁녁(歷歷)이 다 보인다/ 장경봉(長慶峰) 관암봉(冠巖峰)은 장안ᄉᆞ세(長安寺勢) 먼져 보고/ 웃뚝ᄒᆞᆫ 셔가봉(釋迦峰)은 석가려ᄅᆡ(釋迦如來) 모양이요/ 쎄쭉쎄쭉 십왕봉(十王峰)은 열ᄃᆡ왕(大王)이 져러ᄒᆞ며/ 불ᄉᆞᆼᄒᆞ다 죄인봉(罪人峰)은 무삼 죌르 못씨지어/ 져ᄃᆡ지 뒤결박의 비난모양 참혹(慘酷)ᄒᆞ다/ 엄연(儼然)ᄒᆞᆫ 판관봉(判官峰)은 최판관(崔判官)이 져러ᄒᆞᆫ가/ 어여쁘ᄃᆞ 동자봉(童子峰)은 희미ᄒᆞ게 웃둑 셧다/ 영악(獰惡)ᄒᆞ다 사자봉(獅子峰)은 네굽을 ᄒᆞᆫᄃᆡ 모고/ 등셩이를 쥬구리고 소ᄅᆡ를 지르난듯/ 웅장(雄壯)ᄒᆞ다 ᄇᆡᆨ마봉(白馬峰)은 은안장(銀鞍裝) 금ᄎᆡ촉의/ 오릉소연(五陵少年) 어ᄃᆡ 두고 이곳의 혼ᄌᆞ 잇노/ 마면봉(馬面峰) 우두봉(牛頭峰)은 말얼굴 쇠머리요/ 천연(天然)ᄒᆞ다 차일봉(遮日峰)은 차일친 모양이요/ 섀쭉ᄒᆞᆫ 셰 봉우리 삼인봉(三人峰)이 져안니며/ 영특(英特)ᄒᆞᆫ 미륵봉(彌勒峰)은 미륵보살(彌勒菩薩) 형상(形象)이요/ ᄇᆡᆨ람봉 슈렴봉은 마조셔셔 웃둑ᄒᆞ고/ 네모번듯 승샹봉(丞相峰)은 평ᄉᆞᆼ(平床)노은 모양이요/ 셕응봉(席鷹峰)이 긔이(奇異)ᄒᆞ다 ᄆᆡ안진 모냥이요/ 법긔봉(法起峰) 팔을봉은 모다 보살 일홈이요/ 다섯봉이 나른ᄒᆞ니 오션봉(五仙峰)이 이 아닌냐" 조윤희, <관동신곡>

'미륵보살의 형상'이라고 한 것 · 법기봉(法起峰)을 '보살의 이름'이라고 한 것 · 안응봉(席鷹峰)을 '매가 앉은 모양'이라고 한 것 등은 4음보의 1행의 짧은 분량으로 대상의 이름을 풀이한 사경에 해당한다. 하지만 사자봉의 경우에는 사자라는 이름을 풀이한 것이 아니라 '등성이를 굽혀 소리를 지르는' 사자의 구체적인 모습에 초점을 두고 있다. 그리고 죄인봉에 대해서도 "불숭하다 죄인봉(罪人峰)은 무삼 죄를 못씨지어/ 져ᄃᆡ지 뒤결박의 비난모양 참혹(慘酷)ᄒᆞ다"라고 하여 봉우리의 모습보다는 일상생활에서 죄인이 뒤로 손이 결박되어 그 죄를 비는 모습을 표현한 것이며, 작자는 "불쌍하다"라고 감정을 개입시켜 이러한 일상생활에서 볼 수 있는 죄인의 상황을 독자에게 핍진하게 전달하는데 초점을 두고 있다.

둘째, 당대 유행하던 글을 작자가 차용 변개하여 경치의 모습보다는 표현에서 오는 흥미에 초점을 둔 사경이다. 유행하던 글을 차용하는 것은 19세기 기행가사만의 특징은 아니다. 19세기 기행가사에서는 이러한 글귀를 변개하거나 확장하여 표현자체에서 오는 흥미에 초점을 두고 있다. 다음 인용 구절이 그 예이다.

> 범종누(梵鐘樓) 올나션이 일만 이쳔봉이로다/ 쳘쥭화 진달ᄂᆡ난 슈풀 속의 반만 웃고/ <u>안ᄀᆡ 거더 ᄇᆡᆨ운(白雲)되고 ᄇᆡᆨ운거더 다긔봉(多奇峰)ᄒᆞ니</u>/ 이골 져골 단중일다[27]
>
> <지헌 금강산유산록(止軒 金剛山遊山錄)>

<지헌 금강산유산록>의 위 구절은 화자가 장안사의 범종루(梵鐘樓)에서 본 금강산의 진면목을 표현한 것이다. 철쭉꽃 진달래가 피어 있고, 안개가 걷혀 봉우리들이 드러나자 단장한 봉우리의 진면목이 보인다. '안ᄀᆡ 거더 ᄇᆡᆨ운되고 ᄇᆡᆨ운거더 다긔봉ᄒᆞ니'라는 구절은 주지하듯이 도연명의 <사시(四時)>에

(최강현, 앞의 책, 438-439면).

27) 최강현, 앞의 책, 340면.

나오는 "春水滿四澤, 夏雲多奇峰"을 차용한 것으로 잡가 등에 두루 쓰이는 시구이다. 봄과 여름의 대구가 원래의 뜻이다. 이러한 원래의 뜻과는 달리 위 구절은 '안개 걷혀 백운'되고 '백운 걷혀 다기봉'이라는 꼬리따기식의 어희적인 변개를 보인다. 어희적이란 점에서 시구의 원래의 뜻보다는 표현자체에서 오는 흥미에 초점을 둔 것이다. 이와 같은 예는 소설을 차용한 것에서도 확인할 수 있다. 다음 구절이 그 예이다.

> 그 이튿날 발힝ᄒᆞ여 만물쵸(萬物肖) 구경가자/ 은징영 놉흔 고ᄀᆡ 사십이(四十里) 올나간니/ 만물쵸(萬物肖) 이러구ᄂᆞ 구경을 ᄌᆞ세ᄒᆞᄌᆞ/ 긔긔괴괴(奇奇怪怪) 만학쳔봉(萬壑千峰) 가진 물형(物形) 다 잇도다/ 쳔ᄐᆡ산(天台山) 옥동자(玉童子)가 학을 타고 져를 불며 구름 속의 달리난 듯/ 월즁선여(月中仙女) ᄂᆡ려와셔 칠보단장(七寶丹粧) 갓게 ᄒᆞ고 단정(端正)이 안잔난 듯/ 상산사호(商山四皓) 모여 안져 바둑두며 노이난 듯/ 셔가여ᄅᆡ(釋迦如來) 붓쳐님 오ᄇᆡᆨ나ᄒᆞᆫ(五百羅漢) 거나리고/ 여하ᄃᆡ(蓮花臺)의 올나안자 셜법ᄒᆞ난 모양이요/ 장판교(長坂橋)의 장익덕(張益德)이 쟝창금(長槍劍) 빗겨들고/ 고리눈을 부릅쓰고 호령ᄒᆞ난 모양이요/ 와뇽션ᄉᆡᆼ(臥龍先生) 제갈양(諸葛亮)이 ᄇᆡᆨ우션(白羽扇) 학창의(鶴敞衣)로/ 신륜거(神輪車)의 올라안ᄌᆞ 쳔병만마 두르난듯/....../ 광한루(廣寒樓) 리도령(李道令)이 난간의 의지하여/ 춘향이 바라보고 정신 릅시 안즌난 듯/ 육관ᄃᆡᄉᆞ(六觀大師) 승진(性眞)의가 팔션여(八仙女) 만나보고/ 슷가지 셔로 쥐며 반기여 노이난 듯/ 청용황용(靑龍黃龍) 넙느려셔 여의줄(如意珠)을 희롱ᄒᆞ나/ 월궁(月宮)의 옥톳기 불사약(不死藥) 방아찐나/ 쇼상동정(瀟湘洞庭) 달발근밤 ᄶᅦ기럭이 나려오나[28)]
>
> <관동신곡(關東新曲)>

위 <관동신곡>의 인용구절은 금강산의 만물초를 표현한 것이다. 봉우리의 모습을 천태산의 옥동자(玉童子)・월중선녀(月中仙女)・상산사호(商山四皓)

---

28) 최강현, 앞의 책, 447-448면.

· 석가여래(釋迦如來) 등 익히 아는 인물들로 비유한다. 이러한 익히 알려진 인물에는 장비 · 이도령 · 성진과 팔선녀 등 당대에 유행하였던 소설의 인물도 있다. 익히 알려진 인물로 사경하였다고 하여 표현자체의 흥미를 유발하는 것으로 볼 수는 없다. 위 인용구절의 밑줄 친 부분을 보기로 하자. “장익덕이 장창금을 빗겨드는 모습”까지는 봉우리의 모습이 될 수 있지만 “고리눈을 부릅뜨는” 것은 봉우리의 모습이라기보다는 장익덕이라는 인물의 성격을 나타낸 것으로 인물의 묘사에 근접한 것이다. 이도령의 모습으로 바위를 비유한 것도 그 예이다. “이도령이 춘향을 보는 모습”이라고 하면 바위의 모습이 될 수 있지만, “정신없이 앉은” 것은 이도령이 춘향을 보고 반한 심리에 해당하므로 인물의 묘사에 근접한 것이다. 따라서 이 구절은 대상의 모습을 익히 알려진 인물로 비유하다가 노랫말이 확장되어 대상의 모습에서 벗어나 인물 묘사에 초점을 둔 것으로 표현자체의 흥미를 지향한 것으로 볼 수 있다.

이와 같은 예는 구강(具康)의 <금강록(金剛曲)>에서도 확인할 수 있다. 작자는 정양사(正陽寺)의 헐성루(歇惺樓)에서 본 경치를 석가모니의 영산회(靈山會) 모습 · 순임금과 공자의 온화하고 다기한 모습뿐만 아니라 홍문연(鴻門宴)의 광경 · 조자룡과 관우의 기세 등 <초한지>와 <삼국지연의>에 등장하는 인물과 내용 등으로 표현하고 있다.[29] 특히 경치를 홍문연의 광경으로 비유

---

29) “졍양사 헐셩누의 셕양의 다시 올나/ 만이쳔봉 진면목을 왋히노코 바라보니/ 민심이 버리시시 빈희불측 ᄒᆞ다ᄒᆞ야/ 텬하긔관 도온일을 내잠간 의논ᄒᆞ리/ 쵸한건곤(楚漢乾坤) 보앗더냐 홍문연(鴻門宴) 옥당왋히/ 항쟝(項莊)이 칼춤츄어 패룡(沛龍)을 찌르랴며/ 번쾌(樊噲)는 방ᄑᆡ끼고 놀라뛰여 드러와셔/ 댱(帳)헤치고 셔향(西向)ᄒᆞ야 목ᄌᆡ진렬(目在瞋冽) 분ᄒᆞᆫ거동(擧動)/ 진평(陳平)이 좌침(挫沈)ᄒᆞ고 범증(范增)의 거결(据抉)ᄒᆞ던/ 참담위름(慘憺危懍) 일쟝풍우(一場風雨) 홀연이 빗츨고쳐/ 금속아란(金粟阿蘭) 가셥존자(迦葉尊者) 년화ᄃᆡ(蓮花臺)의 청법(聽法)ᄒᆞ고/ 총녕항ᄉᆞ(葱嶺恒沙) 오ᄇᆡᆨ나한(五百羅漢) ᄇᆡᆨ팔념쥬 목에메고/ 금노(金爐)의 단향(檀香)퓌며 니마로 녜슈ᄒᆞ데/ 시방(時方)보던 이모양(模樣)이 홀연(忽然)이 간곳업고/ 댱양댱탄(長養長灘) ᄇᆡᆨ만듕(百萬中)의 츙돌(衝突)ᄒᆞ던 죠ᄌᆞ룡(趙子龍)과/ 오관참쟝슈(五關斬將帥) 엄칠군(嚴七郡) 승승당당(勝勝堂堂) 관운댱(關雲長)은/ 경각의 감취이고 엇더ᄒᆞ니 뵈시던고/ 남휸젼상(南薰殿上) 탄월팔괘(彈月八卦) 오현금(五絃琴) 남풍가(南風歌)와/ 슌임금 뫼셔안져 ᄀᆡᆼᄌᆡ가(賡載歌)로 화답하며” 구강의 <금강곡>(최강현, 앞의 책, 263-266면).

한 경우 경치보다는 항장(項莊)이 검무를 하며 유방을 찌르려 하자 번쾌(樊噲)가 방패를 끼고 뛰어 들어 두 눈을 부릅떠 위기를 모면하는 서사적 긴장감에 초점을 두고 있다. 표현자체에서 오는 흥미이다.[30)]

셋째, 작자가 사경한 본문에 개입하여 독자를 직접 대면하거나 경치를 어희적으로 해석한다.

> 옥경ᄃᆡ(玉鏡臺) 귀경ᄒᆞ소 뉘가 보든 거울인고/ 업경ᄃᆡ(業鏡臺) 더욱 죠타 파쇄(破碎)ᄒᆞ여 바려 둔 듯/ ᄌᆞ시 보고 다시 보니 바회가 분명ᄒᆞ의/ 이 압희 보든 거동 실업다고 부ᄃᆡ마소/ 셩문(城門)이며 황천문(黃泉門)은 뉘 ᄀᆡ셰로 셩을 쓴고/ 황청각(黃淸閣) 극낙문(極樂門)은 구비구비 닷기엿고/ 연석문 지옥문(地獄門)은 뉘가 져리 졔목(題目)혼고/ 금ᄉᆞ굴(金蛇窟) 흑ᄉᆞ굴(黑蛇窟)은 젼ᄉᆡᆼ 줴인(前生罪人) 갓치연ᄂᆡ/ 빅 붓드러 ᄆᆡ든 바회 어늬 ᄉᆞ공 졍영혼고/ 녈셕바회 기ᄃᆡᆫ 바회 빈 틈 읍시 일홈일쇠/ 이편 저편 둘너 보니 선경(仙境)이 여긔로다[31)]
>
> <지헌 금강산유산록(止軒 金剛山遊山錄)>

30) 구강의 <총석가>에서 총석정을 소설 『숙향전』에서 마고할미가 떡가래를 만져 이선에게 먹이려고 한 대목으로 비유한 것도 대상의 모습보다 표현에서 오는 흥미를 지향한 사경으로 볼 수 있다. ("텬틱산(天台山) 마고(麻姑) 한미 니션(李仙)을 먹이랴고/ 힌 썩가릭 마고만져 층층(層層) 괴얏다가/ 먹고 남은 여러 갈익 히포 되야 이러혼지/ 흰 빗츤 검어시나 모양은 의구(依舊)ᄒᆞ다" 최강현, 앞의 책, 268면). 작자미상의 <금강산가(1816)>에서 만물초의 선여봉을 사경한 대목도 표현자체의 흥미에 초점을 둔 것이다. "조도리 쓴 듯 선여봉(仙女峰)은 후셰남ᄌᆞ(後世男子) 발원(發願)인가/ 지성봉공(至誠奉供) ᄒᆞ온 공(功)니 영업부모 죠슉이라/ 가리마쓴 기ᄉᆡᆼ(妓生)인지 은안빅마(銀鞍白馬) 칩더 탄듯/ 무산낙죠(巫山落照) 선녀(仙女)런가 인물(人物)조코 ᄆᆡᆸ시잇다/ 명산승지(名山勝地) 구경ᄒᆞ여 풍뉴호걸(風流豪傑) 보려ᄒᆞ나"(최강현, 앞의 책, 251면). 선여봉을 남자 되기를 발원하는 여인·기생·선녀 등의 여인들로 비유하였고, 이러한 비유에서 지성봉고하여 부모에게 공이 돌아가는 것, 기생으로 은안백마를 탄 것, 선녀로 인물이 좋고 맵시 있어 명산승지를 구경하여 풍유호걸을 보려하는 것 등으로 각각의 여인에 대한 묘사가 이어진다. 경치를 표현하려던 것에서 다양한 여인과 그 특징을 제시하는 것으로 초점이 바뀌었으며 이러한 다양한 여인들의 모습에서 오는 흥미에 초점을 두고 있다.

31) 최강현, 앞의 책, 342면.

> 통쳔읍(通川邑) 지ᄂᆞ와셔 십이(十里)을 더 ᄂᆞ가니/ 금난굴(金幱窟) 거긔로다 풍낭(風浪)이 ᄃᆡ작(大作)ᄒᆞ여/ ᄇᆡ타기 위틱(危殆)ᄒᆞ다 오후(午後)의 ᄇᆡ의 올ᄂᆞ/ 믈결을 거슬이니 파도(波濤)의 출몰(出沒)ᄒᆞ여 의상(衣裳)이 다 져젓데/ 안을 들러가니 쥬홍(朱紅)을 ᄲᅮ리온 듯/ 광치(光彩)가 황홀(恍惚)ᄒᆞ고 너르기 방 안 갓데 / ᄇᆡ회 우의 젼복 ᄶᅡ기 술 안쥬 제일이요/ 쳔장의 푸른 풀은 불노초(不老草)라 ᄒᆞᄂᆞᆫ고ᄂᆞ[32]
>
> <동유금강록(東遊金剛錄)>

작자의 개입이란 사경한 본문에 작자의 육성이 드러난 것이다. 작자의 개입 양상은 작자가 독자와 대면하듯 표현하거나 본문을 어희적으로 해석한 것이다. <지헌 금강산유산록>의 위 인용 구절은 영원동(靈源洞)에 있는 경치인 업경대(業鏡臺)·황천문(黃泉門)·금사굴(金蛇窟)·흑사굴(黑蛇窟) 등을 차례로 표현한 것이다. 이러한 사경 속에서 작자는 "이 압희 보든 거동 실업다고 부듸마소"라며 독자에게 양해를 구한다. "이 앞의 거동"이란 작자가 업경대의 바위가 너무 깨끗하여 거울을 벌인 듯하다고 비유한 것이다. 이후 작자는 자세히 보니 거울이 아니라 바위라는 것을 알게 된다. 거울을 파쇄(破碎)하여 벌인 듯이 깨끗한 표면의 업경대·굽이굽이 닫힌 극락문 등은 사경으로 본문에 해당한다. 작자가 독자를 향하여 본문에 표현된 것에 대하여 양해를 구한 것은 본문에 개입한 것으로 볼 수 있다. 작자가 본문에 개입한 것은 작품 내에서 어떤 기능을 하는가? 작자의 개입은 작품 속의 청자가 아닌 독자와 대면한 것이다. 독자는 이 구절에서 작자의 개성적인 면을 경험할 것이고, 대상의 표현에서 유발되었던 아름다움이나 황홀감과는 다른 이질성을 느낄 것이다. 그 이질성으로 인하여 단조롭기 쉬운 경치에 대한 표현에서 독자에게 흥미를 줄 것으로 보인다.

이러한 흥미와 직접적인 관련을 보이는 것이 작자의 경치에 대한 어희적

32) 김기영, 앞의 책, 321면.

해석이다. <동유금강록>의 위 인용 구절은 금란굴을 표현한 것이다. 금란굴은 “주홍을 뿌린 듯”하고 “광채가 황홀”하고 그 안의 바위 위에 문어와 전복이 있다는 것은 금란굴의 아름다움을 진지하게 표현한 것이다. 이에 비하여 밑줄 친 “술 안주 제일이다”는 대상에 대한 작자의 일상생활의 경험에 근거한 판단이나 해석이다. 진지한 표현과는 이질적이다. 다음에 제시하는 구절들도 그 예에 해당한다. “부상(扶桑)의 오ᄉᆡᆨ(五色) 구름 ᄎᆡ홍(彩虹)쳐로 빗기 펴면/ 됴요(照耀)ᄒᆞᆫ 블근 빗치 왼 바다히 뒤눕더니/……/ 이윽고 불ᄀᆞᆺ튼 둥군 박희/ 토ᄒᆞᆯ 듯 못 토ᄒᆞᆯ 듯 ᄭᅳᆯᄂᆞᆫ 물결 탕양(蕩瀁)ᄒᆞ며/ ᄒᆞᄂᆞᆯ의 ᄠᅱ여 올나”(<번천봉래곡>).[33] 작자가 고성(高城)의 해산정(海山亭)에서 본 일출을 표현한 것이다. 해가 뜨기 전 수평선에 채색 무지개가 펴지고 바다가 붉은 색으로 덮이다가 이윽고 불같은 둥근 박이 이글거리며 하늘로 솟아오른다. 이후는 바다가 둥근 박을 토하고 박이 하늘로 솟아오른다고 하는 것이 자연스런 연결이다. 그런데 “토할 듯 못 토할 듯”이라고 하여 마치 어른이 어린아이에게 줄듯 말듯 장난치는 듯한 모습으로 표현한다. 자연스런 연결보다 어희적 면이 개입된 것이다. “ᄭᅬ고리 복골ᄉᆡ는 가지 가지 실피 울고/ 호반ᄉᆡ 목탁ᄉᆡ는 ᄯᅢ 마초아 줄도 운다/ 무당ᄉᆡ 할미ᄉᆡ는 망영시리 소ᄅᆡᄒᆞᆫ다/……/ 낙낙 ᄌᆞᆼ송(落落長松) 느러진ᄃᆡ 져 ᄉᆡ솔이 슬피 우다/ 방졍 마즌 할미ᄉᆡ 뉘게 마ᄌᆞ 져리 알노/ 두견(杜鵑)의 실푼 소ᄅᆡ 쳔츄(千秋) 눈물 블거구나/ 녹슈음농(綠水陰濃) 져 ᄭᅬ고리 쳡의 ᄭᆞᆷ을 놀ᄂᆡ엿다”(<지헌 금강산유산록>). 앞의 인용 구절은 작자가 가섭동에서 본 경치를 표현한 것이다. 촉의 망제 고사와 관련된 두견·이별한 여인에 비유된 꾀꼬리는 이별·상실 등에 의한 슬픔이 주된 분위기를 이룬다. 그런데 “때 맞추어 잘도 운다”·“망영스럽게 소리한다”·“방졍 마즌 할미ᄉᆡ 뉘게 마ᄌᆞ 져리 알노”라는 작자의 해석은 새의 울음에서 형성된 ‘슬픔’이라는 주된 분위기와는 이질적이다.

---

33) 김기영, 앞의 책, 269면.

3. 문학교육적 의의

19세기 기행가사 9편을 대상으로 창작배경과 사경의 관련성을 살펴보았다. 그 결과 19세기 기행가사는 그 독자가 양반사대부에 국한된 것이 아니라 평서층의 남녀노소로 확대되었으며 독자들에게 여행지의 정보를 제공하려는 것이 그 창작배경이 된다. 이러한 창작배경에서 보면 19세기 기행가사에서는 여행지에 얽힌 전설·여행자가 겪은 일·여행지를 상세하게 소개하여 정보제공에 충실한 면이 있다. 그런데 상세한 정보제공은 국문 산수유기와 구별되지 않는다. 가사로 지은 것은 그 이유가 있었을 것이다. 19세기 기행가사가 사경의 진술이 확장되었다는 점에서 그 이유를 찾을 수 있을 듯하다. 19세기 기행가사에 나타난 사경은 특정 경치에 대한 장황한 표현을 그 특징으로 한다. 경치에 대한 장황한 표현과 관련된 19세기 금강산 기행가사에 나타난 사경의 특징은 다음과 같다. 첫째, 사경은 인간의 일상생활의 상황에 의존한다. 둘째, 사경에서 작자는 익숙한 구절을 차용하나 어휘적으로 변개하여 독자에게 흥미를 준다. 셋째, 사경에서 작자는 본문에 개입하여 어휘적으로 해석하여 독자에게 흥미를 준다. 이러한 특징은 독자층의 확대와는 어떤 관련이 있는가?

독자층의 확대는 기행가사가 양반사대부들을 주된 독자로 하던 것에서 부녀자와 평서층의 독자로 확대되었음을 말한다. 이러한 독자층의 확대는 그것에 걸맞은 표현수단이 필요할 것이다. 양반사대부층이 오랜 동안 한문의 문어체에 익숙하였다면 부녀자를 포함한 평서층의 독자들은 구어체에 익숙할 것이다. 이러한 가정에서 Walter J. Ong의 구술문화에 대한 논의가 참고가 된다. 주지하듯이 Walter J. Ong은 구술문화에 대하여 "구술문화란 전혀 쓰기를 알지 못하는 문화 내지는 쓰기라는 수단이 있다는 것조차 알지 못하는 문화"라고 한 다음 구술문화에 입각한 표현의 특징들을 첨가적·집합적·장황 다변적·보수 전통적·인간 생활세계에 밀착·논쟁적 어조·감정이입 또는 참여적·항상성·상황의존적이라고 하였다.[34] 이 개념을 19세기 금강산 기행가사에 그대로 적용하기는 어렵지만, 독자층을 양반사대부와 평서층으로 양분한다면 구술문화는 양반사대부에 비하여 평서층에 적합할 것이라는 점은 부정할 수 없다. 이러한 점을 감안하여 19세기 금강산 기행가사에 나타난 사경의 특징을 다시 상기하면 '일상생활의 상황에 의존한 사경'은 구술문화의 '인간 생활세계에 밀착・상황의존적'이란 특징과 '사경에서 작자가 본문에 개입하여 경치를 어희적으로 해석하는 표현'은 구술문화의 '감정이입 또는 참여적'이란 특징과 일치한다. 이러한 결과로 보았을 때 19세기 금강산 기행가사에 나타난 사경의 특징은 평서층으로 확대된 독자층에서 생긴 결과로 보인다. 이러한 결과는 어떤 문학교육적 의미를 지니고 있는가?

문학이란 "인간 삶의 모든 것"이고 "문학교육은 인간의 삶을 총체적으로 이해하는 것"[35]이란 점에서 보면 문학교육적 의미는 인간의 삶에서 살펴보는 것이 적당할 것이다. 19세기 금강산 기행가사에 나타난 인간의 삶이란 작품 자체에서 찾기가 용이하지 않으므로 작품이 유통되는 사실에서 찾을 수 있다. 그 사실은 기행가사의 향유층이 상층사대부에서 하층으로 확대되었다는 점이다.

19세기 금강산 기행가사가 하층의 향유물로 그 독자층이 확대되었다는 것은 문학이 상층의 전유물이 아니라 하층의 향유물로 보편화되었음을 의미한다. 문학의 보편화와 관련하여 19세기 금강산 기행가사의 사경은 '문학의 보편화'에 따른 표현 방법을 제공한다. 즉 문학을 보편화된 생활 속의 문화로 보았을 때, 19세기 금강산 기행가사에 나타난 사경은 생활 속의 문화로써 여행지에 대한 경치를 표현하는 글을 쓸 때 그 글쓰기 방법을 제공할 수 있다는 것이다. 여행 문학에서 표현 주체는 다양한 경험과 지식을 통하여 대상을 표현할 것이다. 이러한 다양한 경험과 지식 가운데는 고차원적인 비유나 상징 등이 있을 수 있으나, 생활 속의 문화로써의 글쓰기에서는 생활에서 쉽게 접할 수 있는 재료를 취하는 것이 적절할 것이다. 이때 표현 방법으로 제시될

34) Walter J. Ong, 이기우・임명진 옮김, 『구술문화와 문자문화』, 문예출판사, 1997, 60-92면.
35) 김대행, 『문학교육 틀짜기』, 역락, 2000, 63-89면.

수 있는 것이 대상과 비유어를 상황의존적으로 결합하기 · 일상생활에서 얻은 재료를 비유어로 활용하기 · 표현 주체가 본문에 개입하기 등이 될 것이다.

4. 맺음말

기행가사는 여행자의 여행 체험을 통하여 여행지의 경치에 대한 표현이 확장된 장르이다. 이러한 점에서 보면 기행가사의 두드러진 특징은 경치에 대한 표현 즉 사경이다. 이러한 사경은 기행가사의 시대적 양상을 드러낸다. 뿐만 아니라 선인들의 삶 속에서 이루어진 표현이다. 삶과 관련된 표현 방법이란 점에서 문학교육적 의의를 지닌다. 이러한 의의는 모든 기행가사에 해당되지만, 19세기 금강산 기행가사는 전대의 기행가사에 비하여 사경에서 특징적인 면이 드러나 문학교육적 의의를 비교적 온전히 드러낼 수 있는 자료라 생각한다. 이러한 생각에서 19세기 금강산 기행가사 9편을 대상으로 사경의 특징과 문학교육적 의의를 살펴보았다. 그 결과를 요약하면 다음과 같다.

19세기 금강산 기행가사는 확대된 독자들에게 여행지에 대한 정보를 제공하기 위하여 창작되었다. 이러한 배경에서 19세기 금강산 기행가사는 전대와는 다른 사경의 특징을 보인다. 첫째, 사경의 재료는 상황에 의존한 것이고, 그 상황은 주로 인간의 일상생활이다. 둘째, 사경의 재료는 당대 유행하던 글을 작자가 차용 변개한 것이고, 경치의 모습보다는 표현에서 오는 흥미에 초점을 둔 것이다. 셋째, 작자가 본문에 개입하여 경치를 어희적으로 해석한 표현이다. 이러한 사경의 특징은 구술문화에서 주로 보이는 양상이다.

이것을 보아 작자는 확대된 독자를 의식하여 그들에게 익숙한 것으로 사경한 것이며 그들에게 알맞은 흥미를 제시한 것이다. 이러한 결과로 보았을 때 19세기 금강산 기행가사에 나타난 사경은 기행문학이 상층의 전유물이 아니라 하층의 향유물로 보편화됨에 따른 경치에 대한 표현 방법을 제공한다는 점에서 문학교육적 의의를 지닌다.

제2부 여행문학의 창작배경

제1장 〈금강록(金剛錄)〉의 창작배경과 의론(議論)의 양상

1. 머리말

<금강록(金剛錄)>은 정엽(鄭曄, 1563-1625)이 금강산을 유람한 체험을 기록한 산수유기(山水遊記)[1])로 그의 문집인 『수몽집(守夢集)』 권3 「잡저(雜著)」에 실려 있다.

정엽은 1617년 영양부사로 내려와 이듬해인 1618년 4월 금강산을 유람하

1) 특정한 인물이 산수를 여행한 체험을 스스로 기록한 산문에 대한 명칭에는 '산수기(山水記)' '산수유록(山水遊錄)' '산수유기(山水遊記)' 등이 있다. 박희병 교수는 유록(遊錄)과 유기(遊記)는 가리키는 바가 쉽고 뚜렷하게 드러나지 않는 문제점이 있으나 산수기(山水記)에는 유(遊)라는 의미가 내포되어 있고, 산수시(山水詩)·산수화(山水畵)라는 명칭과 짝을 이루고 있으므로 산수유기라는 번다한 명칭보다 산수기가 적당할 것이라고 하였다. 진필상(陳必祥)은 작자가 직접 여행하고 경물을 묘사한 작품은 산수유기이고 작자가 여행하지 않고 경물을 묘사한 작품은 산수기라고 하였다. 산수기라는 명칭은 가리키는 바가 명확하다는 장점이 있으나, 작자가 직접 여행하지 않은 작품까지 포함될 여지가 있다. 그래서 산수유기라는 명칭이 타당한 것으로 보인다. 이종묵 교수와 호승희 교수는 '유록'과 '유기'를 구분하여 사용하였다. 하지만 '유록'이나 '유기'의 제명이 붙은 작품들에서 작품의 구성, 사경(寫景)과 의론이 가미된 점 등이 공통적이다. 유록과 유기가 명확히 구별되지 않는 작품들이 많다. 이 글에서는 진필상이 언급한 산수유기란 명칭을 따른다. 박희병, 「韓國山水記 硏究」, 『고전문학연구』 8집, 한국고전문학회, 1993; 진필상, 심경호 역, 『한문문체론』, 이회, 1998; 호승희, 「조선전기 유산록 연구」, 『한국한문학연구』 18집, 한국한문학회, 1995; 이종묵, 「유산의 풍속과 유기류의 전통」, 『고전문학연구』 12집, 한국고전문학회, 1997.

고 그 체험을 <금강록>에 기록하였다. <금강록>에서 정엽은 경물의 아름다움을 감탄하거나 흥취를 드러내기도 하지만, 승려들과 불교의 교리에 대하여 토론하거나 의론을 개진하기도 한다. <금강록>에 드러난 이러한 양상은 유산을 통하여 심신을 수양하고 경물에서 이치를 찾으려고 하였던 유산문학의 전통을 계승한 것이다. 이러한 계승적인 면와 아울러 <금강록>에는 작가의 의론(議論)이 빈번히 개진되어 전대에 창작된 산수유기와는 다른 특징적인 면이 있다.

<금강록>에 드러난 의론에는 작자가 세상의 이치에 대하여 설명하거나 사대부들의 학문도야를 경계하는 내용이 있어 전대 도학자들이 창작한 산수유기와 일치하는 면이 있다. 하지만 이와 다르게 의론에 작자의 감정이 개입되기도 한다. 의론에 작자의 감정이 개입되는 경우는 전대 산수유기와는 다른 점으로 보인다. 이 글에서는 이점에 착안하여 <금강록>에 드러난 의론을 중심으로 전대의 산수유기와는 어떤 차이점이 있고 그것이 작자의 창작배경과는 어떤 관련이 있는지 살펴보는 데에 목적이 있다.

정엽의 <금강록>에 대한 연구는 전무한 편이고 산수유기에 대한 연구가 이루어졌다.

산수유기에 대한 본격적인 논의는 박희병 교수에 의하여 이루어졌다. 박희병 교수는 산수유기의 주된 작자층은 양반 사대부들이고 이들은 산수 체험을 통하여 군자가 갖추어야 할 덕과 기상을 배양하려 하였던 것이 산수유기의 사상적 배경이 된다고 하였고 산수유기의 면모나 지향은 시대와 작자마다 다를 수 있으나 일반적인 특징은 "산수자연의 아름다움·장엄함·기묘함에 대한 감탄"과 "풍속·지리·고적·설화에 대한 관심"이고 산수유기는 "산수시에서처럼 주체가 대상에 몰입함으로써 주체와 대상간의 간격이 없어지면서 무아지경에 도달하는 법은 없으며 대상은 대상으로 주체는 주체로서 각기 떨어져 존재할 뿐"이라고 하였다.[2)]

2) 박희병, 앞의 논문.

호승희 교수는 유산록은 "등정동기→날짜별 등람기록→등람에 대한 총평"이라는 세 단계로 구성되고 이러한 구성은 김종직의 <유두류록>에서 처음으로 보이며 조선전기 유산록은 "영남 사림들의 의도 아래 기체(記體)에서 분파되어 나온 산문양식"이라고 하였다.3)

이종묵 교수는 유산자가 유가의 문인인 작품에서는 주로 산수 간에 유산자의 심성을 수양하는 태도, 유산자의 수양이 확대되어 백성들의 안정된 삶을 누리게 하는 치인(治人)의 태도, 학문적 고증을 통하여 불가・도가・민간풍속 등을 비판하는 태도가 드러나고 유산자가 도가 계열의 사람인 작품에서는 도가의 성지를 구체화하려는 노력이 드러나고 일반 문인의 작품에서는 문장력을 기르기 위해서 유산한다는 태도가 드러난다고 하였다.4)

이경수 교수는 금강산을 여행한 체험을 기록한 산수유기를 대상으로 네 시기로 나누어 작자와 작품의 경향을 설명하였다. 이경수 교수는 16세기 초의 대표적인 작품이 성제원의 <유금강록>이고 이 작품에서 기묘사화 이후의 정치적 상황 속에서 은일자로 처세했던 사림의 한 인물이 금강산 유람을 통하여 도가적 선경을 추구하려 하였고, 16세기 중엽의 대표적인 작품은 홍인우의 <관동일록>으로 이 작품에서 재야의 도학자가 금강산 유람을 통하여 만물에 깃들여 있는 도리를 체득하려 하였고, 16세기 중엽에서 후반의 대표적인 작품은 유운룡의 <유금강산록>과 양대박의 <금강산기행록> 등으로 이들 작품에서 청년 서생들이 금강산 유람을 통하여 자신의 내면을 수련하려고 하였고, 16세기말에 관인 사대부들이 공무로 강원도를 순행하다가 금강산 유람을 하였고 이들은 견문을 객관적으로 기술하는데 치중하는 경향을 보인다고 하였다.5)

이 글은 이상의 선행 연구를 모두 수용하여 <금강록>이 전대의 산수유기와는 어떤 차이점이 있는지 살펴보고자 한다. 이를 위하여 2에서는 작자인 정

3) 호승희, 앞의 논문.
4) 이종묵, 앞의 논문.
5) 이경수, 「16세기 금강산 기행문의 작자와 저술배경」, 『국문학연구 2000』, 태학사, 2000.

엽의 생애를 중심으로 <금강록>의 창작배경을 살펴보고 3에서는 의론을 중심으로 <금강록>과 전대 산수유기와의 차이점을 살펴보고 4에서는 앞의 논의를 요약하는 순서로 전개하고자 한다.

2. 〈금강록〉의 창작배경

정엽(1563-1625)은 본관이 초계(草溪)로 자(字)는 시회(時晦)이고 호는 수몽(守夢)·설촌(雪村)이다. 진사인 유성(惟誠)의 아들이다. 그는 4세 때 시를 지어 이이(李珥)와 정유길(鄭惟吉)로부터 신동이라는 찬사를 받는다. 송익필(宋翼弼)의 문하에서 수업하고 성혼(成渾)과 이이의 문하에 출입하기도 한다. 1583년(선조 16)에 과거에 급제하여 홍문관 문한직을 시작으로 형조좌랑, 황주판관, 중화부사, 예조정랑, 수원부사, 동부승지, 우부승지, 나주목사, 예조참의 등 내외직을 두루 역임한다. 1602년(선조 35) 정인홍(鄭仁弘, 1535-1623)이 집권하여 성혼(成渾, 1535-1598)을 배척할 때 성혼의 문인이었던 정엽도 종성부사로 좌천된다. 정엽은 종성부사로 있을 때 선치(善治)를 하였으나, 기자헌(奇自獻, 1562-1624)의 참소로 동래로 유배된다. 1605년(선조 38) 유배에서 풀려난 뒤 예조참의· 충청감사·도승지 등을 역임한다. 1613년(광해 5) 도승지로 있을 때 계축옥사가 일어난다. 그러자 스스로 도승지를 사임하려 한다. 1617년(광해 9) 조정에서 인목대비(仁穆大妃) 폐출론(廢黜論)이 제기되자 스스로 외직을 청하여 영양부사로 나간다. 이듬해 폐출의 조처가 단행되자 관직을 버리고 여주로 돌아와 지낸다. 1623년(인조 1) 인조반정이 일어나자 다시 관직에 등용되어 대사성·대사간·대사헌·우참찬 등을 역임하다가 격무로 병을 얻어 1625년(인조 3) 63세의 일기로 세상을 마친다.

정엽은 1583년 환로에 든 이후 내외직을 두루 역임한 관인의 삶을 살았다. 이러한 삶 가운데 임란을 겪게 되었고 계축옥사·폐비론·인조반정을 겪었다. <금강록>은 고위직으로 승진을 계속하던 정엽이 계축옥사를 겪고 난 후

폐비론이 대두될 때 영양부사라는 외직으로 나와서 금강산을 여행하고 지은 작품이다.

계축옥사는 주지하듯이 1613년(광해군 5) 7명의 서자(庶子)가 조령에서 은을 약탈한 사건에서 발단된다. 이 사건을 대북파의 조정에 의하여 영창대군(永昌大君, 1606-1614)과 김제남(金悌男, 1562-1613)을 비롯하여 영창대군을 지지하였던 소북파를 제거하는 사건으로 확대된 일이다. 1613년(광해군 5) 봄 사건이 발발한 이후 6월 1일에 김제남이 사사되고 영창대군은 서인(庶人)으로 강등되어 그해 8월 2일에 강화도로 유배되었다가 1614년(광해군 6)에 죽는다.

도승지로 있던 정엽은 1613년 6월 1일 승지인 윤중삼(尹重三)·권진(權瑨) 등과 함께 "의(영창대군)는 이미 폐서인이 되어 속적에서 끊어졌으니 궁중에서 편안히 있게 할 수 없으니 빨리 조처하소서"[6]라는 상소를 올린다. 상소를 올린 다음날 정엽은 벼슬을 사직하는 소를 올리지만 허락 받지 못 한다.[7] 옥사가 끝난 다음 해인 1615년(광해군 7)에 계축옥사에서 공이 있었던 인물들에게 포상하는 조서를 내리는데 정엽은 한 품계 승진한다.[8] 정엽은 계축옥사에서 영창대군의 유배를 지지하였던 인물로 보인다. 하지만 영창대군을 유배시키라는 상소를 올린 다음 날에 도승지를 사임하는 상소를 올린 것을 보아 이러한 행위가 자신의 적극적 의도에서 이루어진 것으로 보이지는 않는다. 정엽은 1617년(광해군 9) 폐비론이 한창 거론되고 있을 때 영양부사를 자청하여 외직으로 나간다. 인목대비 폐출이 확정된 1618년(광해군 10)에 영양부사마저 그만 두고 향리인 여주에 은거한다. 광해군은 1619년(광해군 11)과 1622년(광

---

6) "6월 1일 왕이 몸소 국문하였다. 승지 정엽·이덕형·이신원·윤중삼·권진 등이 아뢰기를, '의는 이미 폐서인이 되어 속적에서 끊어졌으니, 궁중에 잠시라도 편안히 있게 할 수 없습니다. 빨리 조치하소서.' 하니, 왕이 알았다고 답하였다(六月 朔 戊子 王親鞫 承旨鄭曄李德泂李信元尹重三權縉等啓曰 旣廢爲庶人 屬籍已絶 不可一刻晏處宮中 請斯速處置 王曰知道)" 『광해군일기』 권67, 1613년(광해군 5) 6월 1일.

7) "都承旨鄭曄上疏辭職 不許" 『광해군일기』 권67, 1613년(광해군 5) 6월 6일.

8) 『광해군일기』 권98, 1615년(광해군 7) 12월 29일.

해군 14) 두 차례에 걸쳐 출사하라고 독촉하지만 정엽은 출사하지 않는다. 정엽의 이러한 행동에 대하여 사관(史官)은 "바르고 확고한 처세관으로 올바른 몸가짐을 하였다",[9] "한 시대의 명망 있는 인물로서 몸을 깨끗이 하여 물러나 돌아갔으니 사대부의 나아가고 물러가는 의리에 가깝다"[10]라고 하였다. 사관(史官)은 정엽이 영창대군을 유배시키라는 상소에 가담한 인물임에도 긍정적으로 평가하고 있다.

이러한 사실로 보면 정엽이 계축옥사에서 취한 행동이 어쩔 수 없는 일이었고, 영창대군의 유배를 지지하는 장소를 올린 다음 곧이어 관직을 사임하는 상소를 올린 점을 보아 계축옥사가 처리되는 과정에서 관인으로서 가책이나 갈등을 느꼈고 조정의 현실에 대하여 환멸을 느꼈을 것으로 짐작할 수 있다. 이러한 점은 <금강록>에서도 확인할 수 있다. <금강록>에서 정엽은 영양부사로 내려와 함께 했던 벗들이 모두 화에 연루됨을 면하지 못하였는데 혼자 아름다운 곳에 노닐며 세상과 멀어진 것이 다행이라고 하였고, 폐비론을 반대하다가 북청에 유배된 이항복(李恒福, 1556-1618)의 편지를 받고 비감에 잠기기도 하였다.[11] 이것은 자신이 화를 피하였다는 표면적인 의미 외에 벗들과 이항복은 올바른 도리를 다하다가 죽거나 유배되었음에 비하여 자신은 목숨과 관직을 유지하고 있는 것에 대한 가책을 포함한다.

결국 정엽은 계축옥사의 과정에서 올바른 도리를 행하지 못하였다는 가책과 갈등, 불의가 횡행하는 조정 현실에 대한 환멸 등이 동기가 되어 1617년 자청하여 외직에 나가게 되고 그 이듬해 금강산을 여행하게 된다. 따라서

---

9) "曄・晬光皆負重望 見時事混濁 避居所庄 貞確自淸" 『광해군일기』 권146, 1619년(광해군 11) 11월 22일.

10) "鄭曄・李晬光 以一大名流 潔身退歸 庶幾士大夫進退之義 而朝廷敦迫如此 處此世其亦難矣" 『광해군일기』 권174, 1622년(광해군 14) 2월 23일.

11) "余上年陳情乞養 聖恩優許 得宰巫山 私幸有三 奉八十老母全城榮養 其幸一也 一時朋輩俱不免禍綱 而余獨優遊仙區 與世相遠 其幸二也 欲一見金剛而不可得 今於垂老之年 宿願將諧 其幸三也 (…) 初三日 (…) 襄陽武人姜孝先 自北道還 袖鰲城答書來見 披來怳然此老面目 可慰隔別懷 此老浮沈相位數十年 癸丑變被彈 卽閑于郊 去年冬 當慈殿廢黜議 凜然引虞舜爲辭 三司論以護逆 竄北靑矣" 鄭曄, <金剛錄>

<금강록>의 창작배경에는 정엽의 관인으로서의 가책과 갈등, 조정 현실에 대한 환멸 등이 있을 것으로 보인다.

<금강록>의 이러한 배경은 전대에 창작한 산수유기와는 일정한 차이를 보이고 있다. 이경수 교수는 16세기 금강산을 유람하고 지은 산수유기의 작자들은 평생 벼슬길을 거부하고 방외인의 삶을 살았던 은일자(隱逸者), 기묘사화의 정치적 상황 속에서 재야에서 학문에 정진하였던 도학자(道學者), 산수유람을 통하여 심성을 수양하고 지기를 키움으로서 문장력을 향상시키려는 의도를 지녔던 청년서생(靑年書生), 지방관에 부임한 관인사대부(官人士大夫)들이 있다고 하였다.[12] <금강록>의 작자 정엽은 관인 사대부에 속한다. 16세기말 관인 사대부들이 금강산을 체험하고 지은 산수유기의 대표적인 작품이 노경임(盧景任)의 <유금강산기(遊金剛山記)>(1595), 김개국(金蓋國)의 <관동록(關東錄)>(1596), 배용길(裵龍吉)의 <금강산기(金剛山記)>(1600) 등이다. 이 시기 관인 사대부들은 임란이후 민심을 수습하거나 병력을 재정비하는 공무를 우선하였다. 그래서 이 작품에는 "개인의 체험보다 견문을 객관적으로 기술하는데 치중하는 경향"[13]을 보인다. 이 점은 중앙 관인의 삶을 살다가 환로에 환멸을 느껴 지방 관인의 길을 택하였던 정엽과는 차이가 있다.

3. 〈금강록〉에 나타난 의론(議論)의 양상

정엽은 서울에서 온 두 사위와 손자를 데리고 4월 1일 양양에서 출발하여 고성, 외금강, 유점사, 마하연, 만폭동, 장안사, 쇄랑동, 통천, 발연폭포, 삼일포를 거쳐 4월 18일 양양에 돌아온다. 이러한 여정에서 작자는 경물을 묘사하고 이에 대한 흥취를 드러내거나 이치를 설명하는 의론을 개진한다. <금강록>에 나타난 작자의 의론에는 심성 수양에 대한 것, 만물이 생성하게 된 도

12) 이경수, 앞의 논문.
13) 이경수, 앞의 논문, 209면.

리에 대한 것, 학문도야에 대한 것, 백성들의 곤궁한 삶에 대한 것, 경물이 세상에 알려지지 않은 불우(不遇)에 대한 것 등이 있다. 수양(修養)은 유자(儒者)의 인격완성을 지향하는 것으로, 성경(誠敬)을 통하여 인욕을 막는 행위 곧 주체자의 각성을 중시하는 존심양성(存心養性)과 사물의 소이연(所以然)을 궁구하는 궁리(窮理)를 중시하는 경향이 있다고 한다.14) 이를 적용하면 <금강록>에 나타난 심성 수양, 만물이 생성하게 된 도리, 학문도야에 대한 것은 수양이라는 항목으로 묶을 수 있을 것 같다. 결국 <금강록>에 나타난 의론은 크게 작자가 관인(官人)로서 백성들의 삶에 대하여 개진한 내용, 작자가 유자로서 존양(存養)이나 궁리(窮理)에 대하여 개진한 내용, 작자가 은자(隱者)로서 경물(景物)의 불우(不遇)에 대하여 개진한 내용 등으로 나눌 수 있다. 본 장에서는 각각의 의론들을 전대에 창작된 산수유기와 비교하여 그 차이점을 드러내고자 한다.

3-1. 백성의 삶에 대한 관인으로서의 반성

자료1. 김종직(金宗直), <유두류록(遊頭流錄)>

① 산의 동쪽과 서쪽에는 계곡이 넓은데 잡목은 없고 모두 삼나무 회나무 소나무 녹나무들이다. 나무들 중 말라죽어 뼈대만 서 있는 것이 셋 중에 하나이다. 간간이 단풍이 있어 그림처럼 아름답다. 산등성이에 있는 수목은 모두 바람과 안개에 시달림을 받아 가지가 모두 왼쪽으로 쓰러져 굽어 있고 머리카락처럼 나부낀다. 말하기를 "해송이 더욱 많아 백성들이 매년 가을에 채취하여 공물로 충당합니다. 올해에는 한 그루의 나무에도 열매를 맺은 것이 없는데 악착스럽게 양을 채우려고 한다면 우리 백성들이 어찌 하겠습니까? 수령께서 마침 보셨으니 정말 다행입니다"라고 하였다. (…) ② 시내 위에 두어 칸 되는 초막이 있는데 가시로 울타리를 둘렀고, 흙으로 만든 아궁이가 있으니 이것은 이에 매를 잡

14) 유교사전편찬위원회 편, 『유교대사전』, 박영사, 1990.

는 초막이다. 내가 영랑재로부터 여기까지 오면서 보니 산의 곳곳에 매를 잡는 올가미를 설치해 둔 것이 다 기록할 수 없을 정도이다. 하지만 아직 가을이 깊지 않아 아직 매를 잡는 자가 없다. 매는 구름 사이로 날아다니는 동물이라 험준한 땅에 올가미를 쳐놓고 깊숙이 숨어 앉아 노리는 자가 있는 줄을 어찌 알겠는가? 매는 먹이를 보고 탐내다가 마침내 그물에 걸려 사람들의 노리개가 되니 사람에게 경계할만한 일이다. 이 가운데 궁궐에 진상하는 것은 한두 쌍에 불과하나 官에 진상할 것을 생각해야 한다. 이를 위하여 떨어진 옷과 죽만 먹는 사람들을 시켜 밤낮으로 눈보라를 맞으면서 산봉우리에 엎드려 있게 하니 어진 마음이 있는 사람이면 차마 못할 일이다.15)

자료2. 김일손(金馹孫), <두류기행록(頭流紀行錄)>

골짜기를 나와서 북쪽으로 가니 오른쪽은 산이고 왼쪽은 물길이어서 길이 매우 위태하다. 수풀을 지나 10리쯤 가니 동구가 점점 넓어졌다. 비옥한 들이 있어 농사지어 먹을 만하다. 또 십리를 가니 백성이 살고 있는데 나무를 이용하여 도구를 만들고 쇠를 단련하여 재료를 만드는 것으로 생업을 삼았다. 내가 "꽃이 피면 봄이 되고 잎이 지면 가을이 된다는 것이 여기에 있구나!"라고 말하였더니, 따라오던 중이 "땅이 치우쳐 있고 이정(里正)이 꺼리는 것이 없어 백성들이 부역(賦役)의 번다함과 막중함으로 고통스러워합니다"라고 대답하였다. 5리를 나가서 묵계사에 다다랐다.16)

15) "山之東西溪谷開闊 望之無雜樹 皆杉檜松枏 槁死骨立者 居三之一 往往間以丹楓 正如圖畵 其在岡脊者 困於風霧 枝幹皆左靡拳曲 雲髮颸飄 云 海松尤多 土人每秋採之 以充貢額 今世無一樹帶穀 苟取盈則吾民奈何 守令適見之 是則幸也……見溪上草廠數間 周以柴柵 有土炕 乃內廂捕鷹幕也 余自永郎岾至此 見岡巒處處設捕鷹之具 不可勝記 秋氣未高 時無採捕者 鷹準雲漢間物也 安知埈絶之地 有執械豊蔀而伺者 見餌而貪 猝爲羅網所絓 條鏇所制 亦可以儆人矣 且夫進獻 不過一二連 而謨充獻阮 使鶉衣啜飧者 日夜耐風雪 跧伏於千仞峯頭 有仁心者 所不忍也" 金宗直, 『佔畢齋集』 권2 <遊頭流錄>(『韓國歷代山水遊記聚編』 7, 114-125면).

16) "出洞而北 右山左水 道甚懸危 行樹林中十里許 洞口稍開豁 有膴原可以耕而食 又十里有居民 揉木爲業 鍛鐵爲生 余曰 花開爲春 落葉爲秋 有是夫 從僧曰 地僻而里正無忌憚 民苦於賦煩役重 出五里 抵默契寺" 金馹孫, 『濯纓集』 권5 <頭流紀行錄>(『韓國歷代山水遊記聚編』

자료1 <유두류록>은 김종직(1431-1492)이 함양군수로 있을 때인 1473년(성조 4)에 여행한 체험을 기록한 작품이다. ①은 백성들이 산등성이에 있는 소나무의 열매로 공물을 충당하는데 올해는 열매 맺은 것이 적음에도 관(官)에서 양을 가득 채우려고 하여 백성들의 곤궁이 심하다는 내용이다. 관의 욕심 때문에 백성들이 곤궁에 시달리고 있다. 산등성이의 나무들로 고달픈 백성들, 바람과 안개로 관을 비유하여 관에 시달리는 백성의 모습을 구체화하고 있다.[17] ②는 관이 조정에 진상하기 위하여 백성들을 시켜 매를 잡게 하는데 실제 조정에 진상하는 것은 몇 마리 되지 않고 나머지는 모두 지방관이 착복하여 백성들이 시달림을 받는다는 내용이다. 자료1에는 공물을 채우려는 지방관의 수탈로 인한 백성의 곤궁함이 드러난다.

자료2 <두류기행록>은 김일손(1464-1498)이 진주의 교수(敎授)로 있던 1488년경에 창작한 작품이다. 위 구절은 작자가 지리산의 묵계사로 가는 도중에 본 것을 진술한 것이다. 지리산은 비옥한 들이 있고 나무를 이용하여 도구를 만들거나 쇠를 단련하여 재료를 만드는 것으로 생업을 삼을 수 있어 백성들이 생업을 걱정하지 않고 살 만한 낙원으로 판단되는 곳이다. 그런데 그곳에서 만난 중들은 백성들이 이정(里正)의 부역에 시달린다고 한다. 자료2에는 이정이라는 지방 하급 관리의 전횡으로 인한 백성들의 곤궁한 삶이 드러

7, 169면).

17) 경물의 모습으로 백성의 곤궁을 비유한 예는 김일손이 지은 <유두류기행록>의 다음과 같은 구절에서도 보인다. "自法界至上峯 至香積 皆轉繞層崖而行 崖面皆石蕈 山皆疊石 落葉眯於石眼 而草木之根 因着而生 枝條短折 皆東南靡拳曲蒙茸 不能舒展枝葉 上峯尤甚 杜鵑花始開 一花兩花 而未折之 藻滿枝 正是二月初也 僧云 山上花葉 五月始盛 六月始彫 余問伯勛 峯高近天 宜先得陽氣而反後 何也 伯勛曰 大地距天八萬里 而吾行數日而到上峯 峯之高距地 不滿百里 則其距天不知其幾也 不可言先陽 特孤高先受風耳 余曰 凡物之生 其忌高哉 然高不免風雨之萃 卑且遭斧斤之厄 將何擇而可乎"(金馹孫, <頭流紀行錄>, 『韓國歷代山水遊記聚編』7, 169면). 작자는 초목의 가지와 잎이 제대로 펴지 못하고 꽃이 피지 못하는 것을 보고, 높은 곳은 풍우가 몰아치고 낮은 곳은 도끼의 액을 만나므로 물생(物生)들이 살 곳이 없다고 하였다. 물생들이 풍우와 도끼의 액을 만나 어디에도 정착하여 살 수 없는 상황을 백성의 삶에 비유한 것이다. 특히 "초목이 모두 동남쪽으로 쓰러져 구부러지고 가지와 잎을 제대로 펴지 못한다"라고 하여 백성의 삶을 구체화하였다.

난다.

자료1과 자료2는 작자의 직위가 군수와 교수라는 차이가 있으나, 백성의 곤궁한 삶이 드러나 있으며 이를 유발한 지방관을 비판하고 있음은 일치한다. <금강록>에 나타난 백성의 삶에 대하여 의론을 개진한 구절은 자료1 · 자료2와는 다른 양상을 보인다.

> 자료3. 정엽(鄭曄), <금강록(金剛錄)>
>
> 헐성루에 들어가니 (…) 절 뒤에 나옹화상의 부도가 있고 육면각(六面角)이 당 앞에 있다. 유명한 사찰이라고 할 만한데도 노승(老僧) 한 사람만이 지키고 있다. 대개 근년(近年)에 역(役)이 매우 번거로워 중들 역시 편안히 거처할 수 없어 산중의 암자와 사찰들이 모두 비었다. 하물며 백성들이 길 위에서 떠돌아다니니 열 집에 아홉이 빈 것을 어찌 차마 말하리요? 스스로 노년에 작은 녹을 위하여 관리가 되어 죄를 알면서도 양심에 거슬리는 일을 달게 하는 것이 부끄럽다.18)

위 인용 구절은 작자가 정양사에 들러 사찰의 경물을 보고 언급한 것이다. 정양사는 유명한 사찰이므로 절을 지키는 승려들이 많아야 할 터이다. 그런데 노승 한 사람만이 절을 지키고 있고 주위의 암자와 사찰에도 지키는 승려가 없이 비어있는 곳이 많다. 이에 더하여 백성들도 자신의 고향에서 생업을 유지하지 못하고 고향을 떠나 비어 있는 집이 많다. 작자는 이것이 관의 부역이 번다하여 백성들이 편안히 거처할 수 없기 때문이라고 하였다. 작자는 백성들의 고충을 구체적으로 두러내고 있으며 치자(治者)를 비판하고 있어 그 내용이 자료1 · 자료2와 같다.

그런데 자료1 · 자료2에서 백성들의 곤궁은 공물 · 진상 · 이정의 횡포와 같

18) "入歇星樓……寺後有懶翁浮圖 六面閣在堂前 如許名刹 獨有一老僧守之 盖近年役甚煩 緇徒亦不得安居 山中菴刹 大抵皆空 況赤者之流顚途路 十室九空者何忍言哉 自慙老年爲斗粟作吏 甘爲知罪之距心也" 鄭曄, <金剛錄>.

이 지방관의 잘못이라고 하였으나, 위의 인용 구절에서 곤궁은 근년의 역 때문이라고 하였다. 근년의 역은 지방관의 실정(失政)과는 다르다. 조정에서 취한 통치 행위이다. 백성들의 곤궁한 모습도 자료1・자료2와는 달리 고향을 등지고 유리걸식하는 것으로 조정이나 제왕의 잘못과 관련되어 있다. 이것을 보면 작자는 지방관에 대한 비판보다는 조정을 비판하고 있다. 작자는 계축옥사를 겪으면서 관인들의 권력 다툼에 환멸을 느껴 외직으로 내려왔다. 작자는 금강산에서 백성들의 충격적인 삶을 보고 이들을 돌보지 않고 권력 다툼만 하는 조정 대신들을 비판하게 된다. 또한 주목되는 곳은 이어지는 구절이다. 작자는 이러한 백성들의 곤궁이 관인인 자신의 잘못이라고 하였다. 작자가 외직으로 내려온 또 다른 이유는 조정에서의 논란 속에서 느꼈던 가책과 갈등이다. 이러한 가책이 백성들의 삶을 보고 상승 작용하여 조정 관인의 한 사람으로 책임이 있음에도 아직도 관직에 있는 자신을 반성하게 된다. 백성의 삶에 대하여 조정을 비판하거나 작자가 관인으로서 자신의 잘못을 반성하는 경우는 자료1・자료2와 차이가 있으며 이것은 정엽이라는 작자가 조정 관인으로서 느꼈던 조정에 대한 환멸, 자신에 대한 가책 등이 원인이 된 것으로 보인다.

3-2. 존양(存養)과 궁리(窮理)에 대한 유자(儒者)로서의 내면성찰

자료1. 이황(李滉), <유소백산록(遊小白山錄)>

① 산 위의 기온이 매우 춥고 매서운 바람이 진동하여 멈추지 않아 나무의 자람이 모두 동쪽으로 숙여있으며 가지가 왜소하며 모지라져 있다. 사월 그믐이 되어야 숲의 나무들이 비로소 잎이 나며 일년 동안 자라는 것이 불과 몇 촌(寸)에 지나지 않는다. 굳셈을 생각하며 괴로움을 견뎌내는 것이 모두 힘써 싸우는 모습이니 깊은 숲은 큰 골짜기에서 자라는 나무와는 크게 다르다. ② 거처에 따라 기(氣)가 변하고 길러 줌에 따라 체(體)가 변함은 물과 사람이 어찌 다르리요?19)

자료2. 조식(曺植), <유두류록(遊頭流錄)>

저녁에 여관에 들었는데 집이 매우 작아서 허리를 굽히고 들어가니 방은 다리도 뻗지 못할 정도이고 벽은 바람을 막지 못할 정도이다. 처음에 나 한 몸도 들어갈 수 없을 것 같더니 이미 네 사람이 머리를 맞대고 서로를 베고서 달게 잠을 자고 밤을 보내었다. 사람의 습관을 알 수 있음이라. 얼마 있다가 곧 아래로 좇아 내려갔다. 전일(前日)에도 같은 사람이고 후일(後日)에도 같은 사람이다. 전일 청학동(青鶴洞)에 들어가서는 마치 낭풍(閬風)에 오른 듯하였다. (그것도) 오히려 부족하다고 여겨 또 신응동(神凝洞)에 들어가서는 요지(瑤池)에 오른 듯하였다. (이것도) 오히려 부족하게 여겨 아득함에 걸터앉아 하늘에 들어가 학을 타고 공중을 올라 세상에 다시 내려오고 싶지 않았다. 후일 좁은 방에서 사람들은 몸을 굽히면서도 분수에 만족한다. 비록 이것이 평소의 분수를 편안히 여기는 것이기는 하지만 기르는 바가 높아야 함과 거처하는 바가 낮지 말아야 함을 알겠다. 착하게 되는 것도 습관에 말미암는 것이고 악하게 되는 것도 습관에 말미암는 것임을 알 수 있다[20)]

자료1 <유소백산록>은 이황(1501-1570)이 풍기군수로 있을 때인 1549년에 소백산을 여행한 체험을 기록한 작품이다. ①은 산 위가 매우 춥고 매서운 바람이 불기 때문에 나무가 모두 동쪽으로 숙여있으며 나무 가지가 왜소하고 나무 잎들이 사월이 되어야 피고 그 중에서 자라는 것이 얼마 되지 않는다는 경물에 대한 묘사이다. ②는 경물에 대한 작자의 의론이다. ②에서 작자는 만

19) "山上氣甚高寒 烈風衝振不止 木之生也 盡東偃枝幹多樛屈矮禿 四月之晦 林葉始榮 一年所長 不過分寸 昂莊耐苦 皆作力戰之勢 其與生于深林巨壑者 大不侔 居移氣養移體 物之與人寧有異哉" 李滉, 『退溪集』 권41 <遊小白山錄>(『韓國歷代山水遊記聚編』 5, 73면).

20) "夜就郵店一室 僅如斗大 佝僂而入 房不展脚 壁不蔽風 方初怫然如不自容 旣而四人抵頂交枕 甘寢度夜 可見習狃之性 俄頃而便趨於下也 前一人也 後一人也 前入青鶴洞 若登閬風 猶以爲不足 又入神凝洞 方似上瑤池 猶以爲不足 又欲跨漠入青宵 控鶴庶空 便不欲下就塵寰後之屈身於坏僂之間 又將甘分然 雖是素位而安 可見所養之不可不高 所處之不可小下也 求見爲善由有習也 爲惡由有狃也" 曺植, 『南冥集』 권2 <遊頭流錄>(『韓國歷代山水遊記聚編』 7, 203면).

물은 처한 곳과 기름에 따라 기체(氣體)가 변한다고 하였다. 나무의 본성은 일정한데 높은 산이라는 거처(居處)와 바람이라는 기름에 따라 나무의 기체가 변한다는 것이다. 이것은 사대부 유자들이 거처와 기름에 따라 본성이 변할 수 있으므로 본성을 보존하기 위하여 거처를 가리고 기름에 힘써야 된다는 경계로 해석될 수 있다. 이와 같은 내용은 자료2에서도 확인된다.

자료2 <유두류록>은 조식(1501-1572)이 상서원 판관 등의 벼슬에 임명되었으나, 나아가지 않고 학문 연구와 후진 양성에 전념하던 1558년에 지리산을 여행한 체험을 기록한 작품이다. 위 구절에서 작자와 같이 여행한 사람들은 청학동을 여행하면서 신선의 풍모를 지니고 있다가 여관에 돌아와서는 좁은 방도 달게 여기는 모습을 보인다. 작자는 이를 보고 유자들이 기르는 바가 높아야 하고 거처하는 바가 낮지 말아야 한다고 하였다. 즉 유자들이 자신의 본성을 보존하기 위하여 거처를 가리고 기름에 힘써야 함을 경계한 것이다.

이밖에 전대 산수유기에는 학문 도야와 지적 탐구를 언급한 작품도 있다. 이원(李黿, ?-1504)의 <유금강록(遊金剛錄)>에서 "등산을 통하여 '먼 곳에 가려면 (반드시 가까운 곳에서부터 시작하고, 높은 곳에 올라가려면 반드시) 낮은 곳에서부터 시작해야 한다는 뜻'을 알았고, 물을 보고 '가는 것이 이와 같구나'하는 뜻을 생각하게 되었다"고 한 경우,[21] 주세붕(周世鵬, 1495-1554)이 <유청량산록(遊淸凉山錄)>에서 "봉우리를 보면 나약자가 설 수 있고 폭포 소리를 들으니 탐욕한 자가 청렴할 수 있다"고 한 경우[22]가 이에 해당한다. 높은 산과 흐르는 물로 유자(儒者)가 점진적인 자세로 학문에 힘쓸 것을, 봉우리의 솟은 모습으로 학문 도야에 나약한 자에게 용기를, 폭포 소리의 깨끗하

21) "인자는 산을 좋아하고 지자는 물을 좋아하는 바 높은 산에 오르고 멀리 가는데 가까운 곳에서부터 시작한다는 뜻을 알고 물을 보고서 흘러가는 것이 이와 같다는 뜻을 생각하게 되는 것이다. 하나(산)으로써 도중에 스스로 한계짓는 나약함을 분발시키고 하나(물)로써 구덩이에 찬 뒤에 나아가는 배움을 권면하는 것이다(仁者樂山 知者樂水 登高山以知行遠自卑之意 觀水而思逝者如斯之旨 一以起半途自畫之懦 一以勉盈科後之學)". 李黿(?-1504), 『再思堂逸集』 권1 <遊金剛錄>(『韓國歷代山水遊記聚編』 2, 27면).

22) "目諸峯 則懦者足以立 耳諸瀑 則貪者足以廉" 周世鵬, 『武陵雜稿』 권7 <遊淸凉山錄>(『韓國歷代山水遊記聚編』 6, 3면).

고 맑은 소리로 탐욕한 자의 청렴해짐을 비유하여[23] 경물의 모습으로 유자가 학문 도야에 힘쓸 것을 표현한 것이다.[24]

이상의 자료에서 작자들은 사물에 내재되어 있는 이치를 찾거나 이를 통하여 사대부 유자들이 지켜야할 바람직한 존양(存養)의 태도나 학문 도야의 태도를 드러내고 있다. 따라서 작자의 진술이 지향하는 것은 사대부 유자들이다. <금강록>에도 이와 같은 구절을 찾을 수 있다. 또한 이러한 양상과 차이가 나는 구절도 드러난다. 다음은 전대의 산수유기와는 차이가 나는 구절을 제시한 것이다.

자료3. 정엽(鄭曄), <금강록(金剛錄)>

한참 걸으니 다리는 무겁고 발은 부르터서 결국은 위험을 무릅쓰고 가마에 앉았다. 앞에서는 끼어 안고 뒤에서는 당기고 좌우에서는 부축하여 뒤집혀 떨어

---

23) 이와 유사한 예는 "여러 산들이 빼어남을 다투고 골짜기에 물이 다투어 흐른다. 절벽이 시냇물 옆에 둘러 서 있다. 바위는 마치 고인열사(高人烈士)가 옷깃을 여미고 서 있는 것 같아 일동일정과 의형언색이 인간지경이 아니다(乃楡岾洞口也 衆山競秀 萬壑爭流 危峯絶壁 傍溪匝立 瞻後顧前 遂失所入之路 如高人烈士斂衽而立 一動一靜 儀形言色 殆非人間之境也" 李黿, <遊金剛錄>)"라는 구절에서도 찾을 수 있다. 시냇가에 둘러 서 있는 절벽의 모습을 인격이 높고 위엄 있는 선비에 비유하였다.

24) 이밖에 유자들의 학문을 도야하는 태도가 명(名)과 실(實)이 맞지 않음을 비판한 경우도 있다. 이원의 <유금강록>에서 작자가 금강대에 도착하였을 때 동행하였던 중이 금강대에 새 한 쌍이 있는데 사람의 말에 따라 출입하는 것을 보아 그 새 한 쌍은 학이 틀림없다고 말한다. 작자는 그 새가 중의 지시를 따라 움직이기는 것을 실제로 본다. 그 새의 모양과 임포의 『학보』와 비교하여 중이 말한 것이 거짓임을 알게 된다. 이에 작자는 중이 학을 알지 못하면서 학이라고 한 것과 새가 중의 말만 믿고 자신이 학이 아니라는 것을 알지 못함을 개탄한다. 새의 모양은 실(實)에 해당하고 중이 학이라고 부르는 것은 명(名)에 해당한다. 작자는 중이 실(實)을 모르는 점을 비판하였을 뿐만 아니라 새가 자신이 학이 아니라는 것을 모르면서 중이 부르는 명(名)을 즐긴다는 점도 비판하였다. 이때 새는 실(實) 없이 허명(虛名)만을 좇는 자이고 작자는 이를 경계한 것으로 볼 수 있다. ("金剛臺 鶴一雙 巢於靑壁之間 呼其名而使之出則出 使之入則入 出入動止 在僧指揮……與林處士鶴譜小同大異 似鶴而非鶴者 僧曰 果如其言 則是凡鳥也 何曉解人言若是也 余應之曰 鷄犬微物也 然呼來斥去 在人指揮 此鳥長生於此山 馴習於僧久矣……噫 僧不知鶴 而以此鳥爲鶴 鳥信其僧之呼 而不自知其身之非鶴 俱可笑也" 李黿, <遊金剛錄>).

지는 것을 면했으니 가히 "위험을 행하여 요행을 바란다"라고 말할 수 있겠다. 산수의 승경은 잠시 동안 눈을 기쁘게 하는 것에 불과한데 눈을 기쁘게 하려고 몸을 위험하게 하니 이것은 "어깨와 등을 잃어버리는 것"에 가깝지 않겠는가? 쇠약한 늙은이가 이런 여행을 한 것을 깊이 후회한다. 골짜기를 반도 내려오지 않아 내려온 길을 돌아보니 몸이 아찔하게 하늘에서 내려온 것 같다. 조그마한 폭포가 냇물에 고여서 못을 이루는데 그 바닥에는 흰 돌이 깔려 있어 앉아서 바라보기가 매우 좋았다. 눈을 즐겁게 하느라고 몸을 잃을 뻔한 것을 후회하다가 오히려 이러한 경치 좋아하기를 그치지 않으니 산수란 것도 역시 음탕한 소리나 미색과도 같이 사람으로 하여금 점점 빠져서 헤어나올 줄 모르게 하는 것이 아닌가? 아니면 인자(仁者)와 지자(知者)의 요산요수(樂山樂水)도 이런 것인가?[25)]

자료4. 정엽(鄭曄), <금강록(金剛錄)>

① 만약 비로봉 정상에 올라간다면 우뚝 솟은 것과 흐르는 것들이 흩어져 만수(萬殊)가 되는 것을 일이관지(一以貫之)할 수 있으니 공자가 "등태산이소천하(登泰山而小天下)"한 뜻이 천년이 지난 뒤에도 그대로 맞아 떨어진다. ② 돌아보건대 나의 남은 힘으로는 억지로 할 수 없어 능히 오르지 못하여 우두커니 서서 창망히 바라보며 개탄할 뿐이다. ③ 이것이 이른바 우러러 볼수록 더욱 높아 미치지 못한다는 것인가? 아니면 어쩔 수 없이 돌아가서 스스로 한계를 긋는 것인가? ④ 오랫동안 쌓아서 낮은 곳으로부터 높은 곳으로 올라간다면 위에 도달할 수 있을 것이다.[26)]

---

25) "久步脚重足趼 終乃冒危坐輿 前擁後引 左扶右提 得免顚墜 可謂行險而僥倖者也 山水之勝不過片時之悅目 爲悅目而危一身 此不近於失肩背者乎 甚悔衰翁作此行也 下洞未半 回望來路 此身怳然從天降 有小瀑貯溪 名成潭 白石鋪其底 坐翫甚可愛 以悅目忘身爲悔 而猶愛此不已 山水亦如淫聲美色 使人浸浸然入於其中而不知返者耶 抑仁智之所樂 亦如是耶" 鄭曄, <金剛錄>.

26) "若上毘盧絶頂 則峙者流者 散爲萬殊者 庶可一以貫之 而吾夫子小天下之意 隔千載而相契矣 顧此餘力不可强 其所不能攀登躐躋 則佇立夷 猶悵望而慨歎而已 此所謂仰之彌高 卓乎其不可及者耶 抑無乃歸於自畫者耶 久久積累 自卑而高 則可以上達矣" 鄭曄, <金剛錄>.

자료3은 작자가 험한 길을 오르면서 위험에 빠질 뻔하다가 모면한 경우이다. 작자가 제삼령에 올라 장안사와 유점사의 중들로 가마를 메게 하였다. 물난리로 절벽이 무너져 길이 없어졌다. 도보로 가는 것도 위태로운데 가마를 타고 가는 것은 더욱 위태로워 도보로 가기로 하였다. 도보로 가다가 힘이 들어 위험을 무릅쓰고 가마를 탔는데 겨우 넘어짐을 면했을 정도이다. 작자는 이러한 체험에 대하여 산수의 승경은 눈요기고 자신의 몸을 보존하는 것이 중요하다고 하였다. 외물에 현혹되는 것에 대한 반성이다. 그런데 작자는 산을 내려오며 다시 산수 경물에 흥취를 느낀다. 이것은 외물에 현혹된 것으로 앞에서 외물에 현혹된 것을 반성했던 것과는 반대된다. 이어서 작자는 다시 자신이 외물에 현혹된 것을 반성한다. 작자가 내면을 성찰하는 구절이 전대 산수유기에 비하여 확대되어 있다. 특히 작자의 내면성찰에서 주목되는 점은 작자가 '산수의 즐김'이라는 하나의 명제에 대하여 단정적인 태도를 보이는 것이 아니라 명제를 제시한 다음 이에 대한 반대되는 견해를 제시하고 이러한 과정을 통하여 궁극적인 결론에 도달하는 변증법적인 사유를 보인다는 것이다. 이러한 경향은 이치를 궁구하는 구절에서도 나타난다.

자료4는 작자가 비로봉 정상에 오르는 것을 학문 도야에 비유한 구절이다. 이 구절의 진술은 일정한 전개의 양상을 보인다. ①에서 작자는 비로봉 정상에 오르면 만수를 일이관지(一以貫之)할 수 있으며 이것은 공자의 등태산소천하(登泰山小天下)의 뜻과 같다고 하였다. 학문 도야에 대한 이치를 설명한 것이다. ②에서 작자는 자신의 능력을 살펴보니 비로봉에 오를 수 없다고 하여 성인의 경지에 도달할 수 없다는 탄식을 드러내고 있다. ③에서 작자는 등정(登頂)하지 못한 것에 대하여 '볼수록 높아 도달하지 못하는 경지인지', 아니면 '스스로 한계 짓는 나약함 때문인지'를 자문(自問)하고 있다. ④에서는 자신도 오랫동안 쌓으면 도달할 수 있다고 하였다. ①에서는 이치를 설명하였지만, ② 이하에서는 작자의 내면성찰이 드러난다. ②에서 작자는 성인의 경지는 범인이 도달할 수 없는 것이라고 하였다. ③에서는 ②의 단정에 의문을 제기하였다. ④에서는 ②와는 반대로 성인의 경지는 중간에 한계 짓지 않고 부지런히 노력하면 도달할 수 있다고 하였다. 작자가 '범인이 성인의 경지에 도달할 수 없다'는 견해를 제시하고 다시 이에 반대되는 '범인도 노력하면 성인의 경지에 도달할 수 있다'는 견해를 제시하였다가 궁극적인 결론에 도달하는 것이다.[27]

3-3. 경물(景物)의 불우(不遇)와 은자(隱者)로서의 처지 대입

자료1. 김일손(金馹孫), <두류산행록(頭流山行錄)>

저물녘에 숲을 지나노라니 길이 몹시 가파르고 나무들이 무성하여 다리가 빠진다. 그 아래는 모두 오래 된 대나무가 있어 죽순이 땅을 뚫고 나오고 있었다. 마구 밟고 지나노라니 큰 뱀이 길을 막기도 하고 저절로 넘어진 나무가 앞을 가로막는데 모두 거대한 재목이다. 혹 몸을 구부려 그 아래를 지나가고 절름발이처럼 그 뒤를 지나가기도 했다. 그것(材木)이 좋은 목공을 만나지 못하여 대들보나 기둥으로 쓰이지 못하고 산 속에서 말라죽은 것을 생각할 때 조물주를 위하여 안타까운 일이다. 그러나 이것들 역시 제 나이대로 수명을 다한 것이 아니겠는가![28]

---

27) 이 구절은 <관동별곡>과 유사하다. <관동별곡>의 관련 구절은 "비로봉 상상두의 올라보니 긔 뉘신고/ 동산태산이 어ᄂᆞ야 놉돗던고/ 노국 조븐 줄도 우리ᄂᆞᆫ 모ᄅᆞ거든/ 넘거나 넙은 천하 엇씨ᄒᆞ야 젹닷말고/ 어와 뎌 디위를 어이ᄒᆞ면 알 거이고"이다. 이 구절은 공자의 등태산소천하(登泰山小天下)라는 명제, 이에 대한 반론, 결론이라는 변증법적 과정을 보여주고 있다. 조세형 교수는 <관동별곡>에 대하여 "진리 담지자의 목소리와 그 탐색자의 목소리가 극적 대화에 근사한 형식으로 재현되는 것"이라고 하였다. <금강록>에서도 변증법적 사유를 보인다. 이때 명제는 『맹자』의 "孔子登東山而小魯, 登泰山而小天下"라는 구절, 『논어』의 "仰之彌高 鑽之彌堅 瞻之在前 忽焉在後"라는 구절을 인유한 것이다. 반론은 『중용』의 "君子之道 辟如行遠必自邇 辟如登高必自卑"라는 구절을 인유한 것이다. <금강록>에서는 학문 도야에 대한 성현의 다양한 견해를 제시한 것이다. 조세형, 「송강가사의 대화전개방식 연구」, 서울대학교 석사학위논문, 1990, 24면.

28) "行林薄中 路甚梗 椔翳沒身 其下皆苦竹 笋芽出地而茁 亂蹴而行 蛇虺當道 木之自仆者 相着於前 皆楩南豫章之材也 或傴僂出其下 或躄躄行其上 乃思其不遇於匠石 不見備於棟樑之用 而枯死空山 爲造物可惜 然亦終其天年者歟" 金馹孫, 『濯纓集』 권5 <頭流紀行錄>(『韓國歷代山水遊記聚編』 7, 169면).

자료2. 이이(李珥), <유청학산기(遊青鶴山記)>

이 산은 광휘(光輝)를 여러 산봉우리와 골짜기에 숨기고 있어 그 언저리도 살펴본 사람이 없는데 하물며 그 산 속에 있어서랴? 세상 사람들이 알고 알지 못하는 것이 산에 손익은 없겠지만 생각건대 사물의 이치는 마땅히 그러하지 않다. (이 산이) 하루아침에 우리들을 만나서 후세 사람들로 하여금 이 산이 있음을 알게 한다면 이것이 또한 이 산의 운수(運數)이다. 또한 (우리가) 신령스런 경치가 세상 밖에 감추어져 있음을 어찌 알았으리요? 이 산보다 신이(神異)한 것이 있는데도 우리가 역시 알지 못하는 것은 아닌가? 아아! 세상에 만나고 만나지 못하는 것(遇不遇)이 산뿐이겠는가![29]

자료1은 거대한 재목들이 좋은 목공을 만나지 못하여 대들보나 기둥으로 쓰이지 못하고 산 속에서 말라죽는다는 내용이다. 작자는 '이것들' 역시 수명을 다한 것이라고 하여 재목의 불우가 운명과 관련된 것이라고 하였다. 거대한 재목은 뛰어난 인물의 비유로 볼 수 있다. 뛰어난 재능을 지닌 인물이 그것을 알아볼 주인을 만나지 못하여 헛되이 죽는 것도 운수라는 의미이다.

자료2에서 작자는 청학산이 빼어난 경치를 자랑하지만 세상 사람들에게 알려지지 않다가 작자 일행을 만남으로써 후세에 알려지게 될 것이라고 하였다. 또 청학산이 작자 일행을 만난 것은 인력으로 되는 것이 아니라 운수(運數)이고, 사물이 마땅한 사람을 만나고 못 만나는 것은 인간들에게도 마찬가지라고 하였다.

자료1과 자료2는 경물의 불우로 인간의 불우를 비유하고 있으며 작자의 감정이 드러나지는 않는다.[30]

---

29) "玆山乃藏光匿輝於重巒複壑之中 無人闖其封域 況闖奧乎 世人之知不知 於山無所損益也 顧物理不當爾也 一朝遇吾輩 使後人知有此山 斯亦有數焉耳 又安知更有靈境祕於塵外 尤異於此山 而吾輩亦未之知耶 嗚呼 世有遇不遇者 獨山乎哉" 李珥, 『栗谷全書』 권13 <遊青鶴山記>(『韓國歷代山水遊記聚編』 4, 421면).

30) 경물의 불우에 작자의 감정이 드러나지 않는 예를 조선중기의 산수유기 가운데 황여일(黃汝一, 1556-?)의 <유내영산록(遊內迎山錄)>, 심광세(沈光世, 1577-1624)의 <유변산록(遊

이밖에 전대의 산수유기에는 작자의 감정이 드러난 작품도 있다. 하지만 작자 자신의 불우한 처지를 대입한 것이 아니라 세상에 대한 비판이 주를 이룬다. 비판에는 은거자들의 잘못된 은거를 비판한 경우와 위정자를 비판한 경우가 있다. 대표적인 예가 조호익(曺好益, 1545-1609)이 1585년 묘향산을 유람하고 지은 <유묘향산록(遊妙香山錄)>이다.

> 배를 타고 언덕을 따라 올라가니 강에 돌이 누워 은은히 바닥에 잠겨있다. 물결이 잔잔히 일어나매 돌의 모양이 완연한데 이른바 와룡교(臥龍橋)이다. 내가 배에서 밑을 굽어보니 돌의 모습을 다 볼 수 있었다. 여인(汝寅)에게 "이 돌이 이름을 얻은 것은 수중에 있기 때문이네. 만약 한번 모습을 드러내게 한다면 평범한 돌에 지나지 않을 것이네"라고 하였다. 여인이 웃으며 "세상에서 산림에 은둔하는 자들이 왕왕 실(實)이 없이 잇고 있으니 마치 학융(郝隆)이 '사안은 은거할 때는 원대한 뜻이 있다가 벼슬하면 소초와 같다'라고 비방한 것과 같네"라

邊山錄)> 등에서도 찾을 수 있다. 경물이 불우한 이유를 장소·운수·시(時) 때문이라고 본다. <유변산록>은 심광세가 변산의 군수로 재직하던 1617년에 여행한 체험을 기록한 작품이다. 작자는 변산에 있는 용암(龍巖)을 보고 용암이 사람들이 소요(逍遙)하고 깃들고 싶어 하는 승경(勝景)이지만, 궁벽한 바닷가의 모퉁이에 있어 사람들에게 알려지지 않았는데, 선비의 처세(處世)도 이와 같다고 하였다("令人起逍遙棲息之心者 又遠過於船巖矣 噫 使玆巖 在於畿甸之間 則好事之人 必有耽賞而愛之 延譽而傳之者矣 必不若是其泯泯無聞也 只緣棄在於窮海荒陬 故埋沒而莫之見……士之處世 亦何異於是 可慨也已 右龍巖" 『韓國歷代山水遊記聚編』 9, 51면). 불우의 원인을 장소로 보고 있다. <유내영산록>은 황여일이 숙부와 함께 영내산을 여행한 체험을 기록한 작품이다. 작자는 영내산을 여행하던 도중에 해월루(海月樓)의 승경을 본다. 해월루에 있는 주세붕(周世鵬)과 이언적(李彦迪)이 쓴 기록을 보고 누각의 처음 이름이 해죽(海竹)이었다가 김씨 성을 가진 태수가 부임하여 청초(靑梢)로 바뀌었고, 이씨 성을 가진 태수가 부임하여 해월(海月)로 바뀐 사실을 안다. 작자는 해월루가 사람을 만남에 따라 3번이나 이름이 바뀌게 되었는데 물(物)의 우(遇)라는 것은 때가 있는 것이며 사람의 불우(不遇)도 때가 있는 것이라고 하였다.("海月樓之下有池 池則蓮也 池之上有塢 塢則竹也 竹之外有百日紅……靑梢樓舊名梅竹 有金太守者新之 孔寧海瑞麟 改以臨溟 周愼齋記之 其後李太守者增其制 高其基豁其軒 楹而專其海月 遂改以今名 李先生晦齋記之 噫 玆樓三變名而得遇兩斯文大修 一日而遂名於嶺之南七十州 信乎物之遇各有時也 人而不遇白首潛荒 所謂時者 孰主張耶" 『韓國歷代山水遊記聚編』 6, 550면).

고 하였다.[31]

작자는 수중(水中)에 있는 돌이 와룡교(臥龍橋)라는 이름을 얻은 것은 수중에 있기 때문이며 돌이 드러나면 평범한 돌에 지나지 않는다고 하였다. 이처럼 산림에 은둔한 자도 그들이 세상에 드러난다면 그 실제 가치는 평범한 인물에 지나지 않는다. 지금의 은둔자들이 명성만을 얻기 위하여 은둔한 것이지 올바른 은둔은 아니라는 것이다. 또 작자는 길을 가다가 독송정(獨松亭)이란 곳에 이른다. 정자의 주위에는 오래된 소나무가 있는데 그것들은 도끼 자국이 있다. 이것을 보고 작자는 소나무가 있어야할 장소를 만나지 못하였기 때문이라고 한다. 동행인인 여인(汝寅)은 소나무가 때를 만나지 못하였기 때문이라고 한다. 동행인인 인숙(仁叔)은 사람 때문이라고 한다.[32] 작자와 동행인들의 대화를 통하여 경물의 불우가 장소・시・사람 때문이라는 견해가 드러난다. 특히 마지막에 불우의 원인이 사람 때문이라는 구절이 놓인 것을 보아 사람에 대한 비판에 초점을 두고 있다. 이러한 사람은 인재를 등용하지 못한 위정자를 비유한 것으로 볼 수 있다.

이와 비교하여 정엽의 <금강록>에 나타난 불우를 살펴보기로 하자. 작자가 은거를 동경하는 구절은 <금강록>의 여러 부분에서 보인다. <금강록>에서 작자는 바닷가에 인접하고 계곡과 산이 만나는 장소에 도착하였을 때 자신이 살 만한 곳[33]이라고 한 것이 그 예이다. 다음은 <금강록>에서 경물의 불우를

31) "遂引船而沿厓而上 有石臥江 隱隱潛底 波紋淪漪 蜿然有形 所謂臥龍橋也 余俯而視之 盡得其狀 顧謂汝寅曰 此石所以得名者 以在水中也 使一露形 則不過一尋常頑然者爾 汝寅笑曰 世之遁迹山林者 往往無實以繼之 如郝隆小草之譏 亦吾子之意也" 曺好益,『芝山先生文集』 권5 <遊妙香山錄>.

32) "行四十餘里 皆峨洋之間 道傍有古松一株 其大芘駟 接巒蒼蒼 臨波粼粼 號曰 獨松亭 余愛而撫之 則有斧痕焉 噫 爾松托根失所 以有此厄 使爾在峨胸之巓 友偓佺之徒 則幾死焉得侮之 汝寅曰 失所則然矣 酷熱流金 淸陰漱玉 揮杖息肩 人挾氷雪之寒 松於是時 隱籟多矣 愛忘角弓 害尋斧斤 彼强强者 可勝誅耶 仁叔曰 昔人且有爲植道周以芘行者 松之在此 夫豈無意 顧慾伐之者 人也" 曺好益,『芝山先生文集』 卷5 <遊妙香山錄>.

33) "夕暮冒雨 馳入烈山 古館荒凉 板上唯有申公遺什 此地與海曲少遠 溪山回合 民居亦稍多 余謂兩甥曰 若非瀰水波 此中可居 羅曰 與世隔絶 理亂不聞 非遯世者不可居" 鄭曄, <金剛錄>.

진술한 구절이다.

자료3. 정엽(鄭曄), <금강록(金剛錄)>

아아! 쇄랑동은 맑고 빼어나서 만폭동에 버금가는데 이것만이 적막하게 세상에 알려지지 못했으니 세상의 은(隱)과 현(顯)이 사물에 있어서도 역시 그러한 것이다. 그 만나고 만나지 못함이 같지 않아서인가? 아니면 그 사이에 운수라는 것이 있는 것인가? 속세의 발자취에 더럽혀질까 하여 산신령과 수신이 아끼고 감추어서 드러내지 않는 것인가? 내가 듣기에 관의 행차는 험한 것을 꺼려서 이곳으로 다니지 않고 단지 중들이나 때때로 왕래한다고 하니 (그것이) 세상에 알려지지 않은 것도 당연하다. 그러나 알려지고 알려지지 않음이 산수에게 무슨 손익이 있겠는가? 지금 천고의 세월 뒤에 나에게 알려지게 되었다. 생각건대 나의 성명(聲名)과 기세(氣勢)가 이미 당세(當世)에 크게 쓰이지 않는 처지이고 후일 굉장한 문장력을 발휘할 수도 없을 터이니 세 치 혀를 놀려서 수다스럽게 칭송한다 해도 필경 무슨 이익이 있겠는가? 그러나 나 또한 세상을 만나지 못한 자이니 새들을 벗하여 낚시질하는 은자(隱者)로서 여기 바위 사이에 살며 시냇물이나 들여다보며 여생을 마친다면 이 산이 세상에 명성을 떨침이 비록 소옹(邵雍)의 백원(百遠)이나 주희(朱熹)의 무이(武夷)보다는 못하겠지만, 종남첩경(終南捷徑)의 종남산(終南山)이나 북산이문(北山移文)의 북산(北山)은 이 산에 비한다면 하인과 같을 것이다. 그러니 서로 만남이 장차 어떠하겠는가?[34)]

작자는 쇄랑동이 만폭동에 버금가는 승경이지만 세상에 알려지지 않은 것

34) "噫 洒郎洞之淸絶 可伯仲於萬瀑 而此獨寥寥無聞於世 世間隱顯 在物亦然 其有遇不遇之不同歟 抑亦有數於其間者耶 塵蹤俗迹 若將浼焉 山靈水神 慳秘而不發耶 余聞官行憚險 不路于此 只有雲衲 時時往來 其不見知於世宜也 然知不知 於山水何所損益焉 今千載而見知於余 而顧余聲名氣勢 既不能取重於當世 長杠巨筆 又不能發輝於他日 則棹三寸而喋喋稱頌竟何益 然余亦不遇於世者 將鳥擧豹隱 考槃于玆 岩居而川觀 以終餘生 則此山之名於世 雖下於康節之百源 考亭之武夷 而捷徑之終南 移文之北山 可輿臺於此矣 其相遇也 將如何哉" 鄭曄, <金剛錄>.

은 운수라고 하였다. 이것은 다른 산수유기 작품과 특별히 다를 것이 없다. 이어지는 구절이 주목된다. 작자는 쇄랑동이 작자와 만났고 이 만남이 쇄랑동의 명성에는 이득이 될 것이 없지만 작자 자신도 불우한 처지이므로 생애를 마칠 때까지 서로 은둔한다면 오늘의 만남이 유익할 것이라고 하였다. 위 구절에서 '나'라는 작자 자신이 표면화되어 있고, 작자의 불우한 처지가 제시되어 있다. 그리고 이러한 처지를 쇄랑동의 불우와 동일시하고 있다. 결국 작자는 쇄랑동의 불우로 인간의 일반적인 불우에 대한 이치를 설명한 것이 아니라 자신의 불우한 처지를 대입한 것이다. 정엽은 조정의 혼란을 겪으면서 자신이 때를 잘못 만난 사람으로 생각하였을 것이고 이러한 생각이 경물의 불우에 자신의 처지를 대입하는 것으로 나타난다.

4. 맺음말

이 글에서 정엽의 <금강록>에 나타난 의론이 전대에 창작된 산수유기와는 차이가 있는 것으로 보아 그 차이점이 무엇이고 <금강록>의 창작배경과는 어떤 관련이 있는가를 살펴보았다. 작품의 창작배경, <금강록>에 나타난 의론의 양상을 살펴보는 순서로 논의를 진행하였다. 그 결과를 요약하면 다음과 같다.

정엽은 1583년 21세의 나이로 환로에 든 이후 내외직을 두루 역임하며 중앙 관리로 승진을 계속하던 중 계축옥사를 계기로 강원도 양양부사로 부임한다. 지방관으로 내려오게 된 동기를 계축옥사를 전후한 그의 행적을 통하여 중앙 관인으로서의 갈등과 가책, 조정 현실에 대한 환멸 등으로 추측해 볼 수 있다.

<금강록>에 나타난 의론에는 전대의 산수유기와 같이 백성들의 곤궁한 삶에 대한 관심, 외물의 현혹을 막고 본성을 보존하려는 존양(存養), 사물에 내재한 이치를 찾으려는 궁리(窮理), 경물의 불우 등의 내용이 보인다. 정엽은

조정 관인으로서 조정에서의 권력 다툼에 대한 환멸과 가책과 갈등을 느끼고 지방관으로 내려온다. 그는 지방에 내려와 백성들의 삶을 보고 조정에서 느꼈던 감정이 상승 작용하여 조정을 비판하거나 관인으로서의 자신을 반성하게 된다. 또한 정엽은 유자(儒者)로서 금강산을 유람하며 자신의 심성을 수양하고 사물에 내재된 이치를 찾으려고 한다. 정엽은 계축옥사를 겪으면서 옳지 못한 일이 횡행하는 광경을 목격하였고 이에 대하여 가책이나 갈등을 느끼는데 이것이 원인이 되어 심성 수양이나 궁리에 대하여 단정적인 태도를 견지하지 못하고 내면에서 하나의 명제를 제시하고 이에 대한 반론을 진술한 다음 결론에 도달하는 변증법적 사유를 보이게 된다. 정엽은 조정의 환란을 겪으면서 자신이 때를 잘못 만난 사람으로 생각하였을 것이고 이러한 생각이 경물의 불우에 자신의 처지를 대입하는 것으로 나타난다.

결국 <금강록>에 나타난 의론은 내용에서 전대 산수유기와 일치하지만 진술의 측면에서 차이가 있다. 작자의 반성, 내면성찰, 불우의 감정 등 작자의 내면성이 두드러진 것이 그것이다.

<금강록>에 나타난 의론의 이러한 특징은 17세기 계축옥사를 전후하여 지은 산수유기에 나타난 의론이 '이치를 설명하는 진술'에서 작자의 '내면이 첨가되는 진술'로 질적인 변모를 보여주고 있음을 시사한다. 또한 <금강록>에 나타난 의론의 특징은 당대에 지어진 권업(1574-1650)의 <구사금강록(龜沙金剛錄)>이 경물 묘사에서 전대 산수유기와는 다른 새로운 표현을 보이는 점과 18세기 이후 산수유기에서 의론은 축소되고 경물의 실경 묘사에 치중하는 점 등으로 보아 17세기의 산수유기가 의론의 표현과 경물의 묘사에서 변모를 보이다가 18세기의 산수유기에 이르러 경물의 묘사에서 커다란 변모를 보인다는 전망을 세울 수 있도록 한다. 이런 점에서 <금강록>에 나타난 의론은 산수유기의 사적 변모를 살펴보는 데 중요한 자료이다.

하지만 이러한 전망은 잠정적인 것이다. 이 글은 <금강록> 한편의 산수유기를 대상으로 하였고, 작자의 교우 관계와 사상적 경향, 계축옥사를 전후한 시기에 지은 시문 등을 포함한 작자에 대한 종합적 고찰을 하지 못하였기 때

문에 한계를 지니고 있다. 따라서 이러한 전망이 타당성을 얻기 위해서는 정엽에 대한 종합적 고찰과 함께 의론을 중심으로 17세기에서 18세기를 전후한 시기의 산수유기와의 폭넓은 비교가 이루어져야 할 것이다. 이러한 작업을 이후의 과제로 남긴다.

제2장 〈금강별곡(金剛別曲)〉의 창작배경과 사경(寫景)의 의미

1. 머리말

<금강별곡(金剛別曲)>은 18세기 전라도 영암의 향촌 사족인 명촌(明村) 박순우(朴淳愚, 1686-1759)가 금강산을 여행한 체험을 기록한 기행가사이다. 18세기는 기행가사의 연구에서 이전 시기와는 다른 작품 경향이 나타나는 중요한 시기로 간주되고, 시가 연구에서도 경향(京鄕)에 따라 작품 경향이 크게 구별되는 중요한 시기로 간주된다. 시기 면에서 <금강별곡>은 기행가사의 사적 전개에 중요한 위치를 차지하는 자료이고, 경향분기(京鄕分岐)라는 면에서 향촌 사족의 여행과 가사에 대한 인식을 살펴 볼 수 있는 자료이다. 또한 <금강별곡>은 작품과 관련된 산수유기(山水遊記)가 남아 있어 작품을 심도 있게 해석할 수 있고, 작자인 박순우가 쓴 약간의 시문이 남아 있어 창작배경을 살펴 볼 수도 있다. 작품의 창작배경은 작품에 의미를 부여하고 작품 해석을 좀 더 온전하게 할 수 있어 중요하다. 특히 18세기 19세기 기행가사의 경우는 작자의 경향(傾向)과 작품의 특징이 밀접한 관련이 있어 창작배경에 대한 고찰이 어느 시기보다도 요망된다. 그러나 이 시기 가사 작품이 작자의 이름만 기록되어 있거나 작자가 미상인 경우가 많아 이러한 요망을 충족시키기 어려운 면이 있다. 그 어려움을 극복할 수 있는 자료가 <금강별곡>이다.

이러한 자료적 가치에도 불구하고 <금강별곡>은 그간 크게 주목받지 못하

였다. <금강별곡> 한편에 집중된 연구는 김성배 선생의 연구[1]가 유일하다. <금강별곡>의 가치를 최초로 주목한 점에 의의가 있으나 자료 소개의 차원에 그친 감이 있다. 최근에 <금강별곡>의 자료적 가치에 주목하여 기행가사의 전체 작품을 다루는 가운데 <금강별곡>을 비중 있게 다룬 연구가 있다.[2] 이 연구도 <금강별곡>의 문학사적 위치를 확인하고 작자와 작품의 특징이 밀접한 관련이 있음을 지적한 정도에 그쳐 창작배경과 작품의 의미를 심도 있게 다룬 연구로 나아가지는 못하였다. <금강별곡>과 관련하여 주요한 지적이 조동일 교수의 저서[3]에서 이루어졌다. 조동일 교수는 17세기와 18세기 가사의 전반적 경향에 대하여 17세기와 18세기에 사대부는 가사를 지으면서 엄숙한 거동을 허물어뜨리지 않으려고 했으며, 가사가 정통 한문학에 버금가는 위치를 지니고 시대 변화를 막는 구실을 하도록 하는 데 더욱 힘썼는데 그런 보수적인 성향은 지체나 학식이 뚜렷하지 않은 쪽에서 오히려 굳게 지니고 있다고 하였다.[4] 박순우는 지체나 학식이 뚜렷하지 않은 향촌 사족으로 그의 작품인 <금강별곡>에서도 "엄숙한 거동을 허물어뜨리지 않으려고 하는" "보수적인 성향"이 뚜렷하다. 그런데 "보수적 성향"이 구체적으로 무엇인가 하는 점, 왜 그러한 보수적인 성향이 보이는가 하는 점이 의문이다. 이와 같은 의문은 전술하였듯이 창작배경과 작품 해석이 유기적으로 연결될 때 해결될 가능성이 크다.

작품의 해석은 작품을 통하여 작자가 말하고자 하는 바를 찾는 작업이다. 작자가 말하고자 하는 바는 작품에 명시적으로 드러난 경우도 있으나, 산수를 유람하고 지은 기행가사의 경우는 작품에 그려진 경치를 통하여 암시적으

---

1) 김성배, 「明村 朴淳愚의 金剛別曲 硏究」, 『가사문학연구』, 정음사, 1979.
2) 유정선, 「18·19세기 기행가사의 작품 세계와 시대적 변모양상」, 이화여자대학교 박사학위논문, 1999; 유정선, 「18·19세기 기행가사 작자층의 성격변화 연구」, 『한국시가연구』 6집, 한국시가학회, 2000; 졸고, 「기행가사의 진술방식 연구」, 서울대학교 박사학위논문, 2000.
3) 조동일, 『한국문학통사3』, 지식산업사, 1997.
4) 조동일, 앞의 책, 343면.

로 드러내는 경우가 많다. <금강별곡>도 그 가운데 하나로 금강산의 산수를 그린 사경(寫景)[5)]이 확대되어 있는 작품이다. 이에 이 글에서는 박순우의 삶을 중심으로 창작배경을 살펴보고, 그 결과를 토대로 <금강별곡>에 나타난 사경의 의미를 살펴보는 데 목적을 둔다.

2. 〈금강별곡〉의 창작배경

박순우(朴淳愚, 1686-1759)는 자(字)가 지수(智叟) 호가 명촌(明村)으로 부친 박세갑(朴世甲, 1664-1752)과 모친 창녕(昌寧) 조씨 사이에서 1686년 전라도 영암(靈巖)에서 출생한다. 박순우는 본이 함양(咸陽)으로 고려 때 예부상서(禮部尙書)를 지낸 박선(朴善)의 18세 손이다. 박순우의 선조가 영암에 정착한 것은 10세 손인 오한공(五恨公) 박성건(朴成乾, 1418-1487) 때이다. 박성건은 경기체가 <금성별곡(錦城別曲)>을 지은 인물로 장수현감을 지낸 뒤 벼슬을 버리고 처가인 영암(靈巖)의 구림(鳩林)에 정착한다. 1479년 간죽정(間竹亭)을 지어 주변 선비들을 가르친다. 그의 손자인 박규정(朴奎精, 1493-1580)은 구림 대동계 창설에 주도적인 역할을 하였을 뿐만 아니라 영암향교를 창설하고 향안(鄕案)을 마련하는 데에도 많은 기여를 한다. 이때부터 함양 박씨는 영암의 주도적인 성씨 가운데 하나가 된다. 명촌의 증조부 박성오(朴省吾,

5) 이 글에서 사경(寫景)이란 '경치를 그린다' '그려진 경치'란 뜻으로 사용한다. '경치를 그린다'는 뜻을 지닌 용어에는 경물 묘사, 서경(敍景) 등이 있다. 묘사는 주로 서사학에서 인물을 표현할 때 쓰이는 용어로 경치를 표현한 경우 이 용어를 쓰기에 주저된다. 서경은 서경가사와 같이 주로 가사의 하위 장르를 구분할 경우에 쓰이고, 가사 작품 내에서 경치를 그린다는 의미로 쓰인 경우는 드물다. 사경은 산수유기를 다룬 글에서 사실(寫實), 사의(寫意), 의론(議論), 설리(說理), 기서(記敍), 기사(記事) 등의 용어와 함께 산수유기를 구성하는 한 요소로 '경치를 그린다'는 뜻으로 쓰인다. 이런 점에서 '경치를 그린다'는 뜻의 용어는 사경이 적당하다. 김기탁, 『敍景歌辭研究』, 학문사, 1992; 최상은, 「서경가사의 자연 형상화 양상과 작가의식」, 『조선사대가사의 미의식과 문학성』, 보고사, 2004; 陳必祥, 심경호 역, 『한문문체론』, 이회, 1998.

1589-1651)는 삼도병마사, 북청부사, 부총관 등을 역임하고 병자호란 때 임금을 호종(扈從)한 공이 있어 사후에 병조판서에 제수된다. 조부인 박수표(朴壽彪, 1642-1695)는 1672년 무과에 급제하여 이천, 거제, 황주, 봉산 등의 수령을 역임하고, 가선대부(嘉善大夫)에 제수된다. 박수표는 4남 1녀를 두었는데 명촌의 부친인 박세갑은 셋째 아들이다. 박세갑(朴世甲)은 가선대부(嘉義大夫) 동지중추부사(同知中樞府事)에 제수된다. 증조, 조부, 부의 직책을 보아 명촌의 가문은 향촌 내에서 상당한 영향력을 지녔을 것으로 보인다.

『함양박씨오한공파세보(咸陽朴氏五恨公派世譜)』에서는 명촌이 문장이 탁이(卓異)하고, 가법이 엄정하였으며 『가법(家法)』 한 권을 지었고, 술신(戌申)의 난(亂)이 일어났을 때 다섯 명의 진사들과 함께 문묘(文廟)를 죽음으로써 지켰으며 적을 방어할 방책을 상소하였는데 이 사실은 『호남창의록(湖南倡義錄)』에 실려 있다고 하였다.[6] 『가법(家法)』을 쓴 시기는 소상하지 않다. 술신의 난은 이인좌(李麟佐, ?~1728)의 난이므로 명촌이 문묘(文廟)를 지킨 것은 1728년경이 될 것이다. 그의 행적을 살펴볼 수 있는 또 다른 자료는 『명촌선생유고(明村先生遺稿)』에 수록된 <조고가선대부봉산공묘표(祖考嘉善大夫鳳山公墓表)>·<육우당중수기(六友堂重修記)>·<양사재상량문(養士齋上梁文)>·<양사재개기축문(養士齋開基祝文>·<사마재시집서(司馬齋詩集序)>·<동유록(東遊錄)>과 시 <사마재(司馬齋)> 등이다.[7] <양사재상량문(養士齋上梁

6) "字智叟號明村一六八年丙寅生 一七二三年癸卯中生員 孝行根天文章卓異家法嚴正 名正寢曰萬忍堂 外舍曰幷用軒 作家法一卷 誠代九世同居一室之意 又有東遊錄金剛別典 署干詩集傳于家 戌申之亂齋中諸員皆驚惻散去 公與五進士守館抗章以死守聖廟 上疏諫禦賊之策 事載湖南倡義錄" 『咸陽朴氏五恨公派世譜』.

7) 『명촌선생유고(明村先生遺稿)』는 1책 60장 필사본으로 명촌의 7세 손인 박찬욱(朴燦郁)이 1965년 간행하였다. 이 책에 수록된 명촌의 시문은 <동유록>을 포함한 산문 7편, <동유록>에 삽입된 시조 6수와 가사 <금강별곡>, 한시 13제(題) 52수(首)이다. 이 가운데 한시는 창작연대가 밝혀지지 않은 것이 많고, 주로 축하·교우 등 일상적인 내용이 많아 그의 향촌 생활을 짐작하기에 어려운 자료이고, 산문 7편 가운데 <농와기(聾窩記)>도 자기 본성을 지키는 것이 중요하다는 교훈적 내용이라 그의 생활을 짐작하기에 어려운 자료이다. 이를 제외하면 <조고가선대부봉산공묘표(祖考嘉善大夫鳳山公墓表)>·<육우당중수기(六友堂重修記)>·<양사재상량문(養士齋上梁文)>·<양사재개기축문(養士齋開基祝文>·<사

文)>과 <사마재시집서(司馬齋詩集序)>는 본문에 부기된 간기로 보아 1750년[8]과 1724년[9]에 쓴 글이다. <양사재개기축문(養士齋開基祝文)>은 제목으로 보아 <양사재상량문(養士齋上梁文)>과 같은 시기에 쓴 것으로 보이고, <사마재(司馬齋)>도 <사마재시집서(司馬齋詩集序)>와 같은 시기에 쓴 것으로 보인다. <육우당중수기(六友堂重修記)>에서 육우당(六友堂)은 1566년에 창건된 이래 1626년에 일차 중수, 1690년에 이차 중수, 1718년에 삼차 중수를 거친다. 이 글을 쓸 당시는 "병인년(丙寅年, 1726)을 지난 지 10년 밖에 지나지 않았다"[10]고 하였으므로 글 쓴 시기는 1736년이다. <조고가선대부봉산공묘표(祖考嘉善大夫鳳山公墓表)>에 조부 박수표의 후손에 명촌의 아들인 양덕(良德)이 생원(生員)으로 기록되어 있다. 박양덕(朴良德, 1713-1794)이 생원이 된 것이 1738년이므로 이 글은 적어도 1738년 이후에 쓴 것이다. 명촌은 1723년 소과에 급제하여 생원이 되었고, 1739년 금강산 여행을 떠났다. 이상을 년도 순서로 배열하면 다음과 같다.

1686년 출생
1723년 38세 소과 급제
1724년 39세 <사마재시집서(司馬齋詩集序)>와 시 <사마재(司馬齋)>를 씀
1728년 43세 이인좌의 난 때 문묘(文廟)를 지킴
1736년 51세 <육우당중수기(六友堂重修記)>를 씀
1739년 54세 금강산 여행 <금강별곡>과 <동유록>을 씀
1738년 53세 이후 <조고가선대부봉산공묘표(祖考嘉善大夫鳳山公墓表)>를 씀

마재시집서(司馬齋詩集序)>・<동유록(東遊錄)>과 시 <사마재(司馬齋)> 등이 남는다. 『명촌선생유고』의 편찬 경우에 대한 것은 김성배, 앞의 논문과 최강현, 「명촌유고」, 『한국민족문화대백과사전7』, 한국학중앙연구원, 1991 참조.

8) "養士齋上梁文 庚午八月".

9) "司馬齋詩集序 甲辰閏四月".

10) "今後丙寅之十年及此重修 又非胤子之責也 若堂之額韓濩筆也" 『明村先生遺稿』 <六友堂重修記>.

1750년 65세 <양사재상량문(養士齋上梁文)>와 <양사재개기축문(養士齋開基祝文)>를 씀

1759년 74세 죽음

<사마재시집서>는 옛날 사마재에 시축(詩軸)이 있었으나, 재임(齋任)의 실수로 전하지 못하게 되었는데 재원(齋員) 가운데 하나가 옛날의 시를 기억하여 그 운을 외워 명촌에게 전하자 명촌이 그 운에 화답하여 시를 지어 시축을 만들었다는 내용이다.[11] 사마재는 향교 내에 있는 것으로, 소과에 급제한 사대부들이 대과를 준비하는 곳이다. 명촌이 사마재에 대대로 내려오는 시축을 새로 만들어 사마재의 전통을 계승할 정도로 사마재에 친밀감을 보이고, 그 시축의 내용을 재원에게 들을 정도로 재원과 친밀한 점을 보아 사마재에 출입이 잦거나 상주하였을 것이다. 특히 1728년 이인좌의 난 때에는 명촌이 향교의 문묘를 지켜낸 것[12]으로 보아 대과를 준비하며 향교의 사마재에서 상주하였을 가능성이 크다. <사마재> 세 수는 그 가능성을 뒷받침하는 자료이다. 이 세 수의 시는 각각 사마재를 창수(創修)하면서 선배의 방명(芳名)을 계승하기를 바라는 것, 늦은 나이에 소과에 급제한 사람이 지기(志氣)가 꺾이지 않도록 위로한 것, 작은 성과를 얻고서 자족하는 병통을 기롱(譏弄)한 것 등이 주된 내용이다.[13] 그 내용으로 보아 재원들에게 교훈을 주는 것으로 볼 수

11) "司馬齋舊有詩軸 中間齋任之員 不勤授受 致使先輩遺蹟泯沒而無傳 此在 後生可慨 亦可羞也 有一齋員 爲余道其事 且誦傳舊韻 余始聞而嗟惜之 遂和其韻 新其軸而弁之 噫 不知我者其必以妄越誅之 而知我者則必將曰 古軸之失 既爲今人之憾則是軸之成 豈非後人之幸乎 有是軸則有和者 無是軸則 無和者 是軸也 豈可以無之乎 後之人人是齋者 繼此而和之 書成一軸則斯亦幸而已所弁之 卒不卒不必論也 若此云爾則不佞之本意 庶幾可明而亦不害爲續往開來之一勝事也" 『明村先生遺稿』 <司馬齋詩集序>.

12) 이인좌의 난은 주지하듯이 1728년 정권에서 배제된 소론과 남인이 연합하여 무력으로 정권을 탈취하려는 시도로 청주 성을 함락시키고 북상하던 중 안성과 죽산에서 패퇴한 사건이다. 김성배 선생은 명촌이 지킨 문묘를 성균관에 있는 것으로 보았으나, 이인좌 일당이 한양에 이르기 전에 패퇴한 사실을 보면 향교의 문묘로 보인다. 김성배, 앞의 논문, 462면.

13) "先輩芳名一帖中 後來相繼繼無窮 今經聖代春三百 卷裏宮蓮幾朶紅 上叙創修齋垂傳永久之

도 있고, 시에 특정 청자를 언표하지 않고 작자 자신을 지칭하는 언급(看我)이 있는 것을 보아 명촌 자신의 대과에 대한 의지를 표현한 것으로 볼 수도 있다. 이러한 점을 감안하면 <사마재>의 첫 수는 선조의 방명(芳名)을 계승하기를 바라는 명촌의 마음을 읊은 것으로, 둘째 수는 38세라는 늦은 나이에 소과에 급제하였으나 지기가 꺾이지 않도록 스스로에게 다짐한 것으로, 셋째 수는 공부를 하면서 교만에 빠지는 자신을 책려한 것으로 볼 수 있다. 명촌은 소과에 급제한 이후 증조, 조부, 부의 위업을 계승하기 위하여 사마재에 출입하며 열성적으로 대과를 준비한 것으로 보인다. 이러한 와중에 향교의 문묘를 지킨 사건이 일어난다. 이 사건은 『호남창의록』에 기록될 정도로 당대 향촌의 유생들에게 존경받을 일이었으며 학문적으로 그의 이름이 향촌에 알려지게 된 계기가 되었을 것이다.

그의 향촌 내에서의 명성과 과거에 대한 열성적인 준비에도 불구하고 대과에 합격하거나 관직에 나아갔다는 기록은 없다. 그가 언제까지 과거 시험에 골몰하였는지는 상세하지 않으나, <동유록>과 <금강별곡>에 이와 관련된 기록이 있다. <금강별곡>에서 명촌이 과거 시험장에 분주하게 다녀 54년이 순식간에 지나갔으나, 소과 합격증(白牌) 한 장만 쥐고 있다고 자신의 신세를 탄식하는 대목[14]과 <동유록>에서 반세기를 장옥(場屋)에서 과장의 글에 골몰하다가 백수가 되었다고 탄식하는 대목[15]이 그것이다. 명촌이 소과에 급제한 이후 1739년까지 반세기 동안 줄기차게 대과에 응시하였던 것으로 보인다. 따라서 54세 때의 좌절은 그에게 상당한 충격이었을 것이며 그것이 탄식에 잘 드러난다. 이러한 충격은 그의 삶을 전환시키는 계기가 된다.

意", "志氣差伸久屈中 勝爲場屋一儒窮 諸君鬓髮休嫌白 看我皺顔亦謝紅 上慰晩成小科志氣摧頹之人", "鬱鬱安能久此中 脚前雲路尙無窮 傍人莫詭蓮花好 爭似蟾宮桂朶紅 上譏纔得小成便懷自足之病" 『明村先生遺稿』 <司馬齋>.

14) "世上 功名의 망녕도이 쯧을 두어/ 書籍의 汨沒ᄒᆞ고 場屋의 奔走ᄒᆞ니/ 五十四 光陰이 倏忽히 지나거다/ 男兒의 事業이 白牌 ᄒᆞᆫ 丈 哀嗟ᄒᆞ다" <금강별곡>.

15) "且念半世場屋汨汨科臼 愚不自量 妄有所期 立身顯親吾計也 致君澤民吾志也 命桀時違 歲不我與 轉眄之頃 便作白首" 『明村先生遺稿』 <東遊錄>.

그 전환의 하나가 자신의 문장에 대한 반성이다. 명촌은 자신의 역량은 생각하지 않고 입신현친(立身顯親)과 치군택민(致君澤民)만을 생각하며 세월만 보냈다고 토로하며 과거를 포기할 뜻을 피력한다. 그리고 과장의 글(科臼)에 골몰하였던 것을 반성한다. 과장의 글(科臼)이란 기교에 치우친 글이다. 명촌이 이러한 글을 반성하였으므로 이후에 쓴 글은 주로 기교를 배제한 글이었을 것이나, 그 구체적인 내용은 상세하지 않다. 그 내용을 짐작하게 하는 자료가 경상도 경산군의 향촌 사족인 지덕붕(池德鵬, 1804-1872)이 쓴 <거자잠(擧子箴)>이다. <거자잠>은 지덕붕이 장년이 될 때까지 과장에 나아갔으나 번번이 실패하자 과거 공부를 중단하며 쓴 글로 기왕의 과거시문을 반성한 글이다. <거자잠>에서 지덕붕은 과거시문에만 집착하여 "뜻을 숭상하지 않고 다만 장구(章句)에만 전념하고 헛되이 문류(文類)만을 숭상하였다"고 하였다.[16] 문장의 기교에 치우친 과거시문보다는 뜻을 숭상하는 글을 써야 된다는 것이다.[17] 뜻을 숭상한다는 것은 글 속에 도(道)를 드러내야 된다는 뜻으로 보이므로 결국 재도론적(載道論的) 문을 숭상한다는 것이다. 이 글을 참조하면 명촌이 추구한 글은 뜻을 드러내는 글 즉 재도론적 문이다. 이러한 새로운 글의 추구뿐만 아니라 새로운 일에도 관심을 돌린다. 그 일은 1739년 이후에 쓴 것으로 보이는 <조고가선대부봉산공묘표>, <양사재상량문>과 <양사재개기축문>을 통하여 살펴 볼 수 있다.

<조고가선대부봉산공묘표>는 조부 박수표의 묘표(墓表)로 박수표의 가계가 기술된 다음 행적(여러 관직을 역임한 일, 치사하고 고향으로 내려온 일), 성품의 순서로 기술되어 있다. 묘표라는 글의 성격 상 고인(故人)에 대

16) "士本尙志 正路坦然 上師列聖 下友郡賢 主誠主敬 尊我德性 不愧不怍 惇我彛行 源源必達 根固自榮 御家而齊 治國而平 世遠敎弛 士不尙志 只專章句 徒尙文類 耽嗜功利 斷喪義理 幸而登仕 豈能正俗 必修天爵 乃享天祿" 池德鵬, 『商山集』 <擧子箴>(정흥모, 『조선후기 사대부 시조의 세계인식』, 월인, 2001, 281면 재인용).

17) 위백규(魏伯珪, 1727-1798)는 <여김섭지(與金燮之)>라는 편지글에서 향촌 사족들이 과거시문에만 집착하여 형식적인 조탁이나 문장의 기교에만 힘을 쏟고, 독서의 폭이나 깊이가 현저히 저락해 가는 것을 우려하였다. 위의 언급과 유사하다. 위백규의 과거시문에 대한 비판은 김석회, 『존재 위백규 문학 연구』, 이회문화사, 1995, 82면 참조.

한 찬양이 주된 내용이나, 특히 주목되는 것은 명촌이 조부가 치사하고 고향에 내려와 선조(先祖)의 옛 정자를 중수한 일과 효우(孝友)와 돈목(敦睦)에 출천한 그의 성품을 칭송한 점이다.[18] 선조의 옛 정자란 오한공 박성건이 세운 간죽정(間竹亭)으로 추정된다. 간죽정은 박성건이 향촌의 선비들을 가르치기 위하여 1479년에 세운 것인데 그후 이곳에 박성건의 학문과 덕행을 추모하기 위하여 1681년 지방 유림들이 그를 배향한 죽정서원(竹亭書院)을 세운다. 1683년에는 박권(朴權)과 박규정(朴奎精)이, 1728년에는 이만성(李晩成, 1659-1722)이 추가로 배향된다.[19] 배향된 인물이 박성건, 박권, 박규정으로 함양 박씨의 선조들이 중심이다. 이것을 보아 죽정서원은 문중서원의 성격을 띠고 있다. 이러한 문중서원의 중수에 박수표가 큰 공헌을 하였다는 것이다.

이와 같은 문중 건축물과 선조가 남긴 윤리에 대한 명촌의 관심은 <육우당 중수기>에서도 확인된다. 육우당은 박선의 13세 손인 박준(朴濬, 1553-?)이 세운 집이다. 박준은 다섯 형제와 함께 이곳에 거처하며 우애(友愛)를 다졌다. 명촌은 우애의 근본은 효에 있으므로 효우가 한가지라고 강조한 다음 육우당을 중수하는 목적은 그 건물을 통하여 다른 사람들에게 그 자손이 효우가 있다는 칭송을 듣고자 하는 것이 아니라 선조가 남긴 효우의 뜻을 자손이 계승하는데 있다고 강조하였다.[20]

문중 건축물의 건립과 중수는 향촌 사족들이 현조(顯祖)를 통하여 향촌 내에서 가문의 위세를 나타내는 것이고, 조상에 대한 공동의 관심이나 공동재

---

18) "性又恭儉不營家事 至於孝友之誠敦睦之行出於天 得不假勉 爲平生待人之大畧也 歲乙亥遞職還鄕于時 先祖舊亭廢已久矣 公謀于諸宗重新之 亭旣成 忽以病終" 『明村先生遺稿』 <祖考嘉善大夫鳳山公墓表>.

19) 박래호, 「죽정서원」, 『한국민족문화대백과사전21』, 한국학중앙연구원, 1997.

20) "友愛之本 自誠孝中流出來 孝是百行之源 而友愛亦孝之所推 旣孝其親 且友兄弟 則雖無他行誼之可考不害爲孝友一君子 子反以幽德之不闡爲憂 欲得不佞區區文字求文於後世 爲計無乃下乎……古之君子 思所以顯其親 不求諸人而求諸己 不務其外務其內 今吾子以顯親爲心 則盍亦以一友字爲傳家 舊物世守 此堂有毁輒修 使人人皆稱六友堂之子孫孝友之風世世不衰云爾 則此非朱夫子所謂求諸己 務其內者乎" 『明村先生遺稿』 <六友堂重修記>.

산의 관리를 통한 동성내부의 결속을 다지려는 노력의 하나이다.[21] 특히 문중서원은 가문의 조상을 제향(祭享)하면서 그 가문의 권위를 과시하는[22] 것이다. 이러한 사실로 보면 명촌이 문중 건축물의 중수에 관심을 보인 것은 가문을 결속하기 위한 노력이었다. 그리고 명촌이 선조들이 남긴 윤리에 관심을 보였고, 특히 그 윤리가 효우·돈목(敦睦)과 같이 형제·혈족 간의 화목을 강조한 것이라는 점에서 가문의 결속을 위한 윤리를 확립하는 데에도 노력하였음을 알 수 있다. 그 노력은 명촌 자신이 가법에 엄정하였을 뿐만 아니라 『가법(家法)』을 지었다는 사실에서도 확인할 수 있다. 이러한 활동은 그의 전 생애에 걸친 일일 수도 있다. 하지만 <육우당중수기>가 1736년 51세 때 쓴 것이고, <조고가선대부봉산공묘표>가 1738년 이후에 쓴 글임을 감안하면 명촌이 과거 공부의 중단을 전후하여 이러한 일에 주력하였음이 확실하다. 가문을 결속하려는 것은 18세기 향촌 사회에서 향촌 사족들이 새로 성장한 신향(新鄕)의 등장으로 향촌 내의 지위가 약화되자 자신들의 지위를 유지하려는 노력과 무관하지 않다.[23]

이와 같은 노력과 관련된 글이 <양사재상량문>과 <양사재개기축문>이다. 양사재는 향교 내에 있는 유생들의 강학 장소로 조선후기 향교가 교육 기능이 약화되고 제사 기능이 주를 이루자 유생의 교육을 목적으로 지방관과 유림이 공동으로 설립한 것이다.[24] 명촌이 상량문과 개축문을 쓸 정도로 양사재의 설립에 주도적 역할을 한다. 이와 같은 역할뿐만 아니라 향촌 유생들의 교육에도 상당한 관심을 보인다. <양사재상양문>에 빼어난 인재가 많이 배출되기를 기원하고, 많은 유생들이 과거 시험에 합격하기를 바라는 축원이 있

21) 정진영, 『조선 후기 동성촌락의 형성과 사회적 기능』, 한길사, 1998, 355면.

22) 이해준 교수는 18세기 중엽은 서원의 남설기로 이때 세워진 서원의 50-100%가 문중서원이고, 문중서원은 가문중심의 명현 선조를 제향하면서 그 문중의 권위를 과시하는 형태가 일반적이며 영암의 녹동서원(鹿洞書院)과 죽정서원(竹亭書院)이 그 예라고 하였다. 이해준, 「조선후기 문중서원 발달의 추이-전남지역」, 『허성도선생정년기념한국사학논총』, 논총간행위원회, 1992.

23) 정진영, 앞의 책, 355면.

24) 김호일, 『한국의 향교』, 대원사, 2000, 57면.

다. 뿐만 아니라 유생들이 학문을 하면서 반드시 지켜야 할 교훈을『맹자』에 있는 "盈科而後進"이란 구절,『중용』에 있는 "登高必自卑"란 구절, 소옹의 <청야음(淸夜吟)>에 쓰인 "一般淸意味"란 구절,『논어』에 있는 "中道而廢"와 "浴沂氣像"이란 구절 등을 인용하여 자세히 서술하였다.[25] 이러한 것이 명촌의 교육에 대한 관심의 예이다. 명촌의 양사재 설립에서의 역할과 향촌 유생들의 교육에 대한 관심은 향교를 중심 활동지로 향촌 내에서 사족의 지위를 유지하려 하였던 18세기 향촌 사족들의 행적과 관련된다.[26]

명촌 박순우의 생애는 남겨진 시문이 적어 전모를 파악하기는 어렵지만 그 대략적인 행적은 1739년 금강산 여행을 전후하여 과거 공부를 포기하며 뜻을 드러내는 재도론적인 글을 쓰려고 하였고, 가문을 결속하기 위한 활동과 향촌 내에서 가문의 위상을 높이려는 활동을 하였던 것이다. 가문을 결속하기 위한 활동은 가문 내의 윤리를 확립하는 활동과 문중 건축물을 중수하려는 활동으로, 향촌 내에서 가문의 위상을 유지하려는 활동은 향촌 유생들에게 교훈을 전달하는 활동으로 구체화된다. 이와 같은 전환점에서 <금강별곡>을 지었으므로 <금강별곡>의 창작은 명촌이 재도론적 글을 쓰려는 의도와 가문과 향촌에서 교훈을 전달하려는 의도가 배경이 된다.

---

25) "抛梁東源頭活水出無窮 盈科達海知由序 物理推來可反躬 抛梁西銀山特立與天齊 若登高處由卑始 進學工程此不迷 抛梁南起看秋月照寒潭 一般淸意今料得 心法分明這裡深 抛梁北德津 橋路平而直始終一步行千里 半道如何人自劃 抛梁上龍峰月色照書幌 詩程賦體俱臻極 次第名登蓮桂榜 抛梁下淸溪一派流如瀉 冠童浴後詠而歸 想像宣尼與點也 伏願上梁之後 地運興旺 賢才倍出大鳴一世"『明村先生遺稿』<養士齋上梁文>.

26) 18세기 향촌 사족들의 향교에 대한 활동과 그 기능은 윤희민,「조선후기 향교의 청금유생」,『조선후기 논문선집25』, 삼귀문화사, 1994와 윤희면,「조선후기 향교의 교임」,『조선후기 논문선집25』, 삼귀문화사, 1994 참조.

3. 〈금강별곡〉에 나타난 사경(寫景)의 의미

3-1. 작품 분석의 기준

<금강별곡>과 <동유록>은 같은 시기에 같은 곳을 여행하고 지은 작품이다. 따라서 <금강별곡>이 지닌 의미는 <동유록>과의 대비 속에서 좀더 분명해진다. 그런데 <금강별곡>은 <동유록>과 필연적 관련이 없이 독자적으로 이루어진 작품일 수도 있고, <동유록>과 필연적 관련 속에서 이루어진 작품일 수도 있다. 전자일 경우 두 작품의 대비가 크게 의미를 가지지는 못할 것이다. 왜냐하면 <금강별곡>이 <동유록>과의 대비 없이 자체의 분석만으로도 그 의미가 드러날 수 있기 때문이다. 두 작품의 관계에 대하여 <동유록>에 언급이 있다. 4월 11일 양양에 도착하여 강릉으로 출발하려던 차에 비가 내려 여사에 머물면서 벗들과 담소하기도 하고, 시율을 읊기도 하다가 <금강별곡>을 지었다고 한 것이 그것이다.[27] 명촌은 1739년 3월 3일 고향인 영암을 출발하여 4월 30일 집에 돌아올 때까지 57일 동안 여행을 하였고, 그 가운데 금강산과 관동팔경의 여행은 3월 19일 한양을 출발하여 4월 11일 양양에 도착할 때까지 22일 동안이다. <금강별곡>은 금강산 여행을 마무리하는 무렵에 이루어졌고, <금강별곡> 이전에 <동유록>이 이루어졌다. 또한 <금강별곡>은 <동유록>에 삽입된 시가 가운데 하나이다. 이러한 사실로 보면 <금강별곡>은 <동유록>이 완성된 다음 이와 관련하여 재창작된 작품이다. 재창작 과정에서 명촌은 <금강별곡>에 <동유록>과 다른 의미를 부여하려고 하였을 것이며 그 의미는 <동유록>과의 대비를 통하여 살펴볼 수 있다.

이러한 대비에는 <금강별곡>과 <동유록>에 공통으로 적용할 수 있는 기준이 있어야 한다. 그 기준은 두 작품이 모두 사경이 확대된 작품이라는 점에서 사경으로 표출된 내용이 적당하다. 사경으로 표출된 내용과 관련하여 조동일

---

27) 『明村先生遺稿』 <東遊錄>.

교수의 연구[28]가 중요한 지침이 된다. 조동일 교수는 산수시를 구성하는 세 층위를 경치, 흥취, 이치라고 하였다.[29] 사경은 경치에 해당하고, 흥취와 이치는 사경을 통하여 표출된 내용이 된다. 그런데 경치와 이치의 경우는 그 개념이 뚜렷하나 흥취의 경우는 개념에 대한 상세한 설명이 생략되어 있다. 그 개념이 상세하게 논의된 것이 이민홍 교수의 연구[30]와 신은경 교수의 연구[31]이다.

이민홍 교수는 성리학적 외물인식을 기저로 한 형상사유에는 인물기흥과 탁물우의가 있고, 인물기흥에서 흥은 흥취로 인간적인 사욕을 배제한 무아(無我)의 상태에서 외물을 인식하며 탁물우의에 비하여 "정감적인 정서에 가깝다"고 하였다.[32] 신은경 교수는 흥의 미적 원리는 정서의 상승작용, 현실에 대한 적극적 지향의식, 갈등과 긴장이 없는 편안함과 넉넉함, 놀이적 요소라고 하였다.[33] 이민홍 교수는 "성리학적 외물 인식"을 기준으로, 신은경 교수는 "감성작용"을 기준으로 흥취를 설명하여 그 기준이 서로 다르다. 하지만 흥취가 인간의 이지나 논리를 벗어난 정감(情感)·정서이라는 점, 그 정감·정서가 인간적 사욕에 의한 애(哀)나 비(悲)와 같은 부정적인 것이 아니라 즐거움과 같은 긍정적 것이라는 점에는 공통적이다. 흥취는 "경물에서 유발된 사욕이 배제된 긍정적 정감"으로 요약되는데 이 글에서의 흥취는 이러한 개념으로 사용한다.[34]

하지만 이러한 개념 설정에는 흥취를 단일한 개념으로 파악한 문제가 있

28) 조동일, 「산수시의 경치, 흥취, 이치」, 『한국시가의 역사의식』, 문예출판사, 1994.
29) 조동일, 앞의 논문, 138-141면.
30) 이민홍, 『조선조 시가의 이념과 미의식』, 성균관대학교 출판부, 1993.
31) 신은경, 「흥의 미학」, 『풍류』, 보고사, 1999.
32) 이민홍, 앞의 책, 118면.
33) 신은경, 앞의 책, 105면.
34) 한시와 국문시가의 장르에 따라 흥취의 개념이 다를 수도 있다. 이 글에서는 장르적인 측면보다는 내용적 측면에 초점을 두고 있어 흥취의 개념을 세분화하지는 않는다. 장르에 따른 흥취의 개념은 정운채, 「윤선도의 한시와 시조에 나타난 흥의 성격」, 『고시가연구』 1집, 전남고시가연구회, 1993 참조.

다. 흥취를 단일한 개념으로 파악할 경우 단순한 분류에 그치고, 작자에 따른 특징을 온전히 드러내기는 어렵다. 이와 관련하여 주요한 지침을 제공하는 것이 김흥규 교수의 연구[35]이다. 김흥규 교수는 <어부사시사>가 보여주는 흥은 세속에 대한 심리적 구속보다 자신이 몸 담고 있는 강호에서의 미적 감흥과 기쁨의 직접성이 더 강하게 작용했던 것이고, <도산육곡>의 흥은 천인합일(天人合一) 내지 천인상감의 추구에 관련된 도학적 충족감을 주축으로 삼으며 쾌락적 요소가 극도로 절제되어 있다는 점에서 <어부사시사>가 보여 주는 흥과는 상당한 거리가 있다고 하였다.[36] 흥취는 단일한 것이 아니라 다양할 수 있음을 알 수 있다. 그리고 그 다양성은 크게 쾌락적 요소가 극대로 절제된 이치적(理致的)인 흥취와 발산적이고 쾌락적인 측면이 강한 정감적(情感的)인 흥취로 대별할 수 있을 듯하다.

결국 본고에서는 사경을 통하여 표출된 내용을 이치와 흥취[37]로 나누고, 이치와 흥취가 다양할 수 있음을 전제하여 그 특징적인 면을 드러내는데 초점을 둔다.

2) 경전적(經傳的)인 이치

<금강별곡>에서 사경이 확대되어 있거나, 사경에 일정한 의미가 내포된 것

35) 김흥규, 「어부사시사에서의 흥의 성격」, 『욕망과 형식의 시학』, 태학사, 1999.

36) 김흥규, 앞의 논문, 166-167면.

37) <금강별곡>은 명촌이 과거에 실패한 이후 떠난 여행의 체험을 기록한 것이므로 작자의 욕구와 현실의 괴리에서 표출된 정서가 드러날 수도 있다. 다음에 제시하는 옥류동의 구룡소에 대한 언급이 그 예이다. "九龍소 上下淵은 또 어이 幷設혼고/ 雄壯도 雄壯ᄒᆞ고 危險도 危險ᄒᆞ다/ 蜿蜒 神物이 淵中의 즘겨시니/ 네 萬一 變化ᄒᆞ야 德施를 너비 ᄒᆞ고/ 數千里 東方의 雨順風調ᄒᆞ게 ᄒᆞ면/ 人民의 崇奉홈이 東方海神 홀로 ᄒᆞ랴/ 엇디타 乾二爻를 取象치 아니ᄒᆞ고/ 無浪혼 游山客의 指點만 ᄒᆞ이ᄂᆞᆫ다/ 頷下의 明月珠를 날 ᄒᆞ나식 ᄂᆞᆫ화주어/ 筆頭 波瀾의 珠玉을 품게 ᄒᆞ렴". 명촌이 덕을 갖추고 있으나, 자신의 능력을 현실에서 펼치지 못한 심정을 토로한 것이다. 이러한 구절은 이것을 제외하고는 찾기 어렵다. 그리고 그 언급이 경치에서 유발된 것이 아니라 설화를 토대로 하고 있다. 사경에 초점을 둔 본고의 의도에도 맞지 않는다. 그래서 본고는 흥취와 이치에만 초점을 두고 논의를 진행한다.

으로 보이는 대목은 단발령(斷髮嶺), 장안사(長安寺)의 산영루(山映樓), 만폭동(萬瀑洞)의 팔담(八潭), 정양사(正陽寺)의 헐성루(歇惺樓)에서 본 봉우리, 마하연(摩訶衍)과 폭포암(瀑布庵) 사이에 있는 이름 없는 곳, 폭포암(瀑布庵), 옥류동(玉流洞) 등이다. 대목별로 <동유록>과 대비하여 사경의 의미를 살펴보기로 하자. 다음 구절은 장안사의 산영루를 표현한 것이다.

> 百川橋 지나가셔 山映樓 올라가니/ 一帶 淸流는 檻前의 둘러 잇고/ 四面 蒼顔은 簷盈의 隱映흔다

<동유록>에서는 산영루의 위치와 산영(山映)이라는 이름의 유래를 기술한 다음 산영루의 벽상(壁上)에 있는 시를 소개하고 있다. 그 시는 "百尺의 누각은 푸른 시냇물 가에 있고, 산 빛은 물에 담겨져 누각의 처마를 비추네. 수고로움이 없이 점점 들어갈수록 모두 아름다운 경치이니, 오늘 나의 길이 크게 더딤을 한탄하네"이다.[38] 푸른 시냇물(碧澗)과 산 빛(山光)이 대응을 이룬다. <금강별곡>의 위 구절은 한 줄기 맑은 시냇물이 누각의 주위를 둘러 있고, 사면의 푸른 산들의 그림자가 그 물에 비치었다가 다시 처마에 은영(隱映)한다는 것이다. 맑은 물(淸流)과 푸른 산(蒼顔)이 대응을 이룬다. 산 빛이 물에 비치고 그 그림자가 산영루에 은영한다는 발상과 물과 산이 대응을 이루는 구성이 일치한다. 이것을 보아 위 구절은 <동유록>에 있는 한시를 차용한 것이다. 한시를 차용한 것은 경치가 대응이 되도록 하려는 그의 의도가 반영된 것으로 볼 수 있다. 이러한 대응의 의미는 무엇인가? 왕국영(王國瓔)은 산수시에서 요원(遙遠)과 인근(隣近), 높음과 낮음, 광대(廣大)와 섬소(纖疏)의 대우는 작자의 공간의식(空間意識)을 보이는 것이라고 하였다.[39] 이러한 견해에서 보면 위 구절은 난간 앞을 두르고 있는 청류(淸流)라는 근경과 그 물에 비

---

38) "百尺樓臨碧澗湄 山光涵水映軒楣 不勞漸入皆佳境 今日吾行恨太遲" 『明村先生遺稿』 <東遊錄>.

39) 王國瓔, 『中國山水詩研究』, 聯經出版事業公司, 1988, 355-378면.

친 그림자로 희미하게 은영하는 창안(蒼顔)이라는 원경이 대응을 이룬다. 명촌의 공간의식을 나타낸다. 이러한 공간의식은 지경관원(地境寬遠), 시야개활(視野開闊)과 같은 심오감을 형성한다는 이념적 산수화[40]와 유사하다. 결국 위 구절은 사경만으로 이념적인 면이 드러난다.

다음은 만폭동의 팔담에 대한 사경이다.

> 上下 八潭을 일홈 ᄎᆞ자 보아가니/ 萬里 東溟의 長鯨이 품어낸가/ 黃河水 西來ᄒᆞ야 崑崙을 헛치ᄂᆞᆫ ᄃᆞᆺ/ ᄒᆞᆺ터지니 구슬이요 ᄲᅳᆯ히니 안개로다/ 四時의 飛雪이오 萬古의 雷聲이다/ 李謫仙 瀑布詩ᄅᆞᆯ 壯히 너겨 닑엇더니/ 이제 와 이ᄅᆞᆯ 보니 뉘야 더 웅壯ᄒᆞᆫ고

<동유록>에서 명촌은 팔담에 대하여 여덟 개의 담을 하나하나 들어 담의 이름과 관련하여 그 모습을 비유하였다. 벽하담(碧霞潭)은 흩어져 떨어지는 물이 산람과 연하와 같다거나 진주담(珍珠潭)은 포말이 주옥과 같다는 것이 그것이다. <금강별곡>은 팔담 전체에 대한 사경이고, 대상의 움직임을 표현한 것이 중심을 이루어 <동유록>과는 다르다. 대상의 움직임에 대한 표현이 반복되어 흥겨움이 유발된다. 하지만 위 구절은 흥겨움이나 사경만으로 그치는 것이 아니다. 수(數)에서 가장 큰 단위인 만리(萬里), 동물 가운데 가장 큰 것인 장경(長鯨), 산의 조종인 곤륜(崑崙) 등 사물 가운데 가장 크고 넓은 것을 들어 물을 비유하고, 그 흐름이 영원한 시간인 사시(四時)와 만고(萬古)를 들어 그치지 않는다고 하였다. 사경 속에 일정한 의미를 내포하고 있다. <동유록>에서 명촌은 여행을 총평하는 대목에서 만폭동의 팔담에 대하여 "만폭동에 들어가 팔담을 두루 찾았는데 포효하며 흘러 산을 쪼개고, 분사하며 흘러 돌을 줄이는 것을 보았고, 혹 걸려서 폭포가 되고 혹 물결쳐 시내가 되어 조금도 멈추어 쌓이지 아니 하고 사해로 패연히 흘러가서 가히 막지 못하는

---

40) 이택후, 윤수영 역, 『미의 역정』, 동문선, 1997.

세력이 있었으니 내가 이에 군자가 용감히 가고 힘써 행하고 힘써 전진하여 물러서지 아니하는 기술을 얻었다."[41]고 하였다. 포효하며 산을 쪼개는 것(咆哮劈山), 분사하여 돌을 줄이는 것(噴射礱石)과 같은 대상의 움직임이 흥겨움에 그치는 것이 아니라 군자가 용맹이 나아가 힘써 행하는(勇往力行) 모습을 비유한 것이다. 이 구절을 참조하면 <금강별곡>에서 사물 가운데 가장 크고 넓은 것은 군자의 모습을, 영원한 시간 동안 그치지 않고 흐름은 군자가 학문을 할 때 '용맹이 나아가 힘써 행하고, 힘써 전진하여 물러서지 않는다(勇往力行强進不退)'는 이치를 나타낸 것이다. 이러한 이치는 『논어』의 "가는 것이 이와 같다(逝者如斯)"라는 구절, 『맹자』의 "찬 뒤에 나아간다(盈科而後進)"라는 구절에 충실한 것이다. 이와 같이 <금강별곡>은 사경만으로 이치를 드러내고, 그 이치가 주로 경전(經傳)에 있는 구절에 충실한 면을 보인다. 이러한 특징이 좀더 분명하게 드러난 것이 다음에 제시하는 정양사의 헐성루에서 본 봉우리에 대한 사경과 마하연과 폭포암 사이에 있는 이름 없는 곳에 대한 사경이다.

> 正陽寺 ᄎᆞ자가셔 歇惺樓 안자 보니/ 三十洞 萬二峰을 一一히 다 볼로다/ 北으로 衆香城이 嵬然히 特立ᄒᆞ야/ 南으로 穴望峰을 마조 안자 ᄇᆞ라거던/ 그 남은 許多 峯巒 다 각각 뫼셔시니/ 兩將이 對陣ᄒᆞ야 玉帳을 노피 열고/ 千兵 萬馬를 井井히 排置ᄒᆞᆫ 둣/ 劒戟은 森嚴ᄒᆞ고 隊伍는 整齊ᄒᆞ니/ 一山中 奇觀이 指點間의 다 버렷다/ 毘盧峰 大小香爐 先鋒인가 中軍인가/ 望軍臺 石鷹峰은 左翼인가 右翼인가/ 日出 月出 永郎峰은 伏兵이 分明ᄒᆞ다/ 千態 萬狀이 兩眼의 昭昭ᄒᆞ니/ 올라가 다시 본들 무어시 더 나으리

위 구절은 정양사의 헐성루에서 본 봉우리에 대한 사경이다. 명촌은 중향성과 혈망봉이 서로 대칭으로 서 있고, 주위의 여러 봉우리들이 두 봉우리를

41) "萬瀑洞歷盡八潭 見咆哮劈山 噴射礱石 或掛而成瀑 或激而爲湍 不少停畜 放乎四海沛然 有不可遏之勢 余於是君子勇往力行强進不退之術" 『明村先生遺稿』 <東遊錄>.

중심으로 둘러싸고 있는 모습을 군사들이 엄숙하게 진을 짜고 있는 모습에 비유하였다. <동유록>에서 여행을 총평한 대목에 위 구절과 유사한 구절이 있다. 이 구절에서 명촌은 장안사와 표훈사에 올라서 본 봉우리는 어지럽지 않은(不紊不亂) 군영의 진과 같으며 그 모습에서 남아(男兒)의 웅걸(雄傑)한 기상(氣像)이란 교훈을 얻을 수 있고, 정양사의 헐성루에서 본 봉우리는 의관을 정제한 공자를 제자와 무리들이 모시는 것과 같으며 그 모습에서 성인(聖人)의 옹화(雍和)한 예용(禮容)이라는 교훈을 얻을 수 있다고 하였다.[42] 이것을 참조하면 위 사경은 남아의 웅걸한 기상이나 성인의 옹화한 예용이란 이치가 내포되어 있다. 사경만으로 이치를 드러낸 것이다.

> 內山을 그만 보고 外山을 구경ᄒᆞ쟈/ 李生은 人馬 주어 通川으로 돌게 ᄒᆞ고/ 郭處士 나 ᄃᆞ리고 內水岾을 너머갈 제/ 或先 或後ᄒᆞ야 八潭을 고쳐 보고/ 摩訶衍 ᄀᆞᆺ 지나며 別世界ᄅᆞᆯ 만나보니/ 層峰 澄潭이 일흠 업ᄉᆞᆫ 空地로다/ 數 업ᄉᆞᆫ 峰巒을 다 제금 主張ᄒᆞ니/ 仙客의 짜 안니면 釋家의 物이로다/ 堂堂ᄒᆞᆫ 君子儒ᄂᆞᆫ 어ᄃᆡᄅᆞᆯ 次知ᄒᆞᆯ고/ 호올로 이 石峰이 特立居中ᄒᆞ여시니/ 不偏 不倚ᄂᆞᆫ 中庸의 道 아닌가/ 靜而有常은 君子의 德 아닌가/ 峰下의 흐른 물이 方塘이 절로 되여/ 不括 不停ᄒᆞ야 活水源이 되여셰라/ 峰稱樂仁ᄒᆞ고 潭號ᄂᆞᆫ 處智로다/ 活源洞 三字로 洞名을 肇錫ᄒᆞ니/ 슬프다 이 내 行色 寂廖ᄅᆞᆯ 免ᄒᆞ도다

명촌은 만폭동, 표훈사, 정양사 등 내산을 모두 구경한 다음 외산인 옥류동으로 향한다. 옥류동을 향하던 중 마하연과 폭포암 사이에 있는 이름 없는 곳을 지난다. 위 구절은 이곳에 대한 사경이다.

<동유록>에서 명촌은 우뚝 선 봉우리는 치우치거나 기울지 않아(不偏不倚)

---

42) "入長安上表訓 見萬仞蒼壁 根着于地 頭挿于天 千巧萬奇 不紊不亂 如孔明揮羽扇坐車上 關張諸將介冑而列立帳前 士卒之戟者槍者戈者劒者各守隊伍儼然 有不可犯之威 余於是得大男兒雄傑之氣像 訪正陽坐歇惺 見萬二千峰 或高或低或俯或仰 如尼父整衣冠坐杏壇顔曾以下七十之弟三千之徒 各侍立於左右或執牙笏或奉圭璋或跪膝 或拜手有從容揖讓之態 余於是得大聖人雍和之禮容" 『明村先生遺稿』 <東遊錄>.

남에게 빌붙지 않는(無附比之態) 온축한 기상(蘊蓄之像)이 있어 군자의 덕이 있고, 그 아래 징담(澄潭)은 급하지 않으면서 멈춤이 있고 깊지 않으면서 평평함이 있어 그 경계가 아름답다고 하였다. 그런데 아직 이름이 없으므로 봉우리를 요인(樂仁)으로, 징담을 처지(處智)로 골짜기를 활원(活源)으로 이름을 짓고, 바위에 새긴다고 하였다.[43] 위 구절은 이와 같은 내용이 축약되어 있다. 차이점은 봉우리에 대하여 불편불의한 중용의 덕이 있다고 한 것이다. 미세한 차이이기는 하지만 <동유록>이 불편불의를 무부비지태(無附比之態)와 온축지상(蘊蓄之像)이 있는 군자의 덕으로 해석함에 비하여 <금강별곡>에서는 중용의 덕을 언급함으로써 "군자는 가운데에 서서 기울지 않으니 강하고 꿋꿋하다(中立而不倚, 强哉矯)"라는 『중용』의 구절에 충실하다. 징담에 대하여 <동유록>에서 "급하지 않으면서 멈춤이 있고 깊지 않으면서 평평함이 있다(不急而止不深而平)"이라고 한 구절이 <금강별곡>에서는 "고요하여 떳떳함이 있고, 묶이지도 멈추지도 않는다(靜而有常, 不括不停)"란 구절로 바뀌었다. 정이유상(靜而有常)과 불괄부정(不括不停)은 『논어』 <옹야(壅也)>장에 나오는 요산요수(樂山樂水)에 대한 주자의 주에 언급된 말이다.[44] <금강별곡>은 『논어』의 구절을 그대로 인용한 것이다.

이상 <금강별곡>의 사경에 나타난 이치는 <동유록>과 대비하였을 때 의론을 배제하고 사경만으로 이치를 드러내고, <동유록>에서 여행의 총평 대목에 있는 이치가 <금강별곡>에서 여정에 따라 경치마다 배치되어 있고, 『논어』 『중용』 등 경전의 구절에 충실한 것이 특징이다. 이러한 차이점은 무엇을 의미하는가? <동유록>은 군자가 갖추어야 할 덕과 기상을 산수체험을 통하여

---

43) "過摩訶衍菴 直向內水岾 淸流白石 雖不若八潭之奇勝 而往往有可愛處 緣溪尋路 不知山幾回 而水幾轉 至一處見一麓 自象香城來 當中獨立 不偏不倚 無附比之態 有蘊蓄之像 眞可謂君子之德 其下有澄潭 不甚急而止 不甚深而平 見之 境愈佳 問之名 無稱 吾常以一山勝處皆爲釋家仙流所占爲恨 今遇此 無主溪山 因以名之 可作吾有 乃名其峰曰樂仁 潭曰處智 洞曰活源 又於巖之前面 題名以識之" 『明村先生遺稿』 <東遊錄>.

44) "知者達於事理而周流無滯 有似於水 故樂水 仁者安於義理而厚重不遷 有似於山 故樂山 動靜以體言 樂壽以效言也 動而不括故樂, 靜而有常故壽" 『論語』 <壅也>.

배양하려고 한 동기에서 창작한 산수유기(山水遊記)45)의 전통을 충실히 계승한 작품으로 사경에 군자가 갖추어야 할 이치가 부각된 작품이다. 이러한 이치가 집약되어 있는 부분이 마지막의 총평 대목이다.46) <금강별곡>은 이러한 집약된 이치를 사경의 대목마다 분산 배치함으로써 산수 자연의 각 대목마다의 의미를 환기시켜 독자로 하여금 효과적으로 이치를 체득하게 한다. 또한 의론을 배제하고 사경만으로 이치를 드러냄으로써 독자로 하여금 일방적인 들음이 아니라 산수체험의 은연 중에 이치를 습득하도록 하고 있다. 이러한 배려와 함께 <금강별곡>에는 경전에 충실한 이치를 드러낸다. 경전에 충실한 이치는 명촌이 쓴 <양사재상량문>에도 보인다. 전술하였듯이 이 글은 향촌의 유생들이 학문을 하면서 반드시 지켜야 할 교훈을 전달한 것으로 경전에 있는 이치47)가 서술된다. 명촌이 향촌 유생이 지켜야할 교훈을 경전적인 이치에 의거한 것을 보아 산수체험을 통하여 그 교훈을 얻도록 창작된 것이 <금강별곡>으로 보인다.

3) 이치적(理致的)인 흥취

<금강별곡>에서 흥취가 드러난 대목은 단발령과 폭포암이다. 다음 구절은 명촌이 단발령에 올랐을 때의 흥취를 표현한 것이다.

摩尼洞 깁픈 골로 斷髮嶺 올라셔셔/ 金剛山 眞面目을 처엄으로 ㅂ라보니/ 心

---

45) 박희병 교수는 산수기의 사상적 기저를 산수체험을 통해 군자가 갖추어야 할 덕과 기상을 배양하고자 하였던 유교라고 하였다. 박희병, 「한국산수기 연구」, 『고전문학연구』 8집, 한국고전문학연구회, 1993.

46) 산수유기는 주로 '등정동기→날짜별 등람기록→등람에 대한 총평'이란 세 단계로 구성된다. 호승희, 「조선전기 유산록 연구」, 『한국한문학연구』 18집, 한국한문학회, 1995.

47) 『맹자』 <이루>에 있는 "영과이후진(盈科而後進)"이란 구절, 『중용』에 있는 "등고필자비(登高必自卑)"란 구절, 소옹의 <청야음(淸夜吟)>에 있는 "일반청의미(一般淸意味)"란 구절, 『논어』 <옹야(雍也)>에 있는 "중도이폐(中道而廢)"란 구절, 『논어』 <선진(先進)>에 있는 "욕기기상(浴沂氣像)"이란 구절 등이 인용되었다.

神이 灑落ᄒᆞ고 眼目이 豁然ᄒᆞ다

<동유록>에서 명촌은 단발령에 올라 금강산의 면목을 처음 본 느낌을 한 시로 "꿈에 금강산에 들어가니, 자연의 신이 나에게 이르네. 선옹(仙翁)을 기다린 지 오래되었으니, 말을 재촉하여 산문(山門)에 오르라"[48]라고 읊었다. 이 시에서 명촌은 단발령에 오른 자신을 선옹(仙翁)이라 하였다. 단발령을 경계로 선계와 인간계를 구분하고 있다. 이러한 맥락에서 보면 <금강별곡>에서 작자가 단발령에 올라 심신(心神)이 쇄락(灑落)하다고 한 것은 인간계와 선계를 구분하는 의미로 보인다. 그 구체적인 의미가 드러난 예가 <동유록>에서 명촌이 옥경대의 골짜기를 보고 흉금쇄락(胸襟灑落)하여 진애가 없어 지상선(地上仙)이 되었다고 언급한 구절이다.[49] 이것을 보아 <금강별곡>의 심신쇄락도 선계로 들어가는 전제로 "진세의 찌꺼기를 씻는다"는 의미를 벗어나지 않을 것이다.[50]

하지만 진세의 찌꺼기를 씻는 것은 작자의 내적 갈등을 해소하여 선계로 들어간다는 감상적인 의미에 국한된 것은 아니다. 그 이유는 심신쇄락(心神灑落)이 안목활연(眼目豁然)과 붙어 있기 때문이다. 활연(豁然)은 <동유록>의 용례로 보아 소철이나 사마천이 여행에서 얻은 효과와 비교되는 것으로 "기

48) "夢入金剛裏 溪神語我云 仙翁相待久 促馬上山門" 『明村先生遺稿』 <東遊錄>.

49) <동유록>에서 경물에서 일어난 흥취를 쇄락(灑落), 상연(爽然)이라고 한 예는 장안사에서 금강산에 들어가는 대목(爽心快目), 옥경대(胸襟灑落)의 대목 등이 있다. 그 가운데 옥경대의 대목은 "흉금이 깨끗하여 한 점의 먼지도 없으니, 비록 지상선이라고 일컫더라도 부끄럽지 않다(胸襟灑落無一點塵埃 雖謂之一時地上仙 亦不僭矣)"이다.

50) 쇄락이 진세의 찌꺼기를 씻고 선계로 들어간다는 의미로 사용된 예는 16세기 이후 산수유기에 다수 보인다. 그 예는 다음과 같다. 양대박(梁大樸, 1544-1592)의 <금강산기행록(金剛山紀行錄)>에 있는 "物外雲遊 纔涉數旬而轉覺胸懷爽然 絶無查滓", 신익성(申翊聖, 1588-1644)의 <유금강내외산제기(遊金剛內外山諸記)>에 있는 "觀者灑然有出塵之想"과 <유금강산소기(遊金剛山小記)>에 있는 "自此世界自別 覺胸次灑然", 금원김씨(錦園 金氏, 1817-?)의 <호동서낙기(湖東西洛記)>에 있는 "已覺胸襟爽然 若濯肺腑而滌塵垢矣". 산수유기 자료는 이혜순 외 공저, 『조선중기의 유산기 문학』, 집문당, 1997과 최상익 외 편역, 『조선시대 금강산유기』, 강원대학교 출판부, 2000 참조.

(氣)를 원대하게 기른다"는 의미이다.[51] 따라서 활연(豁然)은 단순한 감상이 아니라 이치적인 면이 드러난다. 심신쇄락(心神灑落)이 감상적인 것이라면 안목활연(眼目豁然)이라는 이치적인 면과 상충되기 때문에 심신쇄락은 이치에 가깝다. 그러면 심신쇄락은 어떤 이치를 드러내는가? 이에 참고할 만한 자료가 홍인우(洪仁祐, 1514-1554)의 <관동록(關東錄)>에서 "혼골냉청(魂骨冷淸)하여 맑고 밝은 기상을 얻으면 인욕이 제거되고 순수한 기운이 넘쳐 순수함을 회복하게 된다"[52]고 한 구절이다. 이 구절에서 마음이 깨끗해져 진세의 찌꺼기를 씻은 경지는 인간 본래의 순수함을 회복한 상태란 것이다. 즉 심신쇄락이란 본래의 본성을 회복하는 수양이란 이치에 맞닿아 있다.

다음은 폭포암에 대한 기록이다.

> 鉢淵寺 ᄇᆞ라보고 瀑布庵 ᄎᆞ자가니/ 盤陀 大巖이 澗底의 펴엿ᄂᆞᄃᆡ/ 一條 淸波ᄂᆞᆫ 瀑布水 되여셰라/ 蓬萊島 刻ᄒᆞᆫ 글字 楊士彦의 筆이로다/ 衣裳을 버서 노코 물졀의 드러 안저/ 汗垢를 다 시ᄉᆞ니 我心이 淸兮로다/ 一點 塵念이 胸中의 留滯ᄒᆞ랴/ 千秋에 浴沂 氣像 이에셔 더ᄒᆞᆯ런가/

---

51) <동유록>에서 활연(豁然)이 사용된 예는 다음과 같다. ①"古來以來遊名者 必先數子長名山大川之遊而其所遊者 不過探禹穴 觀濤江 講業於齊魯而已 況吾此行不但爲景物 入山得其磅礴不動之氣則古聖人樂之之理已在我矣 東海之上闊我胸海恢我度量足矣", ②"芒鞋竹杖事遨遊 山海中間覽已周 眼孔大時胸次闊 較看子長孰爲優", ③"若余者 身處遐陬而見聞寡陋口談經史而識量卑淺 苟不壯遊大觀 開眼目闊胸次 則不免爲井蛙之見 笑於東海之鱉 是以子由見王宮國都然後得大規模 子長遊名山大川然後得文章助 今日吾行亦豈爲翫物而已哉"(『明村先生遺稿』 <東遊錄>). ①②③에서 명촌은 여행에서 얻은 효과가 가슴(胸海, 胸次)이 넓어짐(豁然)에 있는데 그 효과는 자장(子長, 사마천)과 자유(子由, 소철)가 여행에서 얻은 효과와 비교된다고 하였다. 임춘은 <동행기>에서 사마천은 일찍이 회계 땅을 여행하고 천하의 장관을 여행하여 기(氣)가 더욱 기위(奇偉)하여 문장이 소탕(疎蕩)하고 호장(豪壯)한 풍모가 있다고 하였다. 사마천의 여행은 기상을 원대하게 기른 효과가 있다. 명촌은 활연을 사마천과 소철이 여행에서 얻은 효과와 비교하였다. 따라서 활연은 "기상을 원대하게 기른다"는 의미를 내포한다. 임춘에 대한 것은 박희병, 앞의 논문, 215면 참조.

52) "況是夜 山月生輝 萬境俱寂 魂骨冷淸 開戶靜坐 夜深不能寐 若得養此夜淸明之氣像 竟做去人欲淨盡 天理流行境界 則有爲者亦若是 豈欺我哉" 洪仁祐 <關東錄>(최상익 외 편역, 앞의 책, 184면).

<동유록>에서 명촌은 폭포암에 대하여 담(潭) 안에 흰 바위가 평평하게 펼쳐져 있고, 작자와 동행이 물에 들어가 진애를 씻으니 몸과 마음이 깨끗하고 맑아지는데 바위에 새겨진 양사언이 쓴 봉래도라는 글자를 보았다고 하였다.[53] <금강별곡>은 이와 같은 내용에서 특히 진애를 씻는 부분이 확장되어 있고, 증점의 고사[54]를 인용한 것이 <동유록>과 다르다. 증점의 욕기기상(浴沂氣像)에 대하여 주자는 "세상에 나아가 나라를 다스리려는 명리가 없어 마음이 유연(悠然)하여 천지만물과 함께 한다"고 하였다.[55] 마음속에 세상에 대한 욕심이 없어져 천지만물과 함께 할 수 있는 경지에 이른 유가의 이상적인 삶에 대한 이치를 의미한다. 가사에 욕기기상(浴沂氣像)이 사용된 예는 전원의 일상 생활에 만족하여 마음이 쇄락(洒落)한 경우,[56] 공명에 뜻이 없는 경우,[57] 욕기기상에 있는 표면적인 내용을 제시한 경우[58]가 있다. 이 가운데 욕기기상과 관련된 다양한 소재를 열거한 경우보다 마음이 쇄락(灑落)한 의미로 사용된 경우, 공명에 뜻이 없다는 의미로 사용된 경우가 주자의 주석을 충실히 드러낸 홍취에 해당한다. <금강별곡>에서는 "마음의 티끌을 씻는다"는

---

53) "下抵磵畔瀑流處 白石之平鋪者 不必專讓於萬瀑 脫衣入水洗濯汗垢 我身既潔 我心卽淸 徘徊顧眄之際 偶見石面有刻 以蓬萊島者 知其爲楊士彦之筆也" 『明村先生遺稿』<東遊錄>.

54) "莫春者春服旣成冠者五六人童子六七人浴乎沂風乎舞雩詠而歸" 『論語』<先進>.

55) "曾點之學 蓋有以見夫人欲盡處 天理流行 隨處充滿 無少欠闕 故動靜之際 從容如此 而其言志則又不過卽其所居之位 樂其日用之常 初無舍己爲人之意而其胸次悠然 直與天地萬物上下同流 各得其所之妙 隱然自見於言外" 『論語』<先進>.

56) "갈거니 지거니 數畝롤 마촌 후에/ 傾筐을 드러 메고 뒷 미희 올라가니/ 어린 취 못다 크고 薇蕨이 채 술겻다/ 걱그며 다므며 바구리 못다 차셔/ 峯頭에 올라 안자 采薇歌롤 기리내여/ 響徹 雲霄애 胸中이 洒落ㅎ니/ 風乎舞雩ㄴ들 이예셔 더홀런가"(정훈, <용추유영가>), "淸流에 沐浴ㅎ고 竹杖을 빗기 들어/ 碧蘿롤 더위 잡고 노픈 峯의 올라가니/ 네 부던 ㅂ람이 舞雩만 호자 분가/ 蕭洒ㅎ 淸颷롤 슬커지 쐬온 後에/ 五六 冠童으로 吟咏코 도라오니/ 넷 사름 氣像을 미출가 믓 미출가"(정훈, <수남방옹가>).

57) "宇宙 勝賞을 ㅊㅈ리 업스며/ 造物이 숨겻다가 天遊盛迹이야/ 우리로 열리로다 空明의 빗재롤/ 흘리 노하 가는 딕롤 존니노라/ 舞雩예 曾點기상은 엇더던고 ㅎ노라" 허강, <서호별곡>.

58) "밤비예 곳 핀 가지 暗香을 보내여 봄쳘을 알외ㄴ다/ 春服을 쳐엄 닙고 麗景이 더된 져긔/ 靑黎杖 빗기 쥐고 童子 六七 불너내야/ 속닙 난 잔쐬예 足容 重케 흣거러/ 淸江의 발을 싯고 風乎江畔ㅎ야 興을 타고 도라오니/ 舞雩詠而歸롤 져그나 부롤소냐" 박인로, <사제곡>.

언급이 있음을 보아 욕기기상은 주자의 주석을 충실히 드러낸 흥취에 해당한다. <금강별곡>의 사경에 나타난 흥취는 마음에서 "진세의 티끌을 씻는다"는 뜻이 부각되며 이러한 흥취는 감상적인 것이 아니라 이치적인 면이 강하다.

4. 맺음말

기행가사의 의미를 선명하게 드러내기 위해서는 창작배경과 작품 해석이 유기적으로 연결되어야 한다는 관점에서 이 글은 출발하여, <금강별곡>을 대상으로 창작배경을 살펴보고, 그 결과를 토대로 사경의 의미를 중심으로 작품을 해석하였다. 그 결과를 요약하면 다음과 같다.

명촌 박순우는 1723년 소과 급제 이후 과거 공부에 매진하였으나, 1739년을 전후하여 과거 공부를 포기한다. 과거 공부를 포기한 이후 과거지문에 대한 반성으로 뜻을 드러내는 재도론적(載道論的)인 글을 쓰려고 하였고, 가문을 결속하려는 활동과 가문의 위상을 높이려는 활동을 하였다. 그 활동의 구체적인 내용이 가문 내에서 윤리를 확립하려는 것과 향촌의 유생들에게 교훈을 전달하려는 것이다. 이와 같은 삶의 전환점에서 금강산 여행을 떠나 그 체험을 <금강별곡>으로 남긴다. 따라서 <금강별곡>의 창작은 명촌이 재도론적인 글을 쓰려는 의도와 가문과 향촌에서 교훈을 전달하려는 의도가 배경이 된다.

<금강별곡>의 사경에 나타난 이치는 <동유록>의 집약된 이치를 사경의 대목마다 분산 배치한 것, 의론을 배제하고 사경만으로 이치를 드러낸 것, 경전에 충실한 것을 특징으로 한다. 이러한 특징은 각 대목마다의 산수 자연의 의미를 환기시켜 독자로 하여금 효과적으로 이치를 체득하게 하고, 독자로 하여금 일방적인 들음이 아니라 산수를 체험하는 은연 중에 이치를 습득하게 하고, 독자로 하여금 산수체험을 통하여 경전을 읽는 효과를 얻게 한다. <금강별곡>의 사경에 나타난 흥취는 정감적인 흥취보다 이치적인 흥취에 가깝다.

결국 <금강별곡>의 사경에는 이치가 두드러지고, 그 이치는 <동유록>에 비하여 독자에 대한 배려가 있고, 경전에 충실한 것을 특징으로 한다. 이러한 특징은 명촌이 뜻을 드러내는 문장을 추구하였던 의지, 가문을 결속하고 향촌 내에서 가문의 위상을 높이려는 향촌 내에서의 활동과 무관하지 않다. <금강별곡>의 사경에 산수체험을 통하여 이치를 효과적으로 체득하도록 안배한 것이 독자를 염두에 둔 의도의 반영이고, 경전 위주의 이치를 제시한 것이 가문내의 자손들이나 향촌 내의 유생들에게 산수체험을 통한 교훈을 전달하려는 의도의 반영이다. 명촌이 <동유록>이 있음에도 가사 <금강별곡>을 지은 것은 가문 내의 자손과 향촌 내의 유생들에게 교훈을 전달하려는 의도가 강하였기 때문인 것으로 파악된다.[59)]

---

59) 이와 관련된 기록이 최숙(崔橚)이 쓴 <명촌선생유고서(明村先生遺稿序)>이다. 이 글에서 최숙은 송강이 강원도 백성의 몽매한 풍속을 고치기 위하여 지은 <관동별곡>에 비교될 정도로 <금강별곡>을 높이 보았다("以玄氏托橚兩固不敢 而一不獲已擎讀 大驚曰 松江先生以後初見之事也 松江爲江原觀察 見其民俗暗昧 作關東別曲以羣妓演戲 以民衆見之民俗和悅 三百年後桂田申相(필자주: 申應朝 1804-1899)莅此道聞廢其曲 採知曲者 於江陵老妓復設其戲以暢民風 陶庵便閱覽 四世百年後行 故讀者每歎書之難如是如是云云 今日則先生旣沒自有傳寫之藁各家先賢文集中抄出者又照檢未到者 盡藏巾笥 民俗暗昧 使之和悅者歌詞好之者多久之遲之矣"『明村先生遺稿』<明村先生遺稿序>).

제3장 〈일동장유가(日東壯遊歌)〉의 창작배경과 일본에 대한 인식

1. 머리말

이 글의 목적은 <일동장유가>의 창작배경과 작자인 김인겸의 일본에 대한 인식을 살펴보는 데에 있다. <일동장유가>는 계미통신사행(癸未通信使行)의 일원인 김인겸이 1763년 8월에서 1764년 7월까지 일본을 여행한 경험을 기록한 가사 작품이다. 김인겸의 일본에 대한 인식이 잘 드러나 있다. 18세기 후반의 여행문학에 나타난 일본에 대한 인식에는 임란의 치욕으로 인한 일본에 대한 적대감 · 화이론(華夷論)에 입각한 부정적 인식과 화이론의 약화에 의한 긍정적 인식의 복합 · 일본의 기술 문명에 대한 긍정적인 평가 등이 있다. <일동장유가>에는 당대 사행문학에 나타난 일본에 대한 인식에 같은 점도 있지만, 독특한 점도 있을 것이다. 독특한 점은 작자에 기인할 수도 있고, 가사라는 장르에 기인할 수도 있다.

사행문학을 통하여 일본에 대한 작자의 인식을 연구한 것에는 이혜순 교수의 논의가 대표적이다. 이혜순 교수는 통신사 문학에 나타난 작자의 일본에 대한 인식이 17세기 중반에는 부정적 시각이고 18세기 전반에는 부정과 긍정의 양면을 나타내고 18세기 후반에는 일본에 대한 적대감이 약화된다고 하였다.[1] 특히 18세기 후반의 계미통신사행(癸未通信使行)에 나타난 일본에 대한 인식은 긍정적인 것으로 신선이미지의 퇴영 · 양이(攘夷)정신의 약화 · 기술

문명에 대한 관심이라고 하였다.

이성후 교수는 <일동장유가>에는 부정적 대일관과 긍정적 대일관이 복합되었다고 하였다.[2] 이에 비하여 박희병 교수는 <일동장유가>에서 김인겸은 고루한 화이론에만 사로잡혀 있지 않고 현실을 현실로써 인정하는 경험론자로서의 면모 역시 갖고 있어 일본도회의 번성함에 대한 사실적 서술과 함께 작자의 이용후생적 관심이 있다고 하였다.[3] 일본에 대한 긍정적 인식이다.

<일동장유가>에 대한 선행연구에서는 이 작품에 일본에 대한 긍정적 인식과 부정적 인식이 복합되어 있다고 하였다. 이 글에서는 선행연구를 모두 수용한다. 이러한 수용에서 보더라도 김인겸의 인식이 다른 작자들과의 차이점이 무엇인가 하는 점, 그러한 차이점이 생긴 배경이 무엇인가 하는 점은 의문이다. 이 의문을 풀기 위해서는 동일한 시기에 창작된 사행문학과의 비교가 필요하다. 동일한 시기에 동일한 경험을 바탕으로 한 사행문학으로는 조엄(趙曮)의 『해사일기(海槎日記)』, 성대중(成大中)의 『일본록(日本綠)』, 원중거(元重擧)의 『승사록(乘槎錄)』 등이 있다. 이 가운데 조엄의 『해사일기』는 그 소재가 임란과 관련된 것, 일본의 산수와 문물에 대한 것, 일본인에 대한 것 등으로 <일동장유가>와 유사하다. 그리고 이 책의 「수창록(酬唱錄)」에는 김인겸을 포함한 사신 일행의 한시가 수록되어 일본에 대한 인식을 비교하기도 용이하다. 이 글에서는 <일동장유가>의 비교 작품으로 조엄의 『해사일기』를 선택한다.[4]

---

1) 이혜순, 『조선통신사의 문학』, 이화여자대학교 출판부, 1996.
2) 이성후, 「日東壯遊歌 硏究」, 대구가톨릭대학교 박사학위논문, 1988.
3) 박희병, 「조선후기 歌辭의 일본체험 <日東壯遊歌>」, 『한국고전시가작품론2』, 집문당, 1992.
4) <일동장유가>는 심재완 교주, 『일동장유가 · 연행가』, 교문사, 1984를 이용하였고, 『해사일기』는 『국역 해행총재』 권7, 한국고전번역원, 1976에 수록된 것을 이용하였다. 이하 심재완 교주, 『일동장유가 · 연행가』, 교문사, 1984는 『일동장유가』로 약칭하고, 『국역 해행총재』 권7, 한국고전번역원, 1976는 『해사일기』로 약칭한다. <일동장유가>의 인용문은 『일동장유가』의 면수(面數)로 표시하고 『해사일기』의 인용문은 일기의 연월일(年月日)로 표시한다.

2. 〈일동장유가〉의 창작배경

김인겸에 대하여 이성후 교수와 박희병 교수는 "庶子 後孫의 신분적 한계"가 있으나 "강직하고 고집스러운 조선의 전형적인 선비"라고 하였다.[5] 신분적 한계와 전형적 선비상과는 어떤 관련이 있는지 살펴보자.

김인겸과 관련된 자료는 『안동김씨세보(安東金氏世譜)』와 <일동장유가>이다. 『안동김씨세보』에는 김인겸이 서자(庶子) 수능(壽能)의 손(孫)이란 기록만 있다. 김인겸에 대한 것은 <일동장유가>에 의존할 수밖에 없다. 주지하듯이 김인겸은 안동 김문의 서출로 공주(公州)에서 세거(世居)하였으며 진사로 지내다가 통신사행에서 돌아온 뒤에 현감을 역임한 인물이다. 이것을 보아 김인겸은 비록 안동 김문이지만 가문의 후광을 입지 못하였음을 짐작할 수 있다. 그런데 <일동장유가>에는 오히려 가문의식이 부각되어 있다.

김인겸이 가문을 내세우는 내용은 출발할 때와 회정(回程)할 때 영조를 알현하는 대목에 있다. 출발할 때 영조는 김인겸의 성명과 가문을 묻고 명조의 자손이라고 칭찬한다. 또한 출발할 때 지은 시를 보고 영조는 시재가 뛰어나다고 칭찬한다. 회정할 때 영조는 김인겸에게 왜인들의 시재(詩才)에 대하여 묻는다. 김인겸은 "문재(文才)가 유여한 놈 왕왕이 있사오나 시율은 참혹하여 제술할 줄 모르더이다"라고 답한다. 이 부분은 김인겸이 가문이 출중할 뿐만 아니라 시문에도 뛰어난 인물임을 나타낸다. 이것이 사실인지 아니면 작자의 욕구가 반영된 것인지 살펴보자.

『해사일기』에서 사신 일행이 연회를 베푼 자리에서 영조를 알현한 대목은 「연화(筵話)」에 나온다. 연회에는 삼사신을 포함하여 역관 · 문사 · 비장 · 무관 등 사신 일행 전원이 참석하였고, 그 자리에서 나눈 대화를 기록한 것이 「연화」이다. 「연화」는 출발할 때와 회정할 때로 나뉜다. 출발할 때 「연화」의 내용은 영조가 이능송백(二陵松柏)이라는 시구에 감동하고, 호왕오래(好往好來)

---

5) 이성후, 앞의 논문, 22면; 박희병, 앞의 논문, 714면.

라는 글자를 써 삼사신에게 주는 것이다. 회정할 때 「연화」의 내용은 다음과 같다.

> ① 영조가 세 역관과 서대유(徐有大)를 치하한다.
> ② 영조가 일본의 풍속·인물에 대하여 묻자 삼사신이 대답한다.
> ③ 영조가 일본 문사의 시재에 대하여 묻자 문사(文士)들이 대답한다.
> ④ 영조가 역관·군관들에게 묻고 그들이 대답한다.

이 가운데에 회정시 「연화」의 ③과 ④의 내용이 <일동장유가>와 유사하다. ③에서 영조는 제술관 남옥(南玉)이 일본에서 문명(文名)을 떨친 점을 칭찬하고 일본 문사들의 시재에 대하여 묻는다. 옆에 있던 조엄이 "왜인들의 시가 원숙한 편이 없어 볼 만한 것이 없다"고 대답한다.[6] 영조의 질문과 조엄의 대답은 <일동장유가>에서 영조의 질문과 김인겸의 대답과 일치한다. ④에서 영조는 군관 서대유(徐有大, 1732-1802)에게 그의 가문이 "서명응(徐命應, 1716-1787)의 일가인가?"라고 묻는다. 조엄은 서유대가 "서명형(徐命珩, 1687-1750)의 재종손(再從孫)"이라고 답한다. 영조의 물음과 조엄의 답은 <일동장유가>에서 영조가 김인겸에게 "장동대신(壯洞大臣)의 몇 촌(寸)인가?"라고 묻고 김인겸이 "고(故) 상신(相臣) 충헌공(忠獻公)의 오촌질(五寸姪)"이라는 답과 일치한다. <일동장유가>와 『해사일기』의 「연화」 중 어느 것이 역사적 사실에 부합하는가?

> 통신정사(通信正使) 조엄(趙曮) 부사(副使) 이인배(李仁培) 종사관(從事官) 김상익(金相翊)이 하직 인사를 하니 임금이 소견하였다. 친히 이능(二陵)의 송백

6) "七月初八日後命入侍時 …… 上曰南玉得名云矣 何者多作乎 對曰四人所作之數略同矣 上曰南玉作幾篇乎 玉對曰作千餘首矣 上曰壯矣 汝得彼人之詩來乎 對曰彼人先作 然後和之 故彼作果爲持來矣 趙曮曰 彼人之詩大抵無圓成之篇 無足可觀也 …… 上曰徐有大卽徐命膺之親屬乎 對曰徐命珩之再從孫也 今番因徐有大柳達源 得以救幾敗之船矣" 『해사일기』, 「연화」, 1764년 7월 8일.

(松柏)이란 글귀를 읊고 한동안 감동하였다가 이윽고 '잘 갔다가 잘 오라(好往好來)'는 네 글자를 어필(御筆)로 세 폭을 써서 나누어주고 위로하여 보냈다.[7]

위 인용문은 『영조실록』의 기록이다. 출발할 때 영조는 이능송백(二陵松柏)이란 시구에 감동하고 호왕호래(好往好來)란 글을 써 준다. 「연화」와 일치한다. 회정할 때인 1764년 7월 8일조 『영조실록』의 내용은 영조가 삼사신에게 일본의 풍속과 인물에 대하여 묻는 것, 역관들에게 상을 주라고 전교(傳敎)하는 것이다.[8] 세 역관은 최천종 사건의 처리에 공이 있었던 최학령(崔鶴齡)·이명윤(李明尹) 등이다. 영조가 포상한 인물이 「연화」와 일치한다. 이것을 보아 「연화」가 역사적 사실에 근접하다. <일동장유가>에 나타난 김인겸의 시재와 가문에 대한 내용은 남옥(南玉, 1722-1770)과 서대유(徐有大)에 대한 역사적 사실이 김인겸으로 대체된 것이다.

남옥은 1727년(영조 3) 증광시에 급제하여 현감을 지내다가 계미사행 때 제술관에 임명된다. 일본 문사인 산근청(山根淸)이 쓴 『장문계갑문사(長門癸甲問槎)』에서 계미사행 때의 거벽(巨擘)으로 일컬을[9] 만큼 문재를 인정받은 인물이다. 서유대는 본관이 달성(達成)으로 1757년 음보(蔭補)로 선전관이 되고 1759년 무과에 급제하여 1763년 사행 전까지 훈련원정(訓練院正)을 역임하였고 사행 이후 지중추부사·지의금부사·훈련대장·한성부판윤 등을 역임한 인물이다. 남옥은 문재로 당대를 풍미한 인물이고 서유대는 당대 권력가 출신으로 관직이 현달한 인물이다.[10] 『해사일기』에 가문과 시재가 뛰어난

7) "丁亥 …… 通信正使趙曮副使李仁培從事官金相翊辭陛 上召見之親誦二陵松栢句興感者久之 以御筆書下好往好來四字 三幅分賜之慰諭以送" 『영조실록』 권102, 1763년(영조 39) 8월 3일.

8) "戊午 …… 召見回還通信三使臣正史趙曮副使李仁培從事官金相翊 問倭國風俗人物 並加其資 員譯亦如例施賞" 『영조실록』 권104, 1764년(영조 40) 7월 8일.

9) 이혜순, 앞의 책, 290면.

10) 서유대가 가문의 후광으로 벼슬이 현달하였다는 명확한 증거는 없다. 다만 서유대가 음보(蔭補)로 선진관이 되었다는 점과 서명형과 서명응 등이 당대의 권력가로 벌열 가문을 형성하고 있다는 점, 서유대가 계속 관직이 승진하던 중 통신사행의 일원이 되었다는 점에

사람이 각각 다른 인물로 되어 있으나, <일동장유가>에는 김인겸이 가문이 뛰어날 뿐만 아니라 시재도 뛰어난 인물로 되어 있다. 그런데 김인겸은 비록 안동 김문의 후손이지만 가난한 생활[11]을 하였고, 시문으로 남옥이나 성대중과 같이 당대에 널리 알려진 인물도 아니다. 이러한 사실로 보아 <일동장유가>에는 김인겸이 남옥이나 서유대와 같은 인물이 되고 싶다는 욕구가 은연중 반영된 것으로 볼 수 있다.

비록 안동 김문의 일원이지만 가문의 덕을 보지 못한 김인겸은 삼방서기(三房書記)라는 직책을 맡는다. 서기라는 직분과 관련된 사건이 원중거(元重擧)가 하급 관리인 김구영에게 모욕을 당한 일이다. 이 사건은 서출의 서기와 하급 관리 사이의 알력을 다룬 것[12]이다. 원중거는 이 일로 서기를 그만두고 서울로 올라갔다가 정사가 부르자 다시 돌아온다. 김인겸은 이러한 처사에 대해 "사군자(士君子) 출처행신(出處行身) 옹용불박(雍容不薄)"인데 서울로 간 것은 경솔한 행동이고 서울로 갔으면 초지일관(初志一貫)하여야 되는데 다시 돌아온 것은 잘못이라고 비판한다. 김인겸은 자신들이 선비임을 내세우고 있다. 이에 대한 논란이 극명하게 드러난 것이 김인겸과 정사의 대화이다.

> 내 웃고 일어나서 上房으로 바로 가서 門 열고 들어가니 …… 使相이 물으시되 "무슨 일로 그러한 고" "다른 일이 아니오라 元書記 일이 올소이다." "元奉事 辱 본 일을 金進士 가로맡아 부질없이 生成하여 過擧를 하려는고." 내 다시 하온 말이 "그렇지 아니하오. …… 한 書記 辱보고서 處置를 못한 前은 行中의 네 文士가 다 먹은 작시오니 頑慢한 船將놈을 決棍 三度 겨우 하고 비록 汰去하다

비추어 본 것이다.

11) <일동장유가>의 동래부사가 베푼 연회에서 김인겸은 자신의 처지를 다음과 같이 말한다. "물속 다 倭畵器요 水陸珍饌 다 올랐다 床마다 칼다수를 다 새로 만들었다 窮儒의 菜腸으로 먹을 길 전혀없다 주리는 一家親戚 나눠 먹여 보고지고"(『일동장유가』, 53면). 김인겸은 진찬과 자신의 처지를 대비하여 자신의 처지는 채소만 먹을 정도로 가난하고 일가는 굶주리고 있다고 말한다. <일동장유가>의 본문은 행 표시를 하지 않았다. 이하 같다.

12) 이에 대한 상세한 내용은 박희병, 앞의 논문 참조.

하나 出代 아직 안 했사오니 今明間 順風 얻어 急히 배를 타올 적에 引入하여 데려가면 書記 去就들은 이를 것 없거니와 土校를 사랑하고 선비를 賤待하면 聽聞이 어떻겠소. 書記 노릇 하는 兩班 비록 심히 細微하나 林下에 讀書하고 自好[13]하는 선비로서 辱본 땅에 앉았다가 배 탄 후 또 辱보면 하늘로 못 오르고 바다로 못 들지라 뒷발 디딜 平地에서 下直하고 가나이다." 使相이 하오시되 "金進士 이런 말은 眞實로 意外로다 그대 入侍하여 特命으로 글지이고 異國에 보내시니 天恩을 感激하여 和國하고 돌아옴이 分義에 옳삽거늘 別般 是非 끌어 내어 金進士 아니 가면 저 세 사람 어이 갈꼬. 넷이 다 못 갈진대 使行인들 이어 갈꼬. 나라 일 그릇되면 金進士 탓 아닌가." "어저 그 말 마오. 옛부터 선비 出處 나라 일과 남의 일을 順便히 하려 하고 제 몸 먼저 더럽힌 일 史冊에도 없삽나니 다른 書記 일이라고 아니 돌아가게 되면 庸劣한 이 선비를 무엇에 쓰오리까."[14]

정사는 당사자의 일이 아닌데 김인겸이 끼어듦을 비판하고, 김인겸은 원서기의 일은 개인과 개인의 문제가 아니라 서기 집단과 하급 관리 집단의 문제임을 일깨우고 있다. 김인겸은 서기라는 직책이 신분상으로는 비록 심히 세미(細微)하지만 임하(林下)에서 독서(讀書)하는 선비라고 하였다. 서기는 비록 서출의 신분이지만 행동은 사(士)란 것이다. 그리고 사는 욕보는 것 · 제 몸을 더럽히는 것을 치(恥)로 여겨 결신(潔身)을 우선으로 한다고 하였다. 김인겸이 사를 내세운 점은 역관 · 비장들과의 갈등에서도 확인된다.

또 꿇어 여쭈오되 "小生이 愚直하와 …… 尊 않고 唐突하오나 이미 돌아가게 되니 속에 있는 먹은 말씀 다 주워 하오리다. 官服 일로 일러 曰 戊辰年에 通信

13) 『일동장유가』에는 '자호(字號)'로 되어 있으나, '결신자호(潔身自好)'라는 용어가 있는 것을 보아 자호(自好)가 타당한 것으로 보인다.

14) 『일동장유가』, 63-66면. 큰 따옴표와 마침표 등의 문장부호는 필자가 한 것으로 이하 같다.

갔던 文士에게 문사와 鶴氅衣 程子冠을 前例로 지었더니 저적에 乘船할 제 上房의 한 裨將이 高談 大言으로 나더러 이르오되 程子冠 臥龍冠은 使臣들 쓰시는 것 生心도 못 쓰리라. 내 듣고 痛憤하여 對答하여 이르오되 三百年 由來古規 그대 어이 모르고서 譯官이 못 쓰기에 그 놈과 符同하고 말뚝 戰笠 써 있기에 부끄럽고 用心내어 예부터 하는 官服 沮戲는 무슨 일고 그러면 書記들은 그대처럼 軍服할까. 그 裨將 다시 하되 上下 貴賤 다르거든 等分이 없을소냐. 사또께 여쭙고서 다시 變通하여 服色을 定하리라. 들으매 憤이 나나 다루기 젊지 아녀 忍憤하고 돌아와서 來頭를 보려더니 果然 數日後에 이 李裨將의 말과 같이 官服 下敎 내리시니 유래하여 오는 제도 한 裨將의 讒訴말로 一朝에 그릇되니 …… 어찌타 操節키를 下類와 같이 하오."[15]

관복(官服)에 대한 시비이다. 김인겸이 관복으로 학창의(鶴氅衣)를 준비하였더니 상방의 한 비장(裨將)이 학창의는 사신들이 입는 것이라고 반대한다. 김인겸은 그 비장이 역관과 부동(附同)하여 자신들이 학창의를 입지 못하기 때문에 방해한 것이라고 말한다. 이에 대하여 그 비장은 상하의 귀천이 다르기 때문에 서기들은 학창의를 입을 수 없다고 말한다. 상방(上房)의 한 비장은 정사의 자제군관인 이매(李梅)이다.[16] 이매는 조엄이 동래부사와 영남관찰사에 재직할 때 막하에 두었던 인물로 판서 이집(李集)의 서출 손자이다.

15) 『일동장유가』, 67-69면.

16) 상방(上房)은 일방(一房)이라고도 하며 정사에 속한 관원들을 말한다. 『해사일기』, 「삼사일행록(三使一行錄)」에는 상방에 소속된 비장과 관련하여 "자제군관인 전 현감 이매(李梅)는 본관이 완산이고 자(字)가 백춘(伯春)으로 계미(癸未)년에 태어났다. 일방예방 소속이다(子弟軍官前縣監李梅 字伯春癸未生完山人 一房禮房)"란 기록이 있다. 이 기록으로 보아 상방에 속한 비장은 이매로 추정된다. 조엄은 『해사일기』 1764년 5월 6일에서 이매에 대하여 "왜의 실정을 잘 알고 일에 따라 능하다"고 긍정적으로 평가하면서도 "감히 내가 사람을 안다고 할 수 없지만 다만 의심하거든 맡기지 말고 맡기거던 의심하지 말라는 교훈을 늘 가슴에 두고 있으나 …… 어찌 감히 자신하랴(初六日 …… 李漣川梅 …… 習知倭情而然也 隨事能了 有如是矣 余非敢曰知人 但疑之勿任任之勿疑八字書訓 尋常佩服 而亦何敢自信也)"라고 하였다. 이매의 능력은 높이 평가하나 그 인물됨에 대해서는 의심하고 있음을 암시한다.

서출이라는 점에서 김인겸과 같다. 역관과 비장들은 서기들이 자신과 같은 서출임에도 학창의를 입으려는 것에 불만을 토로한 것이다. 정사가 결국 비장의 말이 옳다고 여겨 서기들에게 학창의를 입지 말도록 한다. 이에 김인겸은 서기를 대하는 것이 하류(下類)를 대하는 것 같다며 통분한다. 김인겸은 비록 서출이지만 같은 서출인 역관과 비장과는 다르다고 보았다. 그 다른 점을 사(士)에 두고 있다.

김인겸은 사(士)를 결신(潔身)하는 자로 보았다. 결신은 결신자수(潔身自守)·결신자호(潔身自好)[17]의 용례와 같이 세상의 사악(邪惡)한 것에 빠지지 않고 도를 지킨다는 뜻이다. 김인겸은 이에 근거하여 역관 비장들과는 구별되는 행동을 한다.

최천종 피살 사건에서 죄인이 대마도인 영목전장으로 밝혀지자 대마도주는 정사에게 죄인 한 사람만 처벌하고 나머지는 풀어줄 것을 간청한다. 정사는 이것이 불가(不可)하다는 뜻을 전한다. 그런데 이것이 와전(訛傳)되어 정사가 옥사(獄事)를 축소한다는 소문이 퍼진다. 대마도주가 돌아간 다음 예방비장과 역관들은 서기들이 왜인과 내통하였다고 고발한다. 예방비장과 역관들이 서기들이 왜인들과 필담한 것을 빌미로 그들을 모함한 것이다. 이에 김인겸은 자신이 일편단심을 흉중에 품고 있으며 아유구용(阿諛苟容)이나 망군부국(亡君負國)하는 사람들을 개돼지처럼 본다고 하였다.[18] 뒤이어 김인겸은 수역(首譯)인 최학령(崔鶴齡)이 통역을 잘못하여 정사의 말이 와전되었다고 비판한다. 이것을 보아 김인겸은 망군부국(亡君負國)하는 사람들은 역관이나 비장들로 봄을 알 수 있다.

이와 관련된 것이 회정시 대마도에서 조선으로 출발하는 것이 지체된 일이다.[19] 『해사일기』에서는 출발의 지체가 왜인 사공과 조선 사공의 논란 때문

---

17) "潔身自守: 守道 不與世陷乎邪, 潔身自好 : 不同流合汚" 『漢語大詞典』 6, 上海 : 漢語大詞典出版社, 1996, 116면.
18) 『일동장유가』, 247면.
19) 『일동장유가』, 257면; 『해사일기』, 1764년 5월 9일.

이라고 하였다. <일동장유가>에서는 순풍이 불었지만 비장과 역관이 왜인과 무역한 물건을 찾지 못하여 종사관이 역관인 최학령과 현태익(玄泰翼)을 불러 사공이 발선하는 것을 원수처럼 미워하지 말라고 힐책할 정도로 발선이 늦어졌다고 하였다.[20] 김인겸은 비장·역관들이 국가보다는 사욕을 앞세우는 인물로 그리고 있다. 비장 역관과 관련된 또 다른 사건은 호색이다. <일동장유가>에 호색일화의 중심 인물들은 종사관에 소속된 병방군관(兵房軍官) 임흘(任屹), 삼방반인(三房伴人) 홍선보(洪善輔), 역관(譯官) 이언진(李彦瑱) 등이다.[21] 이들은 김인겸에 의하여 호색으로 조롱을 받거나 기생들에 의하여 속임을 당하거나 서로 예쁜 기생을 다투는 인물로 그려진다. 이에 비하여 김인겸은 종사관이 기생 운정을 자신의 방으로 보내자 평소의 먹은 뜻을 버릴 수 없다며[22] 여색을 멀리하는 모습이다. 이러한 사실로 보면 <일동장유가>에서 김인겸은 비장·역관들과 그 신분은 같지만 자신이 그들과 구별되려 하였고, 그 다른 점을 사(士)에 두려 하였다. 그 사의식을 <일동장유가>로 구현하려 한 것으로 보인다. 따라서 김인겸의 일본에 대한 인식에는 사의식이 드러날 것이다.

3. 일본에 대한 인식

<일동장유가>와 『해사일기』에서 작자는 기술 문명을 세밀하게 관찰하여 그 모습과 쓰임새를 기술한다. 뿐만 아니라 백성들의 삶에 이용하려는 관심도 보인다. 이것은 두 작품에 일치한다.[23] 기술 문명에 대한 관심은 애민(愛

20) 『일동장유가』, 259면.

21) <일동장유가>에는 호색 인물에 대한 직위만 있고 구체적인 이름은 없다. 이 직위를 토대로 『해사일기』의 「삼사일행록」에 의거하여 이름을 밝힌 것이다.

22) 『일동장유가』, 37면.

23) 고구마에 대하여 김인겸은 "그 씨를 가져다가 우리 나라에 심어서 가난한 백성들에게 흉년에 먹게 하면 좋겠지만 시절이 너무 추워 가져가기 어려운데 종자를 어떻게 얻을 수 없

民)에 바탕을 둔 것으로 현실타개책이나 새로운 화이론을 전제로 한 것은 아니다.

기술문명 외에 일본에 대한 작자의 인식을 살펴 볼 수 있는 소재는 임란과 관련된 것, 일본인과 관련된 것, 일본의 문물이나 산수 등이다.

3-1. 「수창록(酬唱錄)」에 나타난 일본에 대한 인식

계미통신사 일행들이 탄금대, 조령 등을 지나면서 읊은 시들은 임란을 회상하며 비애를 나타내고 있다.[24] 하지만 비애의 성격이 과거사(임란치욕)의 개정(改正)에 있는가 현재의 좌절감에 있는가 하는 점은 작자에 따라 다르게 나타날 수 있다. 이점을 염두에 두고 김인겸과 조엄의 한시를 비교한다.

임란과 관련된 소재

① 교린(交隣),[25] ② 임란과 관련된 사적,[26] ③ 김세렴에 대한 사적[27]

을까"라고 하였다. 백성들의 식량에 초점을 두고 있다. 조엄은 "떡을 만들거나 밥에 섞거나 간에 되지 않는 것이 없으니 가히 흉년을 지낼 자료로서 좋을 듯하였다"(『해사일기』, 1764년 6월 18일)라고 하였다. 백성들의 구휼에 초점을 두고 있다. 김인겸은 수차(水車)에 대하여 "인력을 아니들여 …… 온 성중 거민들이 이 물을 받아 먹여 부족들 아니하니"(『일동장유가』, 183면)라고 하였다. 백성들의 삶에 초점을 두고 있다. 조엄은 "만일 그 제작 방법을 옮겨다가 우리 나라에 사용한다면 논에 물을 대기 유리하겠다"(『해사일기』, 1764년 1월 27일)라고 하였다. 역시 백성들의 농사와 관련시키고 있다. 물레방아에 대하여 김인겸은 "하루 닷섬 찧는다네 그 중에 묘한 것은 겨가 다 절로 날려 어디로 가고 없고 쌀만 남았으니"(『일동장유가』, 1764년 3월 14일)라고 하였다. 조엄은 "인력을 허비하지 않고 舂磨하니"(『해사일기』, 1764년 4월 2일)라고 하였다. 백성들의 농사일에 초점을 두고 있다.

24) 이혜순, 앞의 책, 248면.

25) <歲癸未八月哉生明余以通信正使拜辭闕下出國門敬次先考赴燕時西郊韻)>・<示意>・<江戶傳命>・<江湖雜詠用李涯竹枝歌韻>.

26) <過彈琴臺>・<過鳥嶺>・<鳥嶺次丁卯通信正使洪尙書純甫丈懸板韻>.

27) <金絶河次金東溟世濂投金韻>・<金絶河>・<過金絶河>

일본의 산수[28]

교린에 대하여 김인겸은 "부질없이 교린하러 옥백을 들고 가니, 오늘날 춘추대의가 부끄럽네"라고 하였다.[29] 교린을 부끄럽게 여기고 있다. 그 이유는 춘추대의인 존화양이(尊華攘夷)[30]에 어긋나기 때문이다. 또한 "송백의 능 앞을 차마 지나왔으나, 임진년 난리 뒤를 밟아 온 것 부끄럽네…… 해 지나서 비로소 회답을 가지고 가니 비총의 수심찬 구름을 눈물로 바라보노라"[31]라고 하였다. 교린의 부끄러움을 임란의 치욕에 두고 있다. 교서를 전달할 즈음에 김인겸은 "임금도 신하도 아닌데 위엄과 복을 만드니, 관백이란 도대체 어떠한 벼슬이랄까. 어찰을 전할 적에 심장이 찢어지는 듯, 임진년을 추억하니 눈물이 쏟아지네…… 화융정책 본래부터 왕의 뜻이 아닐진대, 한 질의 춘추(春秋) 책을 밤 깊도록 읽노라"라고 하였다.[32] 임란의 치욕으로 눈물이 쏟아지는데 관백과 교린해야 한다.

조엄은 "백년이라 통신하는 이 강산 길에 다다르니 춘추의 대의서를 대하기 부끄럽네"라고 하였다.[33] 춘추대의에 어긋나기 때문에 교린이 부끄럽다. 그리고 조엄은 "시경이라 삼백편을 진작 외질 못했으니 어찌하면 덕화를 펴서 먼 오랑캐를 안아 들이지"라고 하였다.[34] 오랑캐인 일본을 교화할 수 있다고 본다. 국서전달에 즈음하여 조엄은 "신하도 임금도 아닌 새로운 패도로서…… 허위를 끼고 있는 서경 임금 알 바 없고, 스스로 높여 동조대권신이라

28) <富士山>・<過三島>・<箱根湖>.

29) "空將玉帛交隣去 今日多慚斷爛書" 『해사일기』, 「수창록」, <歲癸未八月哉生明余以通信正使拜辭闕下出國門敬次先考赴燕時西郊韻>.

30) "尊周室攘夷狄 皆所以正天下也". 『논어』, 「헌문」.

31) "忍過松柏陵前路 愧涉龍蛇劫後瀾…… 經年始得回書去 鼻塚愁雲涙眼間" 『해사일기』, 「수창록」, <江戶傳命>.

32) "匪辟匪臣作威副 不知關白是何官 親傳御札心如碎 追憶壬辰涙欲瀾…… 和戎本自非王意 一部麟書乙夜看" 『해사일기』, 「수창록」, <江戶傳命>.

33) "百年通信江山路 羞對春秋大義書" 『해사일기』, 「수창록」, <歲癸未八月哉生明余以通信正使拜辭闕下出國門敬次先考赴燕時西郊韻>.

34) "三白葩詩會未誦 若爲敷德遠夷柔" 『해사일기』, 「수창록」, <示意>.

칭하네 관백이 요즘에는 조근의 예를 거두네…… 교병은 쉴 사이 없이 대화주를 지키더라"라고 하였다.[35] 조엄은 교린의 부끄러움을 관백이 임금을 능멸하고 전권을 휘두르는 군신의 예(禮)를 벗어난 점에 두고 있다. 김인겸과 조엄은 춘추대의에 어긋났다며 교린(交隣)을 부끄러워한다. 그 부끄러움은 임란의 치욕 때문이기도 하다. 이러한 공통된 생각에서 김인겸은 임란의 치욕이 부각되고 조엄은 예(禮)가 없는 오랑캐란 점이 부각된다.

임란과 관련된 사적의 대표적인 것이 신립에 대한 것이다. 신립은 주지하듯이 임란 때 최후의 방어선을 담당했던 인물이다. 그의 패배로 전 국토와 왕실이 왜인의 손에 유린되었다. 김인겸은 신립에 대하여 조령에 진을 쳐 "한사람만 웅거하였더라면 당시에 행장을 쉽게 벨 수 있을 텐데"라고 하였다.[36] 주목되는 것은 "한사람만 지켰더라면(若使一夫先據險)"이라는 가정법이다. 가정법은 과거의 잘못을 현재 시점에서 개정(改正)하려는 작자의 욕망을 담고 있다. 따라서 김인겸은 행장을 쉽게 베다라는 설치(雪恥)에 비중을 두고 있다. 조엄은 신립에 대하여 "어쩌다 앉아서 금성탕지를 잃어버리고 공연히 행인들로 장단을 따지게 하나"라고 하였고[37] "한신의 배수진을 한갓 들었을 뿐이고 초나라 이사의 법은 못 배웠네"라고도 하였다.[38] 신립이 배수진만 믿고 다른 계획을 알지 못한 것을 비판하고 있다. 김인겸의 시에서는 설치(雪恥)라는 면이 부각된다. 임란의 설치에 대한 것이 김세렴에 대한 시에도 드러난다.

김세렴(金世濂, 1593-1646)은 1636년 통신사행 때 부사(副使)였다. 회정할 때 일본인에게서 받은 금전(金錢)을 더럽다하여 금절하(金絶河)에 버렸다. 김인겸과 조엄은 김세렴의 투금(投金)에 대하여 미세한 차이를 드러낸다.

---

35) "非臣非主覇圖新…… 不識西京虛位帝 自尊東照大權神 關白伊來覲禮收…… 驕兵長戍大和州" 『해사일기』, 「수창록」, <江湖雜詠用李西涯竹枝歌韻>.

36) "若使一夫先據險 當時容易馘行長" 『해사일기』, 「수창록」, <過鳥嶺>.

37) "如何坐失金湯勢 空使行人說短長" 『해사일기』, 「수창록」, <過鳥嶺>.

38) "徒聞韓背水 未學楚贏師" 『해사일기』, 「수창록」, <鳥嶺次丁卯通信正使洪尙書純甫丈懸板韻>.

김인겸은 “오늘 세분 대부를 돌아보니, 충신하고 독경하며 씩씩하고 엄격하다오. 나그네 보따리가 씻은 듯이 맑으니 전현과 더불어 짝이 될 만하네. 만약에 저 백수와 같지를 않다면, 부끄러운 땀방울이 솟아나지 않겠는가”라고 하였다.[39] 삼사신이 만약 김세렴과 같지 않다면 부끄러움을 입을 것이라고 하였다. 삼사신이 김세렴을 닮을 것을 종용한다. 세 문사들의 시에서도 그 발화가 삼사신을 향하고 있다. 성대중은 “원수의 나라에서 선물 받은 황금덩어리, 쓰자하면 진실로 한 곳만이 아니거늘…… 오늘날 명령 받든 사신들까지도 전현과 더불어 짝이 되길 원한다오”라고 하였고,[40] 원중거도 청자를 향하여 교훈을 주었다.[41]

이에 비하여 조엄은 김세렴에 대하여 “어찌 돈 없는 한탄에 몽매하리오, 물질은 사람의 득실만 같지 못하네. 자고로 위엄은 청렴에서 생긴”다고 하였다.[42] 조엄은 김세렴이 물질에 대한 유혹을 물리치고 청렴(淸廉)을 지킨 것을 찬양한다. 김인겸의 시에서는 일본에 대한 적대감이, 조엄의 시에서는 청렴이 초점이다.

김인겸과 조엄은 일본 산수에 대하여 찬탄하는 면이 있다. 김인겸이 부사산을 보고 “남방에 높이 솟아 여러 산의 종이 되고, 산마루 영추에는 용이 잠겨 있다는군…… 하느님이 나를 위해 안개를 걷어 주어, 갠 날에 우뚝 섰는 그 모습을 보네 그려”라고 한 것이[43] 그 예이다. 조엄은 이에 더하여 자신의

39) “顧我三大夫 忠敬又莊栗 歸橐淸如洗 可與前修匹 有不如白水 能無愧汗出” 『해사일기』, 「수창록」, <金絶河次金東溟世濂投金韻>.

40) “讐庭有贐金 用之諒不一……至今奉使人 願與前修匹” 『해사일기』, 「수창록」, <金絶河次金東溟世濂投金韻>.

41) 원중거의 시는 “너희 나라 황금을 너희 나라 강에 던지니, 내 마음을 내가 끝내 상실하지 않은 거야. 맑은 바람 숙연히 동이(東夷)의 땅을 휩쓰니, 이욕을 탐내는 자는 마땅히 몸이 떨리리(汝金投汝水 我心我不失 淸風肅東夷 饕者宜戰慄)”(『해사일기』, 「수창록」, <金絶河次金東溟世濂投金韻>)이다. “너희 금을 너희 강”이라고 하여 “너희(일본)”의 것을 받지 않는다는 의미가 포함되어 있으며 ‘이욕을 탐내는 자’에 대한 교훈을 주고 있다. 따라서 발화는 청자를 향한다.

42) “豈昧亡錢歎 不若人得失, 自來威生廉” 『해사일기』, 「수창록」, <金絶河次金東溟世濂投金韻>.

감상을 덧붙였다. “부사산이 눈에 묻혀 학은 허공을 타누나. 어리석다 진시황 헛되이 약을 찾고, 망령되다 제나라 사람 부질없이 비결 믿네. 동토에 명교의 낙지가 많으니, 나와 함께 여러분들 빨리 돌아가자꾸나.”[44] 부사산이 삼신산이 아니라 조선이 삼신산이라는 조선 산수의 우월의식이 드러난다. 일본의 상근호(箱根湖)에 대해서는 “백두산 마루에도 큰 못이 있으니, 남피에서 어느 해에 바다를 건너갔던고”라고 하였다.[45] 일본 산수의 근원(根源)이 조선에 있다는 우월의식이다. 김인겸의 시에는 임란의 설치(雪恥)라는 면이 두드러지고, 조엄의 시에는 예(禮)·우월의식이 두드러진다.

3-2. 〈일동장유가〉와 『해사일기』에 나타난 일본에 대한 인식

일본에 대한 인식과 관련된 소재는 임란에 관련된 것,[46] 일본인과 관련된 것,[47] 일본 산수나 문물과 관련된 것[48]이 있다. 임란과 관련된 소재에서 『해

43) “屹作南方衆峀宗 靈湫其頂有潛龍……天公爲我塵氛掃 壯觀晴空特立容” 『해사일기』, 「수창록」, <富士山>.

44) “富山峰雪鶴乘虛 愚哉秦帝徒求藥 妄矣齊人謾信書 東土自多名敎樂 吾行諸子可歸歟” 『해사일기』, 「수창록」, <過三島>.

45) “東土白頭山有澤 南皮渡海問何年” 『해사일기』, 「수창록」, <箱根湖>.

46) 임란과 관련된 소재 : 신립에 대한 사적(탄금대, 조령), 임란에 대한 전반적인 설명, 김세렴 사적.

47) 일본인과 관련된 소재 : ○일본인에 대한 긍정적 인식의 소재 <공통> 비전주(肥前州)의 태수(太守)가 보낸 전복을 정사(正使)가 호행정관(護行正官)인 평여민(平如敏)에게 준다. <일동장유가> 일본 선비·문사들이 준 예물을 거절한다. 일본 선비·문사들이 사신일행을 이별한다. 『해사일기』 일본인(대마도주)과 처음 만난다. ○일본인에 대한 부정적 인식의 소재 <공통> 일기도(壹岐島) 여인들의 풍습. 일기도에서 남도(藍島)로 가는 도중 예선(曳船)이 오지 않아 부기선이 난파된다. 왜인이 국서(國書)를 범한다. 태학두(太學頭) 임신언(林信言)이 쓴 회답서를 수정한다. 이정암의 장로승이 예물을 불경하게 바친다. 평수길의 사적(적간관, 대판성). 관백(關白)에 대한 것. <일동장유가> 일본인이 일공(日供)을 주지 않음, 일본인의 간교함.

48) 일본 산수와 문물과 관련된 소재 : ○일본 산수와 관련된 소재 : <공통> 비파호의 승경, 부사산(富士山)의 승경. 상근택의 승경. <일동장유가> 가녹도의 승경. 『해사일기』 대청으로 가는 도중 호수의 승경, 복선사의 승경, 청견사의 승경. ○일본문물과 관련된 소재 : 대판성의 번성, 서경(西京)의 번성, 강호의 번성.

사일기』와 <일동장유가>의 소재 선택에 차이가 없다. 일본인과 관련된 것에는 작자의 직분에 따라 접촉하는 인물의 범위가 차이가 있지만 국가적인 모욕에 대한 것, 일공(日供)에 대한 것, 일본인의 풍습, 관백, 왜황 등은 일치한다. 일본 산수와 문물의 소재인 부사산 · 상근호 · 대판성 · 서경 · 강호 등에서도 일치한다.

1) 임란과 관련된 소재 : 설치(雪恥)

한시에서 김인겸은 임란의 설치가 부각됨에 비하여 조엄의 시는 우월의식과 예(禮)가 부각된다고 하였다. <일동장유가>와 『해사일기』에 나타난 임란에 대한 두 작자의 인식을 비교한다.

> 交龜亭 올라앉아 左右를 둘러보니 萬木은 參天하고 千峰이 묶였으니 一夫富關 萬夫莫開 劒閣을 부뤄하랴 슬프다 巡邊使가 智略은 있건마는 여기를 못 지키어 島夷를 넘게 한고 이 莫非 하늘이라 千古의 恨이로다 龍湫를 구버보니 雨後의 셩닌 瀑布 霹靂이 震動ᄒᆞ고 白雪이 잦았어라 귀 눈이 먹먹ᄒᆞ고 心身이 凜慄ᄒᆞ다 글 하나 지어 쓰고 藍輿의 다시 올라[49)]

> 黃山 말 갈아타고 永嘉臺 올라가니…… 그 안은 湖水처럼 安穩하고 廣闊하다. 슬프다 壬辰年에 이 같이 좋은 地理 忠武公 李將軍이 지키어 防備하면 倭兵이 强타한들 제 어이 登陵하리 三京이 陷沒하고 乘輿가 播遷하사 거의 亡케 되었다가 皇恩이 罔極하사 天兵이 나온 後에 겨우 回復하였으니 奸臣이 誤國하여 講和는 무슨 일고. 부끄럽고 憤한 길을 열한 번째 하는구나. 한 하늘 못일 怨讐 아주 잊고 가게 되니 丈夫의 怒한 터럭 冠을 질러 일어선다.[50)]

---

49) 『일동장유가』, 19면.
50) 『일동장유가』, 35-37면.

> 임진년 난이 일어났는데 대개 수길이 독사와 같은 성질로 강포함을 믿고 대명천조를 침범하려고 하여 먼저 칼날을 우리 조선에 옮겼던 것이다. 8년 동안에 계속되는 싸움에 가는 곳마다 잔멸하여 두 능이 욕을 당하고 거가가 멀리 파천하여 한 구석 우리 나라가 거의 이적의 땅이 될 번 하였는데 명나라 신종황제가 누차 큰 군사를 출동시켜 구원하여 왜노를 모두 쫓아내어 우리나라를 완전하게 해주었으니 아아! 황제의 은혜는 만세토록 잊지 어렵다.[51]

첫 번째와 두 번째 인용문은 <일동장유가>이고, 세 번째 인용문은 『해사일기』이다. 첫 번째 인용문에서 김인겸은 신립이 '한 장부가 지키면 만 장부도 열지 못한다(一夫當關 萬夫莫開)'는 조령의 지리의 이점을 이용하지 못하고 섬나라 오랑캐를 쉽게 넘게 한 점을 비판한다. 한 사람의 장부로 지키게 하였다면 도이(島夷)를 넘게 하지 않았을 것이라고 가정(假定)한다. 가정이란 과거의 일을 개정(改正)하려는 욕구를 포함하는 것이다. 두 번째 인용문에서도 수비하는 관리가 이순신이 있었다면 이와 같은 욕을 당하지 않을 것이라며 가정한다. 두 번째와 세 번째 인용문은 임진왜란에 대한 것이다. 임란으로 두 능이 욕을 보았고 왕실이 파천하게 된 위기에 처했으나 명나라가 구원하였다. 이러한 내용은 세 번째 인용문인 『해사일기』에서도 같다. 단지 <일동장유가>에서는 이러한 치욕에서 교린을 거론하는 자를 비판한다. 이에 비하여 『해사일기』에서는 교린 자체에 대하여 비판한다. 미세한 차이이나 임란에 대한 치욕이 <일동장유가>에 부각된다. 이런 점은 김인겸의 한시에서 보였던 태도와 일치한다.

특히 임란의 치욕에 대한 것은 김세렴의 사적에서 두드러진다. 김인겸은 <일동장유가>에서 "金東溟이 여기 와서 穢놈이 주던 金과 銀을 물 속에 다 던지고 빈손으로 돌아오니 옛 사람의 맑은 바람 뉘 아니 欽慕하리"라고 하였

51) "壬辰之亂作矣 秀吉蓋以虺毒之性 恃其强暴 欲犯大明天朝 先爲移鋒於朝鮮 八年連兵 所過殘滅 二陵受辱 車駕遠播 一隅青丘 幾爲夷狄之地 大明神宗皇帝 累發大兵救之 盡逐倭奴 載完東土 嗚呼皇恩 萬世難忘" 『해사일기』, 1763년 8월 3일.

다.[52] 김세렴이 금은을 버린 이유를 '예놈이 준 것'에 두고 있다. 조엄은 『해사일기』에서 김세렴이 남은 일공미를 일본인 봉행(奉行)에게 주자 봉행이 금으로 바꾸어 김세렴에게 주니 김세렴이 그것을 버렸다고 하였다.[53] 김세렴이 금은을 버린 이유를 금으로 바꾸어 준 것에 두고 있다. 김세렴이 물질적 탐욕을 부당하다고 생각하였기 때문에 버린 것으로 추측한다.

2) 일본인과 관련된 소재 : 인물의 품성(品性)

일본인에 대한 긍정적 인식을 나타내는 소재를 공통되는 것과 각 작품에만 있는 것으로 나누면 다음과 같다.

<공통>

사신 일행이 비전주(肥前州)의 태수(太守)가 보낸 전복을 호행정관(護行正官) 평여민(平如敏)에게 준다.

<일동장유가>

일본인 문사인 전승산 · 인평 등이 예물한다. 일본인 문사들과 이별한다.

『해사일기』

대마도주와 처음 만난다.

비전주의 태수가 사신에게 보낸 전복을 호행인 평여민에게 준다는 내용은 두 작품에 공통적이다. 다음은 그 구절이다.

肥州太守 보낸 것이 花鰒 模樣 같은 것을 櫃에 가득 넣어다가 使上께 드리오

---

52) 『일동장유가』, 199면.

53) "初六日在…… 昔丙子信使任參判絖金東溟世濂黃漫浪㦿奉使回還時 以日供餘米給彼人 彼人貿黃金 追送於中路 使臣以其金投諸此水 後人因稱投金河 淸風百世" 『해사일기』 1764년 2월 6일.

> 니 同行들 나눠 주고 倭奉行 덜어 주니 하나도 아니 받고 도로 와 드리거늘 使相이 물으시니 倭奉行 對答하되 "제 아비 살았을 제 배속에서 바람 만나 탄 배가 굶이 나서 물이 콸콸 들어오되 막을 計巧 전혀 없어 아주 죽게 되었더니 어디서 큰 生鰒이 그 굶에 부딪히니 물이 전혀 아니 들어 因하여 살아나니 子孫에게 遺言하여 먹지 말라 하매 恩惠는 感激하나 못 먹고 드리나이다." 들으매 奇異하다. 비록 몹쓸 倭놈이나 아비 遺言 지키는 양 人心이 있다 할다.54)

> 일찍이 듣건대 연해에서 받은 삼중을 혹 차왜에게 대신 주는 일도 있다 하므로, 호행정관 평여민에게 내어 주었다. (평여민은) 조부가 한 번은 뱃길을 가다가 배에 물이 새어 들어와서 위태로운 지경에 이를 뻔하였는데 홀연히 생전복이 새는 구멍에 붙어서 살아나게 되었으므로 그의 자손 되는 자는 이 때문에 전복을 먹지 않는다고 하였다. 이상한 일이다.55)

첫 번째 인용문은 <일동장유가>이고 두 번째 인용문은 『해사일기』이다. 정사가 봉행에게 생전복을 주니 봉행이 조상들이 전복의 은혜를 입었다며 거절한다는 내용이다. 표현에서 두 작품에 차이가 있다. <일동장유가>에서 작자는 '봉행의 아비가 살았을 때 봉행이 어찌하다'와 같이 봉행의 말을 요약하다가 마지막 구절에서 "감격하나 못 먹고 드리나이다"와 같이 봉행의 말을 직접 인용한다. 이러한 인물의 말에는 "子孫에게 遺言하여 먹지 말라 하매"와 같은 조상의 유언이 인용되기도 한다. 조상의 유언이 드러나고 유언에 순종하는 봉행인 평여민의 말이 드러난다. 인물의 말을 직접 인용함으로써 조상에게 순종하는 봉행의 모습이 형상화된다. 『해사일기』에서는 작자가 봉행의 말을 요약 서술한다. 봉행의 형상화보다는 봉행의 일을 전달한다. 이러한 인

---

54) 『일동장유가』, 133면.

55) "二十三日…… 曾聞沿海所受杉重 或有替給差倭之事 故出給護行正官平如敏 則謂以其祖曾於水行 船漏水入 幾至危境 忽有生鰒 貼付漏穴 得以濟活 故爲其子孫者 因此而不食鰒魚云 可異也" 『해사일기』 1763년 11월 23일.

물의 형상화와 요약 서술이라는 표현상의 차이는 작자의 일본인에 대한 시각과 관련된다. 조엄은 이 이야기에 대하여 "이상한 일이다(可異也)"라고 하였다. 봉행이 부모의 말에 순종한다는 면보다는 전복이 사람을 구하였다는 설화의 내용에 관심을 둔다. 이에 비하여 김인겸은 "비록 몹쓸 왜인이나 인심(人心)이 있다 할다"라고 하였다. 조상의 유언을 지키는 인물의 품성(品性)에 초점을 둔다.

다음은 작자가 일본인과의 접촉에서 야기된 일로 일본인을 평가한 경우이다.

> 十一日 回程할새 비를 맞고 길을 떠나…… 임변평인 黃彦明이 비 맞고 따라오되 나무 신에 雨傘 받고 三十里를 걸어와서 十顚九沛하여 밤들게야 와서 보니 精誠이 거록하고 義氣도 있다 할세. 各各 贐行 많이 하니 至誠으로 주는지라 아니 받기 불쌍하다. 조금씩 더러 받고 글을 다 次韻하여 筆墨으로 答禮하다. 그 中에 묵정 한이 눈물지고 슬퍼하니 비록 異國 사람이나 人情이 無窮하다. 十二日 藤枝 오니 韓大年과 平英이가 百三十里 따라와서 차마 못 離別하여 우리 옷 붙들고서 泣涕如雨하다가 밤든 後에 돌아가서 오히려 아니 가고 길가에 서 있다가 우리 가마 곁에 와서 손으로 눈물 씻고 목메어 우는 擧動 慘酷하고 奇特하니 마음이 좋지 아니해. 뉘라서 穢놈들이 奸邪하고 愎하다던고 이 擧動 보아하니 마음이 軟하도다.[56]

> 2일(을묘) 맑음. 동북풍이 불었다. 서산사에 머물었다…… 도주가 낮쯤에 보러 온다 하고서 해가 저물어서야 나오므로 그 이유를 물었더니, 행례할 때 실수할까 염려되어 수없이 여러 번 사사로이 습의를 행하다가 절로 늦어지게 되었다고 한다. 내가 동래부에 있을 적에 또한 들으니 차왜들은 잔치할 때 무사히 예를 치르게 되면 다행으로 여겨 사사로이 서로 치하한다고 하였다. 비록 무식

56) 『일동장유가』, 229면.

> 한 오랑캐의 무리일지라도 오히려 행례(行禮)하는 것을 중히 여기고 실례하는 것을 부끄럽게 여기니 또한 일분의 수오지심(羞惡之心)이 있다고 하겠다. 또 생각건대 우리나라는 예의(禮義) 바르기로 소문이 났으므로 저들이 우리나라 사람들과 예를 행할 때에 더욱 생각을 한 것은 반드시 예의의 나라이기 때문일 것이다. 이로 미루어 살펴본다면 예의가 천하에 중히 여겨짐과 충신(忠信)이 오랑캐 지방에도 행해질 수 있음을 또한 알 수 있으니 다른 나라에 사신으로 온 자가 스스로 예의를 손상시켜 이웃 나라에 업신여김을 당해서야 더욱 되겠는가?[57)]

첫 번째 인용문은 <일동장유가>이고 두 번째 인용문은 『해사일기』이다. <일동장유가>에서는 일본인 문사들이 조선인 문사들과 이별하는 모습을 그린 것이다. 일본인의 행위는 보는 사람에게 감동을 주는 극적 행위로 되어 있다. 황언명은 비가 내리는 날씨에 삼십 리나 되는 거리를 나무 신에 우산을 받치고 십전구도(十顚九倒)하며 찾아온다. 어려운 상황 속에서 고생하며 찾아오는 정성을 형상화한 것이다. 한대년과 평영은 옷을 붙들고 눈물을 비처럼 흘리는 행동을, 밤든 후에도 돌아가지 않고 사신 일행을 지켜보며 눈물 흘리는 행동을 한다. 사신 일행과 헤어지기 싫어하는 정을 형상화한 것이다. 일본인의 이러한 행동에 대하여 김인겸은 비록 이국(異國) 사람이지만 인정(人情)이 있다거나 마음이 연하다고 하였다. 일본인에 대한 긍정적 시각이 인정이라는 인물의 품성(品性)에 두고 있다. 이상을 보았을 때 <일동장유가>에 나타난 일본인에 대한 긍정적 시각은 인물의 품성과 관련된 것임을 알 수 있다.[58)]

57) "初二日…… 島主謂以午間來見 而日暮始出 故問其由 則爲慮行禮時失措 私行習儀 不知其數 自致日晩云 余在萊府也 亦聞差倭輩宴享時 如得無事行禮 則大以爲幸 私相致賀云 雖蠻貊無識之類 猶以行禮爲重 失禮爲愧 亦可謂有一分羞惡之心矣 且念我國以禮義聞於天下 彼人之與我人行禮時 尤爲致念者 其必以禮義之邦而然也 推此以觀 則禮義之見重於天下 忠信之可行於蠻貊 亦可驗矣 使乎他邦者 尤何可自損禮義見侮於隣國也哉" 『해사일기』 1763년 11월 2일

58) <일동장유가>에서 일본인의 말과 행위를 묘사하여 그들의 성품을 나타내는 경우는 선물을 바치는 일에서도 드러난다. 김인겸이 일본인 선비인 전승산에게 시 8수를 지어주자 전

『해사일기』는 다른 양상이다. 위 『해사일기』에서는 정사가 대마도주에 대한 인상을 기술한 것이다. 대마도주가 낮쯤에 보러 오기로 약속하였는데 행례를 수십 번 연습하다가 저녁 늦게 찾아온다. 이것으로 조엄은 대마도주가 예(禮)를 중히 여기는 인물이라고 여긴다. 확대하여 일본인에게도 수오지심(羞惡之心)이 있고 따라서 오랑캐도 예의(禮義)로 교화(敎化)할 수 있다고 생각한다. 화이론에 입각한 일본인에 대한 시각이다. 조엄은 일본인의 풍속은 예에 벗어난 것이기는 하지만 화이(華夷)의 성(性)에는 구별이 없으므로 예의(禮義)로 가르치면 오랑캐도 천성(天性)을 회복할 수 있다고 보았다.[59] 대마

승산은 김인겸의 뛰어난 시재를 칭찬하며 "소국의 천한 선비로 태어나서 장한 구경을 하였으니 죽어도 여한이 없다"고 하며 이마에 손을 얹고 엎디어서 예물을 바친다. 이에 김인겸은 금은과 같은 예물은 받을 수 없다고 거절한다. 그러자 전승산이 다시 나가 감자와 설탕을 구해와 지성으로 권한다. 인물의 모습으로 인물의 성품을 형상화한 것이다. 일본인 승려 인평이 명화기(明畵器)를 선물하면서 복부하여 지성으로 간청하며 "이것이 親命이니 비옵나니 선생네는 물리치지 마옵소서"(『일동장유가』, 211면)라고 한다. 인물의 말을 인용하여 일본인의 성품을 형상화한다.

59) 『해사일기』에서 주위 사람들이 일본인이 일공(日供)을 자주 거르고 일본인이 간교하다고 불평한다. 이에 조엄은 스스로 병이(秉彝)는 다 같이 하늘에서 타고났으니 거짓이 습속으로 된 중에도 진실한 자가 있으며 장영이 촉사람을 추나라와 노나라 사람으로 대하여 난민(亂民)을 모두 양민(良民)으로 변화시켰듯이 일본인을 대해야 한다고 생각한다("二十七日…… 渡海以後 一行上下 有事輒稱倭人之奸巧 余以爲秉彝之心 同得於天 詐僞成俗之中 亦豈無眞實者乎 今若人人而謂其詐 事事而疑其僞 則彼亦人耳 豈不冤哉 且他國之事例 旣未詳悉 徒憑一時之傳聞 輒懷疑慮 則亦安知所聞之不錯 所見之有碍乎 昔張詠治蜀 待以鄒魯之人 亂民皆化爲良民 此義固難一朝責之於殊方染俗 而忠信蠻貊之訓 宜着心頭矣" 『해사일기』 1763년 11월 27일). 조엄은 일본인의 사위(詐僞)는 본성이 그러한 것이 아니라 염속(染俗) 때문이며 일본인도 병이(秉彝)이 있다고 보았다. 일본인의 속(俗)과 성(性)을 분리하여 생각하고 있다. 또 다른 예는 조엄이 일본 땅 좌수포에 도착하여 일본인의 칼을 찬 모습, 남녀의 머리 모습, 여인의 흑치풍속(黑齒風俗), 남녀의 의복 모습 등을 보고 그것이 예에 어긋난 것이나 예의 어긋남은 일본인이 풍속에 젖어 마땅히 교양(敎養)이 없기 때문으로, 예의(禮義)로 교양한다면 풍속의 나쁜 것이 없어지고 천성(天性)이 회복될 수 있다고 한 것이다("初九日…… 留佐須浦…… 已嫁者染齒 未嫁者與寡婦及娼女 則並不染齒 聞染齒之法 爲其夫誓心者 而淫瀆之風 無異禽獸云 極可醜也…… 留佐須浦 彼人之啁啾言語 末由曉其一端 而至於小兒啼哭之聲 男女急笑之音 與我國無異 以其發於同得之天性 無關於異音之方言而然耶 以此推之 秉彝倫常之天 夫豈有異哉 只緣敎養之失宜 以致華夷之有別 苟能敎之以倫綱 導之以禮義 則亦可以移風易俗 變夷導華 以復天性之固有者 其何間於啼笑之同然於一天之下者耶 倭人之法 死者不用棺槨 灰葬而坐置於木桶中 翌日埋之於寺刹之近

도주에게서 그 가능성을 본 것이다.

결국 <일동장유가>에서 김인겸은 일본인의 인심이나 인정과 같이 인물의 품성으로 일본인을 긍정하고 있다. 이에 비하여 『해사일기』에서 조엄은 인간의 인성(人性)으로 일본인을 긍정하고 있다.

작자의 일본인에 대한 부정적 인식을 보이는 소재를 공통 소재와 각 작품에만 있는 소재로 나누어 정리하면 다음과 같다.

<공통>
태학두(太學頭) 임신언(林信言)이 쓴 회답서를 수정하는 것.
관백(關白)의 모습과 유래에 대한 것.
장로승의 불경스런 태도에 대한 것.
남도로 가는 도중에 난파하였는데 일본 예선이 오지 않은 것.
일본인이 국서(國書)를 범한 것.
<일동장유가>
일본인이 일공(日供)을 자주 거르는 것.
일본인의 간교한 태도에 대한 것.
일본인의 풍속에 대한 것.

일본인과 있었던 일 중에서 대표적인 것이 태학두 임신언이 쓴 회답서를 수정하는 일이다.

회답서를 수정하는 일이란 관백이 조선 국왕에게 보내는 회답서의 초(草)한 것을 정사가 보고 불경한 부분이 많다며 고칠 것을 요구한다는 것이다. 정사는 회답서를 초안한 태학두 임신언에게 고칠 것을 요청한다. 임신언은 여러 핑계로 거절하다가 결국 수정한다. 두 작품은 수정 과정에서 차이가 있다. 『해사일기』에서 정사는 태학두에게 3번에 걸쳐 수정을 요구하고 태학두에게

地 所謂神牌 藏於寺刹 祭時則仍行於寺刹云 可謂無識之甚矣" 『해사일기』 1763년 10월 9일-10일).

곤욕을 당한 다음 회답서가 고쳐지게 된다. <일동장유가>에서는 네 문사의 능력으로 회답서가 고쳐지게 된다. 다음은 이 구절을 제시한 것이다.

> 이윽고 林信言이 제 아들 데리고서 한가지로 왔다커늘 넷이 함께 나가보니 細細히 次韻하여 보내마 이르고서 回答書 고칠 말을 間間히 써서 뵈니 太學頭 熟視하고 對答도 아니 하는지라 憫惘키 가이 없어 答言을 또 請하니 그제야 써서 뵈니 謹諾이라 하였으되 그것이 우리 쓴 것을 모르는 듯 싶은지라 憫惘하고 念慮로와 茶菓로 待接하고 우리 먹은 飮食을 따라온 두 사람을 慇懃히 待接하니 感激하고 기뻐하여 두세 번 致謝하고 크게 좋아하는 擧動 낮에 나타나는구나. 다시 줄 뜻 뵈는구나.[60]

임신언과의 필담에서 문사들은 태학두를 "은근히 대접하거나" "세세히 차운하여 보내마" 안심시키고 "회답서 고칠 말을 간간히" 써서 그를 속이고 있다. 임신언은 문사들에게 속고 있지만 그것을 모르는 어리석은 인물이다. 문사들이 간간이 쓴 글자를 숙시(熟視)하고 있지만 문사들이 쓴 것을 모르는 무식한 인물이다.[61] <일동장유가>에서는 인물의 형상화로 그 인물이 어리석고

---

60) 『일동장유가』, 223면.

61) 일본인의 무식과 관련된 구절은 대마도주에 대한 것도 있다. 대마도를 출발한 사신의 배가 남도로 가는 도중 일본 예선이 오지 않아 부기선이 파선된다. 사신 일행은 이 일과 관련하여 대마도주의 문안(問安)과 삼중(杉重)을 거절하고 책임자의 해명을 요구한다. 대마도주가 병을 핑계로 오지 않는다. 그러다가 사신 일행을 보러 온다. 대마도주는 사신 일행과 필담으로 예선 문제를 이야기한다. 대마도주는 사신들의 질책이 담긴 필서를 펴보지도 않고 종자에게 준다. 이것에 대하여 <일동장유가>에서는 "아예 펴 보잖고 종자를 내어주니 글자를 모르기에 볼 길이 전혀 없어 글하는 놈에게 뵈려하고 그저 내어 주었거나 그렇지 아니하면 창졸간 말이 어려워 가지고 나가도다"(『일동장유가』, 143면)라고 하였다. 대마도주는 문자를 알지 못하는 무식한 인물이다. 『해사일기』에서는 조엄의 생각이 확장되어 있다. 조엄은 예선의 관리는 축전주의 소관이지만 예선으로 인한 조선 사신들의 낭패는 호행을 맡은 대마도주의 책임이니 만일 강호에 가서 대마도주가 죄를 받거나 난처한 일이 있을까 걱정된다고 한다. 이어 대마도주가 필서를 펴보지 않고 종자를 준 것에 대하여 "그것은 혹 문자를 알지 못하기 때문에 펴 볼 수 없어서 그런 것인가 다시 독촉하고 싶었으나 어찌 남을 무료한 지경으로 괴롭혀서야 되겠는가? 또 저 사람들은 모든

무식하다는 품성이 드러난다. 이러한 인물의 형상화는 관백의 모습에도 드러난다.

사신들이 강호에서 관백에게 국서를 전달하면서 그를 보게 된다. <일동장유가>에서는 관백이 "낮이 작고 턱이 뾰족 情神은 있지마는 거동이 輕澁하고 머리를 흔덕이며 摺冊을 뒤적이고 瞻視를 자주하여 鎭重하지 아니"[62]하다고 하였다. 『해사일기』에서는 관백의 "용모는 대개 이마는 넓고 턱은 좁아서 경박한 형상이 뚜렷이 드러났으며 나이는 30세에 원숙한 뜻이 없었으니 실로 바라보매 임금답지 못한 자태가 있었다. 그렇지만 능히 이 지위를 보전할 수 있는 것은 그 세습인 까닭으로 근기가 이미 깊어서 갑자기 동요하기 어려운 때문에 그러리라"[63]라고 하였다. 관백은 경박하고 임금답지 않다. 이 점은 두 작품에 일치한다. 『해사일기』에서 관백의 모습은 "이마가 넓고 턱이 좁다(額廣頤狹)"고 하여 작자의 시각이 개입되지는 않는다. 이어 작자는 "경박한 상이다(顯露飄輕之象)"라고 하여 외모를 설명하고 있다. <일동장유가>에서 관백은 '머리를 흔들다, 접책을 뒤적이다, 둘러보는 것을 자주하다'와 같이 행동묘사로 되어 있다. 특히 관백의 경박한 행위를 나열하여 인물을 희화화하고 있다. 희화화는 열등하게 형성화된 대상을 바라보면서 그들보다 우월하다[64]는 작자의 시각을 반영한 것이다.[65] 이러한 희화화는 결국 관백이 임금의 직

공사를 즉석에서 결단하지 않고 반드시 사사로이 소상히 한 뒤에 회보하니 이것은 그 사세가 그럴 듯도 하다(初七日…… 午間馬州守來見 馬州守有行 則以酊僧輒隨之 例也 三使出廳外相揖而入 就座後兩揖之禮如前 以日前曳船之失待 所傷副船之改造 搆成筆談 謄本在下 使首譯傳于馬州守 馬州守受而不披覽 替給其從者 使首譯更傳以披覽相議之意 則馬州守答以歸後當詳覽而仰報云 其或以不識文字之故 無可披見而然歟 更欲督之 而豈可困人於無聊之地乎 且彼人凡於公幹 未嘗卽地決斷 必爲私自消詳而後 始乃回報 此其事勢亦似然矣 『해사일기』 1763년 12월 7일)"라고 하였다. 조엄은 대마도주는 즉석에서 결단하지 않는 진중(愼重)한 인물이라며 긍정적으로 인식한다.

62) 『일동장유가』, 219면.

63) "其容貌蓋是額廣頤狹 顯露飄輕之象 年可三十 未有圓熟之意 實有望不似之儀矣 然而能保此位者 以其世襲之故 根基已深 猝難動搖而然也" 『해사일기』 1764년 2월 27일.

64) 김대행, 『詩歌詩學硏究』, 이화여자대학교 출판부, 1991, 236면.

65) <일동장유가>에서 이와 관련된 예는 "날마다 언덕에서 倭人들 모여와서 젓 내어 가리키며 고개 조아 오라 하며 볼기 내어 두드리며 손 저어 請도 하고 옷 들어 아래 뵈며 부르

위를 수행하기에는 무능하다는 작자의 인식을 드러낸 것이다.

관백은 일본의 실질적 통치자로 두 작품에는 관백이 실권을 장악하게 된 역사에 대해서도 관심을 보이고 있다. 관백은 양성황(陽成皇) 때의 섭정(攝政)인 등원기경(藤源基經)에게서 비롯된다. 안덕천황(安德天皇) 때에는 관백인 원뢰조(源賴朝)가 천황을 죽이는 일이 일어난다. 다음은 <일동장유가>와 『해사일기』에 나타난 그 과정을 정리한 것이다.

<일동장유가>66)

① 원뢰조(源賴朝)가 사납고 강성하다.

② 원뢰조가 (안덕천황의) 어미 백하후(白河后)가 탐학하고 음란하다며 기병한다.

③ 백하후가 쫓겨 천황을 업고 도망치다가 적간관에서 죽는다

④ 안덕천황의 묘가 적간관에 있다.

『해사일기』67)

① 안덕천황이 8세에 왕이 되다.

② 섭정 평청성(平淸盛)이 궁궐을 어지럽혀 원뢰조가 서경을 함락시킨다.

③ 평청성이 천황을 데리고 도망하다가 적간관의 바다에 빠져 죽고, 백하후와 궁녀들도 빠져 죽는데 원뢰조가 지황(地皇)을 천황으로 세운다.

④ 안덕천황의 소상(素像)이 적간관에 있다.

두 작품은 어린 천황의 등극으로 나라가 혼란하자 원뢰조가 천황을 죽이고 실권자가 되었다는 점에 일치한다. 관백이 실권자가 되는 것이 정당한 것인

기도 하는구나"(『일동장유가』, 135면)라는 구절이다. 일본인이 염치(廉恥)가 없고 음란(淫亂)한 풍속을 드러낸 것이다. 이러한 인식을 왜녀들의 부정적인 행위의 열거로 드러낸다.

66) 『일동장유가』, 151면.

67) 『해사일기』 1763년 12월 27일.

가에 대한 작자의 인식에 차이가 있다. <일동장유가>에서 이 부분의 구절은 "육백년전 源賴朝가 사납고 강성하여 安德天皇 팔세 먹고 그 어미 白河后가 貪虐하고 淫亂타고 起兵하여 와서 치니"이다. 백하후가 탐학하고 음란하다고 판단하는 것은 원뢰조이다. 원뢰조가 백하후가 탐학하다고 생각하여 천황을 몰아낸 것이다. 따라서 원뢰조는 사납고 탐욕스러운 품성이다. 이러한 점은 김인겸이 백하후는 어린 천황을 업고 도망쳤다고 하여 자식과 어머니의 관계를 부각시켜 천황을 동정하고 있음에서도 확인된다. 이것을 보아 김인겸은 관백이 강포한 인물로 실권 장악이 정당하지 않다고 보고 있다. 『해사일기』에서 이 부분의 구절은 "안덕천황이 나이 여덟에 사위하여 왜황이 되니 그의 대신 평청성이 궁금을 어지럽히매 대장 원뢰조가 군사를 일으켜 서경을 함락하니"[68]이다. 평청성이 궁금을 어지럽힌다고 판단하는 것은 작자이다. 작자는 원뢰조가 어지러운 나라를 평정한 인물로 파악한 것이다. 이 점은 조엄이 "평청성이 천황을 데리고 도망했다"[69]라고 하여 천황과 평청성에 대한 동정이 없음에서도 확인할 수 있다.

관백에 대한 시각은 임란시 관백이었던 평수길과도 관련된다. 평수길에 대한 사적은 대판성 · 적간관에서 확인할 수 있다. 적간관(赤間關)은 평수길이 임란 때 사공을 죽인 곳이다. <일동장유가>와 『해사일기』에서 평수길이 사공을 죽인 경위에 차이가 있다. 그 구절은 다음과 같다.

> 念七日 櫓役하여 赤間關 들어가니…… 壬辰年에 平秀吉이 우리나라 치러올 제 주길이란 沙工놈이 역풍이 불리라고 發船을 아니하니 秀吉이 大怒하여 내어서 腰斬하고 배를 내어 놓으려니 果然 그 말같이 狂風이 크게 이니 秀吉이가 뉘우쳐서 祠堂 짓고 碑를 세워 물 가운데 있다 하되 아프기에 못 가 보니라.[70]

---

68) "蓋於古昔 有安德天皇者年八歲 嗣爲倭皇 其大臣平清盛 濁亂宮禁 其時大將源賴朝 擧兵陷西京" 『해사일기』 1763년 12월 27일.

69) "清盛率安德西走 賴朝追及於赤間關 清盛負安德投于海" 『해사일기』 1763년 12월 27일.

70) 『일동장유가』, 149～151면.

> 27일 기유 맑음. 동풍이 불었다 적간관(赤間關)에 묵었다…… 소창에서 나아가니 바다 가운데에 비석이 있기에 물으니 임진년에 왜선이 이곳을 지나다가 부서지니 수길이 그 사공을 죽이고 석표를 세워 뒷사람을 경계한 것이다.[71]

<일동장유가>의 내용은 평수길이 조선을 치러올 때 사공 주길이 광풍이 분다고 하자 평수길이 화가 나서 주길을 죽였고 나중에 광풍이 크게 일어 배들이 파손되었다는 것이다. 평수길과 사공 주길의 갈등이 있다. 갈등의 결과 주길이 억울하게 죽었고 평수길은 벌을 받는다. 갈등에서 평수길은 자신의 욕심 때문에 정직한 사람을 죽이는 강포한 인물로 형상화된다. 그리고 평수길의 욕심으로 광풍에 의한 파손이라는 하늘의 징벌을 받는다. 『해사일기』에서는 왜선의 파선과 사공의 죽음만 기록되어 있고 평수길에 대한 형상화는 없다.

이상 일본 문인·대마도주·관백·평수길 등에 대하여 두 작품은 이들에 대하여 부정적 인식이란 점은 일치한다. <일동장유가>에서는 이들에 대하여 인물의 모습과 행위를 묘사하고 인물 간의 갈등을 제시하여, 부정적인 인물의 무능·무식·강포(强暴)함 등을 드러낸다. 인물의 무능·무식·강포(强暴)함은 인물의 성품이다. 이것을 보아 <일동장유가>에서 김인겸은 일본인에 대하여 긍정적이든 부정적이든 인물의 성품을 기준으로 한다. 이에 비하여 『해사일기』에서 조엄은 인간의 인성(人性)을 기준으로 한다.

3) 일본의 산수·문물과 관련된 소재 : 설치(雪恥)

<일동장유가>와 『해사일기』에서 일본 산수에 대한 소재들[72] 가운데 작자

---

71) "二十七日己酉晴東風 次赤間關…… 自小倉而進 海中有石碑 問是壬辰倭船過此致敗 秀吉戮其篙工 立石標 以戒後人云" 『해사일기』 1763년 12월 27일.

72) <일동장유가>와 『해사일기』에서 일본 산수를 주목한 것들에는 비파호·부사산·상근택 등(공통)과 가녹도(<일동장유가>에만 있는 소재), 대청으로 가는 도중의 호수·복선사의 산수·청견사의 산수 등(『해사일기』에만 있는 소재)이 있다.

의 일본에 대한 인식이 드러난 것들을 중심으로 비교할 것이다.[73] 일본 문물과 관련된 소재는 공통이다.[74]

일본 산수에 대하여 김인겸은 "왜놈 주기 아깝다"(비파호)라고 하여 일본 산수의 승경을 부러워하면서도 왜놈에게 준 것에 대하여 하늘을 원망한다. 그리고 상근택을 보고서는 "우리나라 공갈못이 장하다고 하지마는 자취물과 같다"[75]고 하거나 "천지나 백록담과 비교된다"[76]고 하여 일본의 산수가 조선보다 뛰어나다고 찬탄한다. 일본의 문물에 대하여도 어렴이 번성하고, 인물이 번성하고 부상대고(富商大賈)의 재화(財貨)가 많고, 규모가 크고 구리 기와로 만든 황금 채색의 집들이 많다며 찬탄한다. 이러한 긍정적 인식은 『해사일기』와 일치한다. 단지 찬탄 다음에 이어지는 구절에서 두 작품에 차이가 있다.

다음은 <일동장유가>에서 대판성을 표현한 구절이다.

> 姜濃守의 下處 곁에 높은 欄干 위에 앉아 四面을 바라보니 地形도 奇絶하고 人戶도 많을시고 百萬이나 하여 뵌다 우리나라 都城 안은 東에서 西에 오기 十里라 하지마는 채 十里가 못하고서 富貴한 宰相들도 百間집이 禁法이요 다 몰속 흙기와를 이었어도 壯타는데 壯할손 倭놈들은 千間이나 지었으며 그 中의 豪富한 놈 구리기와 이어 놓고 黃金으로 집을 꾸며 奢侈하기 異常하구나…… 天下에 이러한 景 또 어디 있단 말고. 北京을 본 譯官이 行中에 와 있으되 中原의 壯麗하기 이에서 낫잖다네. 이러한 좋은 세계 海外에 排判하고 더럽고 못쓸 씨로 丘穴을 삼아 있어 周平王的 入國하여 이때까지 二千年을 興亡을 모르고 한 姓으로 傳하여서 人民이 生殖하여 이처럼 繁盛하니 모를 이는 하늘이라 可歎하고 可恨일다.[77]

73) <일동장유가>에서는 비파호 · 상근택이고 『해사일기』에서는 부사산이다.
74) 일본 문물과 관련된 소재는 대판성의 번성 · 서경의 번성 · 강호의 번성 등이 있다.
75) 『일동장유가』, 207면.
76) 『일동장유가』, 207면.
77) 『일동장유가』, 177면.

김인겸은 문물의 번성함이 조선보다 뛰어나며 찬탄한다. 그리고 이러한 번성을 준 것에 대하여 하늘을 원망한다. 하늘에 대한 원망은 이 시기 문사들의 시 작품에 일반적으로 나타나는 것이다. 단지 김인겸은 "더럽고 몹쓸씨"라고 하여 하늘에 대한 원망이 일본인에 대한 적대감으로 표출되고 있다. 이러한 적대감으로 김인겸은 옥야(沃野) 천리(千里)와 천부금탕(天府金湯)이 왜놈의 것이 되었으니 아깝고 애달프며, 개・돼지 같은 족속을 다 소탕(掃蕩)하고 그 좋은 땅을 조선의 땅 만들어서 왕화(王化)로 감화하여 예의국을 만들고 싶다고 하였다.[78] 문화적으로 우월한 조선이 오랑캐인 일본을 교화한다는 것은 사신들과 문사들의 글에 공통적이다. 그런데 다 소탕하여 조선의 땅으로 만든다는 것은 일본인을 교화시킨다는 의미에서 나아가 임란 때 일본이 땅을 빼앗으려는 시도에 대한 설치(雪恥)에 비중을 둔 것이다.

이에 비하여 조엄은 조선의 산수가 일본의 산수와 비교할 수 없을 정도로 뛰어나다[79]는 우월의식을 가지고 있다.[80] 이에 더하여 조엄은 "일찌기 들으니 일본 산맥은 우리 나라에서 건너왔는데…… 대개 백두산의 산맥이 남쪽으로 뻗어온 것은 조선을 형성하고 북쪽으로 뻗어간 것은 매우 멀었으니 흑룡강을 경유해 건넜는 줄도 모른다. 그러고 보면 남쪽이건 북쪽이건 백두산의 지맥인 듯 싶다. 이제 부사산 역시 그 머리가 희고 꼭대기에 또 못이 있다고 하니 그도 혹시 백두산의 아손일는지?"[81]라고 하였다. 일본 산수의 근원은 조선 산수에 있다는 우월의식이다. 조엄은 대판성의 번성에 대하여 "번화롭다 대판성이여 예의의 나라는 조선이네"라고 하였다.[82] 번성을 부러워하면서

---

78) 『일동장유가』, 185면.

79) "前後詩章 或比於金剛山 而余曾踰摩天摩雲兩嶺 極爲高峻 尙不欲比方於此山也 況金剛山 萬二千白玉之峰 千萬狀奇異之景 其何可擬論於此耶" 『해사일기』 1764년 2월 12일.

80) 이와 관련된 예는 『해사일기』 1764년 2월 9일 기록에서 삼신산은 부사산이 아니라 한라산・금강산・지리산이라고 한 구절이다.

81) "曾聞日本山脈 來自我國 而或傳自長鬐石脈渡海 由馬島歧島而入 或傳以白頭山餘脈 由北海而來 盖白頭山麓之南來者爲朝鮮 北去者甚遠 安知不由黑龍江而渡也 以南以北 似是白頭山支派矣 今者富士山亦白其頭 頂上又有澤云 其或是白頭山之兒孫耶" 『해사일기』 1764년 2월 12일.

도 조선이 예의국이라고 대응한다. 그리고 "상구에게 빌려주어 이 낙을 향유하게 하고, 생도 없고 멸도 없는 불가의 선우로세"라고 하였다.[83] 조엄은 서경의 번성을 부러워하면서도 일본이 불가(佛家)의 나라라고 비판한다. 조엄은 문화적 우월의식으로 일본 산수와 문물의 뛰어남에 대응한다.

결국 김인겸은 일본의 산수와 문물의 뛰어남을 찬탄하면서 이에 대응하여 설치(雪恥)가 드러나고, 조엄은 일본 산수와 문물의 뛰어남을 찬탄하면서 이에 대응하여 문화적 우월의식이 드러난다.

4. 맺음말

이 글의 목적은 <일동장유가>의 창작배경과 작자의 일본에 대한 인식을 살펴보는 데에 있다. 그 결과를 요약하면 다음과 같다.

김인겸은 서출 신분으로 가문의 덕을 보지 못하였다. 이러한 신분으로 사행 도중에 역관·비장들과 갈등한다. 이에 대한 대응으로 그는 서기(書記)라는 직책에 근거한 사(士)를 내세운다. 그가 생각하는 사(士)는 세상에 더렵혀짐(욕을 받음)을 거부하는 결신(潔身)이다. 이러한 사의식(士意識)이 일본에 대한 인식에 작용하였다.

「수창록」에서 김인겸과 조엄은 교린에 대한 부끄러움, 임란의 비애, 산수와 문물에 대한 찬탄이라는 점이 일치한다. 특히 교린에 대하여 두 작자는 화이론(華夷論)에 입각하여 교린을 부끄럽게 여긴 점은 일치한다. 김인겸은 이에 더하여 임란의 설치(雪恥)가 부각되고 조엄은 예(禮)라는 면이 부각된다. 일본의 산수에 대하여 조엄은 조선 산수가 근원이라는 우월의식이 드러난다.

<일동장유가>에서 김인겸은 가정법으로 임란의 치욕을 개정(改正)하려 하거나 임란에 대한 설치(雪恥)라는 면이 드러난다. 김인겸은 일본인의 모습과

82) "繁華大坂城 禮儀朝鮮國". 『해사일기』, 「수창록」, <大坂城>.

83) "此與爽鳩私此樂 無生無滅佛單于" 『해사일기』, 「수창록」, <重望倭京>.

행위를 묘사하여 인물을 형성화한다. 형상화된 인물들은 인정과 정성이 있는 성품, 무식하고 무능하고 강포한 성품이 드러난다. 김인겸은 인간의 성품으로 일본인을 인식한다. 『해사일기』에서 조엄은 인간의 인성(人性)으로 일본인을 인식한다. 일본의 산수와 문물에 대하여 김인겸은 일본의 산수와 문물이 뛰어남을 부러워하면서도 설치(雪恥)를 표출한다. 조엄은 일본 산수의 뛰어남을 부러워하면서도 문화적 우월의식을 표출한다.

<일동장유가>에 나타난 일본에 대한 인식의 기준이 '설치(雪恥)와 일본인의 성품'이란 점은 당대 사행문학에서 특별한 것으로 보인다. 조엄의 시 작품들과 『해사일기』에서 일본에 대한 인식이 화이(華夷)의 인성(人性), 예의(禮儀), 우월의식(優越意識) 등 화이론(華夷論)에 입각한 것이 주를 이룸과 대비된다. <일동장유가>의 이러한 특징은 창작배경과 관련된다. 김인겸은 사의식을 <일동장유가>에 구현하려 하였다. 그 사의식은 수욕(受辱)을 거부하는 결신(潔身)이다. 때문에 <일동장유가>에 설치가 비중있게 드러난다. 또한 <일동장유가>에는 일본인의 성품이 드러난다. 그 성품은 인물의 모습과 행위에 대한 묘사로 이루어진다. 이러한 묘사는 가사이기 때문에 가능한 것으로 보인다.

제4장 〈연행가(燕行歌)〉에 나타난 객수(客愁)의 특징과 그 의미

1. 머리말

<연행가>는 홍순학(洪淳學, 1842-1892)이 고종의 왕비를 책봉한 일을 북경에 주청(奏請)하는 임무를 띤 사은겸주청사행(謝恩兼奏請使行)의 서장관(書狀官)으로 1866년 4월 9일에서 8월 28일까지 중국을 여행한 경험을 기록한 기행가사이다.

이 작품에 대하여 선행연구에서는 작자의 소중화의식에 입각한 역사 유적에 대한 감상이 있고, 이국문물에 대한 세밀하고 사실적인 묘사가 있고,[1] 작품의 사실성에도 불구하고 가족을 생각하고 과거를 회상하며 슬픔과 회한에 젖는 등 작자의 감정이 자주 개입하는 경향이 있다고[2] 평가하였다. 이러한 평가로 보았을 때 <연행가>는 작자의 이국문물에 대한 묘사와 작자의 감상이 주요한 의미를 차지하는 것으로 보인다. 이 글에서는 이 가운데 개인적 감상에 주목하고자 한다. <연행가>에 나타난 개인적인 감상은 선행연구에서도 지적하였듯이 "가족을 생각하고 과거를 회상하며 슬픔과 회한에 젖는" 객수(客愁)가 중심이다. <연행가>에 나타난 객수의 특징과 그 의미를 살펴보는 것이

---

1) 최강현, 『韓國紀行文學硏究』, 일지사, 1982, 289면; 임기중, 「燕行歌辭의 硏究」, 『한국문학연구』 10집, 동국대학교 한국문학연구소, 1987, 74-93면.

2) 이주영, 「<燕行歌> 攷」, 『한국고전시가작품론2』, 집문당, 1992, 735면.

이 글의 목적이다.

<연행가>에 나타난 객수는 연행문학의 전통과 관습을 계승하면서 <연행가>만의 특징을 지닐 것이다. 또한 연행가사와 공통점도 지니면서 <연행가>만의 특징도 있을 것이다. <연행가>에 나타난 객수는 이와 같은 비교에 의하여 파악될 것이다. 이 비교로 <연행가>에 나타난 객수의 특징을 찾을 뿐만 아니라 연행문학에 나타난 객수의 전통적인 관습도 찾을 수 있을 것으로 기대한다.

연행문학의 전통을 확인할 수 있는 자료는 연행록이다. 현재 작품이 확인된 연행록은 418편[3]이다. 이 모든 자료를 살펴보기에는 필자의 역량이 부족하다. 그래서 이 글에서는 『국역 연행록선집』[4]에 수록된 20편 가운데 12편[5]을 대상으로 한다. 연행가사는 현재 <연행가>를 제외하고 4편이 있다. 이 가운데 3편을 대상으로 한다.[6]

---

3) 임기중, 『연행록 연구』, 일지사, 2002, 29면.

4) 『국역 연행록선집』 전12권, 민족문화추진회, 1976. 이 책은 이하 『국역 연행록선집』으로 약칭한다.

5) 『국역 연행록선집』에 수록된 20편 가운데 최부(崔溥, 1454-1504)의 <표해록(漂海錄)>・홍익한(洪翼漢, 1586-1637)의 <조천항래록(朝天航海錄)>・김육(金堉, 1580-1653)의 <조경일록(朝京日錄)> 등 3편은 바다를 통하여 중국에 간 것으로 여정이 달라 대상 자료에서 제외하였다. 조헌(趙憲, 1544-1592)의 <동환봉사(東還封事)>・권협(權悏, 1553-1618)의 <연행록(燕行錄)>・김의현(金宜顯, 1669-1745)의 <경자연행잡지(庚子燕行雜識)>・유득공(柳得恭, 1749-?)의 <연대재유록(燕臺再遊錄)>・김경선(金景善, 1788-1853)의 <연원직지(燕轅直指)> 등 5편은 작품에 객수를 확인하기 어려워 대상 자료에서 제외하였다.

6) 연행가사는 <연행가>를 제외하고 총 4편 있다. 이 가운데 유인목(柳寅睦, 1839-1900)의 <북행가(北行歌)>는 기생과의 만남과 이별이라는 "여성 편력"이 전편을 차지하고 있어 그 내용이 <연행가>와 현격하게 다르므로 비교 대상에서 제외하였다. 비교할 작품은 3편으로 작자미상의 <연행별곡(燕行別曲)>(1693년)・박권(朴權, 1658-1715)의 <서정별곡(西征別曲)>(1694년)・김지수(金芝叟, 순조대)의 <서행록(西行錄)>(1828년) 등이다. <북행가>의 내용은 권영철, 「北行歌에 대하여」, 『국문학연구』 5집, 대구가톨릭대학교, 1976, 41면; 임기중, 「燕行歌辭의 硏究」, 『한국문학연구』 10집, 동국대 한국문학연구소, 1987, 76면; 홍재휴, 『北行歌硏究』, 대구가톨릭대학교, 1991, 7-61면 참조. <연행가>는 심재완 교주, 『日東壯遊歌・燕行歌』, 교문사, 1984를 대상으로 하고, <연행별곡>과 <서정별곡>은 최강현, 『기행가사자료선1』, 국학자료원, 1996에 수록된 작품을 대상으로 하고, <서행록>은 임기중 편, 『역대가사문학전집40』, 아세아문화사, 1998에 수록된 영인본을 대상으로 한다. 심

2. 연행록에 나타난 객수의 양상

객수에는 작자의 다양한 감정[7]이 포괄된 것으로 필자의 단견(短見)으로는 그 명확한 개념이 없는 것으로 보인다. 객수의 사전적인 뜻은 '나그네의 근심'이다. '나그네'는 여행자가 '국가 · 고향 · 가족을 떠난 상황'에 있음을 의미한다. 따라서 나그네에는 이별이란 뜻이 전제된다. 결국 객수란 '여행자가 대상(국가 · 고향 · 가족)과 이별한 상황에서 표출된 근심'이다. 근심은 주지하듯이 해결되지 않은 일 때문에 속을 태우거나 우울해하는 것이다. '해결되지 않은 일'이란 해결하고자하는 욕구와 그 욕구가 실현될 수 없는 상황에서 발생한 것이다. 갈등으로 볼 수 있다. '우울'이란 그 갈등을 조화하는 과정에서 나타난 "부정적 정서"이다.[8] 여행자가 대상(국가 · 고향 · 가족)과 이별한 상황

재완 교주, 『日東壯遊歌 · 燕行歌』, 교문사, 1984는 이하 『日東壯遊歌 · 燕行歌』로, 최강현, 『기행가사자료선1』, 국학자료원, 1996는 이하 『기행가사자료선1』로, 임기중 편, 『역대가사문학전집40』, 아세아문화사, 1998은 이하 『역대가사문학전집40』으로 약칭한다. 작품 뒤 ( ) 안은 연행시기로 이하 같다.

7) 『한국문집총간』·『동문선』에서 객수를 시제(詩題)로 한 작품 가운데 필자가 확인한 작품에서는 공명을 이루지 못함에 대한 탄식, 고향에 대한 그리움의 탄식, 늙음에 대한 탄식, 공명을 이루지 못함과 고향에 대한 그리움의 탄식이 복합 된 것 등 작자의 다양한 감정이 보인다. 공명을 이루지 못함에 대한 탄식이 보이는 작품은 "學得屠龍破萬金, 技成無用鬢霜侵. 許身稷契將非誤, 措世唐虞漫有心. 鐘鼎不曾歸斗筲, 市朝終是遠雲林. 百年鼎鼎隨流水, 獨掩茅齋抱膝吟" 李承召, <客愁>(『속동문선』 권7); "古郭殘笳遠客愁, 卽看人事暮雲浮. 年光荏苒將三十, 木葉蕭蕭又一秋. 晩歲溪山情淡淡, 向來書劒夢悠悠. 置之不復功名志, 明日淸凉一屐遊" 金熤, <客愁>(『竹下集』 권2 『한국문집총간』 240)이다. 고향에 대한 그리움이 보이는 작품은 "風高客愁發, 霜落雁來初. 每夜還家夢, 千金黃耳書. 菊殘杯阻闊, 塵滿壁空虛. 磊落吟詩句, 悲蟲如助予" 鄭樞, <客愁>(『圓齋先生文稿』 卷上 『한국문집총간』 5); "七月凄凄八月寒, 客愁回首暮雲端. 老妻未寄秋衣到, 應對淸砧坐夜闌" 張維, <客愁>(『谿谷先生集』 권33 『한국문집총간』 92)이다. 공명을 이루지 못함에 대한 탄식과 고향에 대한 그리움이 보이는 작품은 "天際羣山生客, 故園何處此登樓. 少年志氣餘衰鬢, 長路風塵又倦遊. 春草可憐多遠色, 海波殊覺少安流. 乘潮兩兩啣魚出, 不是無心笑白鷗" 洪世泰, <客愁>(『柳下集』 권4 『한국문집총간』 167); "客窓生遠思, 悄然坐黃昏. 落羽飄荒磧, 歸魂遶禁門. 花遲連塞樹, 風急近江村. 漸覺形容槁, 渾無世念存" 金熤, <夜雨無睡 客愁錯莫 用子順韻成一律 却寄子順>(『竹下集』 권2 『한국문집총간』 240) 등이다.

8) 김대행 교수는 "모순되는 충동의 갈등을 조화하는 과정"에서 부정적 방향으로 조화가 이

에서 슬픔을 토로하였다면 이것은 이별의 상황과 부정적 정서가 있으므로 객수가 된다. 여행자가 이별하는 상황에서 원유(遠遊)에 대한 포부와 희망을 토로하였다면 이것은 이별의 상황과 긍정적 정서가 있으므로 객수가 되지 않는다. '대상(국가 · 고향 · 가족)과 이별한 상황'과 '근심'은 객수의 자료를 찾는 전제가 되지만, 객수의 양상은 작품에 따라 다양할 수 있다.

여행자가 근심하고 있다면 근심에는 원인이 있을 것이다. 예컨대 여행자가 가족에 대한 걱정으로 근심을 토로하였다면 원인은 가족일 것이다. 여행자가 여행지가 멀고 험난한 곳임을 알고 근심을 토로하였다면 원인은 행역(行役)에 대한 불안감이 될 것이다. 경물의 쓸쓸한 분위기로 근심을 토로하였다면 근심을 유발한 것은 경물이다. 근심의 원인은 다양할 수 있다. 이때 여행자는 근심의 원인만으로 객수를 표출할 수도 있고, 근심이 있는 상태에서 다른 데로 시선을 돌려 객수를 표출할 수도 있다. 객수는 '여행자가 대상(국가 · 고향 · 가족)과 이별한 상황에서 표출된 근심'이라고 하였다. 여행자가 다른 데로 시선을 돌린다면 '여행자 자신'이거나 '대상'이 될 것이다.

이러한 양상을 종합하면 객수에는 객수의 원인만으로 표출된 것, 여행자 자신을 향한 것, 대상을 향한 것, 두 가지 이상이 복합된 것이 있을 수 있다. 이러한 객수의 개념으로 12편의 연행록에서 객수가 드러난 대목과 한시를 찾은 결과는 다음 표와 같다.

작자와 작품(연행시기)	연행산문	연행한시[9]
허균(許篈, 1551-1588), 『조천기(朝天記)』(1574년)	3대목[10]	
인평대군(麟坪大君, 1622-1658), 『연도기행(燕途紀行)』(1656년)	5대목[11]	
최덕중(崔德中, 생몰미상), 『연행록(燕行錄)』(1712년)	4대목[12]	
김창업(金昌業, 1658-1722), 『노가재연행일기(老稼齋燕行日記)』(1712년)	1대목[13]	

루어지는 것을 "부정적 정서"라고 하였으며, 부정적 정서에는 증(憎) · 분노(憤怒) · 공포(恐怖) · 비애(悲哀) · 우수(憂愁) · 낙백(落魄) · 절망(絶望) 등이 있고 긍정적 정서에는 애(愛) · 숭경(崇敬) · 칭찬(稱讚) · 환희(歡喜) · 동경(憧憬) · 희망(希望) 등이 있다고 하였다. 김대행, 『高麗詩歌의 情緖』, 개문사, 1990, 19-23면.

이압(李岬, 1737-1795), 『연행기사(燕行記事)』(1777년)	12대목[14]	
서호수(徐浩修, 1736-1799), 『연행기(燕行記)』(1790년)	1대목[15]	3수[16]
김정중(金正中, 생몰미상), 『연행록(燕行錄)』(1791년)	4대목[17]	7수[18]
서유문(徐有聞, 1763-?), 『무오연행록(戊午燕行錄)』(1798년)	5대목[19]	1수[20]
이해응(李海應, 1775-1825),[21] 『계산기정(薊山紀程)』(1803년)		12수[22]
박사호(朴思浩, 생몰미상), 『심전고(心田稿)』(1828년)	3대목[23]	
작자미상, 『부연일기(赴燕日記)』(1828년)	7대목[24]	
서경순(徐慶淳, 1804-?), 『몽경당일사(夢經堂日史)』(1855년)	2대목[25]	4수[26]
12작품	47대목	26수

9) 김정중의 『연행록』과 서호수의 『연행기』와 서유문의 『무오연행록』과 서경순의 『몽경당일사』는 산문이 중심이지만 작품 중간에 한시가 삽입되어 있다. 그 한시 가운데 객수를 나타내는 것은 산문과 분리하여 작품 수를 제시하였다. 이해응의 『계산기정』은 연행한시를 모은 것이다.

10) 허봉, 『조천기』 1574년 5월 27일(『국역 연행록선집1』, 302면), 1574년 6월 10일(『국역 연행록선집1』, 317면), 1574년 6월 16일(『국역 연행록선집1』, 322면).

11) 인평대군, 『연도기행』 1656년 8월 3일(『국역 연행록선집3』, 18면), 1656년 8월 19일(『국역 연행록선집3』, 35면), 1656년 8월 22일(『국역 연행록선집3』, 39면), 1656년 9월 9일(『국역 연행록선집3』, 60면), 1656년 11월 11일(『국역 연행록선집3』, 116면).

12) 최덕중, 『연행록』 1712년 11월 4일(『국역 연행록선집3』, 177면), 1712년 12월 29일(『국역 연행록선집3』, 247면), 1713년 1월 10일(『국역 연행록선집3』, 261면), 1713년 2월 1일(『국역 연행록선집3』, 293면).

13) 김창업, 『노가재연행일기』 1712년 11월 26일 (『국역 연행록선집4』, 64면).

14) 이압, 『연행기사』 1777년 11월 17일(『국역 연행록선집6』, 48면), 1777년 11월 18일(『국역 연행록선집6』, 48면), 1777년 11월 19일(『국역 연행록선집6』, 49면), 1777년 11월 22일(『국역 연행록선집6』, 50면), 1777년 11월 27일(『국역 연행록선집6』, 51면), 1777년 11월 28일(『국역 연행록선집6』, 59면), 1777년 12월 1일(『국역 연행록선집6』, 65면), 1777년 12월 29일(『국역 연행록선집6』, 114면), 1778년 2월 15일(『국역 연행록선집6』, 163면), 1778년 2월 16일(『국역 연행록선집6』, 163면), 1778년 2월 20일(『국역 연행록선집6』, 168면), 1778년 3월 4일(『국역 연행록선집6』, 178면).

15) 서호수, 『연행기』 1790년 9월 22일(『국역 연행록선집5』, 384면).

16) 서호수, 『연행기』 1790년 6월 11일(『국역 연행록선집5』, 122면) 7언 율시 1수, 1790년 6월 11일(『국역 연행록선집5』, 123면) 7언 율시 2수.

17) 김정중, 『연행록』 1791년 11월 23일(『국역 연행록선집6』, 373면), 1791년 11월 27일(『국역 연행록선집9』, 377-378면), 1791년 11월 29일(『국역 연행록선집9』, 379면), 1792년 1월 2일(『국역 연행록선집6』, 437-438면).

18) 김정중, 『연행록』 1791년 11월 15일(『국역 연행록선집6』, 371면) 7언 율시 1수, 1792년 2월 12일(『국역 연행록선집6』, 511-512면) 7언 율시 1수와 5언 율시 1수, 1792년 2월 13일(『국

1) 객수의 원인만으로 표출된 것

여행자가 객수를 일으킨 원인만으로 감정을 표출한 경우이다. 예컨대 "오늘 저녁은 친기여서 망극한 회포가 다른 때보다 배나 더하였다"27)라는 구절에서 여행자의 객수는 '망극한 회포(罔極之懷)'이다. 객수의 원인은 친기(親

역 연행록선집6』, 512-513면) 5언 율시 1수와 7언 절구 1수, 1792년 3월 3일(『국역 연행록선집6』, 535면) 5언 율시 2수.

19) 서유문, 『무오연행록』 1798년 8월 9일(『국역 연행록선집7』, 17면), 1798년 8월 22일(『국역 연행록선집7』, 21면), 1798년 11월 18일(『국역 연행록선집7』, 30면), 1798년 11월 19일(『국역 연행록선집 7』, 32-33면). 1799년 1월 15일(『국역 연행록선집7』, 207면).

20) 서유문, 『무오연행록』 1799년 2월 10일(『국역 연행록선집7』, 334-335면) 5언 율시 1수.

21) <계산기정>의 작자는 미상으로 알려졌다가 최근 김미경 선생에 의하여 이해응(李海應, 1775-1825)으로 밝혀졌다. 김미경, 「19세기 연행록에 나타난 민속연희-『薊山紀程』을 중심으로-」, 『실천민속학연구』 6호, 실천민속학회, 2004, 133-167면.

22) 이해응, 『계산기정』 1803년 10월 21일(『국역 연행록선집8』, 15면) 7언 절구 1수, 1803년 10월 24일(『국역 연행록선집8』, 22면) 7언 율시 1수, 1803년 11월 3일(『국역 연행록선집8』, 38면) 7언 절구 1수, 1803년 11월 6일(『국역 연행록선집8』, 40-41면) 7언 절구 1수, 1803년 11월 10일(『국역 연행록선집8』, 49면) 5언 절구 1수, 1803년 11월 14일(『국역 연행록선집8』, 53-54면) 7언 율시 1수, 1803년 11월 24일(『국역 연행록선집8』, 63면) 7언 율시 1수, 1803년 11월 28일(『국역 연행록선집8』, 73면) 7언 절구 1수, 1803년 12월 29일(『국역 연행록선집8』, 183면) 7언 율시 2수, 1804년 2월 15일(『국역 연행록선집8』, 301면) 5언 율시 1수, 1804년 2월 26일(『국역 연행록선집8』, 311-312면) 5언 20구 1수.

23) 박사호, 『심전고』 1828년 11월 14일(『국역 연행록선집9』, 39면), 1828년 11월 19일(『국역 연행록선집9』, 42면), 1828년 11월 25일 『국역 연행록선집9』, 47면).

24) 작자미상, 『부연일기』 1828년 5월 8일(『국역 연행록선집9』, 291~292면), 1828년 5월 9일(『국역 연행록선집9』, 292면), 1828년 5월 14일(『국역 연행록선집9』, 295면), 1828년 6월 17일(『국역 연행록선집9』, 316면), 1828년 7월 15일(『국역 연행록선집9』, 348면), 1828년 7월 29일(『국역 연행록선집9』, 351면), 1828년 8월 15일(『국역 연행록선집9』, 355면).

25) 서경순, 『몽경당일사』 1855년 10월 27일(『국역 연행록선집11』, 267면), 1855년 12월 5일(『국역 연행록선집11』, 362면).

26) 서경순, 『몽경당일사』 1855년 10월 27일(『국역 연행록선집11』, 268면) 7언 율시 1수, 1855년 11월 1일(『국역 연행행록선집11』, 279면) 7언 절구 1수, 1855년 12월 28일(『국역 연행록선집11』, 466면) 7언 율시 1수, 1855년 12월 29일(『국역 연행록선집11』, 467면) 5언 율시 1수.

27) "是日夕 親忌也 罔極之懷 有倍他辰" 작자미상, 『부연일기』 1828년 5월 14일(『국역 연행록선집9』, 295면).

忌)이다. 이 구절은 객수를 일으킨 원인을 제시한 다음 감정을 토로한 것이다. 객수의 원인은 다양할 수 있는데 그 원인을 제시하면 다음과 같다.

첫째, 특정한 날이다.

특정한 날에는 "밤낮으로 달리는 중에 홀연히 생일을 만나니 가향 생각을 금할 수 없다"28)에서 보듯 여행자의 생일이 있다. 뿐만 아니라 기일(忌日)·휘일(諱日)·망처고일(亡妻故日)·선비기진(先妣忌辰) 등과 같은 가족·조상의 제삿날도 있다.29) 특정한 시간이 원인인 경우도 있다. 타국에서 맞이한 명절,30) 의주에 도착이 임박하거나 의주를 떠날 날짜가 임박할 때,31) 타국에서 묵은 해를 보낼 때32) 등이 그 예이다. 이러한 특정한 날을 제시한 다음 가향 생각을 금할 수 없음(不禁家鄕之戀)·슬픔과 그리움(愴慕罙切)·슬픔(悲隕·悲缺)·망극한 회포(罔極之懷) 등의 감정이 직설적으로 토로된다.

둘째, 경물이다.

경물이 원인인 객수에는 여행자가 경물을 보고 객수가 유발된 경우, 여행자가 객수가 있는 상태에서 경물에 감정을 이입하여 표현한 경우가 있을 수 있다. 연행산문에서는 주로 전자가 확인된다. "바쁘게 성문으로 들어가 그제

---

28) "夙夜長驅之中 忽逢初度 尤不禁家鄕之戀也" 이압, 『연행가사』 1778년 2월 20일(『국역 연행록선집6』, 168면).

29) "奄逢忌日 實切悲缺也" 이압, 『연행가사』 1777년 11월 18일(『국역 연행록선집6』, 48면); "諱日又過 愴慕罙切" 이압, 『연행가사』 1778년 2월 15일(『국역 연행록선집6』, 163면); "跡滯異域 奄逢諱日 豈勝悲隕" 이압, 『연행가사』 1778년 3월 4일(『국역 연행록선집6』, 178면); "是日夕 卽亡妻故日也 感愴之懷 有倍他時" 작자미상, 『부연일기』 1828년 6월 17일(『국역 연행록선집9』, 316면); "是日夕 卽先妣忌辰 罔極之懷 有倍他日" 작자미상, 『부연일기』 1828년 8월 15일(『국역 연행록선집9』, 355면).

30) "是日 旣望之日也 酒酣 曠世之感 悠然而興 回憶家山 漠無涯極" 작자미상, 『부연일기』 1828년 7월 15일(『국역 연행록선집9』, 348면).

31) "到灣隔日 懷思悄然" 박사호, 『심전고』 1828년 11월 14일(『국역 연행록선집9』, 39면); "朝與都事 牧使先到江邊 分三所點渡一行人馬卜物及唐人二十五名口……思親戀闕 中懷作惡" 허봉, 『조천기』 1574년 6월 16일(『국역 연행록선집1』, 322면),

32) "行盡天涯 將餞舊歲 羈愁倍切" 이압, 『연행기사』 1777년 12월 29일(『국역 연행록선집6』, 114면); "隔年異域 殊可悵也" 박사호, 『심전고』 1828년 10월 25일(『국역 연행록선집9』, 15면).

야 천천히 기반가(棋盤街)를 거니니 떠들썩하던 거리가 비로소 고요하고 초승달이 그림자를 흘려서 고향 생각을 금할 수 없다"[33]라는 구절이 예이다. 흐르는 초승달에서 고향에 대한 근심(思鄕之愁)이 유발된 것이다. 박사호는 의주에서 자신이 가야할 호지(胡地)를 바라보고 "눈 위에 비친 달은 싸늘하고 은하수는 훤히 비쳐 차가운 기운은 비장한 회포를 불러 일으킨다"[34]고 하였다. 눈 위에 비친 달과 훤히 비치는 은하수로 비장한 회포(悲壯之懷)를 일으킨 것이다.[35]

셋째, 여행자의 이별에 대한 인식이다.

김정중은 압록강을 건널 때 "통군정을 볼 수 없다. 내가 의주에 머문 지 열흘 남짓하여 제이의 고향처럼 생각되더니 또 의주가 보이지 않으니 오늘 저녁에야 비로소 집을 떠난 느낌이 들었다"고 하였다.[36] 여행자가 통군정과 의주를 볼 수 없는 곳에 있다는 인식에서 "집을 떠난 감회(離家之懷)"라고 토로한다.[37]

---

33) "逍遙於棋盤街 囂塵初靜 纖月流影 不禁思鄕之愁" 서경순, 『몽경당일사』 1855년 12월 5일(『국역 연행록선집11』, 362면).

34) "時雪月峥嶸 銀河晃瀁朔漠之氣 惹起悲壯之懷" 박사호, 『심전고』 1828년 11월 19일(『국역 연행록선집9』, 42면).

35) 여행 도중 석양이 물던 강산을 보고, '고향과 나라를 떠나는 감상이 있다(懷鄕去國之感)'고 한 것도 같은 예이다. "因向義州 道中望見江外諸山縈帶於夕陽中 使人有懷鄕去國之感" 허봉, 『조천기』 1574년 6월 10일(『국역 연행록선집1』, 316면).

36) "午後卽渡江…過一小峴 回顧義州 失江上之統軍亭矣 余滯灣旬餘 視如幷州故鄕 又不見義州 今夕始覺離家之懷" 김정중, 『연행록』 1791년 11월 23일(『국역 연행록선집9』, 373면).

37) 인평대군이 자신이 있는 곳을 우리나라의 끝이라고 인식하고 "나라를 떠나는 정회가 더욱 처연하다(去國情懷 益自悽然)"고 토로한 것, 구련성으로 가는 도중에 "구름에 쌓인 통군정(唯獨統軍亭 巍峩雲間)"을 인식하고 "심회를 말로 할 수 없구나(到此心懷 益無可言者)"라고 토로한 것, 작자미상의 『부연일기』에서 강을 건너며 통군정이 잠깐 사이에 사라진 것(統軍亭一面 旋轉不已 須臾而隱)을 인식한 것, 박사호가 "고국 땅이 다함(東國地盡矣)"을 인식하고 "어찌 근심이 없으리오(安得無幾微色)"라고 토로한 것, 서경순이 "가국이 아득하다(家國從此渺然)"라고 인식하고 "인정이 이쯤되니 넋이 녹네(人情到此暗銷魂)"라고 토로한 것 등이 예이다. "是吾東地盡頭 去國情懷 益自悽然" 인평대군, 『연도기행』 1656년 8월 19일(『국역 연행록선집3』, 35면); "獨坐荒野 遙望灣塞 魚沈雁斷 唯獨統軍亭 巍峩雲間 到此心懷 益無可言者" 인평대군, 『연도기행』 1656년 8월 22일(『국역 연행록선집3』, 39면); "涉別江 …回首東望 統軍亭一面 旋轉不已 須臾而隱" 작자미상, 『부연일기』,

넷째, 행역(行役)이다.

행역으로 인한 객수에는 행역에 대한 여행자의 불안이 원인이 되어 객수가 토로되기도 하고, 여행자의 현재 행역이 원인이 되어 객수가 토로되기도 한다.

행역에 대한 불안으로 객수가 표출된 경우이다. 여행자가 앞길이 멀고 시간적으로 오랠 것이라는 불안이나 앞길의 부정적인 모습에서 오는 불안으로 객수를 표출한다. 이해응은 금천을 일찍 출발하면서 7언 율시로 먼 길 가는 손의 간장은 쇠와 같아 찬 길에 뱉은 침이 얼어 구슬이 되는 것도 참지만, 만리 길에 삼동이나 지낼 계절에 마음이 쓰인다고 읊었다.[38] 앞으로의 여행이 멀고 오랠 것이라는 불안에서 "마음 쓰인다(關心)"라고 토로한 것이다.[39] 이해응이 <압록강(鴨綠江)>에서 눈이 덮여 있고 고슴도치처럼 거친 호지의 나무들과 구름이 낀 험준한 봉우리에 자주 고개를 돌리게 된다고 읊은 것[40]은 앞길의 부정적인 모습에서 오는 불안으로 표출된 객수이다.[41] 이러한 양상은

1828년 5월 9일(『국역 연행록선집9』, 292면); "抵鴨綠江邊…一渡江 東國地盡矣 出塞之心安得無幾微色" 박사호, 『심전고』 1828년 11월 25일(『국역 연행록선집9』, 47면); "及渡登岸家國從此渺然 回顧九龍亭……書狀官歇轎於路傍 見余至 謂余曰 渡江時 得句乎 余曰 只有 '一渡鴨江非我地 人情到此暗銷魂' 一句而已" 서경순, 『몽경당일사』 1855년 10월 27일(『국역 연행록선집11』, 267면).

38) "朝日嚴裝聽僕奴, 聯翩行發舊王都. 崇賢洞立旌閭碣, 禁釀村無滌器壚. 遠客肝腸剛似鐵, 寒程洟唾凍成珠. 關心萬里三冬節, 沙漠風霜向北胡" 이해응, 『계산기정』 <조발오정문(早發午正門)> 1803년 10월 24일(『국역 연행록선집8』, 22면).

39) 이해응이 <안정관야염(安定館夜拈)>에서 "10일이 한해 같고 온 길이 600리 밖에 되지 않는다"며 먼 거리에 대한 불안을 읊은 것, 서경순이 "온 길을 헤어보니 삼분에 일분만 왔다"고 한 것 등도 행역의 불안감에서 오는 객수를 토로한 것이다. "一旬爲客一年如, 程道纔過六百餘. 謝却箕城華麗地, 雪囪寒夜夢籧籧" 이해응, <계산기정> 1803년 11월 3일(『국역 연행록선집8』, 38면); "路中偶吟一絶曰 '金石山前日欲曛, 鳳凰城外雪紛紛. 車中坐計燕行路, 路去三分僅一分" 서경순, <몽경당일사> 1855년 11월 1일(『국역 연행행록선집11』, 279면).

40) "'紅裙歌咽繞重茵, 鴨水東頭萬里人. 直向邊風身勁快, 忽當西日膽輪菌. 森陰雪木荒如蝟, 峭峻雲峯翠葺鱗. 故國山川從此盡, 擧鞭時復首回頻." 이해응, <계산기정> 1803년 11월 24일(『국역 연행록선집8』, 63면).

41) 이해응이 통군정에서 호지를 보며 쓴 <통군정(統軍亭)>이란 시에서 "갈밭의 느릅 땅의 먼 길"이라고 한 것도 그 예이다. "氷輪高掛素雲間, 百雉崢嶸枕碧欄. 馬耳山空關樹暮, 鴨頭江

연행산문에서도 확인된다. 최덕중이 『연행록』에서 "연경 길이 꿈과 같다"[42]고 한 것은 앞으로의 여행이 멀고 오랠 것이라는 불안으로 표출된 객수이고, 인평대군이 의주에서 호지를 보며 "잔파하여 살기가 하늘을 찔러 그 경상이 음창"하여 탄식이 절로 나온다고 한 것[43]은 앞길의 부정적인 모습에서 오는 불안으로 표출된 객수이다.[44]

현재 행역으로 객수가 표출된 경우도 있다. 『부연일기』에서 작자는 북경을 출발하여 통주로 향하면서 "활연히 고향산천이 눈에 들어오는 것 같으며 지난날 내가 올적에는 전답에 씨를 뿌리더니 지금 가는 길에는 수확이 절반도 넘었다. 땀을 흘리며 들어갔다가 솜을 끼고 나왔으니 미약한 나그네 노릇 한 지가 이미 해를 넘긴 것 같아 또한 세월에 대한 감회가 없지 않았다"[45]고 하였다. 나그네 노릇한 지가 이미 해를 넘겨 전답에 씨를 뿌리는 봄에서 수확이 절반도 넘게 이루어진 가을로 변화될 정도로 행역이 오래되었다. 이러한 행역에서 세월에 대한 감회를 느낀다.[46] 연행한시에서는 세월에 대한 감회가 세월에 대한 무상감으로 구체화되기도 한다. 이해응은 <사하점(沙河店)>에서

轉朔風寒. 輕裾少妙盃行亂, 綏帶將軍禮數寬. 愁望明朝征北路. 荻田楡塞遠漫漫" 이해응, <계산기정> 1803년 11월 14일(『국역 연행록선집8』, 54면).

42) "叱鞭西向 風頭如割 燕山如夢 丈夫懷緖 自爾不平" 최덕중, 『연행록』 1712년 11월 4일(『국역 연행록선집3』, 177면).

43) "北望胡地 松鶻愁碧鎭江 九連城 殘破 殺氣凌空 景象陰慘 看來不覺欷嘘" 인평대군, 『연도기행』 1656년 8월 19일(『국역 연행록선집3』, 35면).

44) 이압이 호지를 보며 "얼어붙은 강이 둘러싸고 뾰족한 산(氷江橫帶 胡山簇立)"이라고 한 것, 박사호가 통군정에서 호지를 보며 "넓고 쓸쓸한 땅(胡天寥廓)"이라고 한 것 등도 그 예이다. "至箭門嶺上 望見氷江橫帶 胡山簇立 倍切行人無限之愁" 이압, 『연행기사』 1777년 11월 17일(『국역 연행록선집6』, 48면); "獨上統軍亭 亭在城北最高阜 胡天寥廓 大江平流 金石松鶻諸山 縹緲入眼" 박사호, 『심전고』 1828년 11월 19일(『국역 연행록선집9』, 42면).

45) "豁然若家山之入望 昔我來思 田間下種 今我來思 收穫過半 揮汗而入 擁綿而出 爲客式微 已似經年 亦不無歲月感矣" 작자미상, <부연일기> 1828년 8월 13일(『국역 연행록선집9』, 355면).

46) 이압이 귀국하는 길에 올 때에는 뜰에 얼음이었는데 지금은 봄기운으로 버들 싹이 나온다며 세월의 흐름이 물과 같다고 한 것도 행역으로 인한 감회를 토로한 것이다. "日有春意 堤柳生心 回想來時氷雪之色 日月之流邁 政如逝水也" 이압, <연행기사> 1778년 2월 16일(『국역 연행록선집6』, 163면).

자신의 여행은 멀고 멀어 봄 석 달이 절반이 지날 정도로 오래되었는데 이러한 행역으로 풍진 속에서 자꾸 늙어만 가는 것이 걱정이라고 하였다.[47] 행역으로 늙어가는 세월의 무상감을 토로한 것이다.[48]

2) 대상으로 인한 객수

여행자가 대상에 대한 걱정으로 객수가 유발된 것이다. 대상은 주로 가족이다. 가족에 대한 걱정만으로 객수가 표출되기도 하지만, 가족에 대한 걱정과는 상반된 감정이 있어 갈등이 드러나기도 한다. 이러한 갈등은 작자의 신분과도 밀접한 관련이 있다.

연행한시에서는 한 수가 확인된다. 이해정은 이별에 즈음하여 부모님을 하직하니 걸음이 더디고 아내와 아이들도 보내는 정이 있다고 하였다. 걸음이 더딘 작자의 걱정만 읽을 수 있다. 가족과 관련된 정보는 고당(高堂)·처아(妻兒) 정도이다. 작자의 개인적인 경험에 바탕을 둔 것이 아니라 자식과 어머니·남편과 아내 등과 같이 보편적 경험에 바탕을 둔 것이다. 연행산문에서는 가족과 관련된 정보, 가족에 대한 걱정으로 인한 객수의 양상이 연행한시와는 다르다.

> 이역(異域) 멀리 떠나게 되니 견마(犬馬)의 미성(微誠)에 지극히 근심스러울 뿐 아니라, 또한 양친(兩親)의 연세 높으시고 어머님 병환이 잦으시니 자식의 사정(私情)이 어찌 절박하지 않으리오마는 감히 사사를 말하지 못함은 옛사람

47) "三春强半度, 一策路悠悠. 淡碧千峰霽, 濃靑万柳稠. 風塵人欲老, 寒暖日爲憂. 買醉沙河店, 胡兒唱酒籌" 이해응, 『계산기정』 1804년 2월 15일(『국역 연행록선집8』, 301면).

48) 서경순이 사하역을 지나며 7언 율시로 석달 동안 나그네로 허다한 풍설을 벽돌 캉에서 지낸 행역으로 무정한 세월만 보냈다고 한 것도 행역으로 인한 세월의 무상감을 표출한 것이다. "九旬仍作路中人, 萬里羈愁眇一身. 風雪許多經甓炕, 光陰容易送車輪. 樽前柏葉將迎歲, 關裡梅花又立春. 除夕如今餘信宿, 病思還與物華新" 서경순, 『몽경당일사』 1855년 12월 28일(『국역 연행록선집11』, 466면).

이 말한 바요, 왕사미고(王事靡鹽)는 신하된 자의 직분이라.[49]

서유문이 1798년 8월 9일 동지사의 서장관(書狀官)으로 서울을 떠나는 마음을 적은 것이다. 양친이 연세가 많고 모친이 병환 중이라며 가족을 걱정한다. 가족과 관련된 정보가 구체적이다. 어머니가 병환이 잦다는 것은 특정 개인의 경험에 바탕을 둔 것이다. 또한 가족에 대한 걱정과는 상반된 감정도 있다. 그것은 관인으로서의 다짐이다. 신하된 자로서 사사로운 정을 말하지 못함은 옛사람의 도리라는 언급과 견마의 미성이나마 사신의 임무를 잘 수행하려한다는 언급에서 그 다짐을 읽을 수 있다. 가족에 대한 걱정과 사신으로서의 다짐 사이에서 작자는 사신으로서의 임무 때문에 자식의 사사로운 정을 지킬 수 없다며 자책한다. 이와 같은 갈등의 대목은 주로 작자가 삼사신의 일원인 연행산문에 드러난다. 허봉은 순안(順安)에서 설사로 잠을 자지 못할 때, 부모가 자식인 자신 걱정을 하고 있음에도 그것을 알지 못하고 사사로운 욕심으로 부모를 떠났으니 삶을 잃은 것만큼 죄가 크다고 자책하였다.[50] 인평대군은 아들의 장례에도 참여하지 못한다. 홍제원을 나서며 그는 임무가 중하므로 초상의 일을 치르지도 않고 떠나게 되어 가슴이 아프다고 하였다.[51]

허봉은 1574년 만력황제(萬曆皇帝)의 탄일을 축하하는 성절사행의 서장관(書狀官)으로 연행한다. 주된 임무는 『대명외전』·『태조실록』에 태조가 이인임의 자손이라는 기록된 것을 바로 잡는 종계변무와 문묘종사문제를 해결하

---

49) "이역의 멀니 ᄯᅥ나기를 당ᄒᆞ니 견마의 미셩이 지극 경결ᄒᆞᆯ ᄲᅮᆫ 아니라 ᄯᅩᄒᆞᆫ 냥친이 년셰 놉흐시고 ᄌᆞ당 병환이 잦으시니 인자의 ᄉᆞ졍이 엇지 졀박지 아니리오마ᄂᆞᆫ 감히 ᄉᆞᄉᆞᄅᆞᆯ 니르지 못ᄒᆞ믄 고인의 니ᄅᆞᆫ비오 왕ᄉᆞ미고ᄂᆞᆫ 인신의 직분이라" 서유문, 『무오연행록』 1798년 8월 9일(『국역 연행록선집7』, 17면).

50) "夕入順安縣安定館 是日 余成赤痢 達夜不交睫 余不能仰體父母憂疾之心 而徇欲忘生 一至於此 其罪大矣" 허봉, 『조천기』 1574년 5월 27일(『국역 연행록선집1』, 302면).

51) "是行也 七月晦前一日 慘遭喪明之慟 聖上惻憐情事 表文初以初三日 命副使先爲陪去 余則看檢喪事 追後發行 馳及副使爲敎 而竊念私情雖切 王事至重 抑情陳箚 今日偕發 這間心懷非比前日之行 獨倚旅窻 想像家事 愁緖悲情 尤難自抑" 인평대군, 『연도기행』 1656년 8월 3일(『국역 연행록선집3』, 18면).

는 것이었다.[52] 인평대군은 1656년 청이 조선 관료가 북벌론을 꾸민다며 추궁하자 이것을 진주(陳奏)할 임무를 띤 연행의 정사였다.[53] 서유문은 1798년 사은사행의 서장관(書狀官)이었다. 이러한 공적인 임무는 사신들에게 중압감으로 작용하였을 것이며 이러한 중압감으로 사신으로서의 임무에 대한 다짐이 개입된 것으로 보인다. 서유문은 귀로의 방균점을 지나며 들어올 적에는 흥(興)이 없어 한곳도 구경하지 못하고 한 구의 글도 이루지 못하였는데 무사히 임무를 마치고 돌아가니 의사(意思)가 상연(爽然)하다고 하였다.[54] 임무의 중압감으로 연행에서 개인적 유람이나 개인적인 감정이 억제되었음을 알 수 있다.[55]

3) 대상을 향한 객수

여행자가 객수를 느낀 상태에서 다른 데를 지향한다. 여행자 자신을 지향

---

52) 윤남한, 「조천기 해제」, 『국역 연행록선집1』, 247면.

53) 이영춘, 「인평대군의 연행록 : 『연도기행』」, 『사학연구』 82호, 한국사학회, 2006, 60면.

54) "내 드러올 적은 도강 이후로 조금도 흥황이 업ᄂᆞᆫ지라 ᄒᆞᆫ 곳 구경이 업ᄉᆞ며 ᄒᆞᆫ 귀 글을 이르려 아녔더니 무ᄉᆞ이 뉴고나ᄒᆞ고 도라 가기를 당ᄒᆞ여 임의 수삼일 셩도를 지나니 의ᄉᆡ ᄌᆞ못 상연ᄒᆞ여 이ᄀᆞᆺ치 글을 긔록ᄒᆞ여 치형을 보니" 서유문, 『무오연행록』 1799년 2월 10일(『국역 연행록선집7』, 334면).

55) 정조 즉위 후 벽파를 처형한 사건의 사유를 보고하고 청의 인증을 받는 임무를 띤 1777년 연행의 부사(副使)였던 이압이 쓴 『연행기사』도 임무의 중압감을 파악할 수 있는 자료이다. 이압은 도강 이후 구련성으로 가면서 왕사를 견고하게 해야 하므로 자신의 수고로움은 입 밖에 낼 수 없으나 절로 탄식이 나온다고 하였고("披氷冒雪 筋力勤慢 姑不須說 前路渺然 回想家國 如在各天 政是王事靡鹽之時 雖不敢言勞 而永言思之 令人喟然" 1777년 11월 28일 『국역 연행록선집6』, 59면), 봉황성에서 연산관으로 가는 도중에서 만 리를 밤낮 없이 긴장하여 달려와 '남아가 사방에 뜻을 둔다'는 옛글은 자신에게 해당하지 않는 것 같다고 하였고("萬里馳驟 夙夜靡懈 古人所謂男兒志四方之語 政是今日事 而不意躬自當之也" 1777년 12월 1일 『국역 연행록선집6』, 65면), 북경을 나서 귀로에 오르면서 기쁨을 나타내다가 사명이 잘 되지 않아 얼굴을 내놓을 수 없다고 하였다("王程有限 歸心如水 是日行馬已戒 馳出朝陽門舊路 眞是披雲覩日 不覺氣如山 但使事失望 可謂無面可顯 令人浩嘆" 1778년 2월 11일 『국역 연행록선집6』, 152면). 앞길에 대한 불안한 마음이나 여행의 고통에 대한 개인적 감상이 억제되고, 남아의 원유에 대한 포부도 단념할 정도로 밤낮 없이 긴장하고 있음을 알 수 있다.

할 수도 있지만 연행록에서는 주로 대상을 지향한다.

김정중은 의주의 내선각에서 7언 율시로 북방에서 들려오는 대평소 소리와 어지러운 봉우리로 마음이 허하여 기절한 경치를 그려 집에 보낸다고 읊었다.[56] 행역으로 인한 객수에서 가족을 지향한 것이다. 가족에 대한 그리움의 단편적인 토로[57] 외에 가족의 마음을 추측하기도 한다. 이해응이 북경에서 새해를 타국에서 보내어 고국에 대한 생각이 간절하다고 읊은 <조경유지원야지공부 이수(趙景裕芝園夜至共賦 二首)>의 첫 번째 작품[58]이 그 예이다. 이 시의 제2구에서는 차디 찬 바람이라는 경물을 제시하고 제3구에서는 북방에서 원객 노릇하기 어렵다고 토로한다. 제4구에서는 부모님도 자신을 간절히 그리워할 것이라고 추측한다. 대상의 마음을 추측한 것이다.[59] 대상에 대

---

56) “入夜明燭獨坐 和松園統軍亭詩 ‘迂遊匹馬北來初, 兩界山川錯繡如. 殘角橫吹西風氣, 亂鋒相應穴人居. 風沙漠漠路何極, 雪月迢迢心更虛. 寫得胸中奇絶景, 朝庭驛使付家書” 김정중, <연행록> 1791년 11월 15일(『국역 연행록선집6』, 370면).

57) 이해응이 <객관지회(客館志懷)>에서 자신이 있는 곳은 구름이 쌓인 천리로 아득하다고 한 다음 어머니를 그리워하며 효도를 하지 못하였다고 한 것도 그리움의 단편적인 토로에 해당한다. “關雲千里杳萱闈, 遊子前宵夢遠飛. 定識山妻香篋裡, 纖塵點積老萊衣” 이해응, <계산기정> 1803년 11월 6일(『국역 연행록선집8』, 40-41면).

58) “茶鍾呼罷燭花垂, 凓凓寒風歲除時. 關塞誠難爲遠客, 親堂何耐戀遊兒. 樽前强飮仍和淚, 筆下裁愁偶有詩. 万戶轟轟炮火起, 却驚殘歲坐嚬眉” 이해응, 『계산기정』 1803년 12월 29일(『국역 연행록선집8』, 183면).

59) 이러한 양상은 연행한시에서 빈번하게 확인할 수 있다. 김정중이 고교보로 돌아갈 때의 길에서 읊은 7언 율시의 제3-4구에서 벌판의 바람 · 안개가 어린 산 등으로 행역을 제시한 다음 제6-8구에서 아내는 큰 기대로 자신을 기다릴 것이라고 추측한 것, 아내가 요서를 꿈을 꿀 것이라고 추측한 것 · 아내가 자신의 소식에 조급해 할 것이라고 추측한 것, 이해응의 <황가장재가서(黃家庄裁家書)>의 제2구에서 홍하의 물가를 건너는 행역을 제시한 다음 부모님이 자식을 그리워할 것이라고 추측한 것, 서경순이 돌아가는 길에 영평부를 지나며 읊은 5언 율시에서 늙은 아내가 밤 새워 자신을 그리워하고 어린 손자들이 모여 있을 것이라고 추측한 것 등이 그 예이다. “睡起僑牕曙鼓催, 歸程不復夢燕坮. 天連鉅野雕風遠, 山挾層溟蜃霧開. 寒士自慙乘馹去, 癡妻應待買金來. 行行到處堪消遣, 木稼水花淡掃埃” 김정중, 『연행록』 1792년 2월 12일(『국역 연행록선집6』, 511면); “陽春小店日凄凄, 强起思鄕獨影低. 春早黃鸝惟舌澁, 家人今夜夢遼西” 김정중, 『연행록』 1792년 2월 13일(『국역 연행록선집6』, 513면); “歸鞍春已暮, 陰磧雪有餘. 慣眼憐新俗, 低頭憶舊居. 家人催嶺雁, 灣尹送江魚. 燭短三更盡, 苔箋未了書” 김정중, 『연행록』 1792년 3월 3일(『국역 연행록선집6』, 535면); “東客徑還遠寄音, 吾行利涉甕河潯. 霜前白雁從今斷, 莫謂高堂戀子心” 이해

한 지향은 작자의 신분에 따라 그 대상이 다르다.

1798년 사은사행의 서장관이었던 서유문은 눈꽃이 사라지고 봄풀이 날 정도로 나그네로 오랜 시간을 보냈으니 이로 인하여 임금이 생각난다고 하였다.[60] 행역에서 임금을 지향하고 하고 있다. 임금에 대한 지향은 1790년 사은사행의 부사였던 서호수가 쓴 7언 율시 두 수에서도 보인다. 임금을 그리며 선조의 방명(芳名)을 잇기 위하여 사신으로서의 임무를 다짐한 것,[61] 바람 불고 모래 날려 변방 소리 요란한 행역에서도 임의 궁전을 꿈속에 다녀온다고 한 것[62] 등이다. 이해응이 쓴 <남도절구(南至絶句)>에서 선비는 비바람을 무릅쓰며 북으로 가는데 사신들은 사모를 정히 하고 서울을 바라본다고 하였다.[63] 선비는 행역으로 시달리는데 사신들은 이러한 행역 속에서도 임금을 그린다는 것으로 해석된다. 이러한 사실에서 당대 여행자들이 선비와 삼사신에 따라 객수를 달리하였을 것으로 추정된다.

> 홀로 쓸쓸하게 고요히 누워 있으니, 고향의 새해 놀이가 눈에 삼삼하다. 나를 알아주는 마음 맞는 벗들이 담을 잇대고 문을 마주하여 살며, 혹은 낮에 혹은

응, 『계산기정』 1803년 11월 28일(『국역 연행록선집8』, 73면); "去去何時已, 明朝卽二年. 愁多山萬疊, 髮短路三千. 歲月重關外, 夢魂流水邊. 老妻應守夜, 孫稚繞燈前" 서경순 『몽경당일사』 1855년 12월 29일(『국역 연행록선집11』, 467면).

60) "경셰연산긱 히를 지닌 연산 손이, 호연ᄎ일힝 호연이 이 날 힝ᄒ도다. 셜화소이진 눈쏫은 임의 술아진ᄒ엿도다, 츈초졈간싱 봄풀이 졈졈 나는 거술 보리로다. 거거료양로 가고 가는 뇨양길이오, 요요한수셩 멀고 먼 한슈셩이로다. 의희전야몽 의희ᄒ 전날 쑴이, 초위련군셩 져기 님금 생각ᄒ는 경셩을 위로ᄒ도다" 서유문, 『무오연행록』 1799년 2월 10일(『국역 연행록선집7』, 334면).

61) "迢迢京國久離羣, 獨上高樓倍戀君. 臨水重關西塞路, 凝霜畫戟朔方軍. 一家玉節三箕域, 十載星槎再薊門. 慙愧棠陰經過地, 敢云繩美答憂勤" 서호수, 『연행기』 1790년 6월 11일(『국역 연행록선집5』, 122면).

62) "年華滾滾水爭流, 積雨龍灣節近秋. 漢使乘槎迷舊路, 燕都訪客憶前遊. 風沙浙瀝邊聲合, 平楚空濛雁翅浮. 千里觚稜勞遠夢, 北辰高處更登樓" 서호수, 『연행기』 1790년 6월 11일(『국역 연행록선집5』, 123면).

63) "雷動日南至, 風餐士北征. 使家晨束帽, 稽首望王京" 이해응, 『계산기정』 1803년 11월 10일(『국역 연행록선집8』, 49면).

밤에 반드시 술과 음식을 갖추어 우리 형제를 부르면, 내가 아우와 함께 형님의 뒤를 따라 그 집에 가서 떡국과 만두를 먹고 혹 글을 지어 내기를 하며 실컷 즐기고서 돌아왔건만, 오늘은 형님 혼자서 친구의 집에 갔다가 좌우를 돌아보면서, "내 아우 두 사람이, 하나는 바다와 고개 사이에 있고, 하나는 헌 갖옷에 여윈 말로 의무려산(醫巫閭山)을 지나 연경 저자의 나그네가 되어, 각각 수천 리를 떨어졌으니, 어떻게 한집에 모여서 새해의 즐거움을 함께 할 것인가?"하면서 한숨 쉴 것이다. 이때에 내 아우의 생각도 내 형님의 생각과 같으려니와, 홀로 귀양 사는 영천(永川)의 적사(謫舍)에 누웠자면 외로운 등불만이 희미하리니 뉘와 함께 담소하고 놀 것인가? 뒷날 책상을 마주 대할 때에 이 글을 내어 보이고 함께 웃으리라.64)

김정중이 북경에서 새해를 맞이한 마음을 표현한 것이다. 작자는 과거 새해를 맞아 마음 맞는 벗들과 놀던 일, 형제가 다 함께 세배하던 일, 그 집에서 나온 음식을 먹고 밤 새워 시를 짓던 일 등을 회상하며 이와 대조되는 자신의 처지를 제시한다. 이러한 회상에서 가족도 그 경험을 회상하며 작자를 그리워할 것이라고 추측하기도 한다. 작자가 고향에 있는 형님의 말을 직접 인용하면서 그 형님이 자신을 그리워할 것이라고 추측한 것이 그 예이다. 연행한시에서 작자가 가족의 마음을 추측한 것과 맥락은 같으나, 연행산문에서는 가족에 대한 회상과 상상이 나타난다. 여기서 주목되는 것은 이러한 회상과 상상이 가족과 관련된 작자의 개인적 경험을 바탕으로 한다는 점이다. '형제가 함께 세배하며 밤 새워 시를 짓던 일'은 작자 개인이 겪었던 특수한 경험이다. 이러한 가족과 관련된 개인적 경험은 김정중이 동짓날 봉황성에서 연산관으로 가면서 과거 동짓날에 아내가 팥을 씻어 팥죽을 만들어 사당에 바

64) "獨蕭然靜臥 鄕園歲時之遊 森森在眼 知音會心之友 連墻對門而居 或午或夜 必具酒食 速吾兄弟 余與卯君 從伯氏後 往其家 喫餠湯, 饅頭 或賦詩賭博 盡歡乃歸 今日則 伯氏往親友家 左右顧視 仍停着歔唏曰 吾弟二人 一則在海嶺之間 一則弊裘瘦馬 歷醫巫閭山 爲燕市客 相去各數千里 何當聚首一室 同爲歲時樂尒 此時卯君之思 與伯氏想一般矣" 김정중, 『연행록』 1792년 1월 2일(『국역 연행록선집6』, 437면).

치던 일과 다섯 형제가 모여 앉아 팥죽을 먹으며 새 책력을 보며 사시가절(四時佳節)을 점치며 이야기하던 일을 회상하는 대목[65)]에서도 확인된다.

김정중의 작품에는 왜 개인적인 경험이 보이는가? 서호수는 임금의 탄신을 맞아 여러 신하들이 모여 헌수하는 모습을 상상한 다음 이와 대조되게 역외에 떨어져 있는 작자의 모습을 제시하였다.[66)] 서호수가 삼사신의 일원임으로 인하여 임금・신하들과 관련된 경험으로 나타내기는 하였지만, 개인적 경험을 바탕으로 하고 있음은 부인할 수 없다. 이러한 사실로 보아 개인적 경험의 제시는 연행산문이라는 장르의 특성에 기인한 것으로 보인다.

3. 〈연행가〉에 나타난 객수의 특징과 의미

3-1. 경물을 통한 객수

夏六月 初六日에 오늘부터 며칠이나/ 支離하고 甚한 極熱 이 苦生 어찌하리/ 三千里 멀고먼 길 몇 달 만에 得達하여/ 큰 病 없기 天幸이나 路毒인들 없을소냐/ 四肢는 苶然하여 百骸가 刺痛이라/ 又重之 痛飮으로 困憊한 中 괴롭도다/ 疾痛에 呼父母는 人生 常이거늘/ 萬里他國 외로운 몸 집생각도 그음없다/ 太陽山 흰구름은 狄仁傑의 孝誠이요/ 思家步月 淸宵立은 杜子美의 懷抱로다/ 玉華館 깊은 밤에 잠 없이 홀로 깨어/ 푸른 하늘 쳐다보니 悠悠한 蒼天이며/ 北斗七星 三台星은 前에 보던 저 별이요/ 明朗한 밝은 달은 예 보던 저 달이라/ 우리 집 萱

65) "回思去年是日也 家人洗井田豆爲粥 薦祠堂訖 兄弟五人 會坐一室 次第進飯啜粥 聲聞於窓外 奚奴買新曆歸 相與占四時佳節 笑語津津 余作遼東客 寄食旅舍 卯君又遠謫嶺表 兄弟去家 各千有餘里 相望落落 南北杳杳 每年同室之樂 有如天上 言念及此 安得不悵悵也" 김정중, 『연행록』 1791년 11월 27일(『국역 연행록선집6』, 377~378면).

66) "今日卽我聖上誕辰 遙想百僚起居 近侍引對 稱觴獻壽 慶賀如雲 而余以閣臣 遠滯封疆之外 未隨鵷鷺之列 瞻望蓬萊 耿然于中" 서호수, 『연행가』 1790년 9월 22일(『국역 연행록선집5』, 384면).

> 堂 앞에 저 별 저 달 비치려니/ 집에서도 바라보고 내 생각 하시리라/ 별과 달은 明明하여 응당 消息 알리로다/ 消息을 물어보자 蒼天이 渺茫하니/ 흐린 빛을 따라와서 夢魂이 依依하다[67]

홍순학은 1866년 4월 9일 서울을 출발하여 3개월 간의 고생 끝에 6월 6일 북경의 옥하관에 도착한다. 큰 병 없이 도착한 것은 다행이지만 긴 행역으로 사지가 나른하고 모든 뼈가 찌른 듯이 아프다. 이러한 여행의 고통에서 가족을 지향한다. 깊은 밤 홀로 깨어 하늘을 보며 그 별과 달이 옛날에 부모님과 함께 보았던 "예 보던 저 달"이라고 생각한다. 이 달은 고향의 부모님이 계신 곳에도 비칠 것이다. 작자는 집에서도 저 달을 보며 "내 생각 하시리라"고 추측한다. 그리고 별과 달은 밝고 밝아 응당 고향의 소식을 알 것이라고 생각한다. 이어 달에게 소식을 물어보자며 말을 건넨다. 고향 소식을 알려는 작자의 욕구가 달에 의탁하여 표현된 것이다.[68] 뿐만 아니라 가족과 있었던 일을 회상하거나 가족의 마음을 추측하기도 하여 대상을 지향한 것이기도 하다. 경물을 통한 객수와 대상을 지향하는 객수가 연결되어 있다.

이러한 경물을 통한 객수는 <연행가>만의 특징은 아니다. 앞에서 살펴본 연행록에서 경물을 통한 객수를 확인하였다. 다만 연행산문에서는 경물을 통한 객수만 표출됨에 비하여, 연행한시에서는 경물을 통한 객수와 대상을 지향한 객수가 연결된다. <연행가>에서 경물을 통한 객수는 연행한시와 유사하다. 또한 연행가사에서도 이러한 표현을 확인할 수 있다. 다음은 <서정별곡>

---

67) 『일동장유가 · 연행가』, 495-497면. 빗금(/)은 필자가 한 것으로 이하 같다.

68) 객수를 경물에 의탁할 뿐만 아니라 경물에서 객수가 유발되기도 한다. 경물에서 유발된 예는 다음과 같다. "山海關 들어가니 다섯 겹 城門이요/……/ 萬里長城 地盡頭의 望海亭 구경 가자/ 毅然한 二層亭子 바닷가에 臨했구나/ 몇 萬里 無邊大海 하늘과 한 빛이라/ 風浪은 들이쳐서 城廓에 부딪친다/ 海霧는 漲天하여 向方을 못 하는데/ 順風에 돛단 배는 어디로 向해 가고/ 저 배에 올라앉아 東으로 向해 가면/ 우리나라 仁川 富平 瞬息間에 닿으려니/ 千里가 咫尺이나 家國이 渺茫하다"(『일동장유가 · 연행가』, 485면). 작자가 산해관의 망해정에서 풍랑 속에서도 순풍을 맞아 어디론가 가고 있는 돛단배를 보고 고국에 돌아가고 싶다는 욕구를 표출한다.

에서 경물을 통한 객수를 표현한 것이다.

> 옥하관(玉河關) 깁ᄒᆞᆫ 고ᄃᆡ 벗 업시 혼ᄌᆞ 누어/ ᄒᆡᆼ졍(行程)을 묵산(默算)ᄒᆞ니 ᄉᆞ쳔니(四千里)밧기로다/ 수방(殊方) ᄀᆡᆨ이(客裡)의 츈ᄉᆡᆨ(春色)이 도라오니/ 유ᄌᆞ(遊子) 텬ᄋᆡ(天涯)의 ᄎᆞᆫ심(寸心)이 ᄉᆡ로와라/ 챵젼(窓前) 효월(曉月)은 여침(旅枕)을 여어 보고/ 젹니(笛裡) 양유(楊柳)ᄂᆞᆫ ᄀᆡᆨ몽(客夢)을 놀ᄂᆡᄂᆞᆫ다/ 교두(橋頭)의 우ᄂᆞᆫ 물이 동ᄒᆡ(東海)로 갈작시면/ ᄉᆞ향누(思鄕淚) ᄲᅮ려내야 고원(故園)의 붓치고져/ 언졔면 청츈(靑春)으로 벗즐 ᄉᆞ마 됴히 도라가리요[69]

박권이 옥하관에 머물며 고향에 대한 그리움을 표현한 것이다. 고향은 사천리(四千里) 밖에 떨어져 있어 그리움이 새롭게 일어난다. 창 밖의 밝은 달은 나그네의 잠자리를 엿보고 피리 소리 속에 버드나무가 어른거려 객의 잠을 깨운다. 옥하관 앞의 물이 동해로 간다면 그리움으로 생긴 눈물을 띄워 고향에 부치고 싶다. 작품의 배경이 되는 '밝은 달' '피리 소리 속의 버드나무'는 여행자의 잠자리를 엿보고 잠을 깨우는 것으로 의인화되었다. 또한 강물은 '우는 물'이며 여행자가 자신의 그리움을 고향에 전해달라고 부탁하는 것이다. 경물에 의탁하여 객수를 고조한 표현이다. 이러한 사실을 보면 <연행가>에서 경물을 통하여 객수를 표현한 것은 연행한시와 그 표현을 같이하면서 17세기 연행가사의 전통을 직접적으로 계승한 것이다.

2) 내면의 구체화

<연행가>에 객수가 보이는 대목은 총 5개이다. 이 5개의 대목에는 객수의 원인만으로 표출된 것, 대상으로 인한 것,[70] 대상을 지향한 것[71] 등이 모두

---

69) 『기행가사자료선집1』, 66면.

70) 작자가 서울의 홍제원에서 가족을 이별할 때 백발의 부모·젊은 아내를 맡겨 둘 곳 없이 떠나게 되었다는 걱정과 사신으로서의 임무 때문에 가족을 돌볼 수 없다며 자책한 대목

보인다. 또한 객수의 원인만으로 표출된 것에서도 이별의 인식으로 인한 객수,[72] 행역의 불안으로 인한 객수,[73] 행역으로 인한 세월의 무상감을 표출한 것[74] 등으로 다양하다. 객수가 있는 대목이 많고 객수의 양상이 다양하다. 이 점은 연행가사 내에서도 특별한 것이다. 연행가사와의 비교로 그 특징을 살펴보자.

<연행별곡>에서 작자는 서울을 출발하며 “지월(至月) 초삼일(初三日)의 북궐(北闕)의 하직(下直)ᄒᆞ고/ 갈 길을 도라보니 구름 밧긔 하늘일ᄉᆡ”라고 하였다.[75] 갈 길이 먼 행역에 대한 불안으로 인한 객수이다. <서정별곡>에서 작자는 대상에 대한 걱정과 사신으로서의 임무 사이에서 갈등한다.[76] 대상으로 인한 객수이다. 의주에서 구련성으로 가는 도중에는 산에 올라 고향을 돌라보며 종남산 일천리가 구름에 가렸다고 토로한다.[77] 이별의 인식으로 인한 객수이다. 옥하관에서는 객수를 달·별·강물 등에 의탁한다.[78] 경물을 통한

이 그 예이다. 『일동장유가·연행가』, 445면.

71) 작자가 북경의 옥화관에서 별과 달을 보며 고향의 가족도 별과 달을 보고 있을 것이라고 상상한 대목이다. 『일동장유가·연행가』, 495-497면.

72) 작자가 압록강을 건너 구련성으로 가며 통군정이 그림자도 아니 뵈고 조금 전에 뵈던 백마봉도 그 봉우리도 아니 뵌다고 한 대목이다. 『일동장유가·연행가』, 461면.

73) 작자가 구련성으로 가며 만 리 행역이 걱정이라고 한 다음 호지는 백여 리에 무인지경으로 인적이 고요하고 위험한 만첩 산중 울밀한 수목에 구슬픈 새소리가 곳곳에 들린다고 한 대목이다. 『일동장유가·연행가』, 461면.

74) 작자가 돌아오는 길에 통주를 지나며 올 때에 심었던 곡식(穀食)이 지금 추수(秋收)가 한창이고 가을빛이 쾌(快)히 난다고 한 대목이다. 『일동장유가·연행가』, 563면.

75) 『기행가사자료선집1』, 48면.

76) “일졈(一點) ᄒᆞᆫ등(寒燈)이 침변(枕邊)의 발가시니/ 강두(江頭)의 취(醉)ᄒᆞᆫ 술이 하마 ᄒᆞ면 다 ᄭᆡ거다/ 공명(功名)도 구름 갓고 부귀(富貴)도 츈몽(春夢)이라/ 인ᄉᆡᆼ(人生)이 언마완ᄃᆡ 형역(形役)이 되야 이셔/ 고당(高堂) 학발(鶴髮)의 온졍(溫凊)을 못 밧들고/ ᄇᆡᆨ운(白雲) 천말(天末)의 방ᄎᆞᆫ(方寸)만 셔기ᄂᆞᆫ고/ 왕쥰(王遵)은 즐어(叱御)ᄒᆞ고 모의(毛義)ᄂᆞᆫ 봉셕(奉席)ᄒᆞ니/ 군친(君親)이 일체(一體)여니 츙효(忠孝) 어이 다ᄅᆞᆯ소니” 박권, <서정별곡>(『기행가사자료선집1』, 61면).

77) “ᄒᆡᆼ장(行裝)을 졈검(點檢)ᄒᆞ야 압녹강(鴨綠江) 건너리라/ 여가(驪歌)를 다 부ᄅᆞ니 셕양(夕陽)이 거의로다/ 졍거(征車)의 취(取)코 올나 고향(故鄕)을 도라보니/ 종남산(終南山) 일쳔리(一千里)의 구름이 머흐럿다” 박권, <서정별곡>(『기행가사자료선집1』, 60면).

78) 『기행가사자료선집1』, 66면.

객수이다. <서행록>에는 작자가 파주에서 성궐이 점점 멀어져 고향 가족과의 떨어지게 되어 객수가 더욱 일어난다고 한 것,[79] 통군정에 올라 압록강을 바라보며 자신이 가야할 땅은 망망한 운무(雲霧) 속에 가려져 있고 강 건너의 인가는 호인들의 부락이라고 한 것[80] 등이 있다. 연행가사에는 이별의 인식으로 표출된 객수가 2개의 대목, 행역에 대한 불안으로 표출된 객수가 2개의 대목, 대상으로 인한 객수가 1개의 대목이 있다. 작품 별로 1개 또는 2개의 대목에만 객수가 보인다. 이에 비하여 <연행가>에서는 객수의 대목이 많다. 뿐만 아니라 연행가사에서 확인한 객수의 양상들이 모두 확인되고, 행역으로 인한 세월의 무상감·대상을 지향한 객수 등도 확인된다. 이러한 사실로 보면 <연행가>에는 이전 연행가사에서 부분적으로 보였던 객수의 양상들이 종합화된 것이라 할 수 있다. 이러한 종합화는 하나의 여정에 다양한 객수의 양상들이 복합된 것으로도 확인할 수 있다. 다음이 그 구절이다.

> 鴨綠江邊 다다르니 送客亭이 여기로다/……/ 一葉 小船 배를 지어 漸漸 멀리 떠서 가니/ ①푸른 峯은 疊疊하여 나를 보고 즐기는 듯/ 白雲은 溶溶하고 光色이 慘憺하다/ 比ㅎ지 못할 이내 마음 오늘이 무슨 날고/ 出界한 지 二十五年 侍下에 자라나서/ 平日에 離側하여 오래 떠나 본 일 없다/ 半年이나 어찌할꼬 離闈情思 어려우며/ 京畿地境 百里 밖에 먼길 다녀 본 일 없다/ ②虛薄하고 弱한 氣質 萬里 行役 걱정일세/ 한 줄기 鴨綠江에 兩國地境 나눠 있어/ 돌아보고 돌아보니 우리 나라 다시 보자/ ③九連城 다다라서 한 고개를 넘어서서/ 아까 보던 統軍亭이 그림자도 아니 뵈고/ 至今 뵈던 白馬山이 봉우리도 아니 뵌다/ ④百餘里 無人之境 人跡이 고요하다/ 危險한 萬疊 山中 鬱密한 樹木하며/ 寂寞한

79) "이튿날 셰우 맛고 파쥬의 슉소ᄒᆞ니/ 참참이 젼진ᄒᆞ니 셩궐이 졈졈 머다/ 니친 졍회는 니르도 말녀니와/ 가루는 관심ᄒᆞ고 긱슈도 층싱ᄒᆞ니/ ᄉᆞ오삭 격연ᄒᆞᆫ듯 삼쳔니 말니갓다" 김지수, <서행록>(『역대가사문학전집40』, 405면).

80) "ᄂᆡ션각 유슉ᄒᆞ고 통군졍 올나보니/ 흑농강 나린 물이 압녹강 되단말가/ 상류는 쳔여리요 히문이 빅니로다/ 이물의 쎼를 타면 하원을 궁흘여니/ 연졔는 어ᄃᆡ미오 망망ᄒᆞᆫ 운무로다/ 강건너 인가들은 되인의 부락이오" 김지수, <서행록>(『역대가사문학전집40』, 411면).

새 소리는 處處에 구슬프고/ 閑暇한 들의 꽃은 누를 위해 피었느냐[81]

위 인용문은 작자가 의주에서 강을 건너 구련성에 가기까지의 여정에서 표출된 객수이다. ①은 부모와 반년이나 떨어져 있어야 하는 행역으로 인한 객수를 표출한 것이다. 25년 동안 부모 곁을 떠나 보지 않았고 경기지경(京畿地境) 밖에 다녀 본 일이 없다. ②는 행역에 대한 불안으로 인한 객수이다. ③은 작자가 있는 곳에서는 통군정도 보이지 않고 조금 전까지 보였던 백마봉도 보이지 않는다는 것으로 이별의 인식으로 인한 객수이다. ④는 작자가 가야 할 곳은 무인지경에 위험한 곳으로 적막한 새소리가 구슬프게 들리는 곳으로 행역에 대한 불안으로 인한 객수이다. 행역으로 인한 객수·이별의 인식으로 인한 객수 등 여러 양상이 종합되었다. 이러한 종합화는 무엇을 의미하는가?

이별에 즈음한 작자의 복잡한 내면을 보여주는 것이다. 작자의 내면에 일어난 다양한 감정을 알 수 있어 내면이 구체화된 것이다. 이러한 구체화는 독자로 하여금 이별에 직면한 작자의 감정을 핍진하게 느끼게 한다.[82]

내면의 구체화와 관련된 것이 작자가 가족과 관련된 정보를 제시한 점이

---

81) 『일동장유가·연행가』, 461면. 인용문의 원 번호는 필자가 한 것으로 이하 같다.

82) 그 핍진함을 구체적으로 알 수 있는 자료가 『무오연행록』의 다음 구절이다. "듕강의 니르니 또 소셔강이라 일컫더라 예를 지나면 져의 ᄯᅡ히라 길녑ᄒᆡ 갈슈풀이며 이여 계유 슈릐 지나개 통ᄒᆞ여시니 ᄀᆡᆨ회 극혀 슬프며 ᄒᆞ물며 깁흔 겨울애 삭풍이 쳐량ᄒᆞ여 셕양이 뫼ᄒᆡ ᄂᆞ리ᄂᆞᆫ ᄯᆡ를 당ᄒᆞ여 머리를 돌려 동을 보라보ᄆᆡ 눈물 아니 내리 업ᄉᆞ며 보내ᄂᆞᆫ 사ᄅᆞᆷ도 강ᄀᆞ의셔 ᄇᆞ라보면 갈슈풀 ᄉᆞ이의 푸른 일산이 나붓기다가 잠간 ᄉᆞ이의 간 곳이 업셔지니 암연히 소혼 아니리 업다 하더라…ᄒᆡ지기의 구연셩을 지나니…예를 지나며 의쥬 셩첩과 다못 통군졍이 다시 뵈지 아니ᄒᆞ니 나라ᄒᆞᆯ ᄯᅥ나며 친졍을 니별ᄒᆞᆫ 회포 더욱 비ᄒᆞᆯ 곳이 업더라" 서유문, 『무오연행록』, 1798년 11월 19일(『국역 연행록선집7』, 32면). '예'는 압록강의 중강을 말한다. 고국과 이별하는 곳이다. 여행자나 보내는 사람이 모두 '친정을 이별하는 회포가 비할 수 없을' 정도의 감정을 느낀다. 이러한 감정은 『무오연행록』에서는 여행자가 자주 머리를 돌려 대상을 보는 것, 보내는 사람들도 여행자가 사라질 때까지 보는 것, 여행자가 "깁흔 겨울애 삭풍이 쳐량ᄒᆞ여 셕양이 뫼ᄒᆡ ᄂᆞ리ᄂᆞᆫ ᄯᆡ를 당"한 행역을 걱정하는 것, "의쥬 셩첩과 다못 통군졍이 다시 뵈지 아니ᄒᆞ"는 이별을 인식하는 것의 종합으로 이루어진다. 이 기록이 사실이란 점에서 당대의 연행에서 다양한 객수의 양상들이 종합되었을 때 여행자의 감정을 핍진하게 느끼게 됨을 알 수 있다.

다. 위 인용문에서 작자는 태어나 25년 동안 부모님과 떨어져 본 일이 없고, 경기지방 밖으로 나가 본 일이 없다. 이러한 작자의 가족과 관련된 정보는 <연행가>에서 다수 확인할 수 있다. 다음이 그 구절이다.

> ① 母嶽재 넘어서서 弘濟院 다다르니/ 宰相 어른 名士 親舊 門直이며 廳直이며/ 餞別次로 나와 보고 잘 가라고 當付하네/ 잘있어라 對答할 제 面面이 悄愴하다/ ② 坐車[83]를 올라타니 日傘이 멀리 떴다/ 勸馬聲 한 소리에 앞길이 몇千里나/ ③ 집안을 생각하니 心懷도 愴然할사/ 萱堂에 白髮 老人 生養家로 모셔 있고/ 靑春의 젊은 아내 琴瑟이 남다르다/ 無兄弟 孑孑單身 외롭도다 이내몸이/ 遠路에 떠나가며 家事 付託할 곳 없다/ ④ 王命이 至重하니 無可奈何 할일없다/ 三角山을 바라보고 몇몇번 嘆息이나[84]

위 인용구절은 작자가 홍제원에서 가족·친지들과 이별하는 대목이다. ①은 전별의 모습을 서술한 것이고, ②는 미래의 행역에 대한 걱정을, ③은 대상에 대한 걱정을 표출한 것이고 ④는 사신으로서의 임무에 대한 것이다. 하나의 여정에 다양한 객수의 양상들이 종합된 점을 재확인할 수 있다. 뿐만 아니라 작자의 가족과 관련된 정보가 제시되었다. ③에서 작자의 모친이 나이가 많다는 것, 작자는 아내와 금슬이 좋았다는 것, 작자는 형제가 없는 혈혈단신이란 정보이다. 이러한 정보로 작자가 떠나면 부모가 나이가 많아 뒷일이 불안하고 금슬 좋은 아내와 떨어지게 되므로 그 슬픔이 배가되며 이러한 불안감과 슬픔을 해소시킬 수 있는 사람이 없어 그 걱정은 커진다는 것이다.

---

83) 『일동장유가·연행가』에 있는 "좌차(座次)"를 좌차(坐車)로 수정하였다. 좌차(座次)는 좌석의 차례란 뜻으로 뒤에 이어지는 "올라타니"와 호응되지 않는다. 여기서는 '탈것'을 지칭하는 용어가 적당하다. 이해응의 『계산기정』 1803년 11월 28일에 <차운추양좌차시(次韻秋陽坐車詩)>란 시의 시제에 좌차(坐車)란 용어가 나온다. 시제의 추양(秋陽)은 작자의 친구인 서장보(徐長輔, 1767-?)로 당시 사행의 서장관(書狀官)이다. 이것을 보아 좌차(坐車)는 서장관이 타는 수레이고 홍순학이 서장관인 점을 봐아 좌차(座次)는 좌차(坐車)가 맞는 듯하다.

84) 『일동장유가·연행가』, 443-445면.

즉 내면에서 일어난 작자의 걱정이 가족과 관련된 여러 정보들로 설득력을 얻어 작자의 감정이 핍진(逼眞)하게 느껴진다.

특히 그 정보가 작자와 관련된 개인적인 경험일 때 그 효과는 클 것이다. 이러한 생각을 뒷받침할 수 있는 간접자료가 <상여소리>이다. <상여소리>는 주지하듯이 선소리꾼이 망자(亡者)의 말을 대신하여 노래로 부른 것이다. 이 때 선소리꾼은 유족(遺族)에게 망자가 떠난다는 현실을 핍진하게 느끼도록 해야 한다. 그 핍진성을 확보하기 위하여 선소리꾼은 망자의 실제 삶에 대한 정보를 <상여소리>에 포함시킨다.[85] 이러한 관점에서 본다면 <연행가>에서 가족과 관련된 정보가 개인적 경험일 때 독자는 핍진하게 느낄 것이다. <연행가>에 나타난 가족과 관련된 정보가 개인적 경험인지를 살펴보자.

홍순학은 본관이 남양(南陽)으로 1842년 기종(夔種)의 아들로 태어나 족숙(族叔)인 석종(奭鐘)에게 입양되어 경기도 적성(積城, 필자 주 : 현재 경기도 파주)에서 자랐고, 16세에 정시문과에 급제하고, 25세에 주청사의 서장관이 되었고, 이후 대사헌 · 대사간 · 예조참의 · 감리인천항통상사무 · 인천부사 · 협판교섭통상사무 등을 역임하다가 51세 때인 1892년 졸하였다.[86]

『철종실록』 · 『고종실록』 · 『일성록』 등에 홍순학에 대한 기록이 있다. 가장 이른 시기의 기록이 1858년의 것이다. 1858년에서 1866년 4월 9일 연행을 가기 전까지 그의 행적을 살펴본 결과는 다음과 같다. 1858년에서 1859년까지 예문관 관원을 뽑는 한권(翰圈)를 치른 다음 1859년 예문관 응교(應敎)가 되고,[87] 1860년 사헌부 지평(持平)이 된다.[88] 1861년 홍문관 관원 임용에 필요한 관록(館錄) · 도당회권(都堂會圈)을 거친다.[89] 1863년 홍문관 교리(校理) · 부수찬(副修撰) · 응교(應敎)[90]와 사간원의 사간(司諫)을 역임하고,[91]

85) 졸고, 「상여소리의 구성과 죽음의식에 대한 연구」, 서울대학교 석사학위논문, 1994.
86) 최강현, 「홍순학」, 『한국민족문화백과사전 25』, 한국학중앙연구원, 1997, 122면.
87) 『일성록』 1858년(철종 9) 3월 2일, 『철종실록』 1859년(철종 10) 4월 8일, 『일성록』 1859년(철종 10) 12월 24일.
88) 『일성록』 1860년(철종 11) 1월 11일.
89) 『철종실록』 1861년(철종 12) 1월 24일, 1861년(철종 12) 7월 20일.

1864년 홍문관 부응교·교리, 사헌부 집의(執義), 홍문관 부수찬·부교리를 역임하고[92] 1866년 집의(執義)로 있다가[93] 연행을 떠난다. 홍순학은 1858년부터 연행 전까지 예문관·홍문관·사헌부·사간원 등을 오가며 내직에만 있었다. 1858년과 1861년에는 내직의 고위 관리로 승차하는 심사를 받았다. 이것을 보아 1858년 이전에는 내직의 고위 관리로 승차하기 위해 준비를 하고 있었을 것으로 추정된다. 그가 어릴 때부터 경기도 적성에서 자랐고, 그의 관직이 연행 전까지 내직이었음은 25년 동안 부모님과 떨어져 본 일이 없고 경기지방 밖으로 나가 본 일이 없다고 한 <연행가>의 정보와 일치한다.

홍순학은 1863년부터 1865년까지 숙직을 하다가 모친의 병으로 교대할 사람이 오기 전에 집으로 돌아간 일이 3차례나 있었다.[94] 관리가 숙직 도중에 모친의 병 구환을 위하여 집으로 간 것이 3년 사이에 3차례나 된다는 것은 특이하다. 모친이 노쇠하여 그 병이 위중하거나 모친을 돌 볼 사람이 없었기 때문일 것이다. 이러한 점은 혈혈단신으로 모친을 모시고 있다는 <연행가>의 정보와 일치한다. 이러한 사실로 보면 <연행가>에 나타난 가족과 관련된 정보는 개인적 경험에 바탕을 둔 것이다. 개인적 경험이란 것이 <연행가>만의 특징인가?

가족과 관련된 정보는 연행한시에서는 연만한 부모님·아내 등 보편적 경험을 바탕으로 한다. 장형의 한시에서도 마찬가지이다. 이해응이 심양에서 의주로 돌아가는 도중에 한식을 맞이하여 5언 20구로 읊은 <한식도중(寒食道

---

90) 『일성록』 1863년(철종 14) 5월 12일, 1863년(철종 14) 7월 8일, 1863년(철종 14) 10월 2일, 1863년(철종 14) 11월 23일.

91) 『고종실록』 1863년(고종 즉위) 12월 13일.

92) 『일성록』 1864년(고종 1) 1월 6일, 『고종실록』 1864년(고종 1) 3월 6일, 1864년(고종 1) 7월 12일, 『일성록』 1864년(고종 1) 10월 19일, 1864년(고종 1) 12월 20일, 『고종실록』 1865년(고종 2) 1월 2일, 『일성록』 1865년(고종 2) 8월 12일.

93) "同治五年 四月初九日 進賀謝恩兼奏請行正使 右議政柳厚祚 副使禮曹判書徐堂輔 書狀官兼執義洪淳學" 『同文彙考』 권7 보편.

94) 관련기록은 다음과 같다. "副修撰洪淳學 以母病陳疏徑出 批許救護" 『일성록』 1863년(철종 14) 7월 8일, "校理洪淳學 以母病陳疏徑出 批許救護" 『일성록』 1863년(철종 14) 11월 23일, "副校理洪淳學 以母病陳疏徑出 批許救護" 『일성록』 1865년(고종 2) 8월 12일.

中)>이 그 예이다. 작자는 타지(他地)에서 한식을 맞아 고향에서 "동곽(東郭)에서는 술 붓고 북원(北園)에서는 꽃구경"하였던 과거를 회상한다.[95] 고향의 모습은 있으나 가족과 관련된 개인적 경험은 없다. 이시수(李時秀, 1745-1821)의 5언 3208구로 된 <속북정(續北征)>에서도 확인할 수 있다. 작자는 중양절을 맞아 고향에서는 "집집마다 흰 술이 익고, 곳곳마다 누런 국화 널려 있고, 붉은 수유꽃 두루 펴고, 게와 감이 색색이 짙고, 벗과 술을 마실" 것이라고 생각한다.[96] 고향의 모습은 있으나 가족과 관련된 개인적 경험은 없다. 연행가사에서도 가족과 관련된 정보는 '고당(高堂)의 학발(鶴髮)' 정도로 보편적 경험에 바탕을 둔 것이다.

이상 <연행가>에 나타난 객수의 특징은 하나의 여정에 객수의 다양한 양상들이 종합되고, 가족과 관련된 개인적 경험에 바탕을 둔 정보를 제시하여 내면을 구체화한 것이다. 이 특징은 독자들에게 이별의 상황이 현실에서 이루어지는 것 같은 핍진함을 얻게 한다. 사실주의를 "재현대상과 작품과의 관계에서 어떻게 재현되느냐하는 수법의 사실주의와 현실과 재현대상의 관계에서 무엇이 재현되느냐하는 내용의 사실주의"[97]로 나눈다면 <연행가>에 나타난 객수는 종합화와 개인적 경험이란 수법으로 독자들에게 현실에 핍진한

---

95) 제11-16구에서 고향에서는 한식을 책력을 보며 기다릴 정도의 명절인데 그날이 되면 동곽(東郭)에서는 술을 붓고 북원(北園)에서는 꽃구경을 했는데 자신은 돌아가지 못하여 근심으로 병이 날 정도라고 하였다. "北塞三千里, 東風百五日. 嫩楊細於絲, 芳草密如櫛. 朔方春尚早, 不見林鶯出. 店舍寒烟宿, 野天濃雲密. 情思倍今朝, 故國青山崒. 吾俗重佳節, 按曆諏良吉. 東郭酹酒人, 北園看花匹. 我行胡未歸, 路險成憂疾. 跼跼泥程馬, 空被僕夫叱. 更愁前夜雨, 古橋春水溢" 이해응, 『계산기정』 1804년 2월 26일(『국역 연행록선집8』, 311-312면).

96) 이시수가 북경에서 중양절을 맞아 고향을 그리워하는 구절인 제1281-1286구는 "집집마다 흰 술이 익고, 곳곳마다 누런 국화 널려 있겠지. 붉은 수유꽃 두루 폈겠고, 게와 감은 색색이 짙겠지. 벗의 술 단지 응당 하나로는 적으리니, 기쁨 줄 것 멀리서도 알겠네(家家白酒熟, 處處黃華穠. 揷遍茱萸紅, 蟹柹色色濃. 朋樽應少一, 遙知減歡悰)"이다. <속북정>의 본문과 번역은 박우훈, 「李時秀의 燕行長詩 <續北征> 硏究」, 『한국시가연구』 5집, 한국시가학회, 1999, 332면 참조.

97) Stain Ossowski, 최유찬 옮김, 「리얼리즘의 제문제」, 『리얼리즘과 문학』, 지문사, 1985, 69면.

것이라고 공감하도록 한 것이므로 '수법의 사실주의'에 가깝다. 이런 점에서 <연행가>에 나타난 '내면 모습의 구체화'란 특징은 연행문학에 나타난 객수에서 '내면의 사실주의'를 획득한 의미가 있다.

4. 맺음말

홍순학의 <연행가>는 이국 문물에 대한 묘사와 주관적 감상이 부각된 작품이다. 이 글에서는 <연행가>에 나타난 주관적인 감상의 중심을 이루는 객수(客愁)에 초점을 두고 그 객수의 특징과 의미를 살펴보았다. <연행가>에 나타난 객수의 특징은 연행문학의 전통과 관습 속에서 이루어진 것이라고 생각한다. 이러한 생각에서 연행록과 연행가사와 대비하였다. 그 결과를 요약하면 다음과 같다.

첫째, 연행록에 나타난 객수의 양상이다.

객수는 여행자가 대상(국가 · 고향 · 가족)과 이별한 상황에서 표출한 근심이다. 객수의 양상은 작자에 따라, 산문과 한시에 따라 다를 수 있다. 연행록에 나타난 객수에는 객수의 원인으로만 표출된 것, 대상으로 인한 것, 대상을 지향한 것 등이 있다. 연행산문에서는 가족과 관련된 개인적 경험이 제시된다. 연행한시에서는 가족과 관련된 보편적 경험이 제시된다.

둘째, <연행가>에 나타난 객수의 특징과 의미이다.

<연행가>에서는 경물에서 객수가 유발되거나 경물에 의탁하여 객수를 드러내기도 한다. 이러한 경물을 통한 객수에서 대상(국가 · 고향 · 가족)을 지향하는 것으로 전개된다. 이 특징은 연행한시의 표현과 유사하며 17세기 연행가사와도 유사하다. 이러한 사실로 보아 <연행가>는 17세기 연행가사의 표현적 전통을 계승한 것이다.

<연행가>만의 특징도 있다. <연행가>에 나타난 객수의 양상에는 객수의 원인만으로 표출된 것, 대상으로 인한 객수, 대상을 지향한 것 등이 있다. 원

인으로만 표출된 객수에서도 이별의 인식으로 인한 것, 행역의 불안으로 인한 것, 행역으로 인한 세월의 무상감 등이 있다. 그 양상이 다양하다. 뿐만 아니라 하나의 여정에 다양한 양상이 종합되어 있다. 이러한 사실로 보아 <연행가>에는 객수의 양상이 종합된 특징이 있다. 또한 <연행가>에는 개인적 경험에 바탕을 둔 가족과 관련된 정보가 제시된다. 객수의 종합화와 개인적 경험에 의한 객수란 특징은 내면의 모습을 구체화한다. 내면 모습의 구체화는 독자들로 하여금 이별의 현실을 핍진하게 느끼게 하는 효과가 있다. 이런 점에서 <연행가>에 나타난 객수는 여행문학에서 '내면의 사실주의적 표현'이란 의미가 있다.

이 글에서 <연행가>에 나타난 객수의 특징을 연행문학의 전통과 관습 속에서 살펴보려는 의도는 작품을 둘러싼 배경을 고려하여 작품의 의미를 입체적으로 조망하는 것이다. 그 시도는 의미가 있다고 생각한다. 또한 이 시도로 연행록에 나타난 객수의 개념과 그 양상을 정리한 의미도 있다고 생각한다. 하지만 이 과정에서 객수에 대한 이론적 성찰이 부족한 점이 있으며 이로 인하여 객수의 양상을 심도 있게 제시하지 못한 단점도 있다. 이러한 단점은 지속적으로 보완해야 할 과제로 보인다.

참고문헌

1. 자료

金熤, 『竹下集』(『한국문집총간』 240)
朴淳愚, 『明村先生遺稿』(박찬욱 소장본)
白光弘, 『岐峰集』
張維, 『谿谷先生集』(『한국문집총간』 92)
鄭道傳, 『三峰集』
鄭曄, 『守夢集』 (『한국문집총간』 66)
鄭澈, 『松江集』(『國譯 松江集』 上, 下, 태학사, 1992)
鄭樞, 『圓齋先生文稿』(『한국문집총간』 5)
趙曮, 『海槎日記』
曺友仁, 『頤齋詠言』
洪世泰, 『柳下集』(『한국문집총간』 167)

<대일본유람가>(국회도서관 소장본)
<東遊歌>(Harvard University 소장본)
<동유긔>(『한국학보』 4집, 일지사, 1976)
<慈慶志咸興日記>(『수필연구』 2집, 수필문학연구회, 1973)
『歌辭選』
『關東壯遊歌』(서울대학교 규장각 소장본)
『魏門歌帖』
『長篇歌集』(서울대학교 규장각 소장본)
『適宜』(국립중앙도서관 소장본)

『咸陽朴氏五恨公派世譜』(족보간행위원회, 호남문화사, 1994)
『광해군일기』
『고종실록』

『日省錄』
『철종실록』
『국역 동문선』, 한국고전번역원, 1976.
『국역 연행록선집』(전12권), 한국고전번역원, 1976.
『국역 해행총재』(전12권), 한국고전번역원, 1976.
『同文彙考』

강한영 교주, 『意幽堂日記・華城日記』, 신구문화사, 1974.
권영철 편, 『閨房歌辭』, 대구가톨릭대학교 출판부, 1985.
김성배 외 4인 주해, 『주해 가사문학전집』, 집문당, 1981.
김찬순 편역, 『기행문선집』, 조선문학예술총동맹 출판사, 1964.
노규호 편역, 『금강산문학자료선집』, 국학자료원, 1996.
단국대 율곡기념도서관, 『韓國歌詞資料集成』(전10권), 태학사, 1997.
민족문화추진회 편, 『명산답사기』, 솔, 1997.
심재완 교주, 『日東壯遊歌・燕行歌』, 교문사, 1984.
이경수・강혜선・김남기 편역, 『17세기의 금강산 기행문』, 강원대학교 출판부, 2000.
이민수 교주, 『日東壯遊歌』, 탐구당, 1981.
이상보 편, 『17세기 가사 전집』, 교학연구사, 1987.
________, 『18세기 가사 전집』, 민속원, 1991.
________, 『한국가사선집』, 민속원, 1997.
이석래 교주, 『기행가사집-연행가』, 신구문화사, 1976.
이혜순 외 4인 공편, 『조선중기의 유산기 문학』, 집문당, 1997.
임기중 편, 『역대가사문학전집 16』, 여강출판사, 1988.
________, 『역대가사문학전집 40』, 아세아문화사, 1998.
정 민 편, 『韓國歷代山水遊記聚編』(전10권), 민창문화사, 1996.
정재호 편, 『韓國雜歌全集』(전4권), 계명문화사, 1984.
최강현, 『기행가사자료선집 I』, 국학자료원, 1996.
최상익・허남욱・김풍기 편역, 『조선시대 금강산유기』, 강원대학교 출판부, 2000.
홍재휴, 『북행가연구』, 대구가톨릭대학교 출판부, 1991.
황희영 교주, 「슈로됴텬녹」, 『신동아』 184호, 동아일보사, 1979.12.
『閨房歌辭』, 한국학중앙연구원, 1979.
『향토연구』 10집, 충남향토연구회, 1994.

2. 국내 논저

강명관, 『조선시대 문학 예술의 생성공간』, 소명출판, 1999.

강전섭, 「금강별곡(병진본)에 대하여」, 『한국학보』 10집, 일지사, 1978.

_____, 「금강별곡의 작자에 대하여」, 『국어국문학』 87호, 국어국문학회, 1982.

_____, 「해석 김재찬의 기성별곡에 대하여」, 『동양학』 19집, 단국대학교 동양학연구소, 1989.

_____, 「남호 구강의 북새곡에 대하여」, 『한국학보』 69호, 일지사, 1992.

_____, 「이방익의 표해가에 대하여」, 『해양문학을 찾아서』, 집문당, 1994.

고경식, 「관서별곡과 출관사」, 『국어국문학』 36호, 국어국문학회, 1967.

고미숙, 『19세기 시조의 예술사적 의미』, 태학사, 1998.

고석규, 『19세기 조선의 향촌사회 연구』, 서울대학교 출판부, 1998.

권내현, 「18·19세기 전주지방의 향촌세력 변동과 임술 농민항쟁」, 『한국사연구』 8·9, 한국사학회, 1995.

권두환, 「송강의 훈민가에 대하여」, 『고전시가론』, 새문사, 1989.

권성민, 「옥소 권섭의 국문시가 연구」, 서울대학교 석사학위논문, 1992.

권영철, 「북행가에 대하여」, 『국문학연구』 5집, 대구가톨릭대학교 국어국문학연구실, 1976.

_____, 『규방가사연구』, 이우출판사, 1980.

_____, 『규방가사 각론』, 형설출판사, 1989.

김광조, 「조선전기 가사의 장르적 성격 연구」, 서울대학교 석사학위논문, 1987.

김기형, 『금강산 기행가사 연구』, 아세아문화사, 1999.

김기탁, 『敍景歌辭研究』, 학문사, 1992.

김대행, 『시조유형론』, 이화여자대학교 출판부, 1986.

_____, 『高麗詩歌의 情緖』, 개문사, 1990.

_____, 『시가시학연구』, 이화여자대학교 출판부, 1991.

_____, 「가사의 종언과 문학의 본질」, 『고시가연구』 1집, 전남고시가연구회, 1993.

_____, 「가사 양식의 문화적 의미」, 『한국시가연구』 3집, 한국시가학회, 1998.

_____, 『문학교육틀짜기』, 역락, 2000.

_____, 「국문학의 문화론적 시각을 위하여」, 『국문학과 문화』, 한국고전문학회, 2001.

김동욱, 「關西別曲 考異」, 『국어국문학』 30호, 국어국문학회, 1965.

김명희, 「귀암 박권의 서정별곡과 북정일기 연구」, 『한국기행문학작품연구』, 국학자료원, 1996.
김문기, 『서민가사연구』, 형설출판사, 1985.
김미경, 「19세기 연행록에 나타난 민속연희-『薊山紀程』을 중심으로-」, 『실천민속학연구』 6호, 실천민속학회, 2004.
김병국, 『한국고전문학의 비평적 이해』, 서울대학교 출판부, 1996.
김병국 외 공저, 『장르교섭과 고전시가』, 월인, 1999.
김석회, 『존재 위백규 문학 연구』, 이회문화사, 1995.
김성배, 「明村 朴淳愚의 金剛別曲 硏究」, 『가사문학연구』, 정음사, 1979.
김영만, 「조우인의 가사집 '이재영언'」, 『어문학』 10, 청구대학교 출판부, 1963.
김용철, 「기행가사 연구현황과 과제」, 『한국가사문학연구』, 태학사, 1996.
김인걸, 「조선후기 향촌사회 변동에 관한 연구」, 서울대학교 박사학위논문, 1991.
김일기, 「척주가고」, 『논문집』 11집, 삼척공업전문학교, 1978.
김종철, 「문학교육의 문화론적 관점」, 『국문학과 문화』, 한국고전문학회, 2001.
김준오, 『시론』, 삼지원, 1993.
김학성, 「가사의 실현화 과정과 근대적 지향」, 『근대문학의 형성과정』, 문학과지성사, 1983.
______, 「시조의 시학적 기반에 관한 연구」, 『고전문학연구』 6집, 한국고전문학회, 1991.
______, 「잡가의 사설 특성에 나타난 구비성과 기록성」, 『국문학의 구비성과 기록성』, 한국고전문학회, 1999.
김호일, 『한국의 향교』, 대원사, 2000.
김흥규, 「어부사시사에서의 흥의 성격」, 『욕망과 형식의 시학』, 태학사, 1999.
노경희, 「17세기 전반기 관료문인의 산수유기 연구」, 서울대학교 석사학위논문, 2001.
노규호, 「이재 조우인의 출새곡 연구」, 『한국기행문학작품연구』, 국학자료원, 1996.
대중문학연구회 편, 『대중문학이란 무엇인가』, 평민사, 1995.
박상수, 「귀암 박권의 서정별곡고」, 『국어국문학 논문집』, 동국대학교 국어국문학과, 1975.
박성봉, 『대중예술의 미학』, 동연, 1995.
박애경, 「조선후기 시조의 통속화 과정과 양상 연구」, 연세대학교 박사학위논문, 1997.
박연호, 「조선후기 교훈가사 연구」, 고려대학교 박사학위논문, 1996.
박요순, 「호남지방의 여류가사 연구」, 『가사문학연구』, 백문사, 1979.
______, 「옥소 권섭의 시가연구」, 동국대학교 박사학위논문, 1986.

_____, 『한국고전문학신자료연구』, 한남대학교 출판부, 1992.

박우훈, 「李時秀의 燕行長詩 <續北征> 硏究」, 『한국시가연구』 5집, 한국시가학회, 1999.

박은순, 『금강산도 연구』, 일지사, 1997.

박일용, 「금당별곡에 그려진 선유체험 양상과 그 의미-<관동별곡>에 나타난 선유 체험과의 비교를 통해서-」, 『한국기행문학작품연구』, 국학자료원, 1996.

박희병, 「조선후기 歌辭의 일본체험 <日東壯遊歌>」, 『한국고전시가작품론2』, 집문당, 1992.

_____, 「한국산수기 연구」, 『고전문학연구』 8집, 한국고전문학회, 1993.

서영숙, 『한국 여성가사 연구』, 국학자료원, 1996.

서인석, 「가사와 소설의 갈래 교섭에 대한 연구」, 서울대학교 박사학위논문, 1995.

성기옥, 『한국시가율격의 이론』, 새문사, 1986.

소재영, 「18세기 일본체험」, 『충격과 조화』, 국학자료원, 1992.

소재영 · 김태준 편, 『여행과 체험의 문학』, 민족문화문고간행회, 1987.

신은경, 『사설시조의 시학적 연구』, 개문사, 1992.

_____, 『풍류』, 보고사, 1999.

심경호, 『한문산문의 미학』, 고려대학교 출판부, 1998.

안혜진, 「강호가사의 변모과정 연구」, 이화여자대학교 석사학위논문, 1998.

엄경흠, 「韓國使行詩硏究」, 동아대학교 박사학위논문, 1993.

염은열, 「19세기 금강산 가사의 특징과 문화적 의미」, 『고전문학연구』 14집, 한국고전문학회, 1998.

_____, 『고전문학과 표현교육론』, 역락, 2000.

_____, 「19세기 무명씨 금강산가사의 생활 문화적 의미」, 『국문학과 문학』, 한국고전문학회, 2001.

원용문, 「향산별곡 연구」, 『한국기행문학작품연구』, 국학자료원, 1996.

유교대사전편찬위원회 편, 『유교대사전』, 박영사, 1990.

유봉학, 『조선후기 학계와 지식인』, 신구문화사, 1998.

유재영, 「만은 황전의 피역가」, 『원광문화』 7집, 원광대학교, 1968.

유정선, 「18 · 19세기 기행가사의 작품 세계와 시대적 변모양상」, 이화여자대학교 박사학위논문, 1999.

_____, 「18 · 19세기 기행가사 작자층의 성격변화 연구」, 『한국시가연구』 6집, 한국시가학회, 2000.

유해춘, 『장편서사가사의 연구』, 국학자료원, 1995.
윤영옥, 「봉래별곡의 연구」, 『한국기행문학작품연구』, 국학자료원, 1996.
윤일수, 「표류담의 전통과 작품화」, 『해양문학을 찾아서』, 집문당, 1994.
윤치부, 「표해가의 이본고찰」, 『한국기행문학작품연구』, 국학자료원, 1996.
윤희민, 「조선후기 향교의 교임」, 『조선후기 논문선집25』, 삼귀문화사, 1994.
______, 「조선후기 향교의 청금유생」, 『조선후기 논문선집25』, 삼귀문화사, 1994.
이경수, 「16세기 금강산 기행문의 작자와 저술배경」, 『국문학연구 2000』, 태학사, 2000.
이노형, 「한국 근대 대중가요의 역사적 전개 과정 연구」, 서울대학교 박사학위논문, 1992.
이민홍, 『조선조 시가의 이념과 미의식』, 성균관대학교 출판부, 1993.
이상보, 「관서별곡연구」, 『국어국문학』 26호, 국어국문학회, 1963.
이상택, 「금강산 기행가사 동유가」, 『한국고전시가작품론2』, 집문당, 1992.
이성무, 『조선시대 당쟁사1』, 동방미디어, 2000.
이성후, 「日東壯遊歌 硏究」, 대구가톨릭대학교 박사학위논문, 1988.
이영춘, 「인평대군의 연행록 : <연도기행>」, 『사학연구』 82호, 한국사학회, 2006.
이우경, 「동명일기의 여행 과정과 표현 이미지 분석」, 『국어국문학』 96, 국어국문학회, 1986.
______, 「조선시대 여행일기 연구」, 이화여자대학교 박사학위논문, 1998.
이정옥, 『내방가사의 향유자 연구』, 박이정, 1999.
이종묵, 「유산의 풍속과 유기류의 전통」, 『고전문학연구』 12집, 한국고전문학회, 1997.
이종출, 「위세보의 금당별곡고」, 『국어국문학』 34·35합병호, 국어국문학회, 1967.
이주영, 「<燕行歌> 攷」, 『한국고전시가작품론2』, 집문당, 1992.
이지영, 「조선전기의 지리산 기행문 연구」, 『한국기행문학작품연구』, 국학자료원, 1996.
이해준, 「조선후기 문중서원 발달의 추이-전남지역」, 『허성도선생정년기념한국사학논총』, 논총간행위원회, 1992.
이형대, 「北塞曲의 표현방식과 작품세계」, 『19세기 시가문학의 탐구』, 집문당, 1995.
이혜순, 『조선통신사의 문학』, 이화여자대학교 출판부, 1996.
이혜순 외 공저, 『한국 고전 여성작가 연구』, 태학사, 1999.
이혜순, 「여행자 문학론 試攷-비교문학적 관점에서-」, 『조선통신사 사행록 연구총서 3』, 학고방, 2008.
임기중, 「西行錄-기행문학사의 신기원」, 『문예중앙』 가을호, 중앙일보사, 1978.

______, 「燕行歌辭의 硏究」, 『한국문학연구』 10집, 동국대학교 한국문학연구소, 1987.

______, 『연행록 연구』, 일지사, 2002.

장덕순, 『한국수필문학사』, 박이정, 1995.

장정수, 「영삼별곡 연구」, 『어문논집』 32집, 고려대학교 국어국문학연구회, 1996.

정기철, 「기행가사 연구」, 한남대학교 박사학위논문, 1996.

정석종, 『조선후기 사회변동 연구』, 일조각, 1983.

정옥자, 『朝鮮後期 文學思想史』, 서울대학교 출판부, 1997.

______, 『조선후기 역사의 이해』, 일지사, 1998.

정운채, 「윤선도의 시조와 한시의 대비적 연구」, 서울대학교 박사학위논문, 1993.

______, 「윤선도의 한시와 시조에 나타난 흥의 성격」, 『고시가연구』 1집, 전남고시가연구회, 1993.

정원표, 「신위 연행시 일고」, 『홍익어문』 10·11합집, 홍익대학교 홍익어문연구회, 1992.

정진영, 『조선 후기 동성촌락의 형성과 사회적 기능』, 한길사, 1998.

정한기, 「기행가사의 진술방식 연구」, 서울대학교 박사학위논문, 2000.

______, 「<日東壯遊歌>에 나타난 일본에 대한 인식 연구-『해사일기』와의 비교를 중심으로-」, 『관악어문연구』 25집, 서울대학교 국어국문학과, 2000.

______, 「鄭曄의 <金剛錄>에 나타난 議論의 양상 연구」, 『규장각』 24, 서울대학교 규장각, 2001.

______, 「박순우의 <金剛別曲>에 나타난 寫景의 의미」, 『고전문학과 교육』 8집, 한국고전문학교육학회, 2004.

______, 「19세기 금강산 기행가사에 나타난 寫景의 문학교육적 의의」, 『고전문학과 교육』 14집, 한국고전문학교육학회, 2007.

______, 「<연행가>에 나타난 客愁의 특징과 그 의미-『국역 연행록선집』에 수록된 연행록과의 대비를 중심으로-」, 『고전문학과 교육』 16집, 한국고전문학교육학회, 2008.

정흥모, 『조선후기 사대부 시조의 세계인식』, 월인, 2001.

조규익, 「표해가사의 문학적 성격」, 『한국기행문학작품연구』, 국학자료원, 1996.

______, 『국문 사행록의 미학』, 역락, 2004.

조동일, 「산수시의 경치, 흥취, 이치」, 『한국시가의 역사의식』, 문예출판사, 1994.

______, 『한국문학통사2』(제3판), 지식산업사, 2004.

______, 『한국문학통사3』(제3판), 지식산업사, 2004.

조세형, 「송강가사의 대화전개방식 연구」, 서울대학교 석사학위논문, 1990.

______, 「후기기행가사 동유가의 작자의식과 문체」, 『선청어문』 21호, 서울대학교 국어교육학과, 1993.

______, 「가사 장르의 담론 특성 연구」, 서울대학교 박사학위논문, 1998.

진동혁, 「새 자료 관동신곡 작자 소고」, 『한국기행문학작품연구』, 국학자료원, 1996.

최강현, 「북정가 소고」, 『어문논집』 1집, 고려대학교 국어국문학연구회, 1966.

______, 「북관노정록 소고」, 『국어국문학』 62·63합본, 국어국문학회. 1973.

______, 「봉닉쳥긔 蓬萊淸奇」, 『시문학』 4월호, 시문학사, 1978.

______, 「ᄌ경지함흥일긔의 지은이에 대하여」, 『시문학』 86호, 시문학사, 1978.

______, 「미발표기행 금강녹 소고」, 『국어국문학』 82호, 국어국문학회, 1980.

______, 「경신신유노정기 소고」, 『홍익어문』 창간호, 홍익대학교 홍익어문연구회, 1982.

______, 「수로조천록에 대하여」, 『국어국문학』 87호, 국어국문학회, 1982.

______, 「표해가의 지은이를 살핌」, 『어문논집』 23집, 고려대학교 국어국문학연구회, 1982.

______, 『韓國紀行文學硏究』, 일지사, 1982.

______, 「기행가사 출새곡을 살핌」, 『경기어문학』 7집, 경기대학교 국어국문학회, 1986.

______, 「봉래일록을 살핌」, 『한남어문학』 13집, 한남대학교 국어국문학회, 1987.

______, 「미발표 금강산유산록을 살핌」, 『천봉이능우박사칠순기념논총』, 기념논총간행위원회, 1990.

최규수, 「송강 정철 시가의 미적 특질 연구」, 이화여자대학교 박사학위논문, 1996.

최미숙, 「표현교육 연구의 반성과 제언」, 『국어교육학연구』 14, 국어교육학회, 2002.

최상은, 「서경가사의 자연 형상화 양상과 작가의식」, 『조선사대부가사의 미의식과 문학성』, 보고사, 2004.

최원식, 「가사의 소설화 경향과 봉건주의 해체」, 『창작과 비평』, 창작과 비평사, 1977.

최인자, 「표현교육 연구의 동향과 과제」, 『선청어문』 31호, 서울대학교 국어교육과, 2003.

최현재, 「조선후기 서사가사 연구」, 서울대학교 석사학위논문, 1995.

하우봉, 『朝鮮後期實學者의 日本觀硏究』, 일지사, 1992.

______, 「이재 황윤석의 사회사상」, 『이재 황윤석 영·정시대의 호남실학』, 민음사, 1994.

한영우, 『朝鮮後期史學史硏究』, 일지사, 1998.

호승희, 「조선전기 유산록 연구」, 『한국한문학연구』 18집, 한국한문학회, 1995.

황원구, 「연행록의 세계」, 『여행과 체험의 문학』, 민족문화문고간행회, 1987.

3. 국외 논저

Bakhtin M., 전승희 역, 『장편소설과 민중언어』, 창작과 비평사, 1992.

Bakhtin M., trans., by Caryl Emerson and Micael Holquiest, The Dialogic Imagination, Four Essay, Texas University Press, 1984.

Booth, Wayne C., 이경우 역, 『소설의 수사학』, 한신문화사, 1990.

Chatman, S., 김경수 역, 『영화와 소설의 서사구조』, 민음사, 1990.

Gallagher, Kennth T., 김보현 역, 『인식의 철학』, 울산대학교 출판부, 1992.

Gérard Genette, 권택영 역, 『서사담론』, 교보문고, 1992.

Hall, Calvin S., 지경자 역, 『프로이트 심리학 입문』, 홍신문화사, 1993.

Hernadi, P., 김준오 역, 『장르론』, 문장, 1990.

Hutcheon, L., 김상구 외 공역, 『패로디 이론』, 문예출판사, 1992.

Jung, C. G., 설영환 역, 『무의식 분석』, 선영사, 1992.

Lanser, Suan Snaiader, Feeling and Form, Charles Scribner's Sons, 1953.

Lanser, Suan Snaiader, The Narrative Act-Point of View in Prose Fiction, Princetion University Press, 1981.

Ong, Walter J., Orality and Literacy, Methen, 1986.

Ong, Walter J., 이기우·임명진 옮김, 『구술문화와 문자문화』, 문예출판사, 1997.

Ossowski, Stain, 최유찬 옮김, 「리얼리즘의 제문제」, 『리얼리즘과 문학』, 지문사, 1985.

Plett, Heinrich F. ed, Intertextuality, Walter de Gruyter, 1991.

Preminger, Alex ed., Princeton Encyclopedia of Poetry and Poetics, Princeton University Press, 1974.

Rimon-Kenan, S., 최상규 역, 『소설의 시학』, 문학과지성사, 1990.

Roger, W. E., The Three Genres and The Interpretation of Lyric, Princeton University Press, 1983.

Stanzel, F. K., 김정신 역, 『소설의 이론』, 문학과 비평사, 1972.

Todorov, T., 최현무 역, 『바흐찐: 문학사회학과 대화이론』, 까치, 1987.

Uspensky, B., 김경수 역, 『소설구성의 시학』, 현대소설사, 1992.

王國瓔, 『中國山水詩硏究』, 聯經出版事業公司, 1988.
袁行霈, 강영순 외 공역, 『중국시가예술연구』, 아세아문화사, 1990.
劉若愚, 이장우 역, 『중국시학』, 명문당, 1994.
유협, 최동호 역편, 『문심조룡』, 민음사, 1994.
李澤厚, 윤수영 역, 『미의 역정』, 동문선, 1997.
朱光潛, 정상홍 역, 『시론』, 동문선, 1991.
陳必祥, 심경호 역, 『한문문체론』, 이회, 1998.

정한기 鄭漢琪

경북 김천 출생
고려대학교 문과대학 국어국문학과 졸업
서울대학교 대학원 국어국문학과 졸업(문학박사)
현 동양대학교 강의전담교수

논저

「조선후기 <모내기노래> 관련 한시에 나타난 작자의식」
「민요 <산유화>의 통시적 양상」
「문집 소재 조선후기 민요자료에 나타난 민요의 통시적 양상」 외 다수

여행문학의 표현과 창작배경

초판 1쇄 인쇄 • 2010년 2월 8일
초판 1쇄 발행 • 2010년 2월 12일

지은이 • 정 한 기
펴낸이 • 박 성 복
펴낸곳 • 도서출판 **月印**
서울특별시 강북구 수유2동 252-9
등록 • 제6-0364호 / **등록일** • 1998년 5월 4일
대표전화 • (02) 912-5000 / **팩스** • (02) 900-5036
http://www.worin.net

ISBN 978-89-8477-458-2 93810

값 13,000원